史字大厦

THE HOUSES OF HISTORY

A critical reader in history and theory

历史学的 14种 思想流派

[新西兰] 安娜·格林　[澳] 凯瑟琳·特鲁普 著
Anna Green　Kathleen Troup

王　涛 译

金城出版社
GOLD WALL PRESS
· 北京 ·

图书在版编目（CIP）数据

史学大厦：历史学的14种思想流派／（新西兰）安娜·格林，（澳）凯瑟琳·特鲁普著；王涛译. -- 北京：金城出版社有限公司，2025．9．-- ISBN 978-7-5155-2775-8

Ⅰ．K0

中国国家版本馆CIP数据核字第2025GV4671号

史学大厦：历史学的14种思想流派

作　　者	[新西兰] 安娜·格林　[澳] 凯瑟琳·特鲁普
译　　者	王　涛
责任编辑	张超峰
责任校对	王秋月
责任印制	李仕杰
开　　本	880 毫米 ×1230 毫米　1/32
印　　张	15
字　　数	390 千字
版　　次	2025 年 9 月第 1 版
印　　次	2025 年 9 月第 1 次印刷
印　　刷	天津鸿景印刷有限公司
书　　号	ISBN 978-7-5155-2775-8
定　　价	88.00 元

出版发行　**金城出版社有限公司**
　　　　　北京市朝阳区利泽东二路 3 号　邮编：100102
发 行 部　（010）84254364
编 辑 部　（010）61842989
总 编 室　（010）64228516
网　　址　http://www.jccb.com.cn
电子邮箱　jinchengchuban@163.com
法律顾问　北京同清律师事务所　13001187977

序　言

每一篇历史书写都有一个理论基础，写作者在这个基础上选择、筛选和理解史料。这个说法既适用于科学经验主义，也适用于后结构主义；然而，对后结构主义而言，理论显得尤为突出。正如彼得·洛文伯格（Peter Loewenberg）所说："每个历史学家和每个时代都会根据其需求、感受和认知重新定义史料的范畴。任何概念框架的价值在于，它能为历史学家提供新的数据组合或推论，从而增强其解释文献和其他历史原始材料的能力。"[①] 在我们看来，这是历史学作为一门专业所具有的持久优势之一，也是历史学家工作的一大乐趣。

本书的构思最初源于我们在新西兰怀卡托大学（University of Waikato）共同讲授的"历史与理论导论"课程。我们希望通过介绍不同类型历史书写背后的理论，使学生能够更加批判地阅读并反思自己的历史实践。学生通常在方法论方面接受了良好的训练，但对历史分析和论证的理论和概念关注较少。历史学与人文社会科学中的其他学科一样，正变得越来越跨界。历史学家从众多其他学科借用了概念和理论，从而丰富了关于人类历史进程的论述，以及对现在和未来的影响。

我们努力使本书尽可能简单明了，同时在每章的引言和简要的附加阅读列表中导入更复杂的论述。参考文献也将帮助读者找到更多的期刊文献、章节和书籍。在考虑阅读材料的结构时，我们决定

[①]　Peter Loewenberg, *Decoding the Past: The Psychohistorical Approach* (2nd edn, New Brunswick, 1996), p. 15.

选择对历史学影响最大的学派。这一方面是由于作为一本面向大学的教材，篇幅有所限制，另一方面是基于我们的信念，即这些学派对当代学生最具相关性。所选的阅读材料旨在代表不同时期和地理区域的历史书写。除了偶尔出现的非常明显的印刷错误会被更正之外，摘录中的任何文体差异/错误都被保留了下来。

顺应当代"历史与理论"的发展，我们也应该简要介绍一下自己。安娜·格林（Anna Green）出生于英国，在英国、加拿大和新西兰接受教育。自 20 世纪 90 年代中期以来，她在新西兰和英国的本科及研究生课程中教授理论和历史，她的兴趣点在 20 世纪、"自下而上的历史"以及历史记忆研究。凯瑟琳·特鲁普（Kathleen Troup）出生于澳大利亚并在那里接受教育，专攻中世纪历史，尤其对年鉴学派和社会史感兴趣。在大学教授历史 10 多年后，她取得了心理学和精神分析治疗师的资格证书，并将这方面的专业知识应用于有关精神分析和情感史的章节。

许多朋友和同事与我们讨论工作，从而减轻了我们的写作负担。对于本书第二版的出版，我们特别要感谢以下人士：凯特·德·卢纳（Kate de Luna）对提案的评论，以及我们的同事凯西·科尔伯恩（Cathy Coleborne）、蒂莫西·库珀（Timothy Cooper）、米格尔·阿内多-戈麦斯（Miguel Arnedo-Gomez）、波琳·基廷（Pauline Keating）和凯瑟琳·马萨姆（Katharine Massam）。我们非常感谢曼彻斯特大学出版社的编辑团队和艾玛·布伦南（Emma Brennan）的支持。同时也感谢我们各自的丈夫杰克·沃尔斯（Jack Vowles）和凯·詹森（Kai Jensen），感谢他们在家庭方面提供的支持、在理论和编辑上提出的建议，以及对不断进行的史学对话所表现出来的耐心：他们的存在至关重要。

目 录
CONTENTS

第一章 导　言

　　为什么我们要学习历史？是为了像乔治·艾略特（George Eliot）在《米德尔马契》（*Middlemarch*）中夸张描绘的老学究卡苏朋先生那样，挖掘过去的每一个事实吗？还是为了更好地理解人类的处境，无论是过去还是现在，以便我们可以共同努力迈向更美好的未来？在回忆录的开篇，历史学家杰夫·伊利（Geoff Eley）提醒我们：

> 　　过去如何被记住（和遗忘），如何被制作成引人注目的形象和连贯的故事，如何被整理成可靠的解释，如何被拉扯和捶打成行动的理由，如何被庆祝和否认，被压制和想象——这些都对未来被如何塑造有巨大的影响。过去以各种方式被塑造成历史，无论是有意识还是无意识的，对于我们如何理解现在至关重要。①

　　乔治·奥威尔（George Orwell）的名言进一步深化了这种理解，他认为："谁控制过去，谁就控制了未来；谁控制现在，谁就控制了过去。"② 历史叙述能有这么大的力量吗？借用米歇尔·福柯的概念，它们是否是一种权力话语？一些历史学家认为是这样的。例如，

---

① Geoff Eley, *A Crooked Line: From Cultural History to the History of Society* (Ann Arbor, 2005), p. ix.

② George Orwell, *Nineteen Eighty-Four* (London, 1949).

有人认为将欧洲历史概念化为中世纪和现代，既"掩盖了过去的真相"，又为现在的特定政治秩序提供了正当性。[①] 我们将在本章稍后再次讨论这个论述。但这些简要的例子表明，历史不仅仅关乎过去，也关乎现在和未来。

历史实践中，过去和现在总是交织在一起。历史学家试图理解那些生活和感知方式与他们非常不同的人。我们还试图通过调查塑造我们所生活的世界的长期变化过程来理解现在。这两种活动都以历史后见之明的方式进行，至少包含两个相互关联的维度。每一代新的历史学家都会基于他们自己的集体经验和社会经济背景，对过去提出不同的问题。此外，新的学者会批判性地参与并回应早期学者的观点。从这个过程中产生的问题会产生新的解释或分析，建立起连接或识别出变化模式，而历史亲历者并不总是能意识到这些模式。

在提出新问题、形成新解读以及识别过去变化模式的过程中，历史学家广泛借鉴了人文和社会科学中的概念和理论，特别是文学批评、语言学、人类学、社会学、心理学、地理学和哲学。每个学科都建立在明确的概念和理论基础上，形成了一个不断发展的学科基础，成为大学本科阶段的教学内容。相比之下，历史学家在各种领域、地理背景和时间段中，使用多学科的复合研究方法展开工作。史料批评技能（无论是书面文件、照片、物质对象还是口述历史）是大学历史训练的统一常识。尽管史料来源的批判性分析是必不可少的，但并不一定能促进更广泛的学科反思，而这本该是历史教育的核心内容。[②] 本书的目的是向学生介绍理论和概念方法的多样性，

---

① See Kathleen Davis, *Periodization and Sovereignty: How Ideas of Feudalism and Secularization Govern the Politics of Time* (Philadelphia, 2008); and Constantin Fasolt, 'Scholarship and Periodization', *History and Theory*, 50, 3 (2011), p. 415.

② See Simon Gunn and Stuart Rawnsley, 'Practising Reflexivity: The Place of Theory in University History', *Rethinking History*, 10, 3 (2006), pp. 369–390.

这些方法丰富了对过去的研究。

然而，是否有可能构建一个历史和理论的描述，以反映在全球不同背景下观念的多样性？彼得·伯克提出，历史学家现在分享着一种"全球性"文化，其中包括一系列相似的原则和问题。他认为，这些原则和问题是通过长期的互动得以塑造，并在19世纪和20世纪趋于一致。他继续指出，这种趋同削弱了（如果不是瓦解的话）西方对历史学科的霸权。[①] 伯克以"十个论题"的形式列举了这些实践，包括对过去的线性观点、对认识论的关注、客观性的概念、因果解释的优势，以及文学形式等。所有这些"论题"都涉及理论层面，并且融入本书后续章节。不用说，伯克的观点引发了激烈的争论，其中两个回应尤为重要。

首先，阿齐兹·阿兹梅（Aziz Al-Azmeh）提醒我们注意伯克提及的"连贯历史传统"对古典晚期的多样影响：这些影响从地中海延伸到波斯，跨越语言，并包括基督教、犹太教和伊斯兰教传统。因此，早期的影响在排他性意义上既非西方的，也非东方的。[②] 然而，转向当代世界，历史学家更倾向于认为，伯克的历史原则模型与其说是一种趋同，不如说是一种强加。例如，海登·怀特提出，伯克的"十个论题"是否代表了全球资本主义传播背景下其他文化的"西方化"。[③] 在这个背景下，迪佩什·查卡拉巴提（Dipesh Chakrabarty）也提醒我们注意历史学的制度化和现代大学的发展。例如，在印度，"历史传统被认为是业余的，大学学者为成为国家过

---

① Peter Burke, 'Western Historical Thinking in a Global Perspective – 10 Theses', in Jörn Rüsen (ed.), *Western Historical Thinking* (New York, 2002).

② Aziz Al-Azmeh, 'The Coherence of the West', in Rüsen (ed.), *Western Historical Thinking*, pp. 60–61.

③ Hayden White, 'The Westernization of World History', in Rüsen (ed.), *Western Historical Thinking*, p. 118.

去的最高守护者而战"①。这场关于专业历史实践的全球同一性的辩论，既提醒我们注意伯克历史思维范式的多样性根源，也提醒我们注意在全球经济和政治进程以及国家教育体系发展的背景下，历史方法的传播和调整的重要性。

本书探讨在过去一个半世纪里由大学主导的历史实践中被普遍认为最具影响力的理论观点和论述。各章节大致按年代框架编排，即以每种理论产生最重要历史著作的时期为基础。但是，本书的结构不应被视为涵盖了所有研究过去的理论或概念方法，或反映了统一的国家发展轨迹。例如，在 20 世纪的不同时期，中国史学与西方史学和理论的轨迹既有交集，也有分歧。②

我们所说的理论是什么意思？历史学家阿里夫·德里克（Arif Dirlik）提出了以下定义：

> 我认为我们这些从事社会、政治和文化理论领域的人，所理解的理论指通过创建抽象关系，试图理解各种历史现象……与卡尔·马克思和马克斯·韦伯相关的宏大理论或者元叙述，以及最近的世界体系分析，都属于这种类型。然而，对于历史学家来说，理论可能仅仅意味着在组织和／或解释历史资料时使用抽象概念，如阶级和性别。理论在特定和一般之间起到了中介作用；它为关系提供了模式……③

因此，理论既包括从史料中找出解释长时间历史变迁的模式，

① Dipesh Chakrabarty, 'A Global and Multicultural "Discipline" of History?', *History and Theory*, 45, 1 (2006), pp. 101–109.

② Merle Goldman, 'Restarting Chinese History: Review Essay', *The American Historical Review*, 105, 1 (2000), pp. 153–164.

③ Arif Dirlik, *Postmodernity's Histories: The Past as Legacy and Project* (Lanham, 2000), p. 113.

也可以用较小的抽象概念来定义特定现象。概念也是宏大理论的构建基石，比如马克思历史唯物主义理论中的"阶级"概念。正如德里克后来指出的那样，理论模型或概念的发展并不排除历史真相：其他理论可能根据强调过去的不同方面或证据，提出不同的理解。他得出结论："理论化——即产生理论的活动——在选择概念及其关系来代表现实时是一种解释行为。"[1] 本书基于这样一种认识：每一篇历史书写都有一个理论基础，而史料的选择、筛选和理解都是在这个基础上进行的。

历史学界经常受到的批评之一是，与前面提到的相关学科相比，构建历史叙述的理论很少被明确提出。人们普遍认为，"大量的历史学家对于他们所创造的知识的地位的基本问题漠不关心"[2]。批评者将这种学科上的遗漏归因于影响出版内容的制度力量，从同行期望到商业出版社的需求。[3] 在历史文本中没有明确理论化的情况下，很难确定其所依赖的理论或概念。因此，在阅读以下章节时，我们建议您牢记以下四个相互关联的主题：背景、时间框架、变化的原因或驱动力、主观性。这些主题将帮助您揭示和理解历史著作的理论基础。

历史学家对这些主题的处理也将反映他们的基本认识论立场。我们所说的认识论指的是知识理论或历史知识构成的论据。在 20 世纪末，正统经验主义历史学家在后结构主义的思想和影响上产生了分歧。经验主义和后结构主义在纯粹形式上是相互冲突的认识论。前者认为，历史学家可以通过现存证据重建过去，从而获得对真实历史的了解。相反，后结构主义认为我们对过去的理解和我们的史料是通过语言和话语结构来构建的，我们无法接触到未经中介的过

① Dirlik, Postmodernity's Histories, p. 113.

② Allan Smith, 'Historians and Theory: A Comment', *Rethinking History*, 9, 4 (2005), p. 485.

③ Smith, 'Historians and Theory', p. 486.

去。这两种观点在重建（经验主义）和再现（后结构主义）的术语中得到了体现。我们建议您首先阅读关于经验主义和后结构主义的章节，因为其他关于不同理论和概念的章节包含了对这两种认识论观点的历史学家工作的参考。

回到上述四个主题，第一个关注的是理论视角（包括关键概念）在历史学家中获得认同的背景（context）。当然，在实践中，各种理论观点会相互重叠，持续有拥护者，随着时间的推移被修改和修订，并且可以在以后以新的力量重新出现。还需要注意的是，一些有影响力的理论作品，包括莫里斯·哈布瓦赫（Maurice Halbwachs，关于公共史学的章节）和费迪南德·索绪尔（Ferdinand de Saussure，关于后结构主义的章节）的作品在历史学家广泛接触他们的思想之前几十年就已经出版。这可能是翻译的延迟，导致在原初语言环境中的早期影响极为有限。但历史分析中特定理论的使用也可能是由于不断变化的社会经济和政治背景的结果。我们希望读者思考为什么本书所涵盖的理论会在特定时期获得历史学家的关注。

这并不是一个容易回答的问题，正如柳德米拉·乔丹诺娃（Ludmilla Jordanova）承认的："学者们在某个时候会转向一种思想或方法，因为它似乎适合那个时代"，但"很难解释趋势是如何开始、扎根和消失的"。[1] 历史哲学家弗兰克·安克斯密特（Frank Ankersmit）提出了"历史与过去的苦难和恐怖之间有着不可分割的联系"[2] 的观点。安克斯密特将创伤概念扩展到西方集体历史意识，广义上定义为个体内外世界之间的断裂，阻碍了过去和现在之间的和解。[3] 毫无疑问，20 世纪压制、暴力和战争的经历或认知对世界

---

[1]　Ludmilla Jordanova, *History in Practice* (2nd edn, London, 2006), p. 77.

[2]　Frank R. Ankersmit, 'Trauma and Suffering: A Forgotten Source of Western Historical Consciousness', in Rüsen (ed.), *Western Historical Thinking*, p. 76.

[3]　关于 "创伤" 的定义，参见 Cathy Caruth, *Unclaimed Experience: Trauma, Narrative, and History* (Baltimore, 1996)。

各地许多历史学家的思维产生了深远影响。美国的进步主义历史学家和英国的辉格派历史学家在 20 世纪上半叶仍然对人类的积极进化保持信心。但在第一次世界大战、20 世纪 30 年代的大萧条、第二次世界大战和大屠杀以及殖民独立运动之后，战后日益成熟的历史学家越来越不再迷信进步理论，越来越不相信人类进步的轨迹。[1] 人类是否可以继续被认为在本质上是善良且具有理性的生物？从 20 世纪中叶开始，日益增长的怀疑无疑影响了一些历史学家对理论视角的接受度，这些视角通过冲突的视角而非进步的视角来看待过去，强调无意识的心理驱动而非理性驱动，或者将有意识的人类行动代之以决定论的语言结构和话语体系。

可以说，这是一种背景悖论，尤其是在西方的背景下。第二次世界大战后出生的历史学家经历了前所未有的经济增长和生活水平提高，最终也使世界其他地区的一些人摆脱了贫困。此外，法西斯主义已经被击败，欧洲人被迫放弃殖民地，尽管以民众的生命为代价。欧洲和美洲的民权和妇女解放运动在某些目标上取得了成功，为之前被排除在外的人们开辟了新的可能性。这些成就伴随着相对充分的就业和社会保障的提供，使许多人，尤其是在西方，能够过上更安全和充实的生活，正如英国获奖系列纪录片《人民世纪》的标题所暗示的那样。[2] 当历史学家在国内和国际环境中参与有效的集体行动或从中受益时，他们为什么倾向于拒绝理性和进步的理论视角？此外，这对我们思考现在和未来的方式有何影响？这些战后的悲观视角在多大程度上影响了当代关于人类行动范围的思考，以及我们改变或影响现在和未来的能力？[3]

---

[1] Ernst Breisach, *Historiography: Ancient, Medieval and Modern* (3rd edn, Chicago, 2007), pp. 77, 335–343.

[2] BBC/PBS 电视纪录片系列，共 26 集，每集一小时，介绍 20 世纪，1995 年首播。

[3] See the discussion by Inga Clenndinnen, writing in the Australian context: 'The History Question: Who Owns the Past?', *Quarterly Essay*, 23 (2006), p. 66.

在本章稍早的部分，查卡拉巴提提醒我们关注教育和制度环境对印度历史研究发展的影响。在第一次世界大战之后，法国年鉴学派历史学家马克·布洛赫（Marc Bloch）和吕西安·费弗尔（Lucien Febvre）都在斯特拉斯堡大学任教，该大学的教职结构在当时极不同寻常，有利于教学和研究的协作。[1] 布洛赫和费弗尔深受社会科学家同事的影响，他们拒绝了正统法国历史学对精英和政治史的关注，而倾向于研究社会集体和心态（mentalités）。"不是个人，永远不是个人，而是人类社会，组织群体"。[2] 费弗尔在 1922 年写道。为了理解集体人类行为和信仰，这些年鉴学派历史学家敦促历史学家既要成为"地理学家，也要成为法学家、社会学家和心理学家"。[3] 布洛赫和费弗尔在这一时期工作的跨学科背景导致了思想交流，对他们的历史分析方法产生了重大影响。他们开创的"新"历史对世界其他地区的历史学家产生了重大影响。

20 世纪 50 年代和 60 年代，西方大学部门迅速发展的两个方面也对跨学科理论在历史课程中的传播产生了影响。首先，区域研究项目（如中国研究、伊斯兰研究和非洲研究），从一开始就是跨学科的。在美国，这一发展主要是由于"美国外交的长期危机，使对非洲和亚洲地区的专业知识的发展变得更加紧迫"。[4] 因此，区域研究项目的设计不仅旨在培育学者，还包括外交官和政府专家，反映了"新的"年鉴学派历史学的跨学科取向。20 世纪 60 年代，西方高等教育的扩张还导致了工人阶级、妇女和少数族裔的广泛参与。这些新兴历史学家对自己的历史很感兴趣，在随后的几十年里，他们为社会史的发展

---

[1] Carole Fink, Marc Bloch: *A Life in History* (Cambridge, 1989), p. 90.

[2] Cited in André Burguière, 'The Fate of the History of Mentalités in the Annales', in Stuart Clark (ed.), *The Annales School: Critical Assessments*, vol. II (London, 1999), p. 409.

[3] Cited in Peter Burke, *The French Historical Revolution: The Annales School 1929–1989* (Stanford, CA, 1990), p. 2.

[4] Michael Adas, 'Social History and the Revolution in African and Asian Historiography', *Journal of Social History*, 19, 2 (1985), pp. 335–336.

以及对阶级、性别、文化和种族的分析做出了贡献。

转向第二个主题,即时间框架(*temporal frameworks*),这是历史研究的核心。随着时间推移而发生的变化一直是历史研究的一贯主题之一,但对时间和变化的理解或衡量方式都不尽相同。在最基本的层面上,日历反映了不同的时间测量标准。例如,基督教格里高利历(1582 年引入)与中国、日本和越南的传统阴阳历不同。旁遮普人可能会为不同的目的使用三个日历,这反映了过去一个世纪农村社会变革的过程。[①]

时间和变化是否以相同的速度和方向移动?西方历史学主要以线性时间观念为主,均匀地向前推进。最近,诺埃尔·博纳尤尔(Noël Bonneuil)认为,西方历史时间模型受到这种轨迹观念的致命影响,需要其他"不再只指向一个特定未来或反映一个单一过去"的概念。[②] 历史学家查尔斯·比尔德(Charles Beard)认为,历史学家可以在以下三种可能性中做出选择:"历史是混乱的,任何试图解释它的尝试都是幻觉。历史在一种循环中移动。历史以直线、螺旋或某个方向移动。"选择最终会成为"信仰行为"。[③] 变化也可以被认为以不同的速度移动,就像费尔南·布罗代尔在 1949 年出版的《地中海与菲利普二世时代的地中海世界》中提出的模型一样。布罗代尔的三层结构将在第五章进一步讨论,包括缓慢的环境循环、中期的社会和文化过程以及短期事件。[④] 布罗代尔强调长期历史结构和

① Muhammad Aurang Zeb Mughal, 'Calendars Tell History: Social Rhythm and Social Change in Rural Pakistan', *History and Anthropology*, 25, 5 (2014), pp. 592–613.

② Noël Bonneuil, 'The Mathematics of Time in History', *History and Theory*, Theme Issue 49, 4 (December 2010) p. 28.

③ C.A. Beard, 'Written History as Act of Faith', *American Historical Review*, 39, 2 (1934), pp. 228–229; cited in Ernst Breisach, Historiography: *Ancient, Medieval, and Modern* (3rd edn, Chicago, 2007), p. 331.

④ 参见 Reinhart Koselleck(他受到了布罗代尔的影响),*The Practice of Conceptual History: Timing History, Spacing Concepts* (Stanford, 2002) and *Futures Past: On the Semantics of Historical Time* (Cambridge, Mass., 1985)。

过程（长时段）比短期事件更具重要性，他对时间和变化的概念化对历史分析和人类行为的作用具有根本性的影响。

有人认为历史学家对社会理论最重要的贡献与历史时间或社会时间的理论化有关。美国历史学家和政治学家威廉·休厄尔（William Sewell）概述了他认为隐含在历史学家分析中的社会时间理论，尽管在历史著作中很少得到明确承认。[1] 他认为，社会时间的原则包括命运（时间是不可逆转的）；历史结果取决于时间序列，这解释了历史学对年表的重视；事件改变历史进程的重要性；以及复杂性，即多样的时间性，从长期到突然，可能同时存在于任何一个时间点。因此，时间是异质的，是连续性和变化的混合。他总结道，这意味着历史学家假设历史时间是不均匀、不可预测和不连续的。[2] 这种对历史时间的理解（当然其他历史学家可能对休厄尔的描述有异议）与社会科学家的解释结构主义分析（如弗洛伊德、马克思或索绪尔的理论）并不完全兼容。正如休厄尔指出的那样，当历史学家"借用社会理论概念时，我们经常发现这些概念并不完全适用"：在阅读这些章节时，请思考历史学家如何在对过去的连续性和变化的分析中调整、修订或结合不同的理论或概念。[3]

历史学家通常通过历史分期对时间进行划分，这是一种同质化的概念化分类，如中世纪、近代早期或现代，或者以统治精英或个人命名，如明治时代的日本或维多利亚时代的英国。这些时间划分是从早期世代继承下来的，它们总是包含着关于过去重大转折点的"基本假设"，或者将一系列价值观或美学归属于该时期。[4] 历史分

---

[1] William H. Sewell, *Logics of History: Social Theory and Social Transformation* (Chicago, 2005).

[2] Sewell, *Logics of History*, pp. 8–9.

[3] Sewell, *Logics of History*, p. 5.

[4] See Jordanova, *History in Practice*, ch. 5

期和"同质化历史时间的映射"并非没有遭到批评。[①] 凯瑟琳·戴维斯（Kathleen Davis）提出，在目的论和阶段论受到挑战的背景下，"为什么'中世纪/宗教/封建'和'现代/世俗/资本主义（或发达国家）'这样的巨石仍然存在，它们有什么作用"？她认为，中世纪/现代这样的划分扭曲了"医学和哲学等领域的历史，并遮蔽了妇女和种族或宗教受压迫群体的历史"[②]。正如戴维斯提出的，历史分期是否涉及一种"时间政治"，将过去净化？[③]

历史学家采用的时间框架也与因果理论有关，这是要记住的第三个主题。过去事件的起因是什么，或者说变化的驱动力是什么？答案部分取决于对象的时间和空间范围。例如，世界史或全球史更有可能研究一个较长的时间段，几个世纪甚至更长时间，而微观历史将专注于一个较短的时间段，一个特定事件、社区或一个人的一生。前者更有可能依靠长期经济或其他进程的解释模型，而后者则依靠短期事件和即时的文化或政治因素。

在之前讨论的休厄尔的历史实践模型中，时间顺序和"事件"似乎在历史解释中起着重要作用。但这显然只是故事的一部分：因为事件按顺序发生并不一定意味着因果关系。根据不同层次时间的概念，过去变化的驱动力可能来自多种原因，既包括缓慢的长期过程，也包括短期事件驱动的因素。正如我们将在有关叙事的章节中看到的那样，将长期趋势或结构性原因的分析与时间顺序的故事结合起来并不容易。[④]

---

① Davis, *Periodization and Sovereignty*, p. 20.

② Davis, *Periodization and Sovereignty*, p. 4.

③ See the discussion in Helge Jordheim, 'Against Periodization: Koselleck's Theory of Multiple Temporalities', *History and Theory*, 51, 2 (2012), p. 154.

④ 参见费舍尔（David Hackett Fischer）提到的"编织叙事"（braided narrative）概念，in *Albion's Seed* (Oxford, 1989), p. xi。

历史学家利用广泛的长期和短期因素来解释过去的变化。[1] 革命提供了一个很好的例子说明事件的发生源自复杂的原因，从经济关系和物质条件到赋予斗争形式的思想和组织。[2] 毫无疑问，历史学家认同因果关系是复杂的，然而问题在于，如何对各种原因赋予不同程度的重要性。正如一位历史学家所说，如果历史分析仅仅变成了一堆无法简化的历史偶然事件，那么就很难有连贯的解释。[3] 为了确定原因的轻重缓急，历史学家可能会声称证据的重要性是他们判断的基础。[4] 但很快就会有另一位历史学家质疑这个论点。重要的是要认识到，所有历史解释在不同程度上都依赖于对历史中特定推动力的相对重要性的假设或更有意识的理论化。有些解释模型旨在全面性和普遍性。马克思的历史唯物主义就属于这一类，弗洛伊德的精神分析模型和达尔文的进化理论也是如此。但历史学家可以采用特定的概念，而不一定赞同整个理论。例如，"阶级"或"无意识"等概念被历史学家广泛使用，而他们并不将自己定义为马克思主义者或弗洛伊德派。

政治和经济因素在许多历史记载中起到了尤其重要的作用。首先，新兴的民族国家在 19 世纪的经验主义认识论编撰中起着核心作用（第二章），今天许多历史学家仍然在国家和政治历史的框架内书写历史。然而，跨国史研究和全球史的兴起，以及后结构主义学者对同质化叙事的拒绝，挑战了民族国家在概念上的自治和统一。我们现在是否处于后民族国家时代？撰写跨国史或全球史的历史学家面临的一个问题是，如何避免目的论（自我实现）或以西方为中心

---

[1] See the range of factors outlined in Martha Howell and Walter Prevenier, From Reliable Sources: *An Introduction to Historical Methods* (Ithaca, 2001), pp. 127–140.

[2] See R. Bin Wong, 'Causation', in Ulinka Rublack (ed.), *A Concise Companion to History* (Oxford, 2012), pp. 27–56.

[3] James Holstun, Ehud's Dagger: Class Struggle in the English Revolution (London, 2000), p. 10.

[4] See further discussion in Richard J. Evans, *In Defence of History* (London, 1997), ch. 5, 'Causation in History', pp. 129–160.

的现代性模型。[1] 术语"现代性"将在许多章节中出现，这是前面提到的"时间政治"的另一个例子。对"现代性"的跨学科定义并不存在，这个术语备受争议。它被用来确定一系列历史转折点，包括宗教改革、启蒙运动和科学思维、工业化、经济发展和情感控制的增加等。[2] 然而，这是一种线性的西方进步主义模型，受到广泛质疑，特别是在后现代和后殖民思维中（见第十一章和第十二章）。

最后一个主题是主观性（*subjectivities*），即历史人物的内心世界。布洛赫和费弗尔的"新史学"包括对所谓"心理状态"或过去人们用来理解他们生活世界的心理工具的关注。这些心理工具包括基于无意识假设的信仰结构，并通过语言隐喻和符号表达。现在，"主观性"这个术语的使用比"心理状态"更普遍，因为有人批评后者倾向于文化停滞和共识，并不能涵盖随时间而发生的变化。[3] 主观性包括认知和情感，以及记忆、想象、神话、意识形态和欲望。这也许是历史学家任务中最困难的方面之一：理解我们研究对象的心理世界。为了做到这一点，我们借鉴了话语、叙事、情感和精神分析的概念和理论。许多当代分析和解释历史主观性的理论和概念在本书的后面章节得到了充分探讨。

背景、时间框架、变化的原因或驱动力、主观性这四个主题将使读者能够思考历史学家在分析和解释过去时所依赖的假设和观点、理论、概念。我们努力纳入各种历史背景的例子，但是由于作为英语入门教材在长度和语言方面的要求，不可避免地对这个过程有所限制。每一章都以特定理论的概述开始，介绍其优势和难点，以及

---

[1] See Lynn Hunt, *Writing History in the Global Era* (New York, 2014); Eileen Ka-May Cheng, *Historiography: An Introductory Guide* (London, 2012), ch. 6.

[2] See Lynn Hunt, *Measuring Time, Making History* (Budapest, 2008); Barbara H. Rosenwein, 'Worrying about Emotions in History', *American Historical Review*, 107, 3 (2002), pp. 821–845.

[3] Peter Burke, *Varieties of Cultural History* (New York, 1997), pp. 170–171.

历史学家在研究和撰写中如何利用这一理论。章节的后半部分包括一位历史学家的文章摘录，前面附有一系列问题，以指导读者的阅读。如果需要更多资料，请查看每章的脚注以及章后的"进一步阅读"。我们鼓励读者查找不熟悉的术语（即使这些术语在文本中有定义），以加深对理论词汇的理解，并查找历史学家的名字，以扩展对他们研究的背景和重点的了解。

　　下一章概述了经验主义的原则（历史学这门学科的基础认识论），探讨了历史学家在过去一个半世纪如何挑战和修改这一知识理论。

第二章　经验主义学派

经验主义既是一种知识理论，一种认识论，也是一种历史研究方法。[1] 几乎没有历史学家反对将经验主义作为一种研究方法，大多数历史学家通常使用过去150年来发展起来的分析工具和规程来对原始资料进行背景分析和解释。历史学家有时更愿意将他们的工作描述为一种"手艺"，其中蕴含着实践知识和技能，这强调的是方法而非理论。然而，所有的历史写作都是建立在一种知识理论之上的，自从19世纪中叶历史正式作为一门由大学主导的学科以来，经验主义的原则受到了相当多的批评和讨论。鉴于经验研究对历史研究的重要性，我们有必要了解经验主义作为一种认识论的起源、基本原则和批判，并考虑历史学家在这些争论中的立场。

历史研究的经验主义方法起源于16世纪和17世纪的"科学革命"。[2] 在挑战教会及其神职人员对知识生成和传播的控制时，弗朗西斯·培根等自然哲学家主张知识应该来自对物质世界的观察和调查。这些科学研究原则被18世纪启蒙思想家继续发展，并应用于对人类社会的研究。正是在这个广泛的知识背景下，我们现在熟悉

---

[1]　汤普森（E.P. Thompson）在《理论的贫困及其他论文》中明确区分了作为"意识形态形成"的经验主义和开展历史调查的实证技术，参见 *The Poverty of Theory and Other Essays* (New York, 1978), p. 6。

[2]　多琳达·奥特拉姆（Dorinda Outram）指出，科学和科学家这两个术语直到19世纪初才被发明，而当时更常见的表述应该是"自然哲学"，*The Enlightenment* (Cambridge, 1995), pp. 48–49。

的学科，如历史学、社会学和人类学在 19 世纪上半叶出现。因此，在新的、由大学主导的历史研究专业化的过程中，强调证据而非抽象推理、对原始文献进行系统的档案研究成为历史研究方法论的基础。

1824 年至 1871 年间，柏林大学的莱奥波德·冯·兰克在建立和传播历史培训的专业标准方面发挥了重要作用。兰克反对历史学家以前使用的许多资料来源，特别是个人回忆录或事件发生后编写的记述，他认为历史学家应该只使用"一手"或原始资料，即在所研究的事件发生时生成的材料。这些文件应该接受最严格的审查，只有"通过收集、批判和验证所有可用的来源，历史学家才能准确地重建过去"。[①] 兰克还提出，历史学家应该避免对过去进行评判，只需描述实际发生的事情，即"如实直书"（*wie es eigentlich gewesen*）。[②] 研究德国史的英国历史学家理查德·埃文斯（Richard Evans）认为，这句话被误读了，兰克试图"理解过去的内在本质"。[③] 他的意思是每个历史时期都应该根据其自身的条件来理解，而不是根据历史学家自己的标准来评判。这种对特定历史背景的强调也被称为历史主义，它排斥了更广泛的一般理论或原则，例如经济决定论。

尽管如此，兰克认为人类历史是上帝旨意的实现，因此乔治·伊格尔斯（Georg Iggers）得出结论，对于兰克来说，"对过去的公正态度……揭示了现存秩序正是上帝所愿……如果不考虑它出现的政治和宗教背景，就无法理解兰克所理解的新历史科学"。[④] 这个背景是

---

① See Richard Evans, *In Defence of History* (London, 1997), p. 18.

② Cited in Ernst Breisach, *Historiography, Ancient, Medieval and Modern* (2nd edn, Chicago, 1994), p. 233.

③ Evans, In Defence of History, pp. 17–18. 关于跨大西洋哲学和认识论的误解的更多讨论，参见 Peter Novick, *That Noble Dream: The 'Objectivity Question' and the American Historical Profession* (Cambridge, 1988), pp. 21–40。

④ Georg G. Iggers, *Historiography in the Twentieth Century: From Scientific Objectivity to the Postmodern Challenge* (2nd edn, Hanover, 2005), p. 26.

19 世纪民族主义和欧洲国家增长所引起的骚动。作为一位多产的历史学家，兰克撰写了超过 60 卷的编年史，重点关注欧洲的政治和外交史。

兰克的影响力广泛：他的学生任教于欧洲和北美新建的大学。①
1900 年，法国著名历史学家亨利·胡塞（Henri Houssaye）在第一届国际历史学家大会上致开幕辞，说明对事实证据的关注已成为历史实践的核心：

> 我们不想再与近似的假设、无用的体系、华丽但具有欺骗性的理论、多余的道德说教有任何瓜葛。事实，事实，事实——它们内含着教训和哲理。真相，全部真相，除了真相别无其他。②

因此，在世纪之交，科学的、经验主义史学的四个核心原则可以归纳如下：

1. 对历史证据进行严格审查和了解，并通过参考验证加以核实。

2. 公正的研究，不带有先入之见和偏见。

3. 归纳推理的方法，从具体观察到更广泛的分析（相比之下，演绎方法是从一般到特殊的推理，即通过更广泛的概念、特定理论或假设来接近或检验证据）。

4. 一般以叙述形式进行连贯性的表达。

---

① See Georg G. Iggers and James M. Powell (eds), *Leopold von Ranke and the Shaping of the Historical Discipline* (Syracuse, 1990).

② Cited in Novick, *That Noble Dream*, pp. 37–38.

这些研究原则中隐含一种特定的认识论，或者说知识理论。首先，过去独立于个体的意识存在，并且是可观察和可验证的。其次，通过遵循上述研究原则，历史学家能够客观准确地呈现过去。换句话说，历史记载的真实性取决于其连贯性和与事实的一致性。[①] 这些原则代表了对客观真理的追求，用美国史学界经常使用的短语来说，就是历史学的"高尚的梦想"。[②]

这些原则所规范的认识论也是"实证主义"的基础，这个术语起源于 19 世纪 30 年代的法国哲学家奥古斯特·孔德（August Comte）。孔德认为，对史料的客观分析可以扩展到制约历史发展的广泛法则。[③] 这种方法的核心问题是长期存在的能动性问题：个体能够在多大程度上行使能动性或自由意志，或者我们的生活最终是由更大的力量（包括社会经济力量）决定的吗？孔德坚定地站在后者的立场上，但他并不是一个悲观主义者，他相信通过认识和理解统治人类社会和历史的法则，即使不能使人类生活更加完美，也能使人类生活得到改善。实证主义将经验可验证的事实结合成一般法则，深刻地影响了 19 世纪许多重要思想家，包括卡尔·马克思和查尔斯·达尔文。[④]

整个 20 世纪，经验主义史学的核心原则仍然对历史学界产生着深远影响，尽管正如本章和后续章节所示，也不乏重要的批判。剑桥大学两位历史学荣誉教授在几十年间对历史实践的反思都集中在这些基础经验主义原则上。首先，J.B. 伯里（J.B. Bury）在 1902 年

---

① See Jonathan Dancy, *Introduction to Contemporary Epistemology* (Oxford, 1985), pp. 115–116, 讨论了更多一致性的理论。关于连贯性，参见 Noël Carroll, 'Interpretation, History and Narrative', in Geoffrey Roberts (ed.), *The History and Narrative Reader* (London, 2001), pp. 250–251。

② Novick, *That Noble Dream*.

③ Auguste Comte, *The Positive Philosophy of Auguste Comte* (1853), 2 vols, trans. *Harriet Martineau* (Cambridge, 2009).

④ See Richard G. Olson, *Science and Scientism in Nineteenth-Century Europe* (Urbana, 2008).

的就职演讲中宣称："历史学是一门科学，不多也不少。"对于伯里来说，历史书写是一门科学，因为它具有"对……史料的细致分析方法"和"严格符合事实"。他认为"科学不能被主观兴趣所控制或引导"。他说，大学的角色是培养学生进行客观分析，摒弃他们自己时代和地点的影响。"事实上，从古至今没有一位历史学家不宣称他的唯一目标是向读者呈现未被污染和未被涂饰的真相。"①

65年后，G.R.埃尔顿（G.R. Elton）在《历史学的实践》一书中捍卫了历史的经验方法。与伯里一样，埃尔顿认为正确的历史方法是揭示过去真相的关键。两位学者都将历史知识的创造比作砖瓦建筑。每一篇发表的研究都代表一块砖，历史学家的工作因此类似于熟练工匠的工作。这个比喻很有启示性，因为伯里和埃尔顿都不希望，也不认为工匠应该了解更大的建筑物。② 这个建筑物的物质基础，也就是无数学者的努力，必须是坚实的，而且两位学者都非常重视用正确的历史方法来评估和使用历史证据。

历史研究的核心是无可辩驳的事实信息，确定证据的真实性和充分性的方法变得至关重要，这就引出了经验主义史学的第一个原则。仔细评估和鉴定一手资料是兰克最重要的遗产之一。这些包括对资料的技术分析，如古文字学或统计学，以及对资料的批评，包括作者的权威性或观察者的能力等问题。③ 在一本广为阅读的历史方法教科书中，亚瑟·马维克（Arthur Marwick）列出了应用于历史文献的7个标准。前4个步骤涉及基本的真实性验证。④ 历史上最著名的伪造文件之一是《君士坦丁的赠礼》，声称教宗西尔维斯

① J.B. Bury, 'The Science of History', in Harold Temperley (ed.), *Selected Essays of J.B. Bury* (Cambridge, 1930), pp. 4–6.
② G.R. Elton, *The Practice of History* (Sydney, 1967), pp. 34–35.
③ See Martha Howell and Walter Prevenier, *From Reliable Sources: An Introduction to Historical Methods* (Ithaca, 2001).
④ Arthur Marwick, *The Nature of History* (3rd edn, London, 1989), pp. 220–224.

特一世治好了君士坦丁大帝的麻风病，为表达感谢将皇冠和帝国赠予教廷。这份文件在 700 年后被文艺复兴时期的作家洛伦佐·瓦拉（Lorenzo Valla）揭露为伪造。[1] 但伪造并不局限于中世纪世界；相对较近的例子是《希特勒日记》被认定伪造，这个事实表明，对资料来源的鉴定仍然是历史学家工作的重要部分。[2]

马维克的最后 3 个标准更多涉及的是解释而非核实。例如，建议有志于成为历史学家的人质询，"是什么人或人群创造了这个史料，这份文件当时被同时代的人如何理解？"[3] 埃尔顿认为，历史学家不应该将自己的问题强加给证据，相反，问题应该自然而然地从材料本身产生。[4] 这是经验主义认识论的第二和第三个维度的明确表述：客观的研究，不带有先验的信念和偏见，以及归纳推理的方法。但是，置身于自己所处时代和地点的历史学家，能够在多大程度上完全理解历史行动者感知世界的方式，或者抛开自己的概念、社会或文化观点呢？这是经验主义作为认识论中最有争议的维度，也是从 19 世纪中叶到最近的后结构主义持续受到批评的主题（见第十一章）。

在最早的批评者中，有一位是兰克的学生，伟大的研究文艺复兴文化的瑞士历史学家雅各布·布克哈特（Jacob Burckhardt）。他反对其导师对政治叙事的偏爱。布克哈特感兴趣的是过去社会的信仰和价值观，"过去人类的内核……这些人是什么样的，他们希望什么，思考什么，感知什么，能够做到什么。"[5] 他不仅仅将历史学家的目光从政治转向文化领域，还从根本上挑战了经验主义者对客观历史真相的信仰。他认为，历史学家在研究过去时会带入自己的观

---

[1]　Norman F. Cantor, (ed.), *The Medieval World, 300–1300* (London, 1968), pp. 131–132.

[2]　Robert Harris, *Selling Hitler: The Story of the Hitler Diaries* (London, 1986); Adam Sisman, Hugh Trevor-Roper: The Biography (London, 2010), pp. 476–506.

[3]　Marwick, *The Nature of History*, p. 223.

[4]　Marwick, *The Nature of History*, p. 83.

[5]　Jacob Burkhardt, *The Greeks and Greek Civilisation*, transl. by Sheila Stern (London, 1998), p. 6.

念，其他学者可能会对文艺复兴有完全不同的理解："任何一个文化时期及其心态，在不同人的眼里都可能呈现不同的图景，并且……很容易导致不同的人得出根本不同的结论。"[1] 布克哈特代表了一种在文化史学中寻求理解或意义的替代解释传统，与主导 19 世纪经验主义史学寻求起源、原因或解释的观点形成对比。这种对意义的追求也体现在民族志史学家的工作中，例如，他们通过"逆向解读"殖民者的书面记录来揭示被殖民者的观点，并因此构建出截然不同的殖民历史叙述。

　　经验主义认识论对核心原则的过分强调，也可能导致历史学家拒绝基于不同类型的史料来源（如口头传统或物质文化）对过去的理解。例如，20 世纪 60 年代，英国历史学家休·特雷弗-罗珀（Hugh Trevor-Roper）声称，殖民之前非洲没有历史，只有欧洲人在非洲的历史。[2] 特雷弗-罗珀的说法也引出了一个问题，即经验主义认识论的正统原则在多大程度上与基于截然不同的宇宙观的社会研究相兼容。历史主义的基本原则，源自浪漫主义学者约翰·戈特弗里德·赫尔德（1744—1803），他认为所有社会都应该在其自身的价值观和信仰框架内加以理解。在第十二章中，本土历史学家和后殖民历史学家恰恰提到了这一观点，并提出了非常不同的思考过去的方式。

　　尽管布克哈特强调历史学家在传达过去的表象时的主观性，但公正研究和归纳推理的目标仍然是大学主导的历史实践的核心。但并非所有人都被说服：完全公正真的可能吗？英国历史学家和哲学家柯林武德（R.G. Collingwood）在 20 世纪 30 年代中期专门探讨了这个问题，他写道：

---

[1] 该译文摘自布克哈特《文艺复兴时期的文化》首段，转引自 E.H. Gombrich, In *Search of Cultural History* (Oxford, 1969), p. 19。

[2] See discussion in Finn Fuglestad, 'The Trevor-Roper Trap or the Imperialism of History. An Essay', *History in Africa*, 19 (1992), pp. 309–326.

我们被训练成认为所有的知识探究都应该是公正的，不受任何实际目标和欲望的影响，只是为了发现真理，无论真理是什么。至少，这是我从我所属的学术和科学传统中继承下来的观念。但我经常对此感到不安，想知道理论与实践的完全分离是否可能。①

柯林武德首先确定了两种偏见："一种取决于我们想要什么"，"另一种取决于我们认为正确的"。在实践中，柯林武德认为这两种偏见都是无法完全避免的。这里重点讨论第一种偏见，柯林武德认为偏见是"希望发现自己所提问题的某个答案是正确的"，这种偏见会导致研究者"预设问题或事先解决问题"。虽然答案似乎很明确，这种偏见是错误的，但柯林武德并不轻易放过历史学家。"历史学家能够没有偏见吗？"他问道。②

在一个有趣的段落中，他提出"显然他们不能"，特别是在调查涉及或反映个人兴趣的主题时。他得出结论，依据逻辑原则应该是"为了避免偏见，规定任何对某个主题有个人利益的人都不能书写关于该主题的历史"。他称这个原则为"历史学家作为阉人的教义"，并坚决反对它。"所有历史思想，"他争论道，"都是历史学家在脑海中对过去发生在人们身上的某些经历的再现。如果他对政治或战争没有任何经验，他如何能理解像黎塞留这样的政治家或马尔伯勒这样的士兵的思想呢？"③ 换句话说，柯林武德认为，只有深入的生活体验才能使历史学家理解过去。

19 世纪德国社会学家和历史学家威廉·狄尔泰（Wilhelm Dilthey）

① R.G. Collingwood, 'Can Historians Be Impartial?', in W.H. Dray and W.J. van der Dussen (eds), *The Principles of History and Other Writings in Philosophy of History* (Oxford, 1999).

② Collingwood, 'Can Historians Be Impartial?', pp. 209–210.

③ Collingwood, 'Can Historians Be Impartial?', p. 211.

也提出了这个论点，他指出："我们自己生活的力量和广度以及我们反思的能力是历史视野的基础。"[1] 柯林武德还主张历史学家应该加强自我反思，并"审视我们自己的思想，找出我们的偏见是什么。"[2] 虽然批判性的自我反思通常没有成为历史专业研究生培训的一部分，但对学科反思性的要求，例如对学科的理论基础和社会原理等规范性假设的调查，现在已成为英国历史课程国家标准的一部分。[3]

那么第三个原则，归纳推理的原则呢？如果问题能够从史料本身而不是历史学家的思想中出现，历史学家如何弥合横亘在自己与过去历史行动者的概念和感知世界之间在时间和文化层面的差距？历史学家的角色是否应该仅限于"剪刀加糨糊"，复制"权威们的证词"？[4] 柯林武德也反对这个观点。历史学家不能忽视文献证据中的遗漏、隐瞒、扭曲甚至谎言；他们必须做出选择和筛选，否则他们的工作将成为"一堆杂乱无章的细节"。[5] 他主张历史学家应以批判的心态对待史料，并以三种方式行使他们的"自主权"：

1. 将"历史行动者视为可以受到批判质询的证人，而不是权威"；

2. 根据他们的兴趣或为了回答问题选择"信息"；

3. 最后，进行插叙，"用推理得出的观点填补证据中的空白"。[6]

[1] Wilhelm Dilthey, *Pattern and Meaning in History* (New York, 1962), p. 87.

[2] Collingwood, 'Can Historians Be Impartial?', p. 212.

[3] Simon Gunn and Stuart Rawnsley, 'Practising Reflexivity: The Place of Theory in University History', *Rethinking History*, 10, 3 (2006), pp. 369–390.

[4] R.G. Collingwood, *The Idea of History* (Oxford, 1993), p. 257.

[5] Marnie Hughes Warrington, 'How Good an Historian Shall I Be?': R.G. Collingwood, The Historical Imagination and Education (Exeter, 2003), pp. 130–131.

[6] Warrington, 'How Good an Historian Shall I Be?', p. 131.

我们在这里集中讨论第三点，柯林武德提出推理可以通过"历史的想象"来实现。[1] 柯林武德指的是历史学家利用一种先验的历史想象力，这种想象力需要在内部和外部具有一致性和连贯性（因此与小说不同）；具有特定的时空位置；最后，历史学家的叙述必须与过去的证据痕迹一致。[2] 历史想象力的运用并不意味着历史学家会得出相同的结论。例如，关于因果关系或动机的判断往往是历史学家推理的产物，无法证明。[3] 让我们以英国、美国和澳大利亚在1870 年至 1920 年间生育率下降的例子来说明。基于对人口普查数据的定量分析，历史学家认为在这一时期，每位已婚妇女的平均生产数量显著下降。在这种情况下，总体趋势似乎是明确的。但是生育率下降的原因则不那么明确；至少有 6 种解释，从经济因素（生育行为由代际财富流动决定）到社会因素（妇女在家庭中的权威增加）都有。[4] 虽然生育率下降无疑是一系列复杂因素的结果，但历史学家继续寻找主要原因。[5] 在面临快速人口增长的世界中，理解过去人类控制生育的动机具有特殊的当代意义。

然而，历史学家之间非常难以达成一致，历史事件可以有多种解释。同样的证据可以产生两个完全不同的关于过去的故事，当这些故事不相容时就会出现问题。一个鲜明的例子是环境史学家威廉·克罗农（William Cronon）对 20 世纪 30 年代袭击北美大平原的持续干旱的两种历史书写的比较。[6] 第一项研究将干旱描述为一

[1] Collingwood, *The Idea of History*, p. 241.

[2] Warrington, 'How Good an Historian Shall I Be?', pp. 135–138.

[3] See John Tosh, *The Pursuit of History* (5th edn, London, 2013), p. 182.

[4] See Simon Szreter, Fertility, Class and Gender in Britain 1860–1940 (Cambridge, 1996); and Szreter et al., Changing Family Size in England and Wales 1891–1911: Place, *Class and Demography* (Cambridge, 2001).

[5] 里格比（S.H.Rigby）探讨了在寻找主因过程中固有的哲学问题，参见 'Historical Causation: Is one Thing more Important than Another', *History*, 80, 259 (June 1995), pp. 227–242。

[6] See William Cronon, 'A Place for Stories: Nature, History and Narrative', *Journal of American History*, 78 (1992), pp. 1347–1376.

种自然灾害，人们在尘暴中取得了胜利；第二项研究则认为是人类未能理解这个半干旱环境的周期性气候，导致生态崩溃。克罗农最终得出结论："试图逃避伴随叙事的价值判断会错过历史本身的要点，因为我们讲述的故事，就像我们提出的问题，最终都是关于价值的。"[1]

那么，我们是否应该接受所有解释都是相对的呢？相对主义是一种认为绝对真理无法达到的信念，所有关于历史的陈述都与提出这些陈述的人的立场相关或相对。尽管在整个 20 世纪，经验方法在美国和英国的培训中继续占主导地位，但在此期间，许多领先的历史学家采取了更相对主义的立场，包括查尔斯·贝尔德（Charles A. Beard）和 E.H. 卡尔（E.H. Carr）。[2] 主观主义的一个困难在于，它为道德相对主义留下了不可接受的缺口。过去的某个解释是否和其他任何解释一样恰当？例如，在评估帝国武力征服的影响或殖民化过程中对土著人民的剥夺时，我们将选择何种立场？我们难道不应该质疑那些试图否认大屠杀历史事实的历史学家吗？通过篡改文献和口述记录的方式进行解释，这样的行为表明无条件的主观主义立场在道德上存在缺陷。[3] 所有这些关于历史研究认识论基础的辩论使得经验主义历史学家陷入了一种令人不安的困境，正如多米尼克·拉卡普拉（Dominick LaCapra）在 20 世纪 80 年代中期提到的那样："极端的文献客观主义和相对的主观主义并不构成真正的选择"[4]。

有没有什么办法摆脱这个认识论困境？关于历史认识论科学地位的辩论，在最近几十年中受到了较少关注，这是本书后面章节将

[1] Cronon, 'A Place for Stories', p. 1376.

[2] Charles A. Beard, 'That Noble Dream' (1935), in Fritz Stern (ed.), *The Varieties of History* (2nd edn, London, 1970), p. 328. 英国历史学家也提出了同样的观点，参见 E.H. Carr, *What is History?* (2nd edn, London, 1987), p. 22。

[3] Deborah E. Lipstadt, *Denying the Holocaust: The Growing Assault on Truth and Memory* (New York, 1994).

[4] Dominick LaCapra, *History and Criticism* (Ithaca, 1985), p. 137.

讨论的新文化理论和概念影响的结果。[①] 然而，艾伦·梅吉尔（Allan Megill）最近提出，如果历史学家希望断言他们对过去的描述是真实的，就必须澄清事实和推测或推理之间的界限。[②] 他的解决方案是从科学哲学中提取的一组标准，称为"最佳解释推理"或"演绎"。这种方法结合了演绎和归纳推理，主要关注对历史分析或解释的证明。基于保罗·塔加德（Paul Thagard）的工作，梅吉尔概述了在任何给定情况下决定哪种解释是最好的三个标准：

　　1."协调性"（解释所使用的数据越多，效果越好）；

　　2."简洁性"（解释工作所需的"辅助"假设越少，效果越好）；

　　3."类比性"（解释与已知为真的其他解释越相似或可比较，效果越好）。[③]

　　梅吉尔认为，第三个标准在历史研究中的适用性较小，应该谨慎使用。梅吉尔在这三个标准之外添加了第四个标准。他建议颠倒通常的因果关系解释顺序，认为"在评判历史叙述时，我们应该记住，从结果到原因的推理比从原因到结果的推理更可取"。他认为，这样可以使"历史学家扎根于真实的证据"。[④] 这种陈述反映了经验主义的核心要求，而评估历史学家解释的四个标准为基于证据进行

---

① See the editorial by Brian Fay, 'History and Theory: The Next Fifty Years', *History and Theory*, Theme Issue 49, 4 (December 2010), pp. 1–5.

② Allan Megill, *Historical Knowledge, Historical Error: A Contemporary Guide to Practice*(Chicago, 2007); for another approach to inference see Aviezer Tucker, 'Where Do We Go From Here? Jubilee Report on History and Theory', *History and Theory*, Theme Issue 49, 4 (December 2010), pp. 64–84.

③ Megill, *Historical Knowledge*, p. 37; Paul Thagard, 'The Best Explanation: Criteria for Theory Choice', *Journal of Philosophy*, 75 (1978), pp. 76–92.

④ Megill, *Historical Knowledge*, p. 135.

推理提供了一种方法。梅吉尔得出结论，历史学家不需要明确阐述其历史分析背后的演绎推理过程，但这将继续使读者对历史叙述中隐含的史料来源的选择过程和论证过程一无所知。

让我们现在转向经验主义史学的一个例子，取自杰弗里·埃尔顿（Geoffrey Elton）最有影响力的作品之一《都铎王朝下的英格兰》（*England Under the Tudors*），该书于 1955 年首次出版。埃尔顿于1921 年出生在德国，在布拉格大学学习后，在剑桥完成了关于都铎统治的博士论文，这"使他声名大噪"。[1] 他的作品主要关注行政史，并成为经验主义知识理论的主要捍卫者之一。下面的摘录包含了经验主义史学的许多独特特点。首先，我们来看一下标题和目录。从这些内容可以看出，埃尔顿对这个时期的英国历史采取了怎样的研究方法和组织方式？他的叙述中缺少哪些历史因素？标题表明这本研究是关于英格兰的，但在这种情况下，王朝史是否等同于国家史？有趣的是，埃尔顿在 20 世纪 50 年代撰写了具有开创性的都铎政府统治研究，这正是西欧国家政府前所未有的膨胀时期，与此相关的争论可能影响了他工作的重点。

埃尔顿坚决表示，他对都铎王朝政府的解释"不是因为我天生具有独裁主义思想（像我的批评者们所认为的那样），试图寻求统治者的美德，而是因为证据召唤它们出现。"[2] 这是对正统归纳法的呼吁。在整个章节中，埃尔顿强烈认同亨利七世的利益，而对于不幸的僭越者，他的轻蔑态度更加明显。在阅读中，你还能找到哪些例子体现出对强有力领导重要性的隐含理论？埃尔顿的作品受到批评的一个方面是叙述的运用。叙述形式，即讲故事，是否会"诱使读者将作者偏好的解释简单地视为发生的事情"？[3] 这被描述为"埃尔

---

[1]　John Cannon et al. (eds), *The Blackwell Dictionary of Historians* (Oxford, 1988), p. 122.

[2]　Elton, *The Practice of History*, p. 121.

[3]　Philip Abrams, *Historical Sociology* (Ithaca, 1983), p. 307.

顿困境"，即叙述作为一种解释历史手段的问题。每个叙述都包含隐含的分析，因为历史学家必须决定如何安排证据。但是通过讲故事的方式，历史学家可以回避对故事结构所依据的理论进行批判性审查。[①] 作为全知叙述者，埃尔顿是否让故事的流畅性掩盖了他根据未声明的标准做出判断的程度？

进一步阅读

Appleby, Joyce, Lynn Hunt and Margaret Jacob, *Telling the Truth About History* (New York, 1994).

Davies, Stephen. *Empiricism and History* (Basingstoke, 2003).

Elton, G.R., *The Practice of History* (London, [1967] 1987).

Evans, Richard J., *In Defence of History* (London, 1997).

Fulbrook, Mary, *Historical Theory* (London, 2002), Chapter 2, 'The Contested Nature of Historical Knowledge'.

Iggers, Georg G. and James M. Powell (eds), *Leopold von Ranke and the Shaping of the Historical Discipline* (Syracuse, 1990).

McCullagh, C. Behan, 'What Do Historians Argue About?' *History and Theory*, 43:1 (2004), pp. 18–38.

Megill, Allan. Historical Knowledge, Historical Error: A Contemporary Guide to Practice (Chicago, 2007).

Novick, Peter, That Noble Dream: The 'Objectivity Question' and the American Historical Profession (Cambridge, 1988).

Partner, Nancy and Sarah Foot (eds), *The Sage Handbook of Historical Theory* (London, 2013): Chapter 1, Michael Bentley, 'The Turn Towards "Science": Historians Delivering Untheorized Truth', and Chapter 2, Lutz Raphael, 'The Implications of Empiricism for History'.

期　刊

History and Theory

[①]　Abrams, *Historical Sociology*, pp. 310, 307.

摘　录

都铎王朝下的英格兰

杰弗里·埃尔顿

目　录

II 亨利七世：巩固王朝

1. 亨利对王位的要求

当在博斯沃思（Bosworth）战役中获胜时，斯坦利勋爵（Lord Stanley）选择背叛理查德三世，使亨利的胜利成为可能，得以以胜利者的姿态加冕；根据编年史记载，人们欢呼雀跃，拍手叫喊着："国王亨利，国王亨利。"尽管这种欢呼对他来说肯定是愉快的，但它并没有使金冠更加稳固地戴在自己头上。亨利七世的首要任务是说服国家和世界，他是真正的国王。虽然在前往伦敦的旅途中，他感觉到自己的任务有所减轻，但也许没有必要提醒他人类的善变。尤其是伦敦城，它以随时准备欢迎每一位王位征服者而著称。

亨利自己对王位的要求远非如此简单。15 世纪的英格兰没有适当的王位继承法。法官们一再强调，普通法不适用如此崇高的事务；事实上，在王位争夺战中，他们对后果过于恐惧，不敢在其中进行定夺。1399 年，亨利四世提出了一个由（虚假的）论断组成的主张，声称他代表了真正的继承血统，他的胜利证明了上帝的恩宠，并且有责任除掉像理查德三世这样无法无天的君主。这里有一些亨利七世可能会有所受益的要点。1450 年，约克公爵理查德和他的儿子爱德华四世，反抗了向作为现任国王的亨利六世给予效忠誓言的要求，提出了一个完全的合法性理论。合法性——即王位在任何时候都只能传给一个人，并且这个继承是由长子继承权决定的——这是约克派的核心立场；作为冈特的约翰（John of Gaunt）的哥哥的后裔，他们在其中找到了一个对抗冈特后代的有用武器。理查德三世进一步利用了这一点，他宣布他的侄子们是私生子而夺取了王位；这使他成为血统唯一合法的继承人。因此，人们普遍认为继承权应该传给长子，但严格的合法性理论仍然属于某个党派，兰开斯特派（Lancastrian）从未认同过这一理论。

这个理论对亨利七世毫无用处。他声称代表兰开斯特家族的血脉；他的母亲玛格丽特是博福特家族（Beauforts）的最后一位成员，他们是冈特的约翰的私生子后代，其身份被教宗和理查德二世合法化了。然而，在亨利四世确认他前任的授予时，有一条有效性本身存在争议的插入内容，否定了他们继承王位的权利。从男性继承角度来看，亨利没有王室血统；如果直接从爱德华三世的血统来看，已故克拉伦斯公爵的儿子、年轻的沃里克伯爵（earl of Warwick）无疑是最有资格的继承人。因此，合法性对都铎王朝的国王来说毫无价值。他也不打算以与伊丽莎白（爱德华四世的女儿）备受争议的婚姻为基础来主张自己的权利：这可能对安抚约克派系有用，但亨利打算凭借自己的力量成为国王。因此，他故意推迟了婚约，直到自己登上王位。事实上，他采取了最简单的解决办法：他宣布自己是国王。1485 年 11 月，他在首届议会中宣称，他通过继承（故意模糊细节）和符合上帝旨意的胜利，登上了王位：在他自己看来，他的权力是神圣的，因为神明在战场上明确地给予了认同。这种都铎王朝的神权观与斯图亚特王朝的神权观完全相反。都铎王朝以事实为依据——上帝通过战争的裁决来表达自己的意愿。斯图亚特王朝则相信有一种不可剥夺的权利，任何不利环境都不能减少或破坏这种权利。

因此，亨利在理查德三世去世后立即以英格兰国王的身份思考和行动。事实上，他武断地将自己统治开始的日期定为博斯沃思战役前一天，但这只是一种典型的狡猾做法，旨在使他能够将那天支持理查德的人视为自己的叛徒。不存在议会授予甚至确认其头衔的问题。1485 年 11 月召开议会，这一事实足以证明这点；只有真正的国王才能召集真正的议会，而召集令早在 9 月初就已发出。亨利七世只是遵循了亨利四世在 1406 年设立的先例，后者在议会中设立了继承权，出于同样的原因——避免一切模糊不清，并为他的王朝的稳定延续铺平道路。该法案是由议会"规定、确立和颁布"的，不仅确定亨利是国王，而且是英格兰王位的继承者，以及与之相关的一切权力和财产，应该保留和归属于"我们现在的君主亨利国王"及其继承人。该法案承认亨利是国王，因此继承权必须传给他的后代；它的目的，就像许多都铎王朝的法案一样，是通过记录来消除一切疑虑。它为宣传的目的服务，而所有都铎王室都非常了解宣传的重要性。

这些都是理论问题，但法律理论问题同样重要。亨利小心翼翼地确保自己的王位不依赖议会，同时也不被过分调查，这表明他知道理论的价值。但实际考虑更为重要。亨利可能声称他的权利毋庸置疑，但还有其他人会激烈争议。因此，只有确保所有可能的竞争对手都被解决才是明智之举。幸运的是，理查德三世在没有直系继承人的情况下兴奋地去世，并且——尽管存在疑虑，但这一点仍然是可能的——通过将爱德华四世的儿子们排除在外，使亨利的道路更加顺利。爱德华四世的女儿和克拉伦斯的儿子，即 10 岁的沃里克伯爵，仍然是竞争对手。1486 年 1 月，亨利通过与他们中最年长的伊丽莎白结婚解决了前者的问题，并通过塔楼之囚解决了后者的问题。这个可怜的男孩在那里度过了一生，直到其他人的阴谋将他推上断头台，而他对此既不知情也没有参与。还有约翰·德·拉·波尔（John de Ia Pole），林肯伯爵，爱德华四世的侄子，由理查德三世提名为他的继任者，但目前他服从于亨利。与伊丽莎白结婚也有助于让约克郡的部分人保持沉默，这些人曾经与亨利一起反对理查德三世的篡位，并使他的胜利成为可能；最终，通过为兰开斯特和约克谋求利益产生继承人，实现了都铎王朝史学家爱德华·霍尔（Edward Hall）所论述的"两个贵族和显赫家族的联合"。然而，目前还有许多人对新国王不满意，还有更多人认为，公共生活中的剧烈起伏，为那些充满野心和不择手段的人提供了机会，已经成为一种常态。直到 1500 年，西班牙大使德普埃布拉（de Puebla）才能宣称，没有什么可疑的王室血统会动摇都铎王朝的继承权，甚至一两年后，加莱的一些皇家官员在讨论政治和国王的疾病时，还预见到更多的王朝困难。亨利在位期间，从未完全摆脱事实或阴谋的威胁，数年来，他不得不捍卫自己的王位，以抵御当初为他保驾护航的那类阴谋。

2. 阴 谋

1485 年 11 月召开议会的目的之一是处理国王过去的对手。惯常的一系列褫夺令（attainders）① 消灭了约克派的一些主要支持者；到目前为止，亨利七世没有显示出特别的仁慈，或者通过处理

---

① 褫夺令是议会对某人的叛国罪进行登记的法令，宣布其所有财产归国王所有，其血统被"玷污"；直到 1539 年，褫夺令才被用来代替审判。

世仇来结束战争的意图。无论如何，这些剥夺王国中一些最富有的人的财产的行动背后还有另一个很好的理由。同年，复辟法案宣布，亨利六世去世以来的所有王室授予无效，并为亨利七世收回了大量土地；显然，国王从一开始就决心改善自己的财务状况。内战的每个阶段都以战败者被处死、胜利者被撤销死罪为标志，依据内战的精神实质，议会的召开标志着都铎王朝，甚至是兰开斯特王朝的胜利。约克派——甚至那些出于对理查德的憎恨而支持亨利争夺王位的人——暂时被冷落了；虽然与约克的伊丽莎白的联姻被反复推迟，但仍被多次承诺，以防止温和约克派的情绪被彻底疏远。

此外，还有极端分子。1486 年 3 月，亨利与王后结婚，南方和平，他北上进入约克派的大本营约克郡，展示自己的身份并镇压反抗。在林肯，他听说理查德三世的朋友和总管弗朗西斯·洛维尔勋爵（Francis, Lord Lovell）曾在科尔切斯特寻求庇护，与汉弗莱·斯塔福德（Humphrey Stafford）和托马斯·斯塔福德（Thomas Stafford）一起逃往未知之地。当国王继续向约克郡进发时，传来了逃亡者组建武装团伙的消息，并有可能在亨利的道路上发动起义。但是什么都没有发生。约克前不久还举行了对理查德三世被推翻的官方哀悼，现在却以盛大的庆典隆重欢迎他的征服者；一场地方阴谋很快被扼杀，洛维尔的部队在赦免的承诺前土崩瓦解。洛维尔逃往国外；未能在西部地区发动起义反对国王的斯塔福德兄弟被从庇护所中拖出并带到了塔楼。问题是，他们是否应该因为教会的避难权受到侵犯而逃脱法律制裁。亨利原本就想阻止无罪释放，他试图在案件审判之前征求法官们的意见，但由于他们不愿事先表态，他只能满足于请求尽快做出判决。最后，国王法庭裁定，庇护所属于普通法范畴，教宗不能干涉——这无疑是抵制教会特权的精神日益高涨的一个显著例子——并且这一特权不包括叛国罪。汉弗莱·斯塔福德被处决，不过托马斯因亨利七世觉醒的仁慈而受益。这次起义本身微不足道，但这个案例值得关注，因为它展示了都铎王朝依靠普通法法官判决的原则，都铎王朝尊重法官独立性的意愿，以及都铎王朝对古老特权和豁免权的漠视。

1486 年 9 月，亨利因儿子亚瑟的诞生而欢喜（复兴古老的英国名字意味着重要性）——他似乎能够维持王朝的稳固。国王自己还不到 30 岁；毫无疑问他会活得足够长以看到他的继承人成年。然而，就在这个关键时刻，统治期间的第一个严重阴谋浮出水面。谣言使国家不安定：许多人相信塔中的王子们仍然活着，也许已经设法逃脱，或者如果理查德三世真的处置了爱德华四世的儿子们，那么真正的约克派继承人沃里克伯爵再次逍遥法外了。有足够的轻信、足够的约克派情绪和足够的纯粹迷信供别有用心之人利用。牛津的一位出身不高但颇具头脑的牧师理查德·西蒙兹（Richard Symonds）首先意识到这一点。他计划将他的一个学生，一个无害的温文尔雅的名叫兰伯特·西姆内尔（Lambert Simnel）的男孩，冒充爱德华的儿子约克的理查德；不久之后，当有传言说沃里克在塔中死去时，西姆内尔冒名顶替的对象被改为沃里克，理由是政府将无法通过展示真正的伯爵来证明这个欺诈行为。这样一个疯狂的计划竟然能够从一个默默无闻的牧师的脑海中冒出来——并且它几乎成功——表明了国家的状况和亨利所面临的问题的规模。西蒙兹得到了约克派领导人的青睐——伯爵夫人玛格丽特，勃艮第的遗孀，爱德华四世的姐姐，也是所有反对都铎王朝的阴谋中心，以及流亡的洛维尔勋爵，他曾在她那里避难。约翰·德·拉·波尔，林肯伯爵，理查德三世的继任者，亨利七世曾友善对待他，他却逃到爱尔兰加入了举起白玫瑰旗帜的叛军。这个国家一直同情约克派，它最有权势的贵族，基尔代尔伯爵（earl of Kildare），欢迎任何摆脱英国控制的机会。

　　因此，亨利突然面临着一项重大威胁，尤其危险的是它集中在他无法触及的爱尔兰。兰开夏和康沃尔的次要行动可以忽略不计，但来自爱尔兰海峡的威胁要求他立即行动。真沃里克在伦敦游行，但徒劳无功；1487 年 5 月，假沃里克在都柏林被宣布为爱德华六世即位，除了沃特福德市外，整个爱尔兰都归附于他。他的权力依靠基尔代尔、约克派领袖林肯和洛维尔，以及勃艮第的玛格丽特提供的 2000 名德意志雇佣兵。他们于 6 月在兰开夏登陆，并开始向伦敦进军。人们耳熟能详的玫瑰战争故事似乎即将重新开始。然而，这个国家表明它对这一切已经厌倦了：甚至在约克郡对白玫瑰派的支持也很少，而其他地区仍然忠于亨利。此外，林肯的军队中很可能包括许多狂野的爱尔兰人，这使他失去了很多支持。国王决议于 1487 年 6 月 16 日在斯托克（Stoke）达成，所有的约克派领导人都被杀死，或者消失得无影无踪；西蒙兹和西姆内尔落入国王手中。亨利以一种政治方式显示了仁慈；他对西姆内尔的处理方法是，将他带入皇家家庭，在那里他从洗碗工成为猎鹰师，带有一种讽刺但不无善意的幽默感。西蒙兹被终身监禁；没有普遍的禁令或大屠杀，如后来令都铎王朝的胜利所蒙羞的那样，尽管一些西姆内尔的追随者为他们的叛国行为付出了巨额罚款。这起事件的受害者之一是亨利的岳母伊丽莎白·伍德维尔（Elizabeth Woodville），她是个愚蠢而多管闲事的人；出于不明原因，她最终在一座修道院度过了余生。整个过程中，亨利明显试图淡化整件事情，而他也成功地做到了。

　　在亨利的王位面临下一次严重威胁之前，英格兰卷入了与法国的战争。整个故事非常复杂，几乎同样无关紧要。但它的主要线索很重要，因为它们既表明了亨利七世在外交事务上的目标，也表明了直到 1529 年沃尔西（Wolsey）垮台之前，英格兰对欧洲大陆的态度。在 15 世纪末的 20 年里，西欧呈现新的面貌。由路易十一世

（1483 年去世）巩固的法国，以及由阿拉贡的费迪南德（Ferdinand of Aragon）和卡斯蒂利亚的伊莎贝拉（Isabella of Castile，1469）基于个人联合创建的西班牙接管了欧洲事务的领导权，他们的争斗构成了欧洲外交的故事，而神圣罗马帝国皇帝马克西米利安、包括教宗在内的意大利诸侯，以及英格兰国王的阴谋则只是其中的附属物。1487 年，亨利七世的立即表态是由几个因素决定的。对法国的传统敌意远未消失；事实上，国内的情感不会允许他放弃对法国王位的要求，即使他有这样的倾向。更重要的是，英格兰继续拥有加莱，这既是进入法国的门户，也是两国关系的永久刺激因素。此外，亨利迫切希望从某个欧洲大国获得对他的王朝的可见认可，而共同的利益，主要是商业利益，表明了西班牙的崛起。1488 至 1489 年，他与费迪南德和伊莎贝拉之间谈判了一项关于他的儿子亚瑟和凯瑟琳的婚约。作为回报，有野心要在比利牛斯山脉拥有两个法国省份的西班牙获得了帮助英国对抗法国的承诺。争端的导火索是布列塔尼的事务。这个公国摆脱了路易十一世的集权统治，但他的女儿（博若的安妮）和后来的儿子（查理八世）决心弥补这个遗漏。尽管法国在 1488 年取得了一次伟大的胜利，但当布列塔尼公爵不久后去世，由他 12 岁的女儿安妮继任时，他们失去了这些收益。布列塔尼的安妮是一个重要的继承人，她的权力是值得争夺的；西班牙看到了令法国难堪的机会，而博若的安妮则看到了法国通过声称监护年轻公爵夫人来控制公国的机会；战争再次爆发。

英格兰的角色是由以下因素决定的：为了不让布列塔尼港口陷入法国手中的危险，英国志愿军在之前的布列塔尼战败中死亡了数百人，同时还要面对西班牙的压力。1489 年，亨利准备发动战争。他费了一些力气才获得了议会拨款 10 万英镑，其中只有一部分得到兑现；这笔款项的征收导致北方发生了一次严重暴乱，国王的代理人诺森伯兰伯爵（earl of Northumberland）被杀。加莱的守军得到了增援。1489年3月，英国与西班牙的《麦地那德尔坎波条约》（Freaty of Medina del Campo）将英国拖入这场战争中。亨利获得了巨大的贸易让步，但西班牙在政治交易中占据了最大的优势：双方都可以在达到目的后撤离，但由于西班牙只想要比利牛斯山脉的省份，而英格兰则谈到恢复亨利五世的征服，优势显而易见。然而，亨利得到了他想要的——有利的贸易条件和亚瑟与凯瑟琳的订婚；正如事件所显示的那样，他并不打算为布列塔尼或西班牙的事务浪费血和财富。他履行了条约，并协助他的另一个盟友马克西米利安与佛兰德叛军作斗争。除此之外，他和其他人都没有采取任何行动，直到1490年马克西米利安突然迎娶了布列塔尼的安妮。亨利在1491年通过"恩赐"，即以自愿为名的强迫馈赠，从他的国家榨取钱财，这种做法在1484年被宣布非法；但是当查理八世被安妮的婚姻刺激而采取行动时，没有人抵抗他，他逐渐征服了布列塔尼，最终在安妮获得未缔结的前一次婚姻的必要豁免权后，也迎娶了安妮。

现在的局势非常混乱。西班牙没有表明支持盟友的意图；英格兰国王不止一次后悔与阿拉贡的费迪南德结盟。布列塔尼已经成为法国的一部分，英格兰想恢复亨利五世征服的大片领地的野心只不过是荒诞不经罢了。我们不必认为国王也有同样的想法。但他不能承受将都铎王朝与兰开斯特和约克顽固坚持的投降主张联系在一起，他也不希望放弃在战争初期向布列塔尼提供的大量贷款。因此，他在1492年花费时间进行展示，以向法国表明英格兰威胁的严重性。他甚至亲自渡过海峡，带领军队围攻布洛涅（Boulogne），这一行动被认为是都铎王朝在法国北部立足的必要条件。查理八世没有继续战争的理由，尤其是因为他令人不安的野心正在转向意大利。因此，在1492年12月，两国签署了《埃塔普勒条约》（Treaty of Etaples），亨利同意暂时搁置对法国的要求，作为回报，他获得了一笔他可以并且确实称之为贡金的款项，以及对布列塔尼债务的偿还。以相对较小的费用，他获得了一份光荣的和平，并获得了一笔可观的赔款来补偿他的支出。他抛弃了西班牙——但费迪南德和伊莎贝拉自己也在考虑单独和平，所以亨利只是在他们的权力游戏中击败了他们。他的另一个盟友马克西米利安也感到被抛弃了，但他的行为本就非常狡猾，任何时候都没有人对忽视马克西米利安有任何顾虑。这场战争证明了英格兰再次成为一个值得忌惮的大国，并有权在欧洲外交中发挥作用。它导致了法国和西班牙正式承认都铎王朝，亨利与两国都签署了条约。国王可以感到他在这个棘手的游戏中的第一次尝试表现得很出色。

《埃塔普勒条约》来得正是时候，因为亨利不得不转移注意力，面对他在整个统治期间所面临的最严重威胁。1491 年，一位17 岁的年轻人，作为一位布列塔尼商人的仆人，穿着他的主人用于交易的丝绸服装在科克的街道上走来走去，进行展示。他的举止和华丽给那些相对落后的市民留下了深刻印象，而有关金雀花王朝（Plantagenet）王子四处逃亡的传闻已经让他们感到不安。他们认为这个年轻人是沃里克伯爵，当他否认时，他们又善意地把他认作了理查德三世的私生子。他继续否认，但他们坚持把他看作约克公爵理查德，即爱德华四世的次子。在他们的纠缠不休下，他同意了。这至少是冒充者后来在他的自白中所说的故事，现在被广泛认可为大部分是真实的，但是一个 8 年来坚持自称为约克的理查德的人，是否真的以如此偶然的方式冒充身份，仍然有些可疑。他的真名叫珀金·沃贝克（Perkin Warbeck），他的父母在 1497 年仍然健在，住在图尔奈。自从 11 岁起，他一直在为各种商人奔波办事。他知道的细节使别人相信他是金雀花王朝的后裔，这一所谓奇迹被夸大了：除了那些渴望利用他来对抗亨利七世的人之外，他似乎从未让任何人相信。这同样适用于他所谓的姑姑勃艮第的玛格丽特，一旦她确信没有真正的约克派人士幸存，她就完全愿意接受一个冒名顶替者并发誓证明他的身份。她后来可能还对他的角色扮演进行了指导。

沃贝克作为约克公爵理查德的经历是丰富而多样的；这个故事已经被讲述过很多次，而且足够详细，我们只需要关注其中的要点。他在科克给爱尔兰人留下深刻印象的外貌，可以从一张质量上乘的画作中得知：他的魅力和智慧无法掩盖他明显的软弱。他自己所做的一切都以惨败告终；很难想象还有谁比他更不像残酷高效的约克家族。似乎只有亨利七世公正地评价了他，对待他时既厌倦又几乎荒谬地宽容。其他人都被他的关键作用所蒙蔽，无法正确评估他。因此，他成了八年动荡事件的中心。

在爱尔兰领主们以他们粗犷的爱尔兰方式认可了约克公爵理查德，他们不考虑真相，只要能对抗英格兰，而沃贝克的第一个保护人是法国的查理八世，当时他正与亨利七世交战。《埃塔普勒条约》终止了这一切，1493 年，沃贝克前往勃艮第，在那里得到了寡居公爵夫人玛格丽特的青睐，并团结了约克派流亡者和他们的希望。他所获得的支持使亨利七世非常恼火，以至于中断了与低地国家的所有贸易，对依赖英国羊毛和未完成布料的佛兰德布业而言，这种抵制造成了很大打击。然而，这种禁运在英国商人中也不受欢迎，因此不能无限期地延长；禁运没有达到预期的目标，因此在两年后解除了。沃贝克也寻找到比玛格丽特更好的保护人；1493 年末，他在维也纳，争取到立场摇摆且愚蠢的马克西米利安，后者看到了报复亨利七世在《埃塔普勒条约》中所谓的背叛的机会。马克西米利安甚至承认沃贝克是理查德四世，英格兰的合法国王，并承诺在夺回王位的过程中给予他全力支持。作为回报，沃贝克在 1495 年 1 月签署了一份文件，将马克西米利安定为他的继承人，这样，如果沃贝克在夺取英格兰王位的过程中死亡，神圣罗马帝国皇帝将继承约克王朝的全部继承权。马克西米利安本人擅长做出毫无价值的承诺，但人们感觉这一次他遇到了对手。然而，这个冒名顶替者找到了所有这些支持是非常重要的事实。马克西米利安和他的儿子菲利普大公，荷兰的统治者，使低地国家成为沃贝克阴谋的中心，许多人甚至从英格兰来到那里，希望约克派复兴。到那时，沃贝克已经对自己的角色了如指掌，他能够欺骗那些渴望白玫瑰党的支持者并不奇怪。

更危险的是，这个阴谋在英格兰发展了一个分支——事实上，就在宫廷内部。其中一个去弗兰德斯加入理查德四世的人是罗伯特·克利福德爵士（Sir Robert Clifford），然而，他到达后却改变了主意——也不排除他秘密为亨利七世服务。无论如何，在 1494 年 12 月，他正式与国王和解，获得赦免和奖励，并返回英格兰详细说明了反叛者的情况。亨利可能已经对涉案人员有所观察，克利福德的证词只是锦上添花。一些较低级别的人，由菲茨沃尔特勋爵（Lord Fitzwalter）领导，被斩首和处以绞刑，他们的财产随后被没收，并在 1495 年的议会中被剥夺血统。其中一个人下场很惨：克利福德指控宫廷总管、使博斯沃思胜利成为可能的威廉·斯坦利爵士（Sir William Stanley）参与了阴谋。关于整个事件没有任何消息，但根据同时代人的证词，我们知道亨利七世不会轻易相信任何人的叛国活动。因此，斯坦利很可能在克利福德指控他之前就已经引起了怀疑。毕竟，斯坦利家族在 1485 年只是在犹豫了很久后才改变立场；可能威廉爵士认为甚至一个总管的职位也不足以回报他的贡献。

逮捕和处决行动打破了英格兰的阴谋，使沃贝克计划的入侵变得毫无希望。然而，他们还是尝试了。1495 年 7 月，他出现在迪尔附近，并让他的大部分部队依次登陆；他自己明智地留在船上。王室官员已经准备好了：登陆的人被杀或被捕，这件事以讽刺的方式崩溃，沃贝克迅速驶向爱尔兰。在这里，他未能在 11 天的围攻中占领忠诚的沃特福德镇，于是决定前往苏格兰碰碰运气。詹姆斯四世成了反对英格兰的党派领袖，他在有亲英爱好的父亲被谋杀后登上了王位。因此，他非常愿意接待这个冒名顶替者并提供帮助。但这个计划也没有成功。1496 年 1 月，一支苏格兰军队越过边境，进行了野蛮的烧杀抢掠行动，这让沃贝克非常困扰，也让苏格兰人和英格兰人非常惊讶。然后他们又撤退了。边境袭击是一回事，通过远征将理查德四世安置在英格兰王位上则完全是另一回事。亨利七世不太愿意采取严厉的对策，因为他对战争天生厌恶，只因西班牙希望与亨利七世结盟共同对抗法国（当时法国在意大利取得了太多成功）才鼓动他，因此试图安排英格兰和苏格兰之间的和平。此外，沉重的战争税导致康沃尔郡爆发了严重的起义。康沃尔人对沃贝克没有兴趣；他们想要的是解除遥远北部边境事务的苛捐杂税，因为他们认为与自己无关。因此，他们在 1497 年起义，由铁匠约瑟夫和律师弗拉曼克领导，向伦敦行进并陈述他们的诉求。起初他们还是和平的，但汤顿（Taunton）杀死了一名税务官员，虽然他们可能并没有意识到这样一个明显的行为。然后，在贫困的贵族奥德利勋爵（Lord Audley）的领导下，他们穿越整个英格兰，因为国王的军队被困在边境上，没有人能够阻止他们。1497 年 6 月，他们在布莱克希思（Blackheath）停下来，但国王并没有被吓倒——亨利从不与持武器的叛乱者谈判——继续包围并攻击他们。当天有 2000 人死亡，但幸存者中只有领导人被绞死。然而，所有这些并没有让亨利解决沃贝克的问题变得更容易。

实际上，珀金·沃贝克于 1497 年离开苏格兰，他在那里被视为一个潜在但无用的资产，因此他希望再次在爱尔兰试试运气。但那里的情况已经改变了；基尔代尔暂时忠诚；因此沃贝克认为最好还是接受康沃尔的邀请，因为一些人错误地将国王的宽容解读为软弱。在新的总管、吉尔斯·道本尼勋爵（Giles Lord Daubeney）的反对下，珀金·沃贝克再次失去了信心；在汤顿，他在午夜偷偷离开，带着大约 60 名主要追随者，留下了没有领导的部队。尽管他逃到了博利修道院的庇护所，但他被说服向亨利求情，所以在 1497 年 8 月，国王终于将这个麻烦的叛乱者掌握在手中。这时出现了著名的自白，讲述了沃贝克的真实身份和早年生活；但有确凿的证据表明，亨利早在 1493 年就知道所有这些细节，并且有证据证明自白的真实性。沃贝克被以光荣监禁的方式留在宫廷；亨利七世再次拒绝制造殉道者。然而，在 1498 年，沃贝克试图逃跑，被重新捕获后遭了更严厉的监禁。最后，他在 1499 年 11 月进行了另一次尝试，据推测得到了国王的默许，因为现政府希望通过假冒者找到真正的约克派人物，即沃里克伯爵。沃里克伯爵似乎对亨利七世没有任何企图，但由于我们不知道的某种原因，政府决定他的存在本身构成了一种危险。事实上，珀金·沃贝克的事业以及之前的兰伯特·西姆内尔的事业给人们提供了这样的信念，外交困难——西班牙坚持要求在阿拉贡的凯瑟琳前往英国之前确保都铎王朝的合法地位——会迫使亨利采取行动。无论如何，政府提供了某种阴谋证据；沃贝克被绞死，沃里克被斩首；都铎王朝可以更轻松地入眠了。亨利八世在位期间还制造了多起此类司法谋杀案，对此我们无话可说，只能说那些认为像沃里克这样完全无辜的人构成了危险的人是大错特错了。他的死不是因为他的行为或思想，而是因为他在其他人心中所代表的意义。对于沃贝克，我们可以感到遗憾，但他的多次行动确实招致了自己的命运。

3. 爱尔兰和苏格兰

兰伯特·西姆内尔和珀金·沃贝克的故事凸显了一个重要事实：英国王位在不列颠群岛内部存在危险。爱尔兰和苏格兰都是麻烦的地方。12 世纪诺曼人征服爱尔兰，将一个封建统治阶级强加给凯尔特土著居民，尽管英格兰国王可能声称是爱尔兰的领主，但事实上他们从未有效地统治过大部分地区。所谓的"英格兰飞地"——从都柏林向北延伸约 50 英里的沿海地带——才是英格兰影响力的真正界限，尽管南部的几座城镇，尤其是沃特福德和科克，也为这个离野蛮部落不远的国家提供了不稳定的文明中心。源自盎格鲁-诺曼的爱尔兰贵族，经历了与在爱尔兰的英格兰定居者一样的命运，变得和爱尔兰人一样爱尔兰化，所以从国王的角度来看，盖拉尔丁家族或巴特勒家族这样的盎格鲁-爱尔兰家族与纯粹的爱尔兰酋长之间，几乎没有什么区别。即使在英格兰飞地内，英语、服饰和习惯也正在失去对爱尔兰语的地位。玫瑰战争进一步削弱了王权的控制力。当地的封建斗争采用了英格兰王朝的斗争术语；因此，由基尔代尔伯爵和德斯蒙德伯爵领导的盖拉尔丁家族支持约克派，而他们的敌人，奥蒙德伯爵领导的巴特勒家族则支持兰开斯特派。盖拉尔丁家族获胜，结果爱尔兰成了约克派的据点。但总的来说，这些只是说辞而非现实；对爱尔兰贵族来说，重要的是摆脱王室的控制，解决自己内部的争斗。北部和西部的大部分荒野、树木茂密、沼泽和多山的地区从未见过一名英格兰士兵或行政官员。

恢复和统一爱尔兰被证明是都铎王朝的一项普遍问题；对亨利七世来说，问题的紧迫性在于，这个国家为任何要求者提供了一个安全友好的跳板，无论他们的要求多么荒谬。1485 年，菲茨杰拉德家族（Fitzgerald）的权力至高无上。巴特勒家族的长子已经搬到英格兰，尽管亨利七世恢复了他们在爱尔兰被没收的土地，这并没有影响基尔代尔伯爵的地位，他与当地家族有着众多联系和广泛个人财产，让他成为这个国家的实际统治者。他拥有副总督的头衔，他的兄弟是爱尔兰首相；此时，亨利七世不能试图攻击这些盖拉尔丁家族的大本营。基尔代尔伯爵是一个奇特的人物：傲慢而不安分，但他具备一些政治技巧、大度的性格和一种粗糙的幽默感，恰好吸引了国王。他对兰伯特·西姆内尔的支持明目张胆，但亨利故意忽视了这一点，当两位菲茨杰拉德承认自己对这个冒名顶替者看法有误后，亨利还允许他们继续任职。但是对于一个总是按照自己的方式行事而赢得"大伯爵"称号的人来说，容忍并不是正确的方式。1491 年，当珀金·沃贝克在科克受到欢迎时，基尔代尔伯爵表现谨慎且准备支持他，因此在 1492 年 6 月，亨利终于剥夺了他的副总督职位。托马斯·菲茨杰拉德失去了爱尔兰国玺，这些职位转而由都柏林的大主教和亚历山大·普朗凯特（Alexander Plunket，祖先来自爱尔兰贵族）担任。

基尔代尔被吓到了，他寻求国王的赦免，甚至向他的宿敌奥蒙德求助，但是直到一年后（1493 年）亨利才批准，而且只有在伯爵亲自前来寻求赦免之后才同意。这种行为至少显示出谦卑的迹象。然而，爱尔兰没有采取任何措施来解决或改善状况。当时，爱尔兰的政府管理是通过两个层次进行的：国王作为爱尔兰的领主任命一位总督（他的叔叔贝德福德公爵）来代表他行使职权。仅仅用一系列平庸人物来取代基尔代尔远远不够；1494 年 9 月，亨利做出了最坚决的尝试来解决这个问题。他将总督的头衔转给了他的次子亨利王子，以便在爱尔兰与他的长子在威尔士的名义领导相匹配，并任命他最信任和能干的部长之一爱德华·波宁斯爵士（Sir Edward Poynings）为代理人。总督和财政大臣的职位也由英国人担任；新政策从一开始就表明自己对所有爱尔兰事物都持敌对态度，并决心将该国归于英格兰的统治之下。

波宁斯是一位经验丰富的军人和政治家，他被派去执行的计划需要这两种素质。他要征服乌尔斯特（Ulster），这个国家最荒凉的地区，叛乱总能在那里找到安全的庇护所，他还要对爱尔兰实施一项宪法，以确保英国政府的完全控制。在第一个目标上，他彻底失败了；在第二个目标上，他以某种方式成功了。他对北部部落的远征彻底失败了，最后他只能通过贿赂部落来解决问题。唯一的积极结果是基尔代尔的垮台，他曾随波宁斯的部队行动，因为他的家族行动（德斯蒙德在沃特福德的围攻中协助沃贝克）和奥蒙德的耳语给人以叛国的嫌疑。波宁斯在 1494 年 12 月召集的德罗赫达（Drogheda）议会宣布他有罪，给那些认为伯爵几乎无所不能的爱尔兰人留下了深刻的印象。代理人立即逮捕了他并将其送往伦敦塔。这个议会的其他行动，通常被称为《波宁斯法》，旨在实现亨利的第二个目标。它们的总体效果是规定只有在国王事先批准的情况下，爱尔兰才能召集议会和立法；除非国王在议会上先同意，否则不得讨论任何未来的法律。此外，所有在英格兰制定的法律都自动适用于爱尔兰。《波宁斯法》因此破坏了爱尔兰议会的立法独立性，并在法律上赋予国王在爱尔兰拥有比在英格兰更大的权力。值得注意的是，当这些法案和其他反对爱尔兰混乱和野蛮暴力的法案获得通过时，它们得到了英国殖民者的赞同，而他们是后来攻击《波宁斯法》的主要力量。

然而，亨利七世的成功被证明是个幻觉。未能征服野蛮的爱尔兰人使得爱尔兰的预算大幅增加，迫使波宁斯为和平支付赎金，尽管他在轻松应对沃贝克对沃特福德的攻击方面取得了成功，但国王并不满意。亨利七世现在展示出都铎王朝性格中并不常见的一面。当新的困难使预先安排的政策变得可疑或昂贵时，机会主义者总是准备放弃，即使因此已经完成的工作可能会受到威胁。实际上，亨利对于 1494 年开始实施的措施能否成功感到绝望，因此在 1496 年召回了波宁斯，并恢复了基尔代尔的官职和宠信。如果像报道中所说的那样，他在回答米斯主教关于全爱尔兰不能统治基尔代尔的抱怨时说，既然如此，基尔代尔最好统治全爱尔兰，他可能证明了自己的俏皮，但几乎没有证明自己的睿智。爱尔兰的问题已经变得难以解决；基尔代尔的回归意味着英国有效控制的终结，尽管《波宁斯法》仍在运作；亨利七世、伊丽莎白和奥利弗·克伦威尔（Oliver Cromwell）不得不面对一个在此期间变得更加严重的问题。在宗教改革使问题复杂化之前，亨利七世有最好的机会获得成功；但吝啬（无论多么必要）和机会主义却取得了胜利。爱尔兰没有要扰乱和平的要求者；那么，为什么要浪费大量金钱进行可能徒劳的直接统治政策呢？幸运的是，亨利七世在爱尔兰问题卷土重来之前去世了，但问题确实再次出现了，而且在很大程度上是因为他放弃了斗争。

苏格兰构成了一个完全不同的问题——表面上更加严重和威胁，尽管最终证明要简单得多。在一个小岛上有两个敌对势力的存在，对两者都产生了灾难性的影响，但对政治上更先进的英格兰王国产生的影响更严重。自从爱德华一世试图征服苏格兰以来，这个北方王国一直坚决反对它更大的邻国，并凭借与法国的古老联盟设法成为英格兰心头的一根非常痛苦的刺。从伯里克到卡莱尔的边境几乎从未和平，掠夺队伍在两边穿越，相互杀戮、抢劫和焚烧。这些"掠夺"往往成为更正式战争的合理借口。停战接连不断，单调而毫无意义。苏格兰长期受到世仇、帮派战争、谋杀和王朝动荡的困扰，与之相比，即使是玫瑰战争时期的英格兰，也几乎是一个守法和平的国家，而在苏格兰，贵族们认为这些麻烦不仅是一种乐趣，而且是生活的必需品。1488 年的一场大火导致詹姆斯二世国王被推翻和谋杀，使得一个年轻的国王詹姆斯四世登上了王位，他有着浪漫的好战野心。详细叙述他在边境地区发动行动的尝试，以及重复签订的停战条约，毫无意义。这些条约有时为期 3 年，有时为期 9 年，但没有一个能够持续到规定的时间。将詹姆斯四世推上王位的革命，像苏格兰通常的情况一样，留下了一个强大而不满的贵族反对派，他们与英格兰勾结，为亨利七世提供了一个机会，以防止苏格兰变得危险。1489—1492 年的法国战争没有受到北方的积极干预，但当珀金·沃贝克流亡至苏格兰时，詹姆斯四世抓住了这个天赐的机会来使敌人难堪。前文已经讲述了苏格兰在沃贝克奥德赛般的流亡中的参与。一段时间后，到了 1497 年，看起来亨利七世将接受挑战，并试图在北方发动大规模的战争，但康沃尔起义及时将詹姆斯四世从他不合时宜的作战行为中解救出来。如果从亨利八世统治后的事件来判断，苏格兰军队在萨里伯爵（earl of Surrey）边境地区集结的军队面前几乎没有什么机会。

事实上，亨利七世保持了他的和平声誉，再次证明了他在不引发战争的情况下如何巧妙利用困境。萨里曾经越过边境给詹姆斯一个深刻的教训，顺便拒绝了一个典型的骑士式但不切实际的单挑邀请。沃贝克的覆灭使詹姆斯有些困惑，而他在一个主要领主已经准备投靠敌人的国家，自己的处境也不太舒适。亨利甚至暗示，他俩也可以支持冒充者的游戏，并有迹象表明，他准备支持斯图亚特王位的要求者——当时住在法国的阿尔巴尼公爵（duke of Albany）。所有这些因素共同作用，亨利仍然继续提供真正的和平，最终在 1497 年 12 月达成了一项协议。只要两位君主还活着，这个停战将持续下去。但这个停战遭受了那些边境条约的共同命运；在接下来的一年里，它被苏格兰的袭击和英格兰的反袭击破坏。这需要更持久的解决办法，亨利七世认真打算解决这些令人厌烦的困难，因此提议将他的女儿玛格丽特嫁给苏格兰国王。当然，1490 年出生的玛格丽特对于真正的婚姻来说还太年轻，谈判的进展不仅受到詹姆斯不愿和平的阻碍，还受到他认为自己有机会娶一个年纪稍大的西班牙公主的影响。然而，最终事情按照亨利的计划进行。1499 年 7 月，英格兰和苏格兰签订了一项和平与联盟条约，9 月开始了严肃的婚姻谈判。经过进一步的延迟，詹姆斯四世终于在 1502 年 1 月同意了这个提议。当时的王朝婚姻通常是在一方或双方还是孩子的时候达成的；

这种情况的一个结果是这些外交棋子的婚姻经常被废除，然后再婚。然而，苏格兰国王詹姆斯和都铎的玛格丽特的联姻注定是成功的。1513 年詹姆斯在弗洛登（Flodden）与妻子的兄弟交战时阵亡，就像他曾经与妻子的父亲作战一样，在此之前，他们的婚姻变成了一段适合双方的正式婚姻。这次婚姻的真正意义在于遥远的未来。如果亨利七世希望立即解决英格兰、苏格兰之间的问题，他会感到失望；苏格兰持续抱有敌意，亨利八世两次与之交战。然而，这场婚姻为英格兰带来了斯图亚特王朝的国王；尽管这对英格兰的宪政发展来说并不是什么好事，但它结束了边境上的古老争端，并为两国开辟了一条富有成果的联合之路。亨利七世的爱尔兰政策是正确的，但没有持续足够长的时间；他对苏格兰的政策是明智而有远见的，最终取得了完全成功。

第三章 马克思主义历史学家

　　马克思主义理论在全球范围内产生了大量的历史著述，涵盖了从世界史、被殖民国家的独立斗争到劳工世界、劳资关系、工人阶级组织和社区，以及贫困问题等广泛主题。本章将概述历史的唯物主义观念，通常被称为历史唯物主义，这是由卡尔·马克思（1818—1883）首次提出的。然后，我们将重点讨论马克思主义历史学家的工作中历史唯物主义的三个重要维度：马克思对人类历史宏大叙事的辩证法模型、马克思主义理论在拉丁美洲的被接受，以及始终存在的阶级意识问题。

　　马克思于1818年出生于德意志，早年成长和生活在普鲁士和法国。19世纪40年代的巴黎是社会主义思想的热土，并在1848年革命中达到高潮。马克思关于历史的许多观点都在这个时期形成，这些观点是他与终生合作者弗里德里希·恩格斯共同研究出来的。拉斐尔·塞缪尔准确地指出，马克思的出版著作主要是"政治干预"的产物，源于"马克思和恩格斯热情参与的工人阶级和革命民主运动"。[1] 马克思为人所知的历史理论并不是一成不变的，甚至没有在一系列文本中得到连贯发展。[2] 参考文献散落在他的著作中，数代

---

[1]　Raphael Samuel, 'British Marxist Historians, 1800–1980' (Part I), *New Left Review*, 1, 120 (1980), p. 22.

[2]　See Erik Olin Wright et al., *Reconstructing Marxism: Essays on Explanation and the Theory of History* (London, 1992), p. 13.

马克思主义学者对其含义进行了辩论，给后来的马克思主义者留下了"模棱两可且常常矛盾的遗产"。① 在我们考虑马克思的主要思想和对历史写作影响最大的概念时，要记住这个限定。

马克思对人类历史的解释被称为历史唯物主义。其基本原则首次在1846年的《德意志意识形态》中提出。历史唯物主义将人类历史的中心动力定位在满足生理和物质需求的斗争中："为了生活，首先就需要吃喝住穿以及其他一些东西。因此第一个历史活动就是生产满足这些需要的资料，即生产物质生活本身。"② 其次，这些需求的满足永远不会完成，马克思认为，因为"得到满足的第一个需要……引起新的需要"。③ 马克思认为，满足人类物质需求的方式是人类历史最重要的影响因素："人们所达到的生产力的总和决定着社会状况，因而，始终必须把'人类的历史'同工业和交换的历史联系起来研究和探讨。"④

因此，社会的经济结构形成了社会的基础，所有其他社会方面都建立在这个基础之上。最重要的是生产力——工具、技术、原材料——当它们与人力劳动结合时，就会转化为满足人类需求的商品。原材料和人力劳动之间的互动创造了人与人之间的生产关系，这些关系可能基于合作或从属。对于马克思来说，社会的其他部分——政治机构和法律系统的上层建筑——都源于生产力和生产关系。换句话说，他并没有赋予人类意识和思想领域独立的存在，而是认为

① Helmut Fleischer, *Marxism and History* (New York, 1973), pp. 8–9; S.H. Rigby, 'Marxist Historiography', in Michael Bentley (ed.), *Companion to Historiography* (London, 2003), p. 889.

② Karl Marx and Frederick Engels, *The German Ideology, Part One*, edited by C.J. Arthur (New York, 1970), p. 48.［译文来自《马克思恩格斯选集》(第一卷)，人民出版社，2012年，第158页。］

③ Marx and Engels, *The German Ideology*, Part One, p. 49.

④ Marx and Engels, *The German Ideology*, Part One, p. 50.［译文来自《马克思恩格斯选集》(第一卷)，第160页。］

这些都源于物质存在和生产关系。[1]

那么，人类社会在几个世纪的变迁中是如何发展的呢？马克思将人类历史分为三个历史时期，每个时期都是一个更先进的生产方式的产物：古代社会（希腊和罗马）；封建社会；以及资本主义（或现代资产阶级）社会。[2] 从一种生产方式过渡到另一种生产方式的过程被马克思描述为辩证法。每种生产方式都包含着内在的矛盾，这些矛盾会造成社会阶级之间的冲突，并导致其衰落。因此，人类历史的每个连续阶段既包含一个占统治地位的阶级，也包含一个会推翻它的阶级。在资本主义社会中，马克思预见到无产阶级或工人阶级最终会推翻资产阶级，并启动另一种生产关系，即第四个时期社会主义。他对人类历史的宏大、全面的进化理论建立在经济变革的辩证法之上。通过将经济关系置于他的人类历史哲学的核心，马克思从根本上将自己和其他同时代人区别开来，如兰克。

在马克思的历史观念中，推动力源自社会阶级，这些阶级源于生产过程中的不同经济角色。[3] 为了推翻统治阶级，下层人民必须意识到自己受到压迫，因此，人的主观能动性的概念对马克思的概念框架至关重要。马克思的理论包含了一种悖论：生产转型的辩证法（生产过程内部矛盾的结果）仍然依赖于男人和女人的意识和行动。以下这句话摘自《路易·波拿巴的雾月十八日》（1859），它展示了问题的核心：

> 人们自己创造自己的历史，但是他们并不是随心所欲
> 地创造，并不是在他们自己选定的条件下创造，而是在直

---

① Karl Marx and Frederick Engels, *Selected Works* (New York, 1968), p. 182.

② Karl Marx and Frederick Engels, 'Manifesto of the Communist Party', *Selected Works*, p. 36.

③ Marx and Engels, 'Manifesto', p. 35.

接碰到的、既定的、从过去承继下来的条件下创造。①

这是马克思作品中的一个重要论述，因为它对马克思关于历史变革的表述中隐含的经济决定论提出了挑战。因此，正如马克思主义历史学家埃里克·霍布斯鲍姆（Eric Hobsbawm）指出的，"关于唯物主义史观的关键争论在于社会存在和意识之间的基本关系。"②

马克思主义历史变革的辩证模型中隐含着一种目的论。所谓目的论，我们指的是构建一个关于过去的线性叙事，导向一个预定的终点或目标。马克思的辩证模型预定的终点是社会主义和工人对生产方式的所有权，但这个社会主义的未来并没有像他预期的那样发生。因此，有人建议需要区分"预言家"马克思和"诊断家"马克思两种身份，前者的预测并未实现，而后者的洞见在理解资本主义经济的崛起和全球扩张方面仍具有重要价值。③ 或许"马克思主义最好被用作对社会运作方式提出问题的工具，而不是提供固定答案的工具；最好的马克思主义历史从来都不是教条主义或还原式的。"④生产方式和社会关系，以及阶级斗争，是否是历史的"终极动力"，在剥离了目的论后仍然是一个开放的问题。⑤

马克思的历史变革模型预期，推动社会主义的驱动力将是工业无产阶级，尽管马克思和恩格斯都承认，在资本主义社会中，农民、

---

① Marx and Engels, *Selected Works*, p. 97.［译文来自《马克思恩格斯选集》（第一卷），第 669 页。］

② Eric Hobsbawm, 'Marx and History', in *On History* (London, 1997), p. 162.

③ W.G. Runciman, 'Introduction', in Chris Wickham (ed.), *Marxist History-Writing for the Twenty-First Century* (Oxford, 2007), pp. 1–4.

④ Rohan McWilliam, 'Back to the Future: E.P. Thompson, Eric Hobsbawm and the Remaking of Nineteenth-Century British History', *Social History*, 39 (2014), p. 150.

⑤ Wickham, 'Memories of Underdevelopment: What Has Marxism Done for Medieval History, and What Can it Still Do?', in Wickham, *Marxist History-Writing for the Twenty-First Century*, p. 47.

农场租户和农业工人也受到剥削。[①] 然而，在 20 世纪，"全球革命重心转移……从欧洲的工业化国家转移到了当时主要是农业的殖民地和半殖民地的亚洲、非洲和拉丁美洲"。[②] 在这些情境中，马克思主义思想并未被被动地接受，而是以各种方式加以调整以适应具体情况。我们将从拉丁美洲的两个例子开始，首先是秘鲁的马克思主义思想家何塞·卡洛斯·马里亚特吉（José Carlos Mariátegui）。[③]

马里亚特吉出生于 1894 年，被誉为"不仅是拉丁美洲最重要、最有创新精神的马克思主义者，而且是一位其作品在力量和原创性上具有普遍意义的思想家"。[④] 在他最重要的作品《关于秘鲁现实的七篇解释性论文》（1928）中，马里亚特吉认为，秘鲁经济的根本问题在于帝国主义和封建主义的土地所有制，以及本土人民的贫困状况。解决之道在于发展一种特别的秘鲁社会主义模式，将土著克丘亚文化的社区传统融入其中。马里亚特吉"拒绝了征服者强加的线性和欧洲中心主义的历史观"，转而支持他所描述的"印加共产主义"（Incan communism），这是一种植根于过去的社会主义。[⑤] 他认为，这种"坚韧不拔的合作和团结的实践"是一种"本土社会主义"，它抵抗了殖民侵略。[⑥]

---

① Oscar J. Hammen, 'Marx and the Agrarian Question', *American Historical Review*, 77 (1972), pp. 679–704; D. Pathasarathy, 'The Poverty of (Marxist) Theory: Peasant Classes, Provincial Capital, and the Critique of Globalization in India', *Journal of Social History*, 48, 4 (2015), pp. 816–841.

② 综述论文，参见 Christopher Gunderson, 'Marxism and Social Movements', *Social Movement Studies*, 14 (2015), p. 247。

③ 进一步阅读材料，见 Will Fowler, Latin America Since 1780 (2nd edn, London, 2008); Michael Löwy, Marxism in Latin America from 1909 to the Present: An Anthology (Amherst, 2006)。

④ Michael Löwy, 'Marxism and Romanticism in the Work of José Carols Mariátegui', *Latin American Perspectives*, 25, 4 (July 1998), p. 76. See also Adolfo Sánchez Vázquez, 'Marxism in Latin America', *The Philosophical Forum*, 20, 1–2 (1988–1989), pp. 120–123.

⑤ Löwy, 'Marxism and Romanticism', pp. 84–85.

⑥ José Carlos Mariátegui, *Seven Interpretive Essays on Peruvian Reality*, trans. Marjory Urquidi (Austin, 1971), p. 58.

拉丁美洲马克思主义思想的第二个例子源于对世界经济和贸易条件的分析。马里亚特吉，就像本章后面提及的英国历史学家 E.P. 汤普森（E.P. Thompson）一样，关注的是生产的社会关系。但在第二次世界大战后，尤其是在发达和不发达经济体之间经济和政治的交换关系，成了政治经济学领域的前沿问题。最重要的思想流派之一"依附理论"（Dependency theory），就是从拉丁美洲马克思主义思想中诞生的。[1] 关键文本来自费尔南多·亨利克·卡多索（Fernando Henrique Cardoso）和恩佐·法莱托（Enzo Faletto）的《拉丁美洲的依附与发展》，该书于 1971 年出版。这项研究借鉴了马克思主义关于社会阶级不平等占有的原则，并试图"分析统治与经济扩张的关系"。[2] 在这种观点中，国际资本主义建立在发达的西方工业国和欠发达的第三世界农业国之间，形成了不平等的、剥削性的中心-边缘关系。这种剥削关系，使得殖民地国家越来越受到帝国主义国家和跨国公司的支配，阻碍了拉丁美洲和其他地方的经济发展。从这个角度撰写的历史著作包括，乌拉圭学者爱德华多·加莱亚诺（Eduardo Galeano）在 1971 年出版的《拉丁美洲的开放静脉：被掠夺五个世纪的大陆》，以及一年后出版的沃尔特·罗德尼（Walter Rodney）的《欧洲如何使非洲落后》。因此，依附理论拒绝了基于资本主义发展模式或阶段的现代化理论，并与伊曼纽尔·沃勒斯坦（Emmanuel Wallerstein）的现代世界体系理论（在第六章中讨论）有共同之处。[3]

马克思主义史学的最后几个例子来自 20 世纪 60 年代以来英国

---

[1] Joseph L. Love, 'The Origins of Dependency Analysis', *Journal of Latin American Studies*, 22 (February 1990), pp. 143–168.

[2] Fernando Henrique Cardoso and Enzo Faletto, *Dependency and Development in Latin America*, trans. Marjory Mattingly Urquidi (Berkeley, 1979), p. ix.

[3] Love, 'The Origins of Dependency Analysis', p. 144. See also Andre Gunder Frank, *Capitalism and Underdevelopment in Latin America: Historical Studies of Chile and Brazil* (Harmondsworth, [1969] 1971).

丰富的马克思主义史学时期。拉斐尔·塞缪尔认为，英国马克思主义史学采取的形式在很大程度上归功于其前身："马克思主义史学在时间上先于基础更广泛、理论要求较低的'人民史学'，并一直与之共存。"[1] E.P. 汤普森在 1966 年创造的术语"自下而上的历史"常被用来反映这种旨趣。[2] 然而，将社会史的广泛主体与马克思主义历史学家的工作混为一谈，可能会忽视它们之间的区别。哈维·凯伊（Harvey Kaye）强调，英国马克思主义历史学家代表了"一种理论传统"，其核心内容是"资本主义被视作经济和社会变革的起源、发展和扩张"的主体。此外，他们的"核心主张……是阶级斗争一直是历史进程的中心"。[3] 相比之下，社会史在 20 世纪 70 年代受到了批评，因其缺乏明确的理论化，以及倾向于将大众文化与其所处的经济和政治关系矩阵分离开来。[4]

在 20 世纪 60 年代和 70 年代，英国的劳工史学者围绕一个争论产生了分歧，即工人阶级在创造自己历史的过程中能够在多大程度上发挥主体作用。这引发了关于"自在阶级"（class in itself）和"自为阶级"（class for itself）的争论。换句话说，阶级可以基于经济、结构被识别出来，但并不一定表现出集体意识或行为。这场争论部分源于历史学家的认识，即 19 世纪日益增加的无产阶级化并未伴随日益激进的政治意识。相反，工人阶级组织，如工会，主要是改革主义的意图。解释这种改良主义的尝试，由于埃里克·霍布斯鲍姆 1954 年发

---

① Raphael Samuel, 'British Marxist Historians', p. 37.

② E.P. Thompson, 'History from Below', *The Times Literary Supplement*, 7 April 1966, pp. 279–280.

③ Harvey J. Kaye, *The British Marxist Historians* (Cambridge, 1984), pp. 5–6.

④ Tony Judt, 'A Clown in Regal Purple: Social History and the Historians', *History Workshop Journal*, 7 (1979), pp. 66–94. See also E.F. and E.D. Genovese, 'The Political Crisis of Social History', *Journal of Social History*, 10 (1976), pp. 205–221; Gareth Stedman Jones, 'From Historical Sociology to Theoretical History', *British Journal of Sociology*, 27 (1976), pp. 295–306.

表的一篇颇具影响力的文章所表达的观点而得到传播。[1]

霍布斯鲍姆的论点基于对工人阶级"上层阶层"的识别，他们在持续就业和充足工资方面的安全感使他们与大多数劳动人民区分开来。他认为，这种劳动精英的观点是基于"他们知道自己占据了一个稳固且被接受的位置，虽然位于雇主之下，但远高于其他人。"[2] 这种接近雇主的效应，根据霍布斯鲍姆的说法，解释了劳工贵族的政治态度，"19 世纪持续的自由激进主义……也导致其未能形成独立的工人阶级政党。"[3] 在霍布斯鲍姆的分析中，这个群体的政治意识的主要决定因素是相对稳定和较高工资的经济原因。霍布斯鲍姆因为"过于简单地将高工资和沉默的劳动力相提并论"而受到广泛的批评。[4] 此外，后来的研究表明，熟练工人远没有霍布斯鲍姆所说的那么有保障、收入丰厚或在政治上愿意追随雇主。[5] 霍布斯鲍姆为自己辩护说，他从未试图解释英国的"改良主义"，只是要确定劳工贵族的存在。[6] 在后来的一篇论文"关于阶级意识的说明"中，霍布斯鲍姆提出了一个正统观点，在"任何分裂为剥削者和被剥削者的社会"中，阶级和阶级斗争就显而易见，但需要政治领导和组织来将这种冲突引导为基于另一种社会愿景的阶级解放意识。[7]

与霍布斯鲍姆相反，E.P. 汤普森更强调新兴无产阶级（雇佣工人

---

[1] E.J. Hobsbawm, 'The Labour Aristocracy in Nineteenth-Century Britain', in *Labouring Men* (London, 1964), pp. 272–315; 有关这场辩论的其他资料来源，参见 Eric Hobsbawm, 'Debating the Labour Aristocracy', in *Worlds of Labour* (London, 1984), pp. 344–345。

[2] Hobsbawm, 'The Labour Aristocracy in Nineteenth-Century Britain', p. 296. 关于霍布斯鲍姆整个历史轨迹的分析，参见 Theodore Koditschek, 'How to Change History', *History and Theory* 52 (2013), pp. 433–450。

[3] Hobsbawm, 'The Labour Aristocracy', p. 274.

[4] H.F. Moorhouse, 'The Marxist Theory of the Labour Aristocracy', *Social History*, 3 (1978), p. 72.

[5] Alastair Reid, 'Intelligent Artisans and Aristocrats of Labour: The Essays of Thomas Wright', in Jay Winter (ed.), *The Working Class in Modern British History* (Cambridge, 1983), p. 172.

[6] Eric Hobsbawm, 'Debating the Labour Aristocracy', pp. 216, 220.

[7] Eric Hobsbawm, *Workers: Worlds of Labour* (Pantheon, New York, 1984), pp. 15–32.

阶级）的文化和宗教传统在早期工业化时期对塑造集体反应的作用。
《英国工人阶级的形成》于 1963 年出版，影响了全世界的社会史历史学家。[1] 威廉·休厄尔提醒我们"这本书极大地丰富和扩大了我们对工人阶级历史的理解"，包括流行文化、宗教、节日、乞丐以及工会和实际工资。[2] 中心主题是在无产阶级化和政治压迫的背景下，从 1790 年到 1832 年之间出现了一个有意识的工人阶级，即"自为阶级"。汤普森提醒我们关注，文化遗产——流行传统——和卫理公会在塑造人们对工业化经济后果的批判反应中的作用。

正是这种对思想或大众道德角色的强调，使汤普森被定性为"文化层面的"马克思主义者。尽管他适当地考虑了经济因素，如工资和价格，但他更感兴趣的是那些经历这些变革的人如何解读工业化的经济动荡。例如，汤普森引起了我们对 1818 年"向正处在罢工中的曼彻斯特公众发表的一封公开信"的关注，这是由"棉纺帮工"发表的。[3] 这位未知的演讲者让人们注意到工人阶级的不满，正如汤普森指出的，其中许多与"传统习俗"、"公正"、"独立"、安全保障和家庭经济的丧失有关。工作关系正在随着早期道德观念的丧失而发生变化，比如"公正"的价格和工资。汤普森总结说，"这就是马克思在《资本论》中剖析过的政治经济学。工人已经成为一个'工具'，或者说是成本项目中的条目。"[4] 到了 1830 年，汤普森认为，工人阶级的身份意识成为集体政治行动的基础。汤普森强调，新的意识和行动既归功于人的主观能动性，也归功于人们出生时所处的

[1] Geoff Eley, 'Marxist Historiography', in Stefan Berger, Heiko Feldner, and Kevin Passmore (eds), *Writing History: Theory and Practice* (London, 2003), p. 77. 纪念本书出版的文章，参见 *Journal of Social History*(2015); *Labour/Le Travail* (2013); and *History Workshop Journal* (2013)。

[2] In Harvey J. Kaye and Keith McClelland (eds), *E.P. Thompson: Critical Perspectives* (Cambridge, 1990), p. 50.

[3] E.P. Thompson, *The Making of the English Working Class* (Harmondsworth, 1963), pp. 218–221.

[4] Thompson, The Making of the English Working Class, p. 222.

经济结构：

> 当一些人由于共同的经历（继承的或共享的），感受
> 到并表达出他们之间的利益认同，并与其他人的利益不同
> （通常是对立的）的时候，阶级就形成了。阶级经历在很大
> 程度上由人们出生时或无意识进入的生产关系决定的。阶
> 级意识是从文化角度处理这些经历的方式：体现在传统习
> 惯、价值体系、思想观念和制度形式中。如果经历看起来
> 是被决定的，阶级意识则不是。[1]

《英国工人阶级的形成》出版后立即引起了其他马克思主义
者的批评，他们的观点受到了法国哲学家路易·阿尔都塞（Louis
Althusser）的结构主义影响。在马克思主义范式内写作，阿尔都塞
强调资本主义意识形态在社会中的霸权，认为占据主导的经济阶级
也控制了意识形态、法律和政治的上层建筑。[2] 因此，佩里·安德
森（Perry Anderson）和汤姆·奈恩（Tom Nairn）认为工人阶级意识
是由经济、社会和政治环境塑造的，而不是直接由剥削性的工作条
件产生的。从奈恩和安德森的角度看，面对不可避免的结构性决定
和资本主义意识形态的霸权，工人阶级抵抗或形成反意识形态的能
力被视为微不足道。[3] 这场关于结构和能动性相对优势的辩论，在

---

[1] Thompson, *The Making of the English Working Class*, pp. 9–10.［参考汤普森著、钱乘旦等
译：《英国工人阶级的形成》，译林出版社，2013 年，第 1–2 页，译者有改动。］

[2] 关于阿尔都塞理论的进一步阐述，见 S.H. Rigby, *Marxism and History* (Manchester, 1987),
ch. 9。

[3] Perry Anderson, 'Origins of the Present Crisis', *New Left Review*, 23 (1964), pp. 26–53; Tom
Nairn, 'The English Working Class', *New Left Review*, 24 (1964), p. 43–57.

劳工史中持续了 20 年，尽管使用的术语略有不同。①

到了 20 世纪 80 年代，强调语言在人类理解中的作用的后结构主义的影响也开始挑战马克思主义对阶级意识的决定论解读。首先从这个角度写作的是加雷斯·斯特德曼·琼斯（Gareth Stedman Jones），他重新审视了 19 世纪中期宪章运动的主张。他认为，宪章派使用的语言借鉴了早于运动的民粹主义话语，因此宪章派更关注政治权利和选举权的诉求，而不是立即摆脱贫困和困苦：

> 语言破坏了任何简单的由社会存在决定意识的观念，因为它本身就是社会存在的一部分。因此，我们不能通过解码政治语言以达到对利益的原始和物质表达，因为正是政治语言的话语结构首先构思和定义了利益。②

这种观点拒绝了社会存在决定社会意识的主张，后结构主义者更普遍地否定了关于过去的宏大叙事，包括唯物史观。

在汤普森的开创性文本和马克思主义观点中对于女性的排除则引出了另一种批评。例如，汤普森将激进的工人阶级妇女所扮演的角色描述为"为男性提供道义上的支持……"③。琼·斯科特（Joan Scott）描述这本书是"关于男性的故事，而阶级在其起源和表达中，

---

① 期刊中的辩论，参见 *Social History*: Richard Price, 'The Labour Process and Labour History', 8, 1 (1983), pp. 57–75; Patrick Joyce, 'Labour, Capital and Compromise: A Response to Richard Price', 9, 1 (1984), pp. 57–75; Richard Price, 'Conflict and Co-operation: A Reply to Patrick Joyce', and Patrick Joyce, 'Languages of Reciprocity and Conflict: A Further Response to Richard Price', 9, 2 (1984), pp. 217–224, 225–231。

② Gareth Stedman Jones, *Languages of Class: Studies in English Working Class History, 1832–1982* (Cambridge, 1983), p. 101, 20–22; see also Patrick Joyce, 'The End of Social History', *Social History*, 20 (1995), pp. 73–91, and Lenard R. Berlanstein (ed.), *Rethinking Labor History: Essays on Discourse and Class Analysis* (Urbana, 1993).

③ Thompson, *The Making of the English Working Class*, p. 4.

被构建为男性身份，即使并非所有的行动者都是男性"。[1] 她认为，《英国工人阶级的形成》一书中的概念化本身就抵制将妇女的生活纳入其中，因为它忽视了宗教、乌托邦和表现性运动，而这些运动吸引了大量妇女追随者。她问道，为什么世俗和激进运动固有阶级意识，而后者却没有？[2]

马克思主义理论继续对历史学科产生重大影响，这种影响在许多旧的和新的方向上都有所体现。劳工史，即关于劳动过程、工人和他们组织的研究，通常是以国家为焦点。但是，将研究限制在民族国家的框架之下，引起了更广泛的学科不满，也导致了对全球劳工史研究的呼吁。全球方法不仅在研究过去的劳动过程和运动中建立了必要的跨洲联系，而且还加强了全球南方和北方历史学家之间的交流，并增强了超越"北方镜像"主题的研究尝试。[3] 例如，这些目标为两卷本的《码头工人史》提供了基础，其中既有个案研究，也有来自欧洲、美洲、非洲、印度和大洋洲的专题比较章节。[4]

最后，面对环境退化和生态危机，马克思与技术、工业发展和"生产主义历史观"的传统关联正在被重新评估。[5] 约翰·贝拉米·福斯特（John Bellamy Foster）认为，马克思和恩格斯从他们最早的著作开始就认识到了资本主义的生态不可持续性，并且"马克思清楚

[1] Joan Wallach Scott, 'Women in The Making of the English Working Class', in *Gender and the Politics of History* (New York, 1988), p. 72.

[2] Scott, 'Women in The Making of the English Working Class', pp. 76, 75. For further discussion of the intersection of gender and labour, see Sonya Rose, 'Intersections of Gender and Labor in the United States and Western Europe', *International Labor and Working-Class History*, 63 (2003), pp. 6–8.

[3] Marcel van der Linden, 'The Promise and Challenges of Global Labor History', *International Labor and Working-Class History*, 82 (2012), p. 63.

[4] Sam Davies et al. (eds), *Dock Workers: International Explorations in Comparative Labour History, 1790–1970*, 2 vols (Aldershot, 2000). 关于该书所依据的比较方法的讨论，见第 1 卷第 1 章。

[5] John Bellamy Foster, 'Marx and the Environment', in Ellen Meiksins Wood and John Bellamy Foster (eds), *In Defense of History: Marxism and the Postmodern Agenda* (Delhi, 2006), pp. 149–162.

地认识到，任何未来社会的稳定，都将依赖于与自然世界建立全新且更加平衡的关系。"①

　　本章的阅读材料是由英国马克思主义历史学家克里斯托弗·希尔（Christopher Hill，1912—2003）撰写的，他在经济大萧条和欧洲法西斯主义崛起的背景下成长。正如希尔回忆道："对我（和许多其他人）来说，马克思主义似乎比其他任何东西更能解释世界形势，就像它似乎更能理解17世纪英国历史一样。"② 这段摘录来自他职业生涯早期的一篇文章，发表于1940年，希尔后来将其描述为自己论点的"初步近似"，即17世纪中期是英格兰的重要历史转折点。简要回顾这些事件，议会与国王、圆颅党和保王党之间的内战，导致后者的失败和国王在1649年被处决。在国家审查缺席的情况下，激进的平等主义信仰曾经一度繁荣，最终被议会镇压，但1660年君主制的复辟也伴随着王权范围的缩小。

　　在接下来的节选中，希尔为什么从土地所有权和农村社会结构的变化开始实质性论证，而不是从冲突的政治或宗教维度开始？17世纪发生了哪些生产方式的变化，为什么它们很重要？世界经济在希尔的论证中起到了什么作用？希尔在多大程度上通过参考英格兰不同地区的资本主义生产关系水平来解释人民对议会派或国王派的支持？③ 在他对新兴统治阶级的描述中，希尔是在描述"自在阶级"还是"自为阶级"？希尔关于革命的更广泛著作被批评为低估了资产阶级的作用：这一章是否支持了希尔认为资产阶级革命是"通过其结果而不是通过执行它们的代理人来最好理解的事件"的说法？④ 最后，17世纪，世界许多地区（包括中国、日本、俄罗斯和欧洲）

---

① Foster, 'Marx and the Environment', p. 160.

② Cited in Kaye, *The British Marxist Historians*, p. 102. E.P. 汤普森参加过第二次世界大战，而埃里克·霍布斯鲍姆的家人则在希特勒上台后于1933年来到英国生活。

③ Christopher Hill, *The Century of Revolution, 1603–1714* (London [1961] 1969), p. 112.

④ Paul Blackledge, *Reflections on the Marxist Theory of History* (Manchester, 2006), pp. 130–131.

出现了前所未有的饥荒和人口死亡，以及战争、叛乱和民众起义。在这个时期，有哪些替代性的解释或"历史动力"可以解释这种前所未有的"灾难、混乱和死亡"的规模，并且它们是否挑战或强化了希尔的论点？ [1]

进一步阅读

Blackledge, Paul, *Reflections on the Marxist Theory of History* (Manchester, 2006).

Eley, Geoff, 'Marxist Historiography', in Stefan Berger, Heiko Feldner and Kevin Passmore (eds), *Writing History: Theory and Practice* (Oxford, 2003), pp. 63–82. Hobsbawm, Eric, *How to Change the World: Reflections on Marx and Marxism* (New Haven, 2011).

Holstun, James, Ehud's Dagger: *Class Struggle in the English Revolution* (London, 2000).

Kaye, Harvey J., *The British Marxist Historians* (Cambridge, 1984).

Rigby, S.H., 'Historical Materialism, Social Structure, and Social Change in the Middle Ages', *Journal of Medieval and Early Modern Studies*, 34 (2004), pp. 473–522.

Sartori, Andrew, 'Hegel, Marx, and World History', in Prasenjit Duara, Viren Murthy, and Andrew Sartori (eds), *A Companion to Global Historical Thought* (Chichester, 2014).

Van der Linden, Marcel, *Workers of the World: Essays toward a Global Labor History* (Leiden, 2008).

Wickham, Chris, *Marxist History-Writing for the Twenty-First Century* (Oxford, 2007). Wood, Ellen Meiksins and John Bellamy Foster (eds), I*n Defense of History: Marxism and the Postmodern Agenda* (Delhi, 2006).

期　刊

International Labor and Working Class History

Labor History

Labour/Le Travail

---

[1]　See Geoffrey Parker, 'Crisis and Catastrophe: The Global Crisis of the Seventeenth Century Reconsidered', *The American Historical Review*, 113 (2008), pp. 1053–1079.

英国革命的经济背景

克里斯托弗·希尔

土 地

17 世纪初的英格兰是一个以农业为主的国家。绝大多数人口居住在农村，全部或者部分从事粮食或羊毛生产。几个世纪以来，英国社会一直是封建的，由孤立的地方村社组成，为自己的消费生产，彼此之间几乎没有贸易。但是从 15 世纪到 17 世纪，农业村社的结构开始发生变化。村庄的粮食和羊毛开始远销；纺纱工和农民开始成为国内市场的商品生产者。

此外，1492 年，克里斯托弗·哥伦布发现了美洲。英国商人也随之前往新大陆，并漂洋过海进入印度和俄罗斯。随着工业和商业的发展，以及英国布料的海外市场扩大，一些地区在经济上不再自给自足，必须依赖外部供给粮食，并为织布机提供原料和羊毛。因此，我们开始出现了专业化的劳动分工。在英格兰南部——当时是该国经济发达的地区——不同的地区开始专注于生产特定的商品。有钱人开始在自己的庄园或租赁的土地上饲养大批羊群，耕种粮食以供应这个更广阔的市场。他们获利颇丰，因为价格不断上涨。美洲发现银矿后，白银开始流入欧洲，与此同时，商业正在扩张，地主和佃农之间、雇主和工人之间的货币关系正在取代基于物品或劳役支付的旧关系。整个 16 世纪价格都在上涨：在 1510 年至 1580 年间，英国的粮食价格涨了 3 倍，纺织品价格上涨了 150%。这与我们今天的通货膨胀有着相同的效果。只有固定收入的人变得更穷，靠贸易和市场生产生活的人变得更富裕。因此，中产阶级富裕起来了，高级封建贵族（包括国王和主教）以及小农阶层和雇佣工人变得越来越穷，除了少数幸运地参与其中的个别人。

还有另一个因素。1536—1540 年，在所谓的宗教改革中，英国的修道院被解散，他们的财产被没收。这是英格兰争取国家独立，反对天主教会的权力和剥削斗争的一部分，因此得到了资产阶级和议会的热烈支持。他们也做得不错，因为从教会没收的大量宝贵的、迄今为止无法使用的土地被投放到市场上。

所有这些事件都在改变英国农村社会的结构。土地成为对资本投资具有高度吸引力的领域。有钱人想用钱买地，有钱人变得越来越多。在封建制下的英格兰，土地从父亲传给儿子，一直以传统方式耕种，为一家人提供消费；土地易手的情况很少。但是现在，法律要适应社会的经济需求，土地开始成为一种商品，在竞争市场上买卖，因此城镇中积累的资本开始流入农村。

英格兰的北部和西部相对不受伦敦和港口城市散发开来的新商业精神的影响；但在南部和东部，许多地主开始以一种新的方式开发土地。无论是在中世纪还是在 17 世纪，土地的首要重要性在于它为所有者（通过控制他人劳动）提供了生活资料。除此之外，中世纪的大庄园还通过其剩余农产品维持了一支随时可以充当士兵的侍从队伍，大地产者由此成为封建领主政治权力的基础。现在，随着资本主义生产方式在封建制度结构内部发展，许多地主开始将他们庄园中未被家人消费的农产品出售，或者将土地租给农民以供市场生产。因此，地主开始以一种新的视角看待他们的庄园：土地被视作赚取金钱利润的来源，这些利润具有弹性且可以增值。土地租金曾经被长期固定，以至于被视为"习惯"，被视为"从古至今"就存在；封建地主从农民那里榨取的许多敲诈勒索的法定捐税也是如此；

但现在，租金被疯狂地"抬高"到了令人难以置信的水平。这本身就是一场道德和经济革命，破坏了人们一直认为正确与合理的事物，对思维和信仰方式产生了最令人不安的影响。

道德准则总是与特定的社会秩序相联系。封建社会被习俗和传统所主导，金钱相对不重要。在这样的社会中，如果租金被大幅提高，他们付不起租金，就应该被赶去乞讨、偷窃或挨饿，这简直是对社会道德的侮辱。随着资本主义发展的需要，新的道德观念产生了——"上帝帮助那些自助的人"。但在 16 世纪，利润比人的生命更重要的观念仍然十分新颖，也令人感到震惊，这种观点对我们来说已经司空见惯，以至于已经失去了道德义愤。

清教徒道德家菲利普·斯塔布斯（Philip Stubbes）写道：

> 那些永远剥夺一个人的名誉，在人死之前就把他的房子夺走，抢夺他的财产、土地和收入……比起那些因为没有其他办法来解决自己的生活需求而偷一只羊、一头母牛或一头公牛的人，难道不是更大的贼吗？"[1]

但对于新型地主和租赁者来说，道德问题又有什么关系呢？他们强行提高自己的收入以应对他们必须购买的商品价格的上涨。他们能够驱逐无法支付新租金的佃户，这些小农场可能妨碍了将庄园整合为大规模盈利的养羊业务。通常，租金的提高是因为庄园本身以竞争性的价格在土地市场上购买或租赁。然后，投机性的购买者或承租人希望通过利润赚回他们在购买资金、设备和改进耕作方法上投入的资本。

在伦敦附近的地区，一种新型的农民正在崛起——资本主义农

---

[1] P. Stubbes, *Anatomy of Abuses*, ed. Furnivall, Part II, p. 14.

民。他可能是一名海盗或奴隶贩子，也可能是在城里经营醋栗生意的体面商人，或者是一位乡村服装资本家。无论如何，他都在寻找一个安全获得利润的投资项目，同时也能提升自己的社会地位。

作为庄园主或治安法官，地主控制着地方政府。只有绅士才能被其他同僚地主选举为代表该县的议会议员。同样，市镇也越来越多地由附近的绅士在下议院中作代表。但是新型农民可能是受附近市场吸引而来的封建领主，能够筹集资金重新组织他的庄园管理；或者他可能是来自农民中较富裕阶层的租户。

许多后一类人——自耕农——凭借自己的财富和能力，能够保持对土地的占有，扩大和巩固土地，来分享进入市场的新机会。在 16 世纪，许多自耕农和绅士将他们分散的土地整合起来，把未围起来的耕地转为牧场，或者增加他们的粮食、水果、蔬菜和乳制品的产量以供城市市场。他们改变了旧有的土地使用方式——将公簿租地（copyholds）变为契约租地（leaseholds），将土地出租的期限缩短，并无情地驱逐无法支付新租金的佃户。[1]

通过这些手段，他们以与城镇中的工商业者相同的方式致富，而这个以新方式赚取财富的阶级在英格兰南部和东部的一些地区占据了主导地位。这个阶级是著名的乡绅阶级的基础，将在接下来的 3 个世纪里统治英格兰。

但是在 1640 年之前，他们并没有一帆风顺。社会结构仍然基本上是封建的；法律和政治制度也是如此。对土地的充分利用和土地交易完全自由的资本主义方式仍然存在许多法律限制。这些限制主要是为了维护王室、封建地主阶级的利益，以及在较小程度

---

[1] 公簿租地（copyholds）是普通农民的财产，通常是世袭的。公簿租地农（copyholder）根据"庄园习俗"持有庄园，并在庄园法院的法律文件中登记为占有人。普通法院并不总是承认他的占有权。16、17 世纪的一场大斗争就是公簿租地农努力为他们的保有权赢得充分的法律保障，而庄园主（地主）则努力使他们的占有权变得不确定，并使其服从于庄园主或其管家主持的庄园法庭的裁决。

上为了那些渴望支付旧有固定费用并以过去的安稳方式生活的农民。如果农村资本主义要充分发展乡村资源，就必须打破这个法律网络。

糟糕的交通状况仍然阻碍了全国市场的充分发展，限制了劳动分工和农业资本主义发展的可能性。因此，在南部和东部的许多地区，以及整个英格兰北部和西部，仍然存在着缺乏能力、资本、心理或机会以新方式开发自己庄园的地主。他们仍然试图保持封建的排场和仪式，仍然以传统方式经营庄园。他们的庭院里挤满了贵族的食客、穷亲戚和侍从，他们在社会中没有任何生产功能，但仍然相信世界有供养他们生活的义务——资产阶级的宣传者称他们为"懒虫"，就像之前称呼修道士一样："无用和无法无天的随从、老将军、老廷臣、无用的学者和伙伴"，这是其中一位大庄园的精明管家给出的不太恭维的描述。①

社会的焦点是国王的朝廷。王室是这种类型的最大土地所有者，他们总是缺乏资本。主教也是众所周知的懒散的土地所有者，他们的土地如果得到开发，也是由租户来进行。一位同时代的观察家指出："他们从不像贵族和绅士那样将租金提到最高，而是像 100 年前一样出租他们的土地。"②

这些寄生虫和包租者的日子很艰难。物价上涨使他们无法维持过去的生活水平，更不用说与商业巨头竞争奢侈生活了。他们经常负债，往往是欠一些聪明的城市商人的债，后者要求他们抵押地产，并在债务到期时接管。这些贫困的宫廷官员，骄傲但一文不名的贵族家族的年轻子弟，成为民众嘲笑和中产阶级蔑视的对象。然而，这个阶级仍然拥有社会和政治力量；国家组织起来保护它的利益。

---

① 　J. Smyth, *Lives of the Berkeleys*, Vol. II, p. 114.

② 　Sir Thomas Wilson, *The State of England, 1600*, ed. F. J. Fisher, Camden Miscellany, XVI, pp. 22–23.

它无法重新组织自己的土地庄园，导致大量资本无法投资。英格兰最富饶的土地有很多没有充分利用当时的技术能力。[1] 国家权力被用来阻止国内市场的增长。

所有阶级都在激烈争夺农业变革带来的利益。总体而言，这些变革提高了生产力，并使一些富裕的农民和小地主能够跃升。但对于更多小农来说，这意味着萧条，各种租金和费用的上涨，以及几个世纪以来村民放牧牛鹅的公共领地被圈占。许多小农的小地产妨碍了想要整合大型绵羊农场而被残酷驱逐。

> "你们的羊，"托马斯·莫尔爵士（Sir Thomas More）在 16 世纪初写道，"一向是那么驯服，那么容易喂饱，据说现在变得很贪婪、很凶蛮，以至于吃人。"[2]
>
> "土地所有者的心理已经发生了革命性的变化，"托尼（Tawney）教授总结道，"在两代人的时间里，狡猾的地主不再利用他的领主权利对逃亡者进行罚款或逮捕，而是寻找产权上的漏洞，提高准入费用，扭曲庄园习俗，甚至胆敢将公簿租地转变为契约租地。"[3]

或者，正如菲利普·斯塔布斯所说："地主把他们的贫穷佃户当作商品。"

在整个时期，反对这种待遇的抗议不绝于耳；1549 年、1607 年和 1631 年爆发了公开叛乱，但每次农民暴乱都被镇压至不得不顺从。

---

[1] 目前，在资本主义制度下也存在类似的情况，大型垄断企业买下发明以阻止其被使用，粮食被销毁，而数百万人却在挨饿。17 世纪英国革命将国家权力移交给资产阶级，使得 18 世纪英国社会的所有资源得以充分开发。今天的英国要取得同样的成果，就必须向社会主义过渡。

[2] *Utopia*, Everyman Edition, p. 23.［译文来自莫尔：《乌托邦》，商务印书馆，1996 年，第 21 页。］

[3] Tawney, *Religion and the Rise of Capitalism*, Penguin Edition, p. 139.

国家始终是统治阶级手中的强制工具；地主统治着 16 世纪的英格兰。其中一些贫穷的佃户成了为生计而在道路上流浪的乞丐，因此政府通过法律规定乞丐要被烙印或者被"鞭打到肩膀流血"。正如马克思在《资本论》中所说的："现在的工人阶级的祖先，当初曾因被迫转化为流浪者和需要救济的贫民而受到惩罚。法律把他们看作'自愿的'罪犯。"[1] 其他人成了在大庄园上工作的农业劳工。还有一些人为不断扩张的工业提供了廉价劳动力。在灾年或雇主破产时，这两个群体都没有土地来支持自己独立生活。他们正在成为无产者，在市场上除了劳动力外一无所有，完全受制于资本主义的波动和不确定性。再次引用马克思的话：

> 这样，被暴力剥夺了土地、被驱逐出来而变成了流浪者的农村居民，由于这些古怪的恐怖的法律，通过鞭打、烙印、酷刑，被迫习惯于雇佣劳动制度所必需的纪律。[2]

然而，我们必须小心，不要提前预测这些发展，也不应该夸大它们的程度：它们作为主导趋势具有重要意义。同样，新兴的地主和农民作为正在崛起和扩张的阶级可能更引人注目，也许比统计数据的解释更为合理。在 1660 年之前，改良型地主并不具有典型性。

我们必须记住，英国革命前农业变革是什么样子的。这些变革发生在一个特定的技术装备体系内。直到 18 世纪，农业技术才出现了大规模的改革，尽管其最初的起步可以追溯到 17 世纪的革命年代。1640 年之前的变革（农业变革在 1640 年至 1660 年之间大大加

---

[1] Marx, *Capital*, Vol. I, ed. Dona Torr, p. 758.［译文来自马克思:《资本论》(第一卷)，人民出版社，2004 年，第 843 页。］

[2] Marx, *Capital*, Vol. I, ed. Dona Torr, p. 761.［译文来自马克思:《资本论》(第一卷)，人民出版社，2004 年，第 846 页。］

快），主要是土地所有权和生产量的变化，而不是生产技术的变化。因此，这些变化对整个社会没有产生革命性的影响。资本主义制度下新的农民阶级出现了，他们在推动自己前进的过程中受到封建制度的阻碍，如果不废除封建制度，他们就无法自由发展；在革命中，他们与城市资产阶级结盟，接管了国家，为进一步的扩张创造条件。

另一方面，不仅北部和西部的大片地区没有受到新变化的影响，即使在发生变化的地方，1640 年时仍有大量的农民作为半独立的耕作者生存下来。这个重要的群体与主导的资产阶级力量暂时结盟，反对几乎对自己没有帮助的王室；但当它发现（1647 年之后）其盟友的真正目标是什么时，它就开始与其他激进分子一起，为推动革命向左发展而斗争。但由于它的本性和社会目标在某种程度上是前资本主义时代的，是向后看的，致力于一个稳定的农民村社，所以注定了它的失败。这种趋势是不可忽视的，因为它解释了为什么清教徒的社会观念和平等派 ① 的社会目标中，存在着一种"中世纪的"甚至反动的倾向。

工业和贸易

虽然 1640 年之前的大多数英国人在田间劳作，但在贸易和工业领域也发生了我们上述所描述的同样重要的变化，这些变化推动了农业的发展。在 1640 年之前的一个世纪里，发生了类似于工业革命的事情，其刺激因素包括：修道院解散和被掠夺所释放的资本，或者通过贸易、海盗行为和从新大陆掠夺以及奴隶贸易获得的资本。英国长期以来一直是重要的羊毛生产国，将原材料出口到荷兰进行

---

① 平等派（Levellers）是革命者的左翼。下文将讨论他们的身份和目标。

加工制成布料。现在，英国的服装业迅速发展，英国商人开始大规模出口成品或半成品的布料。与此同时，煤矿业也有了很大的发展；到 1640 年，英国生产的煤炭占欧洲总产量的五分之四。煤炭在许多其他行业的发展中起到重要作用，如铁、锡、玻璃、肥皂和造船。

工业繁荣导致了英国贸易量的大幅扩张，而从出口原材料转向出口成品也导致了贸易方向的变化。英国不再仅仅是西欧国家的原材料来源地，而开始与它们的制造业竞争，因此为了寻找市场、原材料和奢侈品进口，开始向俄罗斯、土耳其、东西印度等地进军。因此，英国开始殖民活动，以发展贸易，并让英国在世界范围内的经济掠夺获得垄断性的政治控制。这需要一个更强大的国家机器，由此导致英国海权的崛起，以挑战西班牙这个殖民强国。

1588 年西班牙无敌舰队的失败使得英国海外贸易有机会自由发展。另一方面，这也让英国的资产阶级更加清楚地意识到他们在国内的扩张所受到的限制。从无敌舰队战败给英国带来政治安全感开始，议会就开始攻击君主制及其试图调控国家经济生活的努力（我们不应夸大 1640 年之前这一发展的程度，因为它受到了许多阻碍，正如我们将看到的：但趋势是明确的）。

这些新的经济发展引发了新的阶级矛盾。工业发展的资本直接或间接地由商人、奴隶贩子和海盗提供，他们在海外积累了财富，以及那些通过掠夺修道院和从事新农业而致富的地主阶层；资本也通过自耕农和工匠的储蓄积累起来。

从一开始，以公司为组织形式的商人就控制着出口，就像他们在中世纪一样；商业经纪人则主导国内贸易。工厂系统尚未发展起来；"分包制"系统，即商人提供羊毛或纱线供劳动者及其家人在自己家中纺织或织造（也称为"家庭工业制度"），意味着即使生产者有时拥有生产工具——纺车或织机——他也完全依赖雇主提供的原材料和收入。在经济不景气时，生产者不断陷入债务，通常是欠债于雇用他的资本家。通过这种方式，雇主和高利贷者以牺牲小业主利益为代价积累了巨额财富。

事实上，偶尔一些小生产者幸运地通过借到不可或缺的资本而"改善了自己的境况"，但更多的人则没那么幸运。因此，小生产者与封建地主一起对"高利贷"进行了抗议。他们需要贷款，但在前资本主义社会，高利率使他们陷入困境。"高利贷"对普通人来说就像今天的雇佣劳动一样。雇主通过向劳工收取高价和高利率来剥削家庭工业制度下的劳动者，而不仅仅是支付低工资。因此，一个具有特定经济利益的小资产阶级阶层开始形成，但其成员的组成在不断变化，最有进取心和幸运的成员上升为资本家，而不幸的成员则沦为雇佣劳动者。这个阶级的堡垒是东盎格利亚和南米德兰，后来成为最坚决抵抗查理一世的中心。

资本主义在贸易和工业领域的扩张中，存在与农业一样多且严重的障碍。在中世纪，贸易和工业受限于城镇，受到行会的严格控制。行会是生产者的协会，他们在当地市场上建立了垄断地位，并通过限制产量和竞争、调控价格和生产质量、控制学徒和工匠来保持这一地位（根据学徒制度，工匠必须接受 7 年的培训才能独立开业）。这个系统假设了一个静态和封闭的地方市场；封建经济理论基于一个相对稳定的社会观念。

但现在市场正在扩大，整个国家正在成为一个经济整体。资本通过投资任何经济活动来寻求利润，资本家并不关心他的产品在哪里销售，只要销售能够盈利。地方贸易壁垒被打破。市镇不再能欺凌周围的乡村，因为它必须面对来自伦敦的商人的竞争，他们推销自己的商品并购买当地手工产品。竞争打破了垄断。对于海外贸易来说，商人们仍然发现，在遥远的国度和没有监管的海域，联合公司进行自卫是有利的：在那个年代，许多商人在闲暇时都是海盗。都铎王朝通过向这些公司出售保护和慷慨的特许权来对这些公司保持一定的控制。

但在工业方面情况就大不一样了。城镇行业协会的高质量标准，对竞争和产量的限制，在企业资本家眼中成了自由生产的愚蠢障碍，阻碍他们满足不断扩大的市场需求。为了摆脱这些束缚，工业从市镇扩展到郊区、没有组织的城市和乡村，这里的生产不受干预和监管。他们还找到农民作为廉价劳动力，这些农民因农业变革而破产和被剥夺土地。许多新兴产业，如煤矿和明矾矿业，从一开始就几乎完全是资本主义性质的。然而，自治城市仍然试图垄断当地贸易，使他们的市场成为所有商品必须流过的瓶颈。

另一方面，商业经纪人试图通过直接与生产者（例如粮食生产者）交易来满足伦敦和出口市场的需求。因此，他们与自治城市的市场规定和反动寡头发生了冲突。他们的特权和限制，以及学徒制度，仍然是对国家生产资源充分发展、资本自由流入工业的严重制约。行业协会有很多既得利益者，与封建社会结构相连，与新的、更自由的资本主义力量相对立。

随着旧的工业控制崩溃，君主为了封建地主阶级（以及一小部分金融家和黑帮分子的利益），试图实施新的控制。特许——将特定商品的生产和／或销售的独家权利（或在特定海外市场的独家贸易权）出售给特定个人——是君主试图在城镇行业协会被规避后对工业和贸易实施控制的手段。我们将看到这种尝试是如何失败的，以及其失败对君主制带来的灾难性后果。

我们可以认识到，这种大规模的工业和商业扩张对农业和土地所有权产生了影响：农业变革的部分原因是新城市地区更多的食物需求，部分原因是不断扩大的纺织业对羊毛的需求，或者是对矿产的需求；在每种情况下，商人阶级的需求与资本主义农民和进步地主的需求是一致的。而资本流向农村，无论是通过租赁或购买土地，还是通过贷款，都为此前相对静止和传统的农业关系带来了新的商业和竞争精神。几个世纪以来，佃户和地主的家庭一直居住在各自的土地上，佃户支付非经济租金 [1]，这种关系与新购买者和资本主义承租人之间的关系截然不同。

需要强调的是，英国有大量的资本，商人、自耕农和绅士渴望将其投资于最自由的工业、商业和农业发展。然而，这一愿望不断受到城乡封建遗存和政府政策的阻挠。政府政策有意限制生产和资本积累，以维护旧的土地统治阶级的利益。因此，资产阶级的斗争是进步的，他们反抗封建地主国家和与宫廷结盟试图垄断商业利润的大商人寡头，代表了整个国家的利益。

1640 年的英国仍然由地主统治，生产关系仍然部分是封建主义，但是庞大而不断扩张的资本主义部门，无法被王室和封建地主永远压制。除了伦敦外，几乎没有无产者，大部分生产者都是在分散生产系统下的小农。但是这些农民和小手工业者正在失去独立性。他们特别受到物价上涨的冲击，并且越来越依赖商人和地主。1563 年的一项法令禁止了 75% 的农村贫困人口成为工业学徒。

因此，实际上存在三种冲突的阶级。与寄生的封建地主和投机的金融家相对立，也与政府的政策旨在限制和控制工业扩张相对立，新兴的资本主义商人和农场经营者的利益暂时与小农、手工业者和工匠的利益相一致。但是，后两个阶级之间的冲突必然会发展，因为资本主义的扩张涉及旧的农业和工业关系的解体，将独立的小生产者和农民转变为无产者。

---

[1] 例如，租金与当时的土地价格不符。地主以地租出租土地，比自己接受传统佃户提供的服务、实物等要赚得多。因此，如果公簿租地农能够获得土地使用权的保障，那么这种保障就会阻碍大规模资本主义农业的发展。

第四章　精神分析与历史学

在过去一个世纪中，历史学中最具争议的领域之一就是利用精神分析来帮助我们理解历史人物、群体或趋势。学者对这种方法的反应多种多样，彼得·洛文伯格（Peter Loewenberg，德裔美国历史学家和精神分析师）认为它是"最强大的历史解释方法"，雅克·巴尔赞（Jacques Barzun）则断言，"事件和行动者失去了他们的个性，成为某种自动机制的例证"。[1]

许多历史学家在历史研究中应用了一些心理学的理解。我们谈论"常识"的应用，我们对"人性"的了解，我们拥有"共情"：简而言之，我们相信我们与历史人物有一些共同之处，也让我们能够理解他们。[2] 芭芭拉·泰勒（Barbara Taylor）将这种"历史想象力"与"历史学家与其研究对象之间的共情链接"联系在一起。[3] 然而，如果我们能够更系统地运用心理学，运用支配个体和群体行为的普遍规律，那将是非常有益的。不过迄今为止，历史学家、精神分析

---

[1] Peter Loewenberg, *Decoding the Past: The Psychohistorical Approach* (2nd edn, New Brunswick, 1996), p. 3; Jacques Barzun, *Clio and the Doctors: Psycho-History, Quanto-History & History* (Chicago, 1974), p. 23. Note that unless otherwise indi- cated authors in this chapter are historians.

[2] 正如 George M. Kren 和 Leon H. Rappoport 所指出的，这一观点可以上溯到希罗多德和修昔底德的时代，参见 'Clio and Psyche', in Kren and Rappoport (eds), *Varieties of Psychohistory* (New York, (1976), p. 64。

[3] Barbara Taylor, 'Historical Subjectivity', in Sally Alexander and Barbara Taylor (eds), *History and Psyche: Culture, Psychoanalysis, and the Past* (New York, 2012), p. 199. 参见她对历史共情的批判性分析。

师和"心理史学家"的经验表明，没有这样简单的解决方案存在；当然，正如我们下面所看到的，这样的解决方案已被批评为"非历史的"。本章将重点讨论精神分析（心理学的一个子集）在历史学中的应用：其他形式的心理学应用将在后面的章节讨论，特别是第十五章关于情感史的章节。[1]

精神分析理论是西格蒙德·弗洛伊德在 19 世纪末和 20 世纪初发展起来的，但在 20 世纪上半叶很少被历史学家使用。1958 年发生了两件事情，鼓励了它的应用，一是埃里克·埃里克森（Erik Erikson，一位在美国工作的德国精神分析师）出版了《青年路德》（*Young Man Luther*）一书，二是威廉·朗格（William Langer）在美国历史学会的主席演讲。朗格的观点经常被引用，他坚持"通过现代心理学的概念和发现来加深我们对历史的理解"。[2] 在 20 世纪 60年代和 70 年代，主要在美国，这个领域得到了扩展；从 20 世纪 80年代开始，使用精神分析理论的历史研究在美国和欧洲形成了"涓涓细流"（用彼得·伯克的话来说）。在英国，伦敦的"精神分析与历史研讨会"已经举办了 20 年；一些英美历史学家接受了精神分析培训。[3] 那么，朗格建议使用的"现代心理学"是什么，其他人又是如何接受的呢？

虽然弗洛伊德对精神分析理论的发展涉及许多卷册，但佩内洛普·赫瑟灵顿（Penelope Hetherington）将其简洁地总结为四个基本命题，她认为这些命题"最终构成了整个理论体系的基础"。它们是：

[1] 关于广泛的方法，参见 Cristian Tileagă and Jovan Byford (eds), *Psychology and History: Interdisciplinary Explorations* (Cambridge, 2014)。

[2] W. Langer, 'The Next Assignment', *American Historical Review* 63 (1958), p. 284.

[3] Peter Burke, 'Afterword', in Alexander and Taylor, *History and Psyche*, pp. 325–332; Bruce Mazlish, 'The Past and Future of Psychohistory', *Annual of Psychoanalysis* 31 (2003), pp. 251–262.

1. 婴儿和童年时期的经历是决定成年人行为模式的首要因素；

2. 所有个体在漫长的成熟期中都会经历不同的发展阶段；

3. 成年人的行为在很大程度上受无意识的支配；

4. 成年人行为中存在辩证过程，意味着心理冲突的存在。①

弗洛伊德关于儿童性欲的观点贯穿于前两个命题中。他认为人类在生物学上都天生具备强大的性驱力。在婴幼儿时期到 5 岁左右，这种（早期阶段）普遍的对快感的渴望通过不同发育阶段表现出来——口欲期、肛门欲期和生殖器欲期。这些阶段在"正常"发展和后来表现出心理病理症状的个体中都会出现；成年人的个性和行为主要受到儿童时期相关发展经历的影响，而男孩和女孩的经历是不同的。由于童年时期满足这些享乐欲望常常受到社会（通常体现在父母身上）的鄙视，对这些欲望（以及与之伴随的思想、情感和记忆）的意识被压抑到一种被称为无意识的心智部分。除非在精神分析过程中，无意识由于一些防御机制而无法进入，但在日常生活中，无意识会通过梦境、词汇联想和口误、神经症状以及"非理性"或矛盾的行为显现出来。由于无意识不是一种"事物"，也不位于大脑的特定部位，它的存在不能被证明，只能从其他难以解释但无处不在的信息中推断出来。在心智的后期理论中，弗洛伊德还提出了"超我"（类似于良心）、"自我"（应对现实及其要求）和"本我"（无意识冲动的储存库）的存在。②

---

① Penelope Hetherington, 'Freud, Psychoanalysis and History', unpublished paper presented to the History Department Research Seminar, University of Western Australia, 1980, p. 4.

② R.A.C. Brown, *Freud and the Post-Freudians* (London, 1963), ch. 2.

弗洛伊德的理论有时被视为决定论，因为他认为成年人是一个小团体（即家庭）的产物，家庭能够为成年人解释社会的本质。同时，成年人的选择范围最终由童年经历决定，在弗洛伊德看来，童年发展阶段是普遍存在的。弗洛伊德坚持认为环境在构建成年人个性中起到了一定作用，但这一观点并不总是被人们认可，他的追随者和批评者修改了他的理论，有时会认为，相对于生物性而言，文化的作用更大。例如，一些女性主义精神分析学家在解释有关女性的临床发现时，如引发争议的阳具嫉妒，倾向于从女性受到社会压迫以及对自己处境不满的角度进行分析，而不认为是对女性的文化贬低，因为她们缺乏男性生殖器官，排斥自己的女性特质，从而导致自卑的心理状况。[①] 此外，后弗洛伊德理论家更加强调从"正常"人群中收集的数据，相比之下，弗洛伊德的证据主要来自他自己和他的临床实践。因此，有人认为，尽管弗洛伊德的理论仍然是基础，但是后来对弗洛伊德理论的修改对历史学家更有用。

特别是埃里克森在美国发展起来的自我心理学理论，提出了历史和精神分析的有益结合。埃里克森提出了一个关于"人的 8 个年龄阶段"的正常发展模型，并认为人类的发展是"将有机体的时间表与社会制度的结构相结合"的问题。他在《童年与社会》中概述了这些观点。用洛文伯格的话来说："心理社会身份是个人、家庭、民族和国家过去与当前角色和互动之间的连续感。"因此，埃里克森可以认为"文化……对生物学的基础进行了详细阐述"，而"精神分析方法在本质上是一种历史方法"。[②]

---

① Karen Horney, *Feminine Psychology* (New York, 1967) and Cara M. Thompson, *On Women* (New York, 1964), cited in Nancy Chodorow, *The Reproduction of Mothering: Psychoanalysis and the Sociology of Gender* (Berkeley, 1978), p. 47. 西蒙娜·德·波伏娃（Simone de Beauvoir）很早就批判了"阳具嫉妒"这一观点，参见 *The Second Sex*, trans. H.M. Parshley (Harmondsworth, [1949] 1972), pp. 72–75。

② Erik H. Erikson, *Childhood and Society* (London, [1950] 1995), pp. 221, 95, 14, and ch. 7; Loewenberg, *Decoding the Past*, p. 20.

作为自己理论的一部分，埃里克森认为心理发展在童年之后仍在继续。他在路德和甘地的心理传记研究中运用了这些观点，因为早期童年的材料很少。[1] 埃里克森的理论为历史学家提供了新的可能性。根据洛文伯格的说法："自我心理学和性格分析对历史学家来说尤为重要和受欢迎，因为它们基于成年人的行为证据。它们不需要重建婴儿时期的经历，也不需要还原到起源——适应世界的行为和模式存在于成年时期，证据是历史性的。"[2] 因此，埃里克森的工作在心理传记领域起到关键作用。然而，琳达尔·罗珀（Lyndal Roper）批评了埃里克森对资料的使用，并暗示埃里克森的方法以一种简化的方式将路德病态化，部分与埃里克森自己的个人历史有关。这意味着路德的重要方面，如他的反犹主义，被忽视了。[3]

客体关系理论（基于奥地利–英国精神分析学家梅兰妮·克莱因的工作）还有助于将人类发展的精神分析解释与环境分析结合起来。客体关系理论家认为，发展发生在社会和心理关系的背景下，而不是单个个体相对独立的发展。母婴关系的性质确实重要，但是与其他发展性人物的接触也很重要。由于母婴关系既是一种社会关系，也是一种本能关系，它是历史构建的，因此会随着时间和地点的变化而变化。[4] 显然，个体的童年经历各不相同，但历史学家通常了解重要事件发生的大致时间和方式。断奶的年龄、下一个兄弟姐妹的出生年龄，以及关于养育和管教儿童的观念都是历史学家在精神

---

[1] Erikson, *Young Man Luther: A Study in Psychoanalysis and History* (New York, 1958); *Gandhi's Truth on the Origins of Militant Nonviolence* (New York, 1969).

[2] Loewenberg, *Decoding the Past*, p. 24.

[3] Lyndal Roper, 'The Seven-Headed Monster: Luther and Psychology', in Alexander and Taylor, *History and Psyche*, pp. 220–223.

[4] Chodorow, *Reproduction of Mothering*, p. 47.

分析解释中可以考虑的因素。①

雅克·拉康（Jacques Lacan，法国精神分析学家）对弗洛伊德进行了重新阅读，强调一个人的主观性不是固定的，而是被创造出来的，也为历史学家指出了新的可能性。以前的理论家认为无意识和性欲对主体至关重要，它们始终存在。相反，拉康认为婴儿通过与社会的互动，主要通过语言来获得主观性，包括无意识和性欲。婴儿通过他人的话语了解人类文化，并根据他人反馈给他的形象来形成自己的形象。拉康强调语言和社会在心理形成过程中的作用，比起心理学主张主观性的生物学起源，历史学家在描述心理形成过程中扮演了更重要的角色。② 例如，琼·斯科特在考虑穆斯林妇女佩戴头巾的反应时，使用了后结构主义的"他者"理论。③

历史学家利用精神分析思维研究过去个体和群体的行为和动机。例如，朗格讨论了对黑死病的群体情感反应，诺伯特·埃利亚斯（将在第六章和第十五章讨论）发展了一种弗洛伊德式的社会学，解释了"文明"行为的崛起。弗洛伊德最初关注群体与其领导者之间的关系，认为群体会倒退到一种依赖状态。但这种观点并没有涉及群体本身的动力学。那么，在与他们通常的个体行为和价值观相冲突

---

① 不过要注意的是，这一观点在 deMause 将历史上的育儿实践与人格类型联系起来的图式中被过度概括了，例如他的《童年的演变》，参见 Lloyd deMause (ed.), *The History of Childhood: The Untold Story of Child Abuse* (New York, 1988), pp. 1–73；普拉特讨论了否定这种图式的研究：Gerald M. Platt, 'The Sociological Endeavor and Psychoanalytic Thought', in Geoffrey Cocks and Travis L. Crosby (eds), *Psycho/History: Readings in the Method of Psychology, Psychoanalysis, and History* (New Haven, 1987), pp. 237–253。

② 有关拉康理论的简明描述，参见 Juliet Mitchell, 'Introduction – I', in Juliet Mitchell and Jacqueline Rose (eds), *Feminine Sexuality: Jacques Lacan and the École Freudienne* (New York, 1982), pp. 1–26. 有关历史实践的例子，参见 Sally Alexander, 'Women, Class and Sexual Difference', *History Workshop Journal* 17 (1984), pp. 125–149，在有关性别的章节会继续讨论。还可参见 Michel de Certeau, *The Writing of History, trans. Tom Conley* (New York, [1975] 1988)。

③ Joan Wallach Scott, *The Politics of the Veil* (Princeton, 2007).

的时候，究竟是什么因素允许或者迫使群体成员采取集体行动呢？[1]

在早期的一份报告中，奥地利精神分析学家威廉·赖希（Wilhelm Reich）试图将历史（以历史唯物主义的形式）与群体精神分析相结合。[2] 在20世纪30年代初写成的《法西斯主义的群体心理学》中，赖希综合了弗洛伊德和马克思的理论。他认为纳粹主义，像所有政治运动一样，根植于德国群众的心理结构，特别是中下层阶级。这个群体因为面临经济大萧条和德国战争债务的增加而感到焦虑。中下层阶级的父亲具有威权主义特征，他们能够在性方面对子女进行压制，因为家庭结构和经济结构存在对应关系：也就是说，一家人共同生活和工作。这些心理上受损的孩子因此变得顺从，并且在后来的生活中依赖威权主义的元首。与此同时，他们渴望权力，因此对他们下面的人采取威权主义的方式行事。当然，这只是一个简化的描述，但它展示了赖希如何借助精神分析的见解，丰富了对具体历史情况的分析。埃里克森在对群体的分析中提出："人类历史是个体生命周期的巨大新陈代谢。"从这个角度出发，他研究了被神话的希特勒以及他的心理如何与德国人民的集体心理相契合。[3]

这些精神分析方法在历史学界如何应用和接受？总体而言，我们对此持怀疑态度，以至于从20世纪50年代末开始倡导以精神分

---

[1] Langer, 'The Next Assignment'; Norbert Elias, *The Civilizing Process*, trans. Edmund Jephcott (New York, [1939] 1978); T.G. Ashplant, 'Psychoanalysis in Historical Writing', *History Workshop Journal* 26 (1988), p. 111; Bruce Mazlish, 'What Is Psycho-history?', in Kren and Rappoport, *Varieties of Psychohistory*, p. 33.

[2] 赖希（1897—1957）是精神分析界颇具争议的人物。他曾被视为弗洛伊德最有前途的追随者，1934年被国际精神分析协会开除，并被贴上了"精神病"的标签。参见 Myron Sharaf, *Fury on Earth: A Biography of Wilhelm Reich* (London, 1983)。

[3] Wilhelm Reich, *The Mass Psychology of Fascism*, trans. Vincent R. Carfagno (3rd edn, Harmondsworth, 1970), esp. ch. 2; Paul A. Robinson, *The Freudian Left* (New York, 1969), ch.1, esp. pp. 40–48; Erikson, 'The Legend of Hitler's Childhood', in *Childhood and Society*, pp. 294–323; 埃里希·弗洛姆还讨论了纳粹运动的心理基础，参见 *The Fear of Freedom* (London, 1942), ch. 6. 最近关于利用精神分析来理解纳粹的研究，参见 Daniel Pick, *The Pursuit of the Nazi Mind: Hitler, Hess, and the Analysts* (Oxford, 2012)。

析为依据的历史学家彼得·盖伊（Peter Gay），针对其他历史学家提出的 6 大批评，提出了长篇论证。[①] 大部分批评围绕着弗洛伊德的《列奥纳多》和埃里克森的《青年路德》等经典研究，或者是对近代或至少 20 世纪个人或群体现象的调查。[②] 在后一种情况下，研究对象通常会被要求对自己的生活进行梳理，可能使用口头采访的方式：也就是说，研究对象与研究者之间存在某种关系，类似于经典精神分析中分析者和被分析者之间的关系。此外，研究对象至少创造了部分证据，并且可用于深入探索被认为对心理史学解释至关重要的领域。[③] 然而，对心理史学更公正的检验可能是对早期的研究进行审查，研究者只能利用现存的一手资料进行工作，因此与其他历史学家处于同等地位。因此，下面将从中世纪给出一个详细的例子。它展示了一些批评者的讨论所涉及的心理史学的优点和陷阱。

1976 年，乔纳森·康托尔（Jonathan Kantor）在约翰·本顿（John F. Benton）提出类似的心理史学观点后，研究了诺让修道院院长吉伯特（Guibert of Nogent）于 1116 年写的回忆录，目的是"更好地理解他所生活的 12 世纪法国北部的人与社会之间的关系"。[④] 吉伯特详细描述了他的童年和成长过程，其中历史故事相当零碎和扭

---

① Peter Gay, *Freud for Historians* (New York, 1985); 本书第 4—5 页总结了这些批评意见。

② Sigmund Freud, *Leonardo da Vinci and a Memory of His Childhood*, trans. Alan Tyson, *Standard Edition of the Complete Psychological Works of Sigmund Freud, ed. James Strachey with the collaboration of Anna Freud* (London, [1910] 1957), vol. XI, pp. 63–137; Erikson, Young Man Luther; Charles B. Strozier, Daniel Offer, and Oliger Abdyli (eds), *The Leader: Psychological Essays* (2nd edn, New York, 2011).

③ See, for example, John Byng-Hall, 'The Power of Family Myths', in Raphael Samuel and Paul Thompson (eds), *The Myths We Live By* (London, 1990), pp. 216–224; 另见口述历史学家路易莎·帕塞里尼关于她使用精神分析思想的讨论：'An Eclectic Ego-Histoire', in Alexander and Taylor, *History and Psyche*, pp. 305–324。

④ John F. Benton, 'The Personality of Guibert of Nogent', *Psychoanalytic Review* 57 (1970–1971), pp. 563–586; Jonathan Kantor, 'A Psycho-Historical Source: The Memoirs of Abbot Guibert of Nogent', *Journal of Medieval History* 2 (1976), pp. 281–304. 下面的叙述大量借鉴了康托尔的观点和言论。

曲，包含了通常具有评判和暴力性质的布道和轶事。本顿和康托尔都注意在分析中使用弗洛伊德和埃里克森的理论。

在康托尔的观点中（为了节省篇幅，这里进行了总结），吉伯特的内心生活被他的母亲主导，他的父亲在吉伯特幼年时去世，母亲将他抚养长大。她既是"美丽而贞洁"的圣女，又是妓女。康托尔将吉伯特的性压抑归因于他母亲的性压抑，正如他将吉伯特自己对"荣耀的野心"（他似乎将其等同于欲望）和"对上帝的顺从"进行了类似的解释。康托尔解释说，吉伯特对母亲表现出不完全去性化的俄狄浦斯情结，通过移情，对那个"诱人"的文化偶像——圣母玛利亚也产生了类似的情感。吉伯特的超我并非在与父亲的关系中形成的，而是在他女性化的成长经历沿着母系的线路发展出来的，结果是内化的圣母充当了超我的角色。这些对立的特征在与圣母有关的情欲和非情欲冲动之间出现了冲突。因此，对于吉伯特来说，女性既是威胁者和阉割者，也是诱惑者。此外，俄狄浦斯的戏剧性升华到天堂：吉伯特认同基督，他对圣母的潜意识欲望受到了圣父上帝的矫正（在吉伯特的幻想生活中，圣父上帝也是一个阉割者）。吉伯特由此产生了罪恶感（父亲的去世和母亲在他出生时的濒死经历而加剧）和自我憎恨，导致他通过投射防御机制（将自己无法忍受的思想和冲动归因于他人），对周围的人，尤其是女性，进行了攻击性和暴力的谴责。康托尔还在吉伯特的内外世界之间进行了类比，对比了12世纪法国的外部男性世界（冒险和放荡的世界）与吉伯特内部的女性世界，后者注重保护的需求。因此，他的内心戏剧与骑士爱情场景以及12世纪的圣母崇拜联系在一起。

康托尔的观点是有道理的，他在一定程度上将吉伯特置于他所处时代的背景中。然而，他的分析展示了心理史学家受到批评的一些特点。例如，这种研究是一种心理病理学，对"正常"生活状态的描述极为稀少，尽管康托尔评论说"神经症只是'正常'的极端形式"。① 尽管如此，考虑到中世纪法国对圣母崇拜的重视，吉伯特内心生活中圣母的普遍重要性似乎在修道士中极为常见。因此，这种心理病理学对于中世纪修道士心理健康的可能性产生了怀疑。康托尔从成年人的幻想和内心体验中推断出婴儿期的心理发展，这种方法有时被称为还原主义。在这个意义上，他将无意识的结构视为不会随着时间发生改变，他将吉伯特的心理与 20 世纪意大利男性的心理进行比较，就证明了这一分析。因此，他认为精神分析即使在其经典陈述中也适用于过去。一些历史学家对这种观点感到不适，包括文学理论家斯蒂芬·格林布拉特（Stephen Greenblatt），他认为精神分析解释只应在文艺复兴之后的哲学发展中使用，因为在此之前，身份变化的流动性太强，无法进行个体解释。② 然而，近代早期的学者同行已经有力地证明，精神分析的思维方式可以为过去提供有益的叙述。③

康托尔将吉伯特对女性的矛盾态度置于中世纪厌女情结的背景之下，但并未将"正常"的厌女情结与吉伯特的极端形式分开。康托尔的说法"[我们知道吉伯特的母亲]很可能是她丈夫多年阳痿的原因"，这句话显示同时代的人并没有对厌女情结进行反思，或者至少与弗洛伊德时代的厌女情结如出一辙。对于心理史学家来说，最大的问题之一是，获取适当证据，在此基础上对个体进行精神分析解释，并确定社会的心理规范。库珀认为康托尔（和本顿）的解释没有证据支持（因为文本中没有关于吉伯特幻想的具体参考），但他

---

① Kantor, 'A Psycho-Historical Source', p. 292.

② Stephen Greenblatt, 'Psychoanalysis and Renaissance Culture', in Learning to Curse: Essays in *Early Modern History* (New York, 1990), pp. 176–195.

③ Carla Mazzio and Douglas Trevor, 'Dreams of History: An Introduction', in their edited collection *Historicism, Psychoanalysis, and Early Modern Culture* (New York, 2000), pp. 1–18, 14n.6; Elizabeth J. Bellamy, 'Psychoanalysis and the Subject in/of/for the Renaissance', in Jonathan Crewe (ed.), *Reconfiguring the Renaissance: Essays in Critical Materialism* (London, 1992), pp. 19–33.

似乎忽略了一点，即无意识幻想的证据与我们更熟悉的历史证据不会有相同的形式：事实上，通常是在口误和令人惊讶的遗漏中才可能找到精神分析证据。康托尔对资料的语言和结构给予了仔细的关注，这是一份在当时极不寻常的自传性文件。通过这种方式，他充分利用了以前不被认可的史料，因为它们缺乏历史真实性和连续性，而且内容极不寻常。[①]

约翰·迪莫斯（John Demos）的《娱乐撒旦》，是使用群体心理学备受赞誉的例子。[②] 与许多历史学家（包括罗珀在本章末尾的摘录）一样，迪莫斯的目标是解释 17 世纪马萨诸塞州塞勒姆爆发的猎巫运动。他指出，女巫文件集中于讨论母性功能的象征、攻击性和边界问题（女巫经常侵犯家庭或个人的身体），并将这些特征视为"一种独特的'客体关系'模式"。投射的防御机制也很重要，并与早期儿童阶段明确相关。迪莫斯认为，特殊的养育方式，再加上特定年龄段的兄弟姐妹间的竞争，有助于解释女巫狂热期间出现的激烈的"对女性的敌意"。[③] 盖伊认为，迪莫斯的心理史研究因其折中性而得到了增强——颇具争议的是，他在解释中使用了多种精神分析学派的理论。更重要的是，正是迪莫斯作为历史学家的坚实基础使他能够以有说服力和非还原主义的方式将心理史学放入历史语境

---

① 这些一般性的批评来自：Loewenberg, *Decoding the Past*; Ashplant, 'Psychoanalysis in Historical Writing'; Frank E. Manuel, 'The Use and Abuse of Psychology in History', in Kren and Rappoport, *Varieties of Psychohistory*, pp. 38–62; Peter Burke, *History and Social Theory* (2nd edn, Cambridge, 2005), pp. 137–139; and John Tosh, *The Pursuit of History: Aims, Methods and New Directions in the Study of Modern History* (6th edn, Abingdon, 2015), pp. 217–219. See also M.D. Coupe's critique: 'The Personality of Guibert de Nogent Reconsidered', *Journal of Medieval History* 9 (1983), pp. 317–329。

② John Demos, *Entertaining Satan: Witchcraft and the Culture of Early New England* (Oxford, 1982); see the discussion in Gay, *Freud for Historians*, pp. 203–205.

③ See John Demos, 'Accusers, Victims, Bystanders: The Innerlife Dimension', in Cocks and Crosby, *Psycho/History*, pp. 254–266.

中展开分析。[1]

然而，精神分析方法不仅可以解释历史中的非理性。许多历史学家致力于基于个人或群体的自身利益的解释，尽管我们承认，个体并不总能认识到自己的最大利益，也不总能为自己的短期甚至最终利益采取行动。这在经济史研究中尤为明显：正如托马斯·科克兰（Thomas Cochran）所说，"每个文化都有其自己的经济非理性或不一致性形式。"[2] 经济学家／精神分析学家大卫·塔克特（David Tuckett）最近对 2008 年金融危机进行了分析，他使用"无意识需求和恐惧的关键作用"和客体关系理论来理解金融市场和交易行为。[3]

盖伊以他的五卷本巨著，讨论了 1837 年至 1914 年欧洲和美国的资产阶级文化与经验史，为他的职业生涯画上了句号，并描述了他使用弗洛伊德的"人类经验的基本构建模块——爱、攻击和冲突"来构建这部作品。盖伊对自己方法的描述总结了受精神分析启发的现代历史研究方法：

> 在寻找文献资料、构建因果关系模式、对猜测持警惕和怀疑的同时，必须与从证据的显性内容到其潜在含义的分析性跨越紧密结合……（历史学家）可以解释梦境，尤其是如果做梦者将梦境置于联想的纹理中；他可以把私人日记中的主题序列当作自由联想的意识流来解读；他可以将公共文件理解为愿望的浓缩和否定的练习；他可以从流

---

[1] Gay, *Freud for Historians*, p. 203.

[2] Thomas Cochran, 'Economic History, Old and New', *American Historical Review* 74 (1969), p. 1567, cited in Gay, *Freud for Historians*, p. 101. See also Gay's discussion of self-interest, pp. 99–115.

[3] David Tuckett, *Minding the Markets: An Emotional Finance View of Financial Instability* (Basingstoke, 2011).

行小说或受人赞赏的艺术作品中弥散的先入之见中发现潜在的无意识幻想。[1]

　　最近受精神分析启发的其他历史著作也同样关注多种史学方法。扬·戈尔茨坦（Jan Goldstein）对一位 19 世纪法国农妇的病例记录进行了分析，运用了弗洛伊德和福柯的阅读方法以及性别理论，以阐明南妮特·勒鲁（Nanette Leroux）的疾病及其医生对其的描述。迈克尔·罗珀（Michael Roper）在撰写关于第一次世界大战中男性的情感史时，发现客体关系理论有助于分析士兵及其家人在信件和回忆录中提到的强烈而矛盾的情感状态，并将其材料置于性别文化史的背景中。这两部历史作品都细致入微，基于对文本的仔细阅读。[2]

　　到目前为止，我们的例子都来自欧洲和美国。在非西方文化中是否可以使用西方发展起来的心理理论？弗洛伊德当然认为一个人的文化有助于其心理发展，但像俄狄浦斯情结这样的弗洛伊德中心概念是否可以应用于西方以外的地区，还是个问题。精神分析在阿根廷等国家的强大表现表明这是可能的。[3] 最近，英国精神分析师克里斯托弗·博拉斯（Christopher Bollas）被邀请到韩国和日本教学，其他精神分析师也被邀请访问中国。博拉斯审视了东西方的心理理论，并认为它们之间没有明确的分界。[4] 洛文伯格也曾在中国

① Gay, 'General Introduction', in *The Bourgeois Experience Victoria to Freud*, Vol. 1, *Education of the Senses* (New York, 1984), pp. 7–8.

② Jan Goldstein, Hysteria Complicated by Ecstasy: *The Case of Nanette Leroux* (Princeton, 2010); Michael Roper, *The Secret Battle: Emotional Survival in the Great War* (Manchester, 2009).

③ See for example Nancy Caro Hollander, *Love in a Time of Hate: Liberation Psychology in Latin America* (New Brunswick, 1997).

④ Christopher Bollas, *China on the Mind* (New York, 2013); David E. Scharff and Sverre Varvin (eds), *Psychoanalysis in China* (London, 2014).

教授精神分析，最近他使用精神分析概念来帮助理解国际政治关系中"面子"的重要性，其他历史学家可能会效仿他的做法。[1]

在精神史的背景下，最后一个值得考察的问题是主观性与客观性的对立。精神分析解释本质上是个体的和主观的，无论我们是否将其标榜为科学。迈克尔·罗珀指出，研究者对其研究对象的共情和反应，即反移情，是精神史过程中不可或缺的部分。从这个意义上说，无论历史学家是否使用精神分析理论，他们对过去的反应都是不同的。罗珀强调，如果我们不检视我们的共情，"（过去的情感残留）将不可避免地传递给我们"，"我们的投射只是对过去的访问"。[2]

在下面的摘录中，琳达尔·罗珀（Lyndal Roper）运用精神分析理论来理解雷吉娜·巴托洛梅（Regina Bartholome）看似非理性的行为，她在 1670 年被奥格斯堡市政会当作女巫审讯。她运用"围绕女性心理身份的困境"来解释女巫的盛行，这是什么意思。请思考罗珀如何运用俄狄浦斯情结。你认为这对性别分析有帮助吗？罗珀评论说，使用常规的历史策略，将这个故事中的真实元素从幻想元素中分辨出来没有任何价值。她为什么这样说？你同意吗？将罗珀的观点与上面讨论的德莫斯的观点进行比较，并思考他们对证据的不同使用方式。是什么因素让罗珀的工作是精神分析史学，而不是文化史研究，或者这两个领域是否有重叠之处？

---

[1] Peter Loewenberg, 'Matteo Ricci, Psychoanalysis, and Face in Chinese Culture and Diplomacy', *American Imago* 68 (2012), pp. 689–706.

[2] Michael Roper, 'Psychoanalysis and the Making of History', in Nancy Partner and Sarah Foot (eds), *The Sage Handbook of Historical Theory* (London, 2013), p. 323.

进一步阅读

Alexander, Sally and Taylor, Barbara (eds), *History and Psyche: Culture, Psychoanalysis, and the Past* (New York, 2012).

Ashplant, T.G., 'Fantasy, Narrative, Event: Psychoanalysis and History', *History Workshop Journal* 23 (1987), pp. 165–173.

Gay, Peter, *Freud for Historians* (New York, 1985).

Hunt, Lynn, 'Psychology, Psychoanalysis, and Historical Thought', in Lloyd Kramer and Sarah Maza (eds), *A Companion to Western Historical Thought* (Oxford, 2002), pp. 337–356.

Loewenberg, Peter, *Decoding the Past: The Psychohistorical Approach* (2nd edn, New Brunswick, 1996).

Mazlish, Bruce (ed.), *Psychoanalysis and History* (Englewood Cliffs, N.J., 1963).

Scott, Joan W., 'The Incommensurability of Psychoanalysis and History', *History and Theory* 51 (2012), pp. 63–83.

期 刊

American Imago
History Workshop Journal
Psychoanalysis and History

俄狄浦斯与魔鬼

琳达尔·罗珀

　　1670 年，雷吉娜·巴托洛梅承认她曾与魔鬼同居。她在奥格斯堡市政会接受审问时年仅 21 岁，5 年前遇见了魔鬼。她回忆说，魔鬼穿着丝袜、靴子和马刺，看起来像个贵族。他们每周两次在普费尔塞的一家酒馆面包店里密会，附近的村庄住着犹太人。魔鬼为她点了肺肠、烤猪肉和啤酒，两人在酒馆的客厅里独自愉快地享用。他答应给她钱，但她只从他那里得到了 6 个十字币（Kreuzer），而且还是假币。作为对这微薄的回报，雷吉娜与魔鬼签订了为期 7 年的契约。她发誓背叛上帝和三位一体，将魔鬼——她的情人——作为自己的父亲。

　　这个故事简单而富有戏剧性，当与她提供的生平故事联系起来时，就会变得更加有意义。雷吉娜的父亲是个穷人，是市政会的临时工。① 雷吉娜第一次遇见魔鬼的时候，她刚刚进入青春期，与比

① 他缴纳的是最低税率，即"无收入税"（Habenichts），适用于那些没有应税财产或收入的人，而且他的住所是租来的，不是自己的。在税簿中，他被描述为"夜班工人"（Nachtarbeiter）。这户人家住在雅各布城郊（Jakobervorstadt），这是一个以手工业为主的街区，也是城里最穷的地方——顺便说一句，伯恩德·罗克（Bernd Roeck）认为大多数女巫都来自这个地区。(Bernd Roeck, 'Hexen "im ganzen Haus". Zur Sozialgeschichte von Hexen und Magie in der frühneuzeitlichen Stadt', lecture, Groupe de Travail International d'Histoire Urbaine de la Maison des sciences de l'homme, Paris, 12–14 March 1992). 汉斯·巴托洛梅在这栋房子里住了三年半至四年，但在案件发生前 6 个月搬到了同一街区几条街外的另一栋房子里。参见 Stadtarchiv Augsburg (hereafter cited as StadtAA), Steuerbucher, 1667, fo. 31 c; 1668, fo. 31 b; 1669, fo. 31 a; 1670, fo. 44 d; and witness statements 26 June 1670, StadtAA, Urgichtensammlung (hereafter cited as Urg.), Regina Bartholome, 1670. 戈特利布·斯皮茨尔（Gottlieb Spitzel）对巫术和附身很着迷，他是当地圣雅各布教堂的牧师，在搬家之前也和巴托洛梅一家住在同一个小税区。他参与了同

她年长几岁的狱吏迈克尔·雷德勒（Michael Reidler）发生了第一次性关系。大约在同一时期，她的母亲与一个年轻人——雷吉娜的表亲——开始了一段通奸关系，这个年轻人寄宿在他们家里。母亲和表亲也去了普费尔塞村，母亲抵押了一些东西给犹太人。雷吉娜母亲的事情以灾难告终：雷吉娜的母亲被公开示众，受到羞辱，被永远驱逐出城，她的年轻情人逃离了城市，几年后因"酗酒"而去世。雷吉娜与父亲相依为命，为他做饭和照顾家务："当他从辛苦的工作回家时，没有其他人能给他做一些温暖的食物，让他恢复体力"[①]，正如她的父亲在为她向市政会提交的请愿书中所说。就实际情况而言，雷吉娜已经取代了母亲的位置。

巴托洛梅一家又接待了另一个房客，这次是一个名叫雅各布·施文赖特（Jacob Schwenreiter）的年轻人，已经订婚，并且像老巴托洛梅一样，是个临时工：这两个男人，施文赖特和巴托洛梅，共用一张婚床。与初恋分手的雷吉娜热情地爱上了这个新的男性，给他带来白兰地、面包、奶酪、汤，并坐在他的床上。她告诉他，她知道一个从普费尔塞的犹太人那里骗钱的诡计，并承诺给他一部分收益。但她的感情投入没有得到回报。施文赖特很快就带着新娘来到了这

时代的一个案件，据说是被附身的妇女雷吉娜·席勒（Regina Schiller），但他没能为她驱魔。Gottlieb Spitzel, *Die Gebrochne Macht der Finsternüss/ der Zerstörte Teuflische Bunds-vnd Buhl-Freundschafft mit den Menschen* ..., Augsburg 1687; Staats-und Stadtbibliothek Augsburg, 2o Cod Augs. 288, Regina Schiller; Dietrich Blaufuss, *Reichsstaadt und Pietismus – Philipp Jacob Spener und Gottlieb Spizel aus Augsburg* (Einzelarbeiten aus der Kirchengeschichte Bayerns 53), Neustadt a. d. Aisch 1977. 关于 17 世纪奥格斯堡的社会史，参见 Bernd Roeck, *Eine Stadt in Krieg und Frieden. Studien zur Geschichte der Reichsstadt Augsburg zwischen Kalenderstreit und Parität* (Schriftenreihe der Historischen Kommission bei der Bayerischen Akademie der Wissenschaften 37), 2 vols, Munich 1989; and Etienne François, *Die unsichtbare Grenze. Protestanten und Katholiken in Augsburg 1648–1806*, Sigmaringen 1991。

① 'Wann Jch Von meiner harten Arbeith anheimbs komme, so mir etwann Wass Warmbes kochen kann, darmit ich mich Widerumben erlabe, nicht habe': StadtAA, Urg., 1670, Regina Bartholome, petition of 12 Aug. 1670.

个家，对她爱抚了好几个小时，至少雷吉娜是这样认为的。与此同时，雷吉娜在普费尔塞欺骗犹太人并以此赢得这个年轻人的爱情计划失败了：她指控一个犹太人与她发生性关系（这种关系违反了犹太人和基督徒之间的禁忌），但她的目标是一个品行无可指摘的人，她的指控没有生效。她因伪证只受到了申斥和短暂的监禁，实属万幸。当施文赖特结婚时，她永远失去了他。大约在这个时候，雷吉娜声称另一个年轻人，一个毛皮商，试图用爱情毒药赢得她的感情。

巴托洛梅家的争吵最终将整个家庭，包括新婚夫妇，带到了市政会的纪律官员——市长那里。一旦到达那里，雷吉娜公开威胁要杀死新娘就足以保证她被监禁，于是开始了刑事审讯过程，这个过程既揭示了她与魔鬼的关系，也揭示了她自己的历史，我在这里只是简要地概述。[1]

一

我们如何解释雷吉娜·巴托洛梅的幻想，相信自己是魔鬼的情人、女儿和妻子？她提供的不同叙述之间有什么关系，既有恶魔的，也有（按我们的术语）现实的？在本章中，我将论证女巫幻想是在质问者和被告之间的合作中创造的，从精神分析角度来看，这种发展的动力确实可以得到有效的解释。我的观点包括，尽管初见时他们的精神景观似乎异乎寻常，但近代早期的人具有可识别的主观性，表现出我们熟悉的模式。同时，我将尝试在精神分析术语中来展示审讯的逻辑和构建完整的女巫幻想的过程。[2]

对于历史学家来说，这看起来可能是一种错误的做法。毕竟，

---

① StadtAA, Urg., 1670, 23 June 1670, Regina Bartholome.

② 有关该地区不可或缺的猎巫研究，参见 Wolfgang Behringer, *Hexenverfolgung in Bayern. Volksmagie, Glaubenseifer und Staatsräson in der Frühen Neuzeit*, Munich 1987。

针对试图将精神分析解释应用于历史人物的一些大胆的早期尝试，研究欧洲近代早期的历史学家大多主张谨慎行事。他们坚持认为，近代早期的人们与我们之间存在着根本性的心理差异，并指出家庭、个体和主观性等概念深深地根植于特定的历史背景之中。正如娜塔莉·泽蒙·戴维斯（Natalie Zemon Davis）提醒我们的那样，近代早期的人们通常以与他人（家庭、行会、城镇）的关系来呈现自己的主观性。[①] 许多历史学家强调，荣誉是近代早期的人们概念化自身身份的实质，而荣誉在本质上是一种社会概念。在荣誉社会中，人们的自我价值感来自他们所属的群体：一个成员的不光彩不仅危及个体，而且危及整个群体。[②] 大卫·萨宾（David Sabean）提出，被精神分析视为超我形成的固有部分的良知，实际上是 17 世纪新教的晚期产物。[③] 斯蒂芬·格林布拉特认为，精神分析依赖于一个关于自我的概念，而这个概念在近代早期还处于创造过程中：因此，我们不能将精神分析理论应用于以根本不同方式构思主体性的人们。[④] 近代早期的人们被认为缺乏我们认为对自我认知至关重要的个体性

---

① Natalie Zemon Davis, 'Boundaries and the Sense of Self in SixteenthCentury France', in Thomas C. Heller, Morton Sosna and David E. Wellbery (eds), *Reconstructing Individualism. Autonomy, individuality, and the self in western thought*, Stanford, Calif. 1986.

② 有关近代早期荣誉概念的精彩阐述，参见 Lucia Ferrante, 'Honor Regained: Women in the Casa del Soccorso di San Paolo in sixteenth-century Bologna', and Sandra Cavallo and Simona Cerutti, 'Female Honor and the Social Control of Reproduction in Piedmont between 1600 and 1800', both in Edward Muir and Guido Ruggiero (eds), *Sex and Gender in Historical Perspective* (Selections from Quaderni Storici), Baltimore, MD and London 1990; Martin Dinges, 'Die Ehre als Thema der Stadtgeschichte. Eine Semantik am Übergang vom Ancien Regime zur Moderne', *Zeitschrift für historische Forschung*, 16, 1989, Heft 1/4, pp. 409–440; Susanna Burghartz, 'Disziplinierung oder Konfliktregelung? Zur Funktion städtischer Gerichte im Spätmittelalter: Das Zürcher Ratsgericht', *Zeitschrift für historische Forschung*, 16, 1989, Heft 1/4, pp. 385–408; Susanna Burghartz, 'Rechte Jungfrauen oder unverschämte Töchter? Zur weiblichen Ehre im 16. Jahrhundert', in Heide Wunder and Karin Hausen (eds), *FrauengeschichteGeschlechtergeschichte*, Frankfurt am Main 1992。

③ David Sabean, *Power in the Blood*, Cambridge 1984, see esp. p. 171.

④ Stephen Greenblatt, 'Psychoanalysis and Renaissance Culture', in idem, Learning to Curse. Essays in *early modern culture*, New York and London 1990; and see Charles Taylor, *Sources of the Self. The making of modern identity*, Cambridge 1989.

的信念：现代性就在于将我们与他们之间的鸿沟。尽管精神分析的概念可能会影响我们提供的文本解释，但对历史的承诺似乎意味着历史学家不能将精神分析作为一种严肃的解释理论。①

近代早期的人们确实以不同的方式思考心灵和身体之间的关系，②认为梦可以帮助诊断身体状况而不是心理紊乱，③相信魔鬼在世界中活动，并将我们认为是幻想的世界，视作"真实"存在的现象，但这些论点过于谨慎了。值得注意的是，历史学家在将精神分析排除之后，指向的正是近代早期的人们的独特性，因此现代性是由自我概念的变化所定义的；然而，这是一种激进的归咎于他者的

---

① 最近有一篇出色的传记研究，很好地运用了精神分析的方法，参见 Elizabeth Marvick, *Louis XIII: The making of a king*, London, 1986; 运用于社会的政治象征的研究，参见 Lynn Hunt, *The Family Romance of the French Revolution*, London 1992; 以及开创性的论文 Sally Alexander, 'Women, Class and Sexual Differences in the 1830s and 1840s. Some reflections on the writing of a feminist history', *History Workshop Journal*, 17, 1984, pp. 125–149; and also Sally Alexander, 'Feminist History and Psychoanalysis', *History Workshop Journal*, 32, 1991, pp. 128–133; 更多的使用案例，参见 Geoffrey Cocks and Travis Crosby, P*sycho/History. Readings in the method of psychology, psychoanalysis and history*, Yale, Conn. 1987; Psychoanalytischer Seminar Zürich, *Die Gesellschaft auf der Couch. Psychoanalyse als sozialwissenschaftliche Methode, Frankfurt* am Main 1989; 关于弗洛伊德本人对着被附身的画家克里斯托夫·海兹曼（Christoph Haitzmann）的文章的精妙思考，见 Michel de Certeau, 'What Freud Makes of History: "A seventeenth-century demonological neurosis", in idem., *The Writing of History*, trans. Tom Conley, New York 1988; and Freud's essay, 'Eine Teufelsneurose im Siebzehnten Jahrhundert (1923), in Alexander Mitscherlich et al (eds), *Freud. Studienausgabe*, Frankfurt am Main 1989, vol. 7, pp. 287–322; 关于将精神分析思想用于探索女巫狂热，参见 John Demos, Entertaining Satan. *Witchcraft and the culture of early New England*, Oxford 1982; 以及克莱因思想在研究巫术狂热中的有趣应用，但该思想在历史方面的应用并不令人满意，参见 Evelyn Heinemann, *Hexen und Hexenangst. Eine psychoanalytische Studie über den Hexenwahn der frühen Neuzeit,* Frankfurt am Main 1989; 关于自我的理论，参见 Christopher Bollas, *Forces of Destiny. Psychoanalysis and human idiom*, London, 1989。

② See, for example, the *böse Blick and other magical techniques: Eva Labouvie, Verbotene Künste. Volksmagie und ländlicher Aberglaube in den Dorfgemeinden des Saarraumes (16.–19. Jahrhundert),* St Ingbert 1992; Eva Labouvie, *Zauberei und Hexenwerk. Ländlicher Hexenglaube in der frühen Neuzeit,*Frankfurt am Main 1991; Ruth Martin, *Witchcraft and the Inquisition in Venice, 1550–1600,* Oxford 1989.

③ See Richard L. Kagan, *Lucrecia's Dreams. Politics and prophecy in sixteenth-century Spain,* Berkeley, Calif. 1990.

做法，这种做法寄生于我们自己的决心，即通过提供一个关于自我诞生的强有力的叙述来完成主体性的历史化。与此同时，我们日复一日进行的历史解释几乎总是基于一定程度的相似性的假设：否则我们如何理解历史人物？我认为，承认历史的某些特征的持久性并不会危及历史的地位：幻想的重要性、无意识、父母形象对心理生活的核心作用，以及具有深刻心理意义的符号或物体如何渗透到个体生活的多个领域。正如精神分析所坚持的，身份是脆弱的，并且在某种程度上通过与他人的认同和分离来形成，这一特征并没有使近代早期与众不同。在我看来，荣誉并不是近代早期理解自己困境的唯一或主要方式：他们对被侮辱的愤怒，对荣誉的捍卫，对羞耻的恐惧，都体现了他们所感受到的一种对自身的攻击，其中心理和身体是不可区分的——毕竟，一个女人的荣誉与她的身体有关。我认为，与其将荣誉与近代早期人们的行为解释为一种具体化的荣誉观念，不如将荣誉与近代早期人们的心理和情感生活的其他特征联系起来。像巫术这样的现象，其中心理和情感事件具有身体效应，个体的行动至关重要，我们面对的是巫术狂热引人入胜的幻想本质，这要求我们不仅从社会学角度解释，还要从心理学角度解释。当历史学家倾向于将精神分析应用于对巫术狂热的研究时，他们通常将其用于得出关于整个社会的结论；然而，在这里，我打算借鉴精神分析的思想，以重建个体的心理生活。[①]

雷吉娜·巴托洛梅通常不被认为是女巫。没有人指控她会巫术，尽管人们一致认为她很"奇怪"。巫术的历史经常将女性视为受害者，是社会焦虑的替罪羊。然而，令人困扰的特点之一在于，这样一个案例是巫婆自我毁灭的能力。雷吉娜自己引发了自己的监禁。她首先采取了极高风险的策略，指控一个犹太人与她有婚外情，这

---

① 例如，请比较 John Demos, *Entertaining Satan,* 他将精神分析思想应用于整个新英格兰社会，研究养育子女的做法。

个指控她无法证明，而且威胁到了她自己的声誉，因为这能够削弱他的声誉。这也使她卷入了一项危险的刑事调查，她幸运地只被判短期监禁。[①] 她的故事充斥着虚假指控。她指控雅各布·施文赖特的新娘偷走了她的东西——的确她偷了，但偷走的是她的新郎，而不是她的"锡盘、床架和半斗玉米"。[②] 当雷吉娜向当局指控她，并在法庭威胁要杀死她时，却导致了自己的监禁。[③]

审判雷吉娜的动机部分源于她自己对自己的指控，对自己的惩罚以及对自己犯下罪行真相的揭露。在审讯中，女巫面对两名市政会代表，以及拷问者，最终将成为她的执行者。我们不难看出他们对受害者行使的权力：他们代表着市政会的权力，并且手持刑具。但要看到女巫对自己情况的操纵（无论多么不成功），或者辨识出审问过程中的虐待行为是否满足了女巫的需求，并不容易，对历史学家来说也令人不适。

但是我们如何解释她认罪的内容呢？女巫幻想的内容对于历史

---

① StadtAA, Urg., 1670, 23 June 1670, Regina Bartholome: 1670 年 6 月 27 日，她撤销了指控。一个月后，即 1670 年 7 月 29 日，她就第二组指控接受了第一次刑事审讯。

② Jacob Schwenreiter married Maria Weikhart from Augsburg, widow: see StadtAA, Hochzeitsprotokolle, 1667–1673, pp. 271–272, 26 May 1670: 在婚姻协议中，施文赖特称自己是社会地位较高的车夫（Karrer），但在原庭审的证人证词中，他被描述为日工。有趣的是，巴托洛梅并没有作为三个保证人之一（根据该市婚姻法的规定），即如果 Beisitz（居住权）未获批准，这对夫妇将离开该市。由于施文赖特不是奥格斯堡人，因此如果他想获得居住权，就必须娶一位奥格斯堡女子为妻，这可能促使雷吉娜·巴托洛梅认为施文赖特会考虑把她作为新娘。

③ 事件发生在 1670 年 7 月 22 日。值得注意的是，雷吉娜的指控者相应地投入了对巫术的幻想，我曾对这一主题进行过更详细的探讨，参见 'Angst und Aggression. Hexenbeschuldigungen und Mutterschaft in frühneuzeitlichen Augsburg', Sowi. Sozialwissenschaftliche Informationen, 2, June 1992, pp. 68–76: 仅仅 4 年后，在另一起巫术指控案中，玛丽亚·施文赖特（Maria Schwenreiter）成为指控安娜·布吕勒（Anna Brühler）及其丈夫的证人之一。这一次，她声称布吕勒的丈夫告诉她，布吕赫勒因让她的丈夫施文赖特失去了"男子气概"，从而导致她的婚姻无子嗣 (StadtAA, Urg., 6 Oct.–10 Nov. 1674, Anna Brühler, testimony Maria Schwenreiter, 20 Oct. 1674). 因此，玛丽亚·施文赖特不仅目睹了雷吉娜·巴托洛梅被处死，还目睹了安娜·布吕勒被永远放逐出小镇：她也陷入了巫术指控的循环往复中，倾向于将自己不幸的根源归咎于他人。

学家来说是一个困难的领域，因为我们接受的训练是寻找验证或构建社会意义。我们如何从对我们来说明显不真实且极具个性化的材料中得出社会意义呢？最有启发性的解释将女巫的自白视为一种集体癔症，其特征最好以历史发展的术语来概述。历史学家的任务是追踪这些主题逐渐出现的过程，如女巫的舞蹈、与魔鬼的契约、撒旦的弥撒。这些被解释为受迫害者在口中产生的幻想，是他们的审问者逐渐精心构思出来的。[1] 从另一个角度来看，卡洛·金茨堡将这些幻想视为人民的创造，而不是他们的精英审讯者的创造，将其特征解释为旧有的、异教的信仰模式的爆发。[2] 他揭示了他们的神话结构，将他们的元素追溯到民间传说的化身。这是一个过程，其中，特定女巫的幻想起到了很小的作用：女巫本身不如她们所居住的文化重要，这不是金茨堡关注的主要对象。[3]

　　然而，这两种方法都认为幻想的源头在女巫之外。她只是传递者，要么是消失的原始宗教的痕迹，要么是她的审讯者对女巫信仰的影响。但是女巫幻想必须说服听众相信它的真实性。事实上，审讯是一个漫长的过程，因为当局不断要确保女巫的真实性，召唤证

① 有关巫术中幻想的精彩探索，参见 Richard van Dülmen, 'Imaginationen des Teuflischen. Nächtliche Zusammenkünfte, Hexentänze, Teufelssabbate', and Eva Labouvie, 'Hexenspuk und Hexenabwehr. Volksmagie und volkstümlicher Hexenglaube', both in Richard van Dülmen (ed.), *Hexenwelten. Magie und Imagination vom 16.–20. Jahrhundert*, Frankfurt am Main 1987; Robert Rowland, '"Fantasticall and Devilishe Persons": European witch-beliefs in comparative perspective', in Bengt Ankarloo and Gustav Henningsen (eds), *Early Modern European Witchcraft. Centres and peripheries*, Oxford 1989; and Christina Larner, *Enemies of God. The witch-hunt in Scotland*, London 1981, pp. 134–156。

② Carlo Ginzburg, *Ecstasies. Deciphering the witches' sabbath*, London 1990.

③ 金茨格讨论了在巫术研究中使用精神分析的局限性，并预示了他自己后来对神话结构的关注，参见 'Freud, the Wolf-Man, and the Werewolves', in *idem, Myths, Emblems, Clues*, trans. John and Anne Tedeschi, London 1990. 他还考虑了（对荣格的讨论有些轻蔑）分析探索原型在思考女巫狂热中的可能性。

人来确认细节，并仔细检查她的陈述中是否有矛盾之处。[1] 这种幻想必须由一个女巫根据她的文化对魔鬼及其行为方式的了解，从她所掌握的幻想元素中创造出来，并且她选择的元素具有逻辑性。[2] 在雷吉娜·巴托洛梅的叙述中，没有杂乱无章的恶魔角色分散故事的核心焦点，即雷吉娜与魔鬼之间的关系。没有姐妹女巫，没有同谋，没有雷吉娜勾引的学徒女巫，也没有夜间聚会。相反，这种简化的证词形式使她自己的心理主题更清晰地浮现出来。

二

女巫幻想是如何产生的？我在本章开始时提到的雷吉娜·巴托洛梅与魔鬼关系的概述并不是自愿的坦白。它是在经过 8 次审讯（酷刑和威胁穿插其中），经过相当大的抵抗之后，才逐渐浮现出来的。在这些审讯中，她提供了 4 种不同的关于她与魔鬼关系的叙述，每次都将她与魔鬼初次相遇的时刻往前推移，每一次都将魔鬼初次出现的时间与她短暂生命中不同的爱情关系联系在一起。

首先，她讲述了在年轻的毛皮商给她喝了一瓶爱情药水后，魔鬼

---

[1] 这一程序在奥格斯堡达到了极高的官僚效率。例如，1670 年 8 月 1 日收集了与她 7 月 29 日的初次供认有关的证人证词；9 月 2 日从普费尔塞收集了与 8 月 28 日雷吉娜的供认有关的证人证词；9 月 10 日和 11 日收集了与她 9 月 9 日的供认有关的证人证词。到了 17 世纪最后几年，所有审讯中的问题都被通通编号，以便迅速进行交叉对比；甚至证人的陈述也严格按照顺序排列，精确地处理女巫供词中的编号点，并与之前的供词进行交叉对比。这种高度有条不紊的信息组织和控制与早期审判中采用的较为松散、动态的程序形成了鲜明对比。我认为，这并不意味着女巫审判或供词的常规化，而是试图利用官僚机构的技术精确地"固定"女巫陈述中的荒诞细节，从而得出"真相"。

[2] 有关萨尔茨堡"绍伯杰克尔审判"受害者的社会生活和想象生活的高度再现，将社会历史和幻想融为一体，参见 Norbert Schindler, 'Die Entstehung der Unbarmherzigkeit. Zur Kultur und Lebensweise der Salzburger Bettler am Ende des 17. Jahrhunderts', in *idem, Widerspenstige Leute. Studien zur Volkskultur in der frühen Neuzeit, Frankfurt* am Main 1992. 辛德勒指出了复仇幻想和补偿能力的重要性：来自拉德施塔特的宗教教士埃利亚斯—芬克（Elias Finck）说，绍伯杰—杰克尔教会了他"阅读、写作和思考"，这正是他所渴望的技能。(ibid., p. 301).

出现了。她相信这个年轻的毛皮商试图逼她结婚。① 这是一个非常特别的、自愿的供词，而不是对问题的回答。雷吉娜自己把魔鬼带入故事中，解释了魔鬼在她被市政会第一次监禁时如何在她的牢房里拜访她：对她的故事进行魔鬼的解释并不是市政会自己的决定。然而，一旦引入，魔鬼的角色就成了她的审问者共同关注的问题，他们试图理解她的行为。雷吉娜的第一个陈述很快被她的新故事取代，她说魔鬼在几个月前就出现在她面前，当时她正参与对普费尔塞犹太人的指控，同时她还希望说服年轻的临时工雅各布·施文赖特成为她的情人。在后来的审问中，雷吉娜承认她很早就认识魔鬼，并将她被魔鬼引诱的时间追溯到她母亲开始通奸的时期，这最终导致了她的放逐。最终，在最后的复仇中，她更加具体地描述了这段时间，将其与她同狱吏迈克尔·雷德勒的第一次关系联系起来。她提出，为什么他没有像她一样受到惩罚？她说，这个男人是她的第一个引诱者，"很可能就是魔鬼本人"②。正如雷吉娜所知道的，如果市政会相信她的话，这个指控肯定会导致他被关押和拷问，就像她一样。③

　　每个新版本的故事都是对市政会提问的回应，将雷吉娜离开基

---

① StadtAA, Urg., 23 June 1670, Regina Bartholome, interrogation (1) of 29 July 1670. 爱情药水包括滴入酒中的"头发束—珍珠"，这是一个有趣的组合，因为珍珠可能代表眼泪——因此恋人不会把珍珠送给对方，新娘也不会佩戴珍珠。(H. Bächtold-Stäubli, *Handwörterbuch des deutschen Aberglaubens*, 10 vols, Berlin and Leipzig 1927–1942, vol. 6, p. 1498); 头发束可以用作定情信物 (Jacob and Wilhelm Grimm, *Deutsches Wörterbuch*, Leipzig 1854–1983, Bd 4 Teil 2, s. 24, source Johannes Rist). 关于爱情药水，参见 see David Lederer, 'The Elixir of Love: Madness and sexuality in early modern Germany', forthcoming。

② 'Er möge wol selbs der Teuffel gewesen sein', StadtAA, Urg., 1670, Regina Bartholome, (7) 20 Sept. 1670.

③ 在这里，她的质问又回到了自责：她承认，如果不是上帝阻止，她会"给他一些教训"，因为（继续她对他的愤怒咆哮）他在她 12 岁那年引诱了她，夺走了她的童贞，他是个贼，现在仍然是个贼，贼总有一天会得到报应的，她曾经想打他，如果真的发生了，她会打他的 ('Weilen Er sie im Zwellfften Jahr verführt, vnd Jhr die Jngfrauschafft genommen, Er seie ein dieb vnd bleib ein, dieb werde nach schon seinen lohn empfahen, sein leib habs Auch Einmal schlagen wollen, sie wurdts aber gewiss auch troffen haben wan es beschehen were'), StadtAA, Urg., 1670, Regina Bartholome, (7) 20 Sept. 1670。

督教社区的时刻逐渐追溯到自己心理历史的前一个时期，直到她进入青春期时才停止。我们可以顺便提一下，这与精神分析的解释逻辑相似，精神分析鼓励患者探索他或她早年生活中的主题，以理解随后的冲突和关系；这是市政会和女巫共同分享的解释逻辑。[①] 与精神分析提供的生命叙述一样，它并不是一个可以从魔鬼叙述中抽象出来的"现实"叙述，而是一个具有意义的完整故事。在这个过程中，雷吉娜向我们介绍了她自己生活经历中的人物。但是，这个看似真实的"生活"有些奇怪。除了第一个爱情药水的故事外，所有的故事都揭示了同样的爱与拒绝的主题。即使是第一个故事也是这种模式的翻转，因为雷吉娜在这一次扮演了拒绝者的角色，我们可以观察到，她也试图在与魔鬼的关系中扮演（通过审讯的方式）被拒绝者的角色，从而摆脱他的控制，重新加入基督教社区。我们还可以注意到，在审讯中重新讲述她的故事使自己能够报复，对那些拒绝她的人进行报复，这种动态关系在她指控第一个引诱者是魔鬼本人时达到了顶点。

在这里，我们可以借用乔伊斯·麦克杜格尔（Joyce McDougall）有益的"心灵剧场"形象，用来描述个体利用他人来扮演自己内心世界的分裂部分，以便将个体的内心冲突投射到幻想中，并在与他人的关系中表演出来。由于这些冲突是无法忍受和解决的，因此会

[①] 正如卡洛·金茨堡所指出的那样，弗洛伊德本人也没有逃脱这种平行关系：'Freud, The Wolf-Man, and the Were-Wolves', pp. 150–151. Ginzburg cites Freud's letters to Wilhelm Fliess of 17 and 24 Jan. 1897: 'Warum sind die Geständnisse auf der Folter so ähnlich die Mitteilungen meiner Patienten in der psychischen Behandlung?' Jeffrey Moussaieff Masson (ed.), *Sigmund Freud. Briefe an Wilhelm Fliess 1887–1904*, German edition revised and expanded by Michael Schröter, Frankfurt am Main 1986, p. 237).（为什么［女巫］在酷刑下的供词与我的病人在心理治疗中的交流如此相似？）带着些许不安，弗洛伊德在对女巫狂热的奇幻元素进行了一番精彩的联想之后，得出了这样的结论："因此，我梦见一个古老的魔鬼宗教，它的仪式仍在秘密进行，并实现了巫师法官的严格治疗。充满着关系。" (p. 240). 参见 Carlo Ginzburg, 'The Inquisitor as Anthropologist', in *idem, Myths, Emblems, Clues*, 金茨堡在该书中考虑了类似的痛苦。

不断重复和再演。① 可以说，对于被指控的女巫来说，审讯提供了一个戏剧性的机会，来重新叙述和重演这些相关的冲突——还有什么比入神倾听的市政会代表和刽子手更好的观众呢？

　　但是这出戏剧的主题是什么呢？雷吉娜选择的景象和她提供的叙述充斥着俄狄浦斯主题。从最基本的角度来看，她的叙述逻辑表明她似乎认为自己成功地赢得了父亲的爱并夺取了母亲的地位——通过为父亲做饭和料理家务。通过一种可怕的幻想报应，她被禁止的俄狄浦斯欲望似乎已经实现。② 难怪她觉得自己应该受到惩罚。需要注意的是，这些改变发生在幻想的层面上：没有证据表明我们在处理一起乱伦案件，尽管这一观察并不减少这一主题的重要性。俄狄浦斯主题也在她与他人的关系中反复出现。她的第一个情人出现在她母亲找了一个新情人并抛弃了她父亲的时候。雷吉娜当时只有 12 岁。在 17 世纪人的眼中，这是与一个社会地位比她高、年龄比她大的男人之间的早熟性关系。令人不安的是，雷德勒似乎是一名狱吏。如果她的第一个情人表现出了一些父亲的特点，比她年长，是她父亲的同乡，那么她爱上的第二个男人雅各布·施文赖特与她真正的父亲更密切相关。他不仅与她的父亲从事同样的行业，甚至与他共用一张床。他的难以接近，以及他炫耀新婚妻子的残酷方式，只能凸显出雷吉娜未能建立独立的爱情关系：事实上，他让她重演了俄狄浦斯的戏剧，这一次是针对一个拒绝被取代的母亲形象。当雷吉娜试图勒索与自己发生性关系的普费尔塞犹太人时，她的行为也显示出类似的报复逻辑。他也是一个年长的已婚男人。她曾经向他典当过物品，就像她的母亲曾经向普费尔塞的犹太人典当过物品

① Joyce McDougall, *Theatres of the Mind. Illusion and truth on the psychoanalytic stage*, New York 1985.

② See Joan Riviere, 'Womanliness as a Masquerade' (1929), reprinted in Victor Burgin, James Donald and Cora Kaplan (eds), *Formations of Fantasy*, London and New York 1986.

一样，但他既没有给她更多的钱，也没有归还她的物品。他站在道义和法律的一边：因此，她的报复必须采取对他的性声誉进行极端和不诚实的攻击形式。在雷吉娜的故事中，这种象征性的重复非常典型，她指控他违反了一种类似于乱伦的禁忌，即犹太人和基督徒之间的性禁忌。当然，普费尔塞是她母亲和侄子之间田园诗般的背景。而且在雷吉娜的每一个转折点上，她都"回到了犯罪现场"，最终揭示了普费尔塞是她与魔鬼发生性关系的地方。她最后声称，在同一家酒馆里，魔鬼和她经常私奔到一个小房间里，她按照他的意愿行事——顺便说一句，这个情节既不是那个困惑的酒馆老板、他的妻子，也不是他的仆人能够证实的。

我认为，在这个叙述中，将"真实"从幻想元素中剥离出来的惯常历史策略没有意义。我们无法确定我们所知道的"真实"事件发生的时间点——她母亲的婚外情，她与狱吏的关系[①]——结束的时间，以及幻想开始的时间。事实上，舍弃幻想将是一种不恰当的策略，因为重要的是雷吉娜选择哪些元素来理解她的生活。她对一系列事件的叙述，无论是真实的还是幻想的，与其说表明了后来发生的事件的原因，不如说展示了相同的意义模式：在这起案例中，是多重乱伦。当然，这并不意味着创伤不会给心灵留下痕迹。但我们不能简单地从审讯的字里行间"读出"真实事件。首先要揭示她故事中的心理逻辑，这个故事将恶魔与性主题交织在一起，然后我们才能猜测它的意义。

到目前为止，我所描述的模式有点像自由联想可能引发的模式。但审讯并不是以分析性讨论的方式进行的。酷刑的威胁，即使没有威胁或实施，也隐含在审讯中，当市政会对受讯者的回答不满意时，经

---

① 关于她母亲的案例，参见 StadtAA, Urg., 2 July 1665, Georg Baur and 6 July 1665, Barbara Niess; Michael Reidler, ex-Stockmeister admitted to the affair with Regina in his witness statement of 12 Sept. 1670。

过磋商后，会授权使用酷刑工具。在雷吉娜的案件中，真正的酷刑只使用了一次，那是在第六次审讯后，她被悬挂在刑架上，用空砝码吊了两次。然而，酷刑的应用——在本案中相对温和——本身并不能解释女巫会承认什么，她为何提供了特定叙述，或者她如何说服市政会相信其真实性——市政会知道痛苦有时会让人做出虚假的供词。[①]

17世纪女巫叙述中还有另一个显著的差异特征：魔鬼的角色。对我们来说，围绕魔鬼的幻想显然属于想象的范畴，比我所描述的材料更具明确的不真实性。但对于他们来说，魔鬼是真实世界的一部分。因此，在谈论魔鬼时，雷吉娜的叙述与她所做的其他供词并无不同。这个观察有助于我们考虑应该如何解释与魔鬼相关的内容。我认为，在审讯中出现的魔鬼幻想不应被等同于某种幻觉活动，也不应被视为比她的其他供词更多地属于想象世界的一部分。[②] 相反，我认为应该将其解释为女巫提供的整个叙述的一部分。在魔鬼的形象中，女巫可以通过这个角色来戏剧化地展示心理冲突。

在17世纪的德意志，自称为女巫可能需要提供自己的生活史和关于魔鬼的故事，这是有充分理由的。女巫所遇到的魔鬼不是一个抽象的力量或者邪恶的象征性人物。虽然他以不同的形象出现，但首先，他是一个与讲述者有关系的角色。例如，雷吉娜发现魔鬼和她一样喜欢吃肺肠，爱喝啤酒。他时髦的衣服使他成为贵族，与她单调的日常世界形成对比。女巫必须具体描述魔鬼的外貌、姿势和

① See Carlo Ginzburg, 'Witchcraft and Popular Piety', in *idem, Myths, Emblems, Clues*, 了解审讯的状况，包括提问的流程，以及在女巫和审讯者之间的合作。然而，金茨堡仍希望坚持认为，女巫并没有 "完全屈服于审讯者的意志" (ibid.,pp.15–16)，从供词中提取真正的流行观念是可能的：我想强调的是，随着幻想在审判过程中的发展，两者之间情感合作的动态。

② 因此，试图通过谷物真菌、蘑菇等的作用来从生理学角度 "解释" 女巫幻想的现象，在我看来是无益的，因为它们无法解释为什么特定的幻想会以这种方式发展，为什么它们会使用特定的元素，为什么它们会引起当局的兴趣。参见，G.R. Quaife, *Godly Zeal and Furious Rage: The witch in early modern Europe*, London 1987; Piero Camporesi, *Bread of Dreams: Food and fantasy in early modern Europe*, trans. David Gentilcore, Cambridge 1989。

着装，甚至需要从自己的生活世界中提取熟悉元素来描述他。成为女巫意味着与魔鬼这个角色发生亲密关系，通常是性关系，因此，要发现魔鬼就需要分析女巫自己的个性、动机和情感的根源。因此，审讯旨在构建一个关于个体经历和与他人关系的叙述，以解释一个人如何能够割断人际关系，选择与魔鬼保持一种扭曲的灵魂契合。

雷吉娜审讯中的魔鬼元素精准地呼应着她的生活经历。正如雷吉娜提供的背弃基督的说辞，她已经发誓放弃上帝，将魔鬼作为她的父亲。他也是她的情人。她甚至想象着给他生孩子的可能性：无论这些孩子是由他还是她的其他情人所生，魔鬼告诉她必须把孩子们交给他。可以说，魔鬼的故事使她能够进一步发展俄狄浦斯叙事，以便她能够在想象中为父亲提供阳具般的补偿，即孩子；但是，这个父亲形象如此强大而残酷，以至于她甚至不能保留这些孩子。①当然，17 世纪的法庭不会以这种方式解释她的故事。但是，她的 17世纪听众会赋予这个魔鬼叙述类似的认识论重要性。对他们来说，魔鬼叙述有助于解释生活历史，而生活历史则解释了与魔鬼的关系。正因为雷吉娜听从了魔鬼的话，她才会采取她所采取的行动；正因为她想要钱且她放荡不羁，魔鬼才能够诱惑她。②

三

然而，俄狄浦斯元素并不仅限于雷吉娜提供的叙述主题。她的

---

① See Julia Kristeva：话语分析证明，对母性的渴望必然是一种生育 "父亲的孩子" 的欲望（即她自己父亲的孩子），结果，父亲的孩子往往被婴儿本身同化，从而回到了被贬低的男性地位——他被召唤而来，仅仅是为了完成其作为生殖欲望起源和正当性依据的功能。(*Desire in Language. A semiotic approach to literature and art*, trans. Thomas Gora, Alice Jardine and Leon S. Roudiez, ed. Leon S. Roudiez, London 1980, p. 238.) 我认为这有助于我们全面了解雷吉娜与魔鬼的心灵交易意味着什么：她失去了自己的生育能力。

② 因此，最后一次也是第八次审讯重演了她已经提供的供词大纲，将其结构化并加以整理，为她的定罪提供了材料。在行刑时公开宣读的这一叙述被记录在了市政会的《惩罚书》中：StadtAA, Strafbuch des Rats, 25 Oct. 1670, pp. 353ff。

叙述是对话的产物。如果我们观察审讯中的互动，我们会注意到其中很多情节都在戏剧化地展现父女之间的关系。[1] 雷吉娜在审讯开始时就恳请审问者允许她"回到父亲那里"，而在整个审讯过程中，她一再提出这个请求："她恳求上帝的怜悯，我的主应该尽快让她离开，这样她就可以回到她的父亲那里。"[2] "哦，你可怜的父亲，你的孩子再也不会回到你身边了吗？如果他们对她做任何事情，他们就会杀死她和她的父亲。"[3] 回到自己的地方与回到她的父亲那里变得等同，她用"祖国"（fatherland）这个复合词来表达这个意象，她带着不祥的预感恳求道："我的主应该让她死在她的祖国，这样她就能再次回到她的父亲那里"[4]；"如果她被流放，他们就会杀死她，让他们允许她在她的祖国死去"[5]。在她最后一次审讯结束时，她半恳求地、半感慨地说："如果为了上帝的缘故，看在她年迈父亲的份上，给她一条生路。"[6] 声称爱她的父亲并渴望回到他身边，她的请求暗示着将他与强大而残酷的市政会进行对比，并将市政会视为另一个强大的父亲形象："她恳求我的主像父亲一样对待她，不要把她赶出她的祖国。"[7] 她一再抨击市政会，指责其缺乏怜悯之心，哭诉道"她感觉

---

[1]　最近有关荣格式的分析法研究父亲角色的论文集，这个主题的资料相当匮乏，参见 Andrew Samuels (ed.), *The Father. Contemporary Jungian perspectives*, London 1985; and see also, Bollas, Forces of Destiny; Joyce McDougall, *Theatres of the Body. A psychoanalytic approach to psychosomatic illness*, London 1989。

[2]　'Sie bitte vmb gottes barmherzigkeit, meine herrn solen ihr bald aussschaffen dass sie wider zu ihrem vatter keme', StadtAA, Urg., 1670, Regina Bartholome, (3) 14 Aug. 1670.

[3]　'schreit immerzu nur O du Armer Vatter, soll dein Kind nimmer zu dir komen!', StadtAA, Urg., 1670, Regina Bartholome, (4) 23 Aug. 1670.

[4]　'Meine herrn wollen sie doch in ihrem Vatterland absterben lassen, dass sie nur wider zu ihrem vatter keme', StadtAA, Urg., 1670, Regina Bartholome, (2) 9 Aug. 1670.

[5]　'wan sies ausschaffen, dan sie brechtens vmbs leben. sie wollen sie doch in ihrem Vatterland absterben lassen', StadtAA, Urg., 1670, Regina Bartholome, (1) 29 July 1670.

[6]　'Ach ihres Armen Vatters, soll sie nicht Mehr zu ihm kommen!', interrogation of 9 Aug. 1670; 'vnd bittet in fine vmb gottes willen ob man Ihr doch dz leben geschenkt hette, vmb Ihres alten Vatters willen', her final words under interrogation, StadtAA, Urg., 1670, Regina Bartholome, 23 Oct. 1670.

[7]　'Sie bitte Meine herrn woll doch an ihr thuen als Vatter, vnd sie nicht aus dem Vatterland treiben', StadtAA, Urg., 1670, Regina Bartholome, (1) 29 July 1670.

不到这里有仁慈的权威，因为他们试图把她赶到困苦之中"。① 在
她拒绝了市政会自诩为仁慈的家长式权威的说法，也拒绝了市政会
在其源源不断的法令和公开声明中不厌其烦地强调自己的愿景。在
市政会神圣化的权力背后，隐约可见另一个家长权威：上帝。对于
雷吉娜来说，他也是一个辜负她的父亲，她说她已经把魔鬼当作
自己的父亲。正如她在对亵渎上帝的叙述中所说，她承认"她说
上帝不再是她的父亲，她将把魔鬼作为她的父亲，他应该是她的
父亲"。②

雷吉娜对父权形象的愤怒无法控制：她对市政会怀有怨恨，认
为他们是她母亲被流放的原因，对上帝也怀有怨恨，因为上帝不会
倾听她的请求。她通过不断威胁自杀来表达她的愤怒，她将自杀的
责任归咎于市政会："如果我的主羞辱她并流放她，那么她会投水自
尽。他们以同样的方式把她的母亲送走了，让他们的良心负责吧"③；
"我的主不应该把她逼入困境，否则她会淹死或上吊，然后我的主将
负责任。"④ 17 世纪的人们将自杀视为一种犯罪和罪恶，也许比我们
更清楚自杀的攻击性逻辑。⑤ 这种愤怒还通过对公开嘲笑（*Spot*）的
恐惧表达出来。公开羞辱，她母亲的命运，是她一直声称害怕的结

---

① 'sie spure niht dass es Ein gnedige Obrigkeit alhier habe, weiln man sie also ins Ellend hinaus
zutreiben begehre', StadtAA, Urg., 1670, Regina Bartholome, (4) 23 Aug. 1670.

② 'Sie habe gesagt, weiln Gott nicht Mehr Jhr Vatter, so wolle sie den Teuffel zu ihrem Vatter
annemen, der soll Jhr vatter sein', StadtAA, Urg., 1670, Regina Bartholome, (3) 14 Aug. 1670.

③ 'Wan Jhr Meine herrn Ein schmach anthun vnd sie ausschaffen werden, so sturze sie sich
in ein wasser. Sie haben ihre Muetter auch also hinaus gebracht, sie gebs ihnen auf Jhr
gewissen', StadtAA, Urg., 1670, Regina Bartholome, (3) 14 Aug. 1670.

④ 'dass Meine herrn sie nicht hinaus ins Ellend treiben, sonst muese sie sich ertrencken oder
erhencken, vnd sage Es frey heraus sie wolle alsdan auff Meine herren sterben', StadtAA,
Urg., 1670, Regina Bartholome, (2) 9 Aug. 1670.

⑤ See Michael MacDonald, *Mystical Bedlam. Madness, anxiety and healing in seventeenth-
century England*, Cambridge 1981, pp. 132ff; *idem, Sleepless Souls. Suicide in early modern
England*, Oxford 1990, pp. 16–76; H. Schär, *Seelennöte der Untertanen: Selbstmord,
Melancholie und Religion im Alten Zürich 1500–1800*, Zurich 1985.

果；然而，她自己的行为导致了她被审问，最终以可以想象出来的最恶劣、最公开的方式被羞辱：公开讲述她与魔鬼的性剥削，并在行刑时被大声朗读出来。

显然，雷吉娜的世界中充满了好父亲和坏父亲。我们可以说，根据梅兰妮·克莱因的观点，雷吉娜将她的心理世界分为提供保护和爱的"好"父亲，以及不关心她的"坏"父亲，并将"坏"父亲投射到其他人身上。[①] 这是一种极不稳定的价值分配：魔鬼，那个给她香肠、钱和爱的"好"父亲，证明是不可靠的，虐待她，给她假币，未能阻止她被监禁，并在牢房里殴打她。[②] 雷吉娜反常的、对道德价值的重新分配的代价是巨大的。她与魔鬼的契约使她被排除在基督教社区之外，使她无法背诵主祷文。这使她对他人充满愤怒，而憎恶导致她无法与邻居和平相处。矛盾的是，审讯为她提供了与城镇基督徒社区以及市政会和解、重新融入的机会，只要她愿意接受其公正权力并顺从其关于她命运的法令，并与上帝和解，并在执行前皈依。经过大约 6 周无法背诵主祷文后，在第四次审讯时，她发现自己能够再次祷告了。

雷吉娜对道德价值的颠倒，保持了她心目中父亲善良、保护的形象，也让她的愤怒得以延续。当这种心理组织开始崩溃时，她对父亲未表露的仇恨也开始浮现出来。在某种意义上，父亲无法阻止这段婚外情或阻止她被放逐，毕竟是父亲导致了母亲的堕落。在第六次审讯中，她开始进一步与魔鬼保持距离，对市政会关于魔鬼是否安慰了她的问题，回答道："是的，他安慰了她，但安慰是没有用的。他让她陷入其中。如果她呼唤上帝，情况会好些。上帝会帮助

---

① See Melanie Klein, *Love, Guilt and Reparation and Other Works 1921–1945*, new edn, London 1988; *idem, Envy and Gratitude and Other Works 1949–1963*, new edn, London 1988; *idem, Narrative of a Child Analysis*, new edn, London 1989; *idem, The Psychoanalysis of Children*, London 1989.
② 有趣的是，他还改变了颜色，先是白衣，后是黑衣，似乎反映了他的道德波动。

她克服。"①这最终导致她在同一次审讯中，在接受酷刑之后做出了可怕的自供，她承认自己曾从药剂师那里购买了一些黄色的粉末，用来毒害她的父亲。但在接下来的审讯中，她解释了自己是如何将粉末与她为父亲做的肉汤混合在一起的，她立即试图修改这一说法，说魔鬼只告诉她给父亲喝，否认她知道粉末是毒药——当然，这也告诉了市政会，粉末就是毒药。在第六次审讯之前，雷吉娜没有承认任何邪恶行为，她的罪行涉及与魔鬼的契约，而不是使用巫术伤害男人、女人或动物。但现在她承认曾试图纵火烧毁两座房屋，试图毒害她所爱之年轻人的新娘，在哥金根（Göggingen）裸体骑野兽，导致动物生病，并试图犯下弑父罪，这是违背自然情感和社会秩序的罪行。

证人被传唤以交叉核实这些最新的供词。所谓的纵火受害者断然拒绝了所有关于巫术的说法；哥金根的牧羊人在他们的牛群中没有发现任何异常。年轻的新娘没有注意到任何不良影响，但表达了对雷吉娜的恐惧。当雷吉娜的父亲汉斯·巴托洛梅被审讯时，支支吾吾。他解释说他不知道女儿曾试图做出这样的事情。为了避免被指控为不负责任的父亲，他声称"他无法说，在他一生中的任何一天，曾感觉到邪恶降临在她身上，因为他现在才听说，她曾经在普费森施泰格（Pfersensteg）与邪灵有过来往。"②他解释说他的女儿从小就有一个"好斗的头脑"，但无法坚决否认女儿是女巫的可能性，甚至无法否认她可能对他怀有仇恨。雷吉娜在最后的自供中恳求市政会让她回到父亲身边：可悲的是，最终他无法保护自己的女儿。

---

① 'Er habs Ja vertröst, aber dass ihr dz trosten nichts thue, Er lasse sie iezo … stecken. Were besser gewesen sie hette Gott im himmel zugeruffen. Gott wolle Jhr helffen überwenden', StadtAA, Urg., 1670, Regina Bartholome, 9 Sept. 1670.

② 'Er kenne nicht sagen dass Er die Tag seines lebens gespührt habe, dass der böse zu ihr kommen, allein wie Er Jezo höre so solle sie beym Pfersensteg mit ihm zuthuen gehabt haben', StadtAA, Urg., 1670, Regina Bartholome, 11 Sept. 1670.

就像他的妻子之前一样，他被迫将雷吉娜交给市政会的审判。

…………

五

长期以来，历史学家一直很困惑，为什么成为巫术指控对象的女性比男性多得多。我在其他地方已经提出，巫术中女性的普遍性不能用女性作为一个群体的社会学特征来解释：只有一小部分女性因巫术而受审讯，而且她们通常是被同性指控的。[①] 但我认为，这与有关女性身份认同的心理困境有关。巫师与迫害者之间的互动元素使巫术幻想得以展开。与女性地位相关的心理冲突（无论是俄狄浦斯情结还是与母性有关的冲突）为巫术审讯的心理戏剧提供了实质内容，也为审讯者提供了素材，使他们可以在着迷的恐惧中工作，进而发展出他们自己关于女性、父性和魔鬼活动的幻想。当然，大多数女性成功地处理了女性身份的心理冲突，没有沦为病态的魔鬼诱惑。并非每起巫术案件都提供了与魔鬼情感交流的审讯，也并非所有女巫都产生了巫术幻想。但在那些为数不多的女巫案件中，在一种痴迷于魔鬼、父权和女性权力文化中，为点燃各方兴趣提供了可能性，在酷刑下被审问，并产生了虐待狂与受虐狂的故事，这些故事极大地满足了同代人对女性与魔鬼之间关系的故事的胃口。

然而，我提出的分析仍然存在一些令人深感困扰的问题。可以将雷吉娜的审讯视为一种自我疗愈的尝试，或者可以认为，这是市政会试图让她重新加入基督教社区的努力；雷吉娜可能会将其称为

---

①　在他关于巫术辩论的知识背景的研究中，有一章是关于巫术和厌女症的，参见：Stuart Clark, *Witchcraft in Early Modern Thought*, Oxford forthcoming 1994; and his 'The "Gendering" of Witchcraft in French Demonology: Misogyny or polarity?', *French History*, 5, 1991, pp. 426–437; and Robin Briggs, 'Women as Victims? Witches, judges and the community', *French History*, 5, 1991, pp. 438–450。

回到她父亲身边。通过在刽子手的刑台上赎罪，她赢得了进入天堂的希望。在地球上，她以一名女巫的身份进入了城市的编年史，她的死亡净化了这座城市。①

然而，尽管我们都渴望有一个大团圆结局，但这种令人愉悦的功利主义是不可行的。对于雷吉娜来说，长时间的审讯和监禁导致她完全失去了意志，时而产生无效的复仇欲望。她甚至没有为自己的生命辩护，将对其生命的掌控权交给了市政会："如果他们想要夺走她的生命，那就以上帝的名义施行；如果她被赦免，她将感谢上帝和她的政府。"② 至于她选择的父亲——魔鬼，雷吉娜对父权的顺从并没有给她自己带来强大的创造力的补偿，因为在她特殊的魔鬼交易中，她必须将所有孩子交给魔鬼。从她被监禁的那一刻起，就怂恿她自杀的恶魔形象，或者最终因她的罪行判处她死刑的惩罚性父亲形象，是如此严厉的迫害，以至于最终只能让她献祭。雷吉娜的内心世界，在不稳定的道德价值分配和摇摆不定的绝对性中分崩离析。在这种情况下，尽管市政会成员有一些疑虑，但最终还是参与其中：它将惩罚性父权的角色扮演到底，监督着她的处决和焚烧尸体。③ 我们可以对雷吉娜的行为进行解释，可以将其置于历史背景中，但重建它所产生的个体心理的荒凉景观，既属于心理学，也属于历史学。

---

① See, for example, Staatsbibliothek München, Handschriftenabteilung, Res. 4o Crim. 124, Samuel Valentin, *End-Urthel und Verruf ... Aller derjenigen Manns- und Weibs-Personhen so von Einem Hoch-Edlen und Hochweisen Rath, des HR. Reichs Freyen Stadtt Augspurg von Anno 1649 bis Anno 1759 vom Leben zum Tod condemniret ...*, Augsburg, p. 11; SBM (Staatsbibliothek München) Cgm 2026, fo. 63 r; StadtAA, Malefizbuch Johann Bausch (Caminkehrer), 1755, p. 222; StadtAA, Chroniken, 27, under 25 Oct. 1670: 该编年史还提到，她的母亲被认为是女巫。

② See n. 55 above.

③ 尽管市政会似乎一致认为雷吉娜应被处以死刑，但市政会还是就她在绞刑架上的尸体是被焚烧还是被允许安葬进行了表决，而且有证据表明，市政会还就她是否应被称为女巫进行了辩论。StadtAA, Urg., 1670, Regina Bartholome, slips of paper, 9 and 25 Oct. 1670。

第五章　年鉴学派

"年鉴学派"特指一个历史学家群体，他们在 20 世纪的历史书写方面贡献出了最令人兴奋的创新。其中一位仰慕者这样写道：

> 多年来，"年鉴学派"本身动摇了实证主义对历史事实的定义，打破了对非书面证据的使用禁忌，推进了历史学与姊妹学科的对话，抨击了事件史，拒绝政治史的主导地位，坚持将它与经济和文化史的互动，拒绝将个人作为孤立个体的传统传记，最终成功地使"感性"或情感模式成为严肃历史研究的对象。[1]

这一研究范式不是由单个历史学家实施的，也没有采用明确的范例，因此用"学派"来描述"年鉴"历史学家是有问题的。然而，他们的工作在理论和方法论原则方面是统一的，这体现在杂志《经济、社会、文明年鉴》（*Annales: Economies, Sociétés, Civilisations*）中，这也是他们名字的由来。

"年鉴"的概念基础奠定于 1929 年，斯特拉斯堡的教授吕西安·费弗尔和马克·布洛赫首次出版了刊物《社会经济史年鉴》

---

[1] Jean Glénisson, 'France', trans. John Day, in Georg G. Iggers and Harold T. Parker (eds), *International Handbook of Historical Studies: Contemporary Research and Theory* (Westport, Conn., 1979), p. 176.

(*Annales d'histoire économique et sociale*)。费弗尔和布洛赫反对政治和外交主题在法国历史研究中几近垄断的地位，他们认为这种方法是无效的。他们希望打破人文学科之间的界限，让历史学家在工作中尽可能多地吸纳这些学科。20 年后，费尔南·布罗代尔（Fernand Braudel）的《地中海与菲利普二世时代的地中海世界》(*La Méditerranée et le monde Méditerranéen a l'époque de Philippe II*) 出版，成为又一个里程碑。布罗代尔引入了多层次的历史时间，并让受他影响的历史学家开始强调计量史学的重要性。从 20 世纪 70 年代初开始，被称为"第三代"年鉴学派的研究人员增加了对过去社会"心态"（有意识或无意识的心理结构和集体信仰体系）的重视，进一步拓展了新话题的范畴。[1]

布洛赫和费弗尔对历史的研究方法具有互补性。费弗尔的博士论文《菲利普二世和弗朗什-孔德地区》，研究了这个地区的地理背景以及其物质状况对其社会、文化和政治发展的影响。之后，费弗尔转向研究宗教史。他最著名的著作《16 世纪的不信教问题》并不是在探讨思想家拉伯雷（Rabelais）是否是无神论者，而是在追问这样的立场在他那个时代是否可能存在。因此，本来可能成为关于宗教改革的历史研究变成了一种更广泛的文化研究。在这里，费弗尔预示了年鉴学派后来对于心态的兴趣。[2]

类似的，布洛赫分析了社会的物质和心态结构。在《封建社会》一书中，他研究了中世纪贵族及其土地所有权和政治活动的细节，还研究了他们与农民的关系，每个阶层拥有土地的习惯，以及财产转让仪式的影响和形成。他还强调了环境因素作为历史物质世界的

---

[1]　See Peter Burke, *The French Historical Revolution: The Annales School, 1929–2014* (2nd edn, Stanford, 2015), ch. 1, for a discussion of the resistances to political history.

[2]　Burke, French Historical Revolution, pp. 16–17; Lucien Febvre, *The Problem of Unbelief in the Sixteenth Century: The Religion of Rabelais*, trans. Beatrice Gottlieb (Cambridge, Mass., [1962] 1982).

影响。① 相比之下，《国王神迹》（*Les rois thaumaturges*）探讨了大众信仰在中世纪合法化君主权力中的重要性，以及君王如何利用这种信仰来达到自己的目的。布洛赫探讨了用触摸来治愈结核病的问题，这是刻意发展出的王室神秘主义的一部分。②

通过这种方式，费弗尔和布洛赫共同倡导了"全体史/总体史"（total history）的理念，认为一个社会的方方面面都是历史现实的一部分。其中一些想法之前已经被提出过，例如，维达尔·德·拉·布拉什（Vidal de la Blache）的历史地理学和于 1900 年由亨利·贝尔（Henri Berr）创刊的《历史综合杂志》（*La Revue de Synthése Historique*）中提到的问题。然而，费弗尔和布洛赫从历史的角度为这种广泛的综合论辩护，从而确立了历史在人文科学的前沿地位。③

费弗尔还提到了"历史的社会功能"：将过去按照当下的需求进行组织。④ 从这种当下主义的立场出发，历史学家根据当前的立场选择他们的主题、文献和方法。年鉴学派采用了回溯方法，从当下向后推导以重构今天对过去的认识，而不是更为人熟知的将客观过去视为决定当下的因素。⑤

1947 年，法国高等研究院（École Pratique des Haute Études）第六系成立了。这是一个经济学和社会科学研究中心，独立于法国大学系统，在费弗尔担任主席期间推动了各种类型的年鉴学派研究。然而，把年鉴版本的历史书写推到法国史学界前台的事件是费弗尔

①　Marc Bloch, *Feudal Society*, trans. L.A. Manyon, 2 vols (London, [1939–1940] 1961–1962).

②　Marc Bloch, *The Royal Touch: Sacred Monarchy and Scrofula in England and France*, trans. J.E. Anderson (London, [1924] 1973).

③　See François Dosse, *New History in France: The Triumph of the Annales*, trans. Peter V. Conroy, Jr (Urbana, Ill., [1987] 1994), chs 1 and 2.

④　Lucien Febvre, 'A New Kind of History', in Peter Burke (ed.), *A New Kind of History: From the Writings of Lucien Febvre*, trans. K. Folca (New York, 1973), p. 41.

⑤　André Burguière, *The Annales School: An Intellectual History*, trans. Jane Marie Todd (Ithaca, [2006] 2009), pp. 22–37.

的学生在 1949 年的一部作品。在《地中海与菲利普二世时代的地中海世界》（以下简称《地中海》）一书中，布罗代尔提出了一种新的历史时间模型，让他从同代人的客观经验方法中脱颖而出。[①]

布罗代尔用海洋的隐喻表达了他对时间的理解。他设想了三个不同速度的历史时间层次，每个层次与不同的历史主题相关联。最慢的是"人与周围环境的关系史"，即地理时间，它是"几乎静止"的地质和气候的微小变化，需要考察交流和生产的极限。这种"长时段"按照数百年或更长的周期缓慢运动。中时段或"局势"相当于"深海暗流"，"节奏缓慢的历史"，它以 10 到 50 年的周期循环。这个中间层包括经济周期、贸易、人口波动和价格。布罗代尔的第三个时间层次称为事件史，"短促迅速的历史"，"潮汐在强有力的运动中激起的波涛"。这是传统的政治和外交史所关注的领域。[②]

布罗代尔因其专注于历史背后的形式而被认为是"结构主义者"。结构主义者认为，作为人类，我们有意或无意地将心理结构施加在世界上，使世界变得可理解。埃迪思·库兹维尔（Edith Kurzweil）将结构主义定义为"系统地揭示深层次的普遍心理结构，因为这些结构在亲属关系和更大的社会结构中表现出来……以及推动人类行为的无意识心理模式"。[③] 克洛德·列维-斯特劳斯（Claude Lévi-Strauss）基于语言结构推断出亲属关系结构，开创了结构人类学。尽管难以追溯直接影响，但布罗代尔的结构主义与列维-斯特劳斯的结构主义之间有显著的相似之处。[④] 可以肯定地说，作为当代法国学者，他们都受到了相同的知识影响。[⑤]

---

① Fernand Braudel, *The Mediterranean and the Mediterranean World in the Age of Philip II*, trans. Siân Reynolds, 2 vols (London, [1949] 1975).

② Braudel, *The Mediterranean*, pp. 20–21.

③ Edith Kurzweil, *The Age of Structuralism: Lévi-Strauss to Foucault* (New York, 1980), p. 1.

④ 例如，他们都曾于 20 世纪 30 年代在巴西任教，并可能相互影响；但列维-斯特劳斯阐述其结构人类学理论的重要著作《神话学》直到 1955 年才出版，远远晚于布罗代尔的论文。

⑤ See Howard Gardner, *The Quest for Mind: Piaget, Lévi-Strauss and the Structuralist Movement* (New York, 1972), ch. 2.

这些结构中有些是共时性的，也就是说，它们不会随着时间发生改变。在布罗代尔的理论中，长时段的要素变化非常缓慢，对人类来说几乎无法察觉：这样的结构本质上是共时的。结构也会随时间改变，这种历时性的变化可能表现为震荡形式（例如循环的局势），也可能是不可逆的，如戏剧性的历史事件。在所有情况下，结构之间的关系阐明了社会及其历史。

布罗代尔不仅使用三个不同的"时段"来组织其叙述，而且对时间的理解也是新颖的。例如，他有一个著名的表述，"地中海的长度为 99 天的路程"，生动体现了近代早期基于航海和骑马的交通条件带来的影响。他对海洋的空间观念同样新颖，对布罗代尔来说，地中海向北延伸至波罗的海，向东延伸至印度。陆地和海洋是密不可分的：地中海的历史"不可能与周围的土地分开，就像陶泥无法与塑造它的陶工的双手分离一样"。[①]

布罗代尔事实上认为存在多种"时段"，而不仅仅是三种，因此他与费弗尔和布洛赫的目标一致，即编写一部全体的历史。在布罗代尔看来，总体性应该通过一系列的持续时段来表达，而不是通过主题，尽管时间顺序和主题是相关联的。最深层次的因素最终是最具影响力的："长期在最后总是占上风"。因此，他在很大程度上颠覆了传统上将事件和人物作为历史主体的重要性。布罗代尔的主体是山脉和海洋本身。他避免了直接陈述，通过宏大而情感丰富的写作方式表达主体性。他的风格令人回味，通过丰富的细节，将读者带入布罗代尔"满怀激情"热爱的地区。[②]

布罗代尔的工作虽然受到广泛赞誉，但也有批评者。[③] 他们的

---

①　Braudel, *The Mediterranean*, pp. 17, 168–170, 360.

②　Braudel, *The Mediterranean*, pp. 17, 1238, 1244.

③　比如，对他的赞誉，参见 Febvre, 'On livre qui grandit: La Méditerranée …', *Revue Historique* 203 (1950), pp. 216–224; J.H. Elliott, 'Mediterranean Mysteries', *New York Review of Books*, 3 May 1973, pp. 25–28。

主要论点分为两类。首先，评论家们发现《地中海》的结构存在问题，特别是在实现作者的"全体史"目标方面。对于一些人来说，"全体史"似乎是不可能的，而其他人则认为，《地中海》肯定没能兑现这样的描述，因为布罗代尔省略了关键的主题，如文化、农业、法律和宗教。[①] 一位评论家认为，《地中海》的三个部分之间缺乏联系，尤其是雅克·勒高夫（Jacques Le Goff，他自己是年鉴学派）批评处理事件的部分缺乏与书的前半部分的关系。[②] 即使接受时段概念的历史学家也认为，布罗代尔将一些讨论放在了错误的时间轴下；有人认为他的主题和时间顺序的链接非常武断。[③]

仔细阅读布罗代尔几十年来的理论著作，可以发现他对事件和个人的态度比他的"波涛"形象所暗示的更为复杂。他反复强调，与革命和战争等非连续性相比，连续性更为重要，但他同时提出了自己对传统历史分期划分转折点的看法。他还认为技术和人口的不连续性是现实存在的，同时认为思想的飞跃，即个人（如他自己）的思想飞跃是真实存在的。[④]

最近，比尔·施瓦茨（Bill Schwarz）提出了历史时间的第四个维度——记忆，即内在生命的时间，以补充布罗代尔的三个时段。这为关于主观性和客观性的历史思考增加了另一层面。[⑤]

---

① J.H. Hexter, 'Fernand Braudel and the Monde Braudellien', *Journal of Modern History* 44 (1972), pp. 519–520, 530; Peter Burke, 'Fernand Braudel', in John Cannon (ed.), *The Historian at Work* (London, 1980), pp. 196–197; Traian Stoianovich, *French Historical Method: The Annales Paradigm* (Ithaca, 1976), ch. 4.

② Bernard Bailyn, 'Braudel's Geohistory – A Reconsideration', *Journal of Economic History* 11 (1951), p. 279; Jacques Le Goff, 'Is Politics still the Backbone of History?', trans. B. Bray, *Daedalus* 100 (1971), p. 4.

③ Hexter, 'Fernand Braudel', p. 533.

④ Olivia Harris, 'Braudel: Historical Time and the Horror of Discontinuity', *History Workshop Journal* 57 (2004), pp. 161–174.

⑤ Bill Schwarz, '"Already the Past": Memory and Historical Time', in Susannah Radstone and Katharine Hodgkin (eds), Regimes of Memory (London, 2003), pp. 138–142.

其次，与马克思主义历史学家被指控存在经济决定论一样，布罗代尔被贴上"地理决定论"的标签。正如上文所述，布罗代尔似乎将任何存在的历史主体归因于大而不变的地形，他的书中奇怪地缺乏人物形象。他似乎缺乏一个关于历史变革的理论，其结构主义更倾向于共时性，而非通常被认为适用于历史的历时性。[1]

然而，《地中海》是 20 世纪最伟大的历史著作之一，将早期的思想融合成一种新的历史写作范式。布罗代尔开创了历史思想和方法论的新趋势，让历史成为法国学术界最重要的学科之一，年鉴派历史学家小组作为研究机构和教学的领导者，在 1956 年至 20 世纪 70 年代初期为蓬勃发展的法国历史学界提供了智力和财力支持。[2]

最初的追随者主要关注了布罗代尔作品中的统计方面。自 20 世纪 30 年代以来，价格和工资的先驱研究者恩斯特·拉布罗瑟（Ernest Labrousse）影响并鼓励了这一趋势。[3] 而布罗代尔本人继续探索广阔的领域，历史学家如皮埃尔·古贝尔（Pierre Goubert）和乔治·杜比（Georges Duby）则利用计算机作为工具，以及法国公证文书、财务和人口登记记录作为信息来源，生成序列和表格，以阐明各种各样的问题。[4] 例如，皮埃尔·肖尼（Pierre Chaunu）和于盖特·肖尼（Huguette Chaunu）出版了十二卷数字密集的著作，力图对大西洋的研究做到像布罗代尔对地中海那样的成就。历史地理学在这项工作中当然很重要，但主要的焦点是经济结构和趋势。[5] 与布罗代尔

---

[1]　See, however, Samuel Kinser's balanced discussion in 'Annaliste Paradigm? The Geohistorical Structuralism of Fernand Braudel', *American Historical Review* 86 (1981), pp. 63–105.

[2]　参见 Hexter, 'Fernand Braudel', 以了解布罗代尔在法国学术发展中的作用。

[3]　Georg G. Iggers, *New Directions in European Historiography* (Middletown, Conn., 1975), p. 61.

[4]　For example, Braudel, *Capitalism and Material Life 1400–1800*, vol. 1, trans. Miriam Kochan (London, [1967] 1973); Pierre Goubert, *Beauvais et le Beauvaisis de 1600 à 1730: Contribution à Histoire Sociale de la France du XVIIe Siècle* (Paris, 1960); Georges Duby, *La Société aux XIe et XIIe Siècles dans la Région Mâconnaise* (Paris, 1953).

[5]　Pierre Chaunu, Huguette Chaunu, and Guy Arbellot, *Séville et l'Atlantique* (Paris, 1955–1960), 12 vols. See also discussion in Burke, *French Historical Revolution*, pp. 60–67.

的地中海一样，肖尼夫妇的大西洋也比海洋本身的地理范围大得多。这些地理范围广泛的历史研究可以被看作是今天全球史的先驱。

然而，这些计量历史学家追求的不是"全体史"，而是"问题解决方法"，也就是解决历史问题的方法。正如我们在后面的章节会看到的那样，量化有助于识别重要的因果关系，并导致了年鉴学派的关注点更加集中。数据的计算机化也意味着，历史学家团队可以处理大型项目，许多协作计划源自第六系的实验室。[1]

转向量化方法也有其批评者，其中一位评论者指出，20 世纪 60 年代的年鉴学派被视为"天真的实证主义者"，他们"声称只有那些可以被计算的事情才值得研究"。[2] 另一个评论者称"对硬数据的着迷……让年鉴学派历史学家免于面对过去和现在的棘手任务"。[3] 他在此处提到的是，一些研究工作描述性有余而分析性不足，以及侧重揭示结构而不是解释历史变化。虽然量化研究确实聚焦于对群体而非个体的研究，但数据的聚合应该促进那些如果仅对个体进行调查将无法展开的历史研究，也就是说具有群体效应。例如，古贝尔研究了 17 和 18 世纪的博韦地区的人口统计数据。他的分析超越了统计数据，表明女性生育不仅遵循生物周期，而且因地区而异，反映了宗教性伦理观念的不同影响。格奥尔格·伊格尔斯（Georg Iggers）认为，古贝尔将心理结构与生物过程联系在一起，其对人口的影响反过来促成了经济变革。[4] 因此，在古贝尔的描述中，人被突出强调。

然而，从 20 世纪 70 年代开始，年鉴学派又转变了方向。勒高夫用"经济史的帝国主义图谋"，概括了他们从量化研究转向的情

---

[1] See Hexter, 'Fernand Braudel', pp. 491–492; Emmanuel Le Roy Ladurie, *The Territory of the Historian*, trans. *Ben and Siân Reynolds* (Hassocks, [1973] 1979), pp. 27–31; Burguière, *Annales School*, pp. 90–99, ch. 5.

[2] George Huppert, 'The Annales experiment', in Michael Bentley (ed.), *Companion to Historiography* (London, 1997), p. 880.

[3] Iggers, *New Directions*, p. 75.

[4] Discussed in Iggers, *New Directions*, pp. 63–64.

绪。[1] 不再强调客观的科学历史诉求，代之以对过去的集体思想结构或思维定势的一种新的、更加主观的解释。这里可以看到与列维-斯特劳斯（Lévi-Strauss）的结构主义和20世纪对心理学的兴趣以及社会史之间的联系。

所谓的"心态史"突出了普通人对自己生活经历的理解，旨在展示社会内部的运作机制。伊曼纽尔·勒华拉杜里（Emmanuel Le Roy Ladurie）的《蒙塔尤》是心态史的一个著名例子。他利用审判记录，重建了中世纪村庄蒙塔尤的家庭，并讨论了村民对爱情、性、宗教、死亡、工作和魔法的看法。第一部分关于蒙塔尤的"生态环境"，为人物提供了背景材料，这些人似乎在用自己的话，直接从审判文件中向读者讲述。从某种意义上说，这是对布罗代尔长时段历史的回归，但加入了心态结构的维度。从另一个角度看，它颠覆了任何环境决定论，体现了人的历史主动性，无论是14世纪的农民还是下令逮捕他们的主教。[2]

乔治·杜比则使用了完全不一样的史料，通过对中世纪艺术和建筑的分析来研究心态史。他认为，980年至1420年间，经历了从修道院至大教堂再到宫殿作为社区中心的主导地位的转变，展示了城市化和文化扩张影响到了人们对权力、金钱、教育、性别和个人救赎的态度。[3]

"心态史"研究被视为年鉴学派应对历史学家持续面临的客观性-主观性困境的手段。安德烈·布尔吉耶（André Burguière）指出，"研究心态是避免年代错误的最可靠方式，所谓年代错误是指，当我

[1] Quoted in Glénnison, 'France', p. 181.
[2] Emmanuel Le Roy Ladurie, *Montaillou: Cathars and Catholics in a French Village 1294–1324*, trans. Barbara Bray (Harmondsworth, [1978] 1980). 请注意，布罗代尔后来将心理框架也纳入了"长时段"：'History and the Social Sciences: The Longue Durée', in *On History*, trans. Sarah Matthews (Chicago, [1969] 1980), p. 31。
[3] Georges Duby, *The Age of the Cathedrals: Art and Society 980–1420*, trans. Eleanor Levieux and Barbara Thompson (Chicago, [1976] 1981).

们把自己的范畴投射到另一个时代时，会失去距离感、失去变化和相对性的意义，从而影响我们的推理能力。"[1] 然而，彼得·盖伊认为，如果要利用对心态的了解来解释过去的人类行为，包括理性和非理性，尤其是集体但也包括个人，追求全体史的年鉴学派历史学家可能需要进一步探索，"将这些状态追溯到潜意识的根源"。[2]

20 世纪 70 年代的变革并没有完全与年鉴学派的过去切割。例如，研究心态史与费弗尔和布洛赫等人追求的兴趣之间有明显的联系，而其他人则回到了早期的主题。研究者通常使用系列研究作为窥视集体心态的窗口。[3] 勒华拉杜里的气候研究补充了布罗代尔的地质学，而杜比则利用了一个事件，即布汶战役（battle of Bouvines），来窥视中世纪战争和 13 世纪早期的法国政治。[4] 让·德吕莫（Jean Delumeau）关于恐惧的描述预示了近期情感史的发展。[5]

自 20 世纪 90 年代以来，年鉴学派学者，可能是第四代，比以前更具历史学的多样性，研究范围也更广，从城市系统研究到感官研究均有涉猎。[6] 虽然福柯将在第十一章被详细讨论，但心态史的

---

[1]　André Burguière, 'The Fate of the History of Mentalités in the Annales', *Comparative Studies in Society and History* 24 (1982), p. 430.

[2]　Peter Gay, *Freud for Historians* (New York, 1985), pp. 119, 209.

[3]　Michel Vovelle, *Ideologies and Mentalities, trans. Eamon O'Flaherty* (Cambridge, [1982] 1990), esp. ch. 12.

[4]　Emmanuel Le Roy Ladurie, *Times of Feast, Times of Famine: A History of Climate since the Year 1000*, trans. Barbara Bray (New York, [1967] 1971); Georges Duby, *The Legend of Bouvines: War, Religion and Culture in the Middle Ages*, trans. Catherine Tihanyi (Cambridge, [1973] 1990).

[5]　Jean Delumeau, *Sin and Fear: The Emergence of a Western Guilt Culture 13th–18th Centuries*, trans. Eric Nicholson (New York, [1983] 1990).

[6]　See discussion in Burke, *French Historical Revolution*, ch. 5; Bernard Lepetit, *The Pre-Industrial Urban System: France 1740–1840*, trans. Godfrey Rogers (Cambridge, [1988] 1994); Alain Corbin, *The Foul and the Fragrant: Odor and the French Social Imagination*, trans. Miriam Kochan, Roy Porter, and Christopher Prendergast (Cambridge, [1982] 1986). 伊格尔斯将这个新群体与 1994 年期刊名称的变化联系起来，*Annales: Histoire, Sciences Sociales: Iggers, Historiography in the Twentieth Century: From Scientific Objectivity to the Postmodern Challenge* (Hanover, 1997), pp. 61–62。

历史学家在他对规范思维表征的分析基础上，创造了一部法国文化史。[1]

除了对年鉴学派的具体批评外，还有更一般的评论。正如上文提到的，布罗代尔缺乏历史变革的元叙事，这个问题一直困扰着整个年鉴学派，并且是最难反驳的批评。因此，尽管年鉴学派的方法已经成功地应用于前工业社会，但它们通常没有被使用，也许不能被用来审问变化迅速且有时具有至关重要历史意义的现代社会。一些年鉴学派历史学家已经研究了突发变化的时期：例如，费罗（Marc Ferro）研究了革命时期的俄国。[2] 然而，结构和事件、量化和心态之间的张力仍然存在。

年鉴学派的另一个盲点是性别。即使在 20 世纪 90 年代，尽管有可能将父权价值观包括在长时段的范畴内，女性的经历也经常被忽视，而没有将性别作为一种分析类别。然而，这个空白开始得到解决，例如由杜比和米歇尔·佩罗（Michelle Perrot）共同编辑的多卷本《妇女史》的出版，以及年鉴学派杂志 2012 年的一期专注于性别制度。[3] 尽管如此，女性在年鉴学派学术等级中的代表性仍然不如

① Burguière, *The Annales School*, ch. 8; William H. Sewell Jr, *Logics of History: Social Theory and Social Transformation* (Chicago, 2005), pp. 68–73. See Maurice Agulhon's work on *representations of political practice, Marianne into Battle: Republican Imagery and Symbolism in France, 1789–1880*, trans. Janet Lloyd (Cambridge, [1979] 1981), and Roger Chartier and Guglielmo Cavallo (eds), *A History of Reading in the West*, trans. Lydia G. Cochrane (Cambridge, [1995] 1999).

② Marc Ferro, *The Russian Revolution of February 1917*, trans. J.L. Richards (London, [1967] 1972). 请注意伊格尔斯对其他相关现代作品的讨论：*Historiography in the Twentieth Century*, p. 62。

③ Georges Duby and Michelle Perrot (eds), *A History of Women in the West*, 5 vols (Cambridge, Mass., 1992–94); Christine Fauré, 'Absent from History', trans. Lillian S. Robinson, Signs 7 ([1980] 1981), pp. 71–80; Susan Mosher Stuard, 'The Annales School and Feminist History: Opening Dialogue with the American Stepchild', *Signs* 7 (1981), pp. 135–143; Natalie Zemon Davis, 'Women and the World of the Annales', *History Workshop Journal* 33 (1992), pp. 212–237; Burke, *French Historical Revolution*, p. 75; *Annales: Histoire, Sciences Sociales* 2012/13 (67th Year).

男性，法国女性历史学家的研究经常没有被翻译，因此在法国以外鲜为人知。①

本文讨论了法国历史学家的工作，但年鉴学派的影响已经广泛，至少自 20 世纪 70 年代以来，他们的工作已经迅速被翻译成英语。霍布斯鲍姆认为剑桥历史学家在 20 世纪 30 年代就开始阅读《年鉴》杂志，法国的影响主要来自经济史和社会史。在同一年代，布罗代尔影响了新成立的圣保罗大学（巴西）的研究方向。乔治·胡珀特（George Huppert）回忆说在 20 世纪 50 年代晚期年鉴学派杂志在美国得到了讨论，而伊格尔斯则提到了他们在欧洲的广泛影响。1978 年，沃勒斯坦在纽约州立大学（SUNY）创立了费尔南·布罗代尔中心，并出版自己的年鉴学派取向的期刊。《年鉴》杂志本身被描述为"无论是在招募撰稿人还是在选题方面，都极具强烈的、积极的全球性"。②

什洛莫·戈伊泰因（Shlomo Goitein）是一位研究埃及历史的学者，他利用犹太商人产生的大量文献，对中世纪地中海社群进行了一次"全体史"的创作。他的研究不仅主题广泛，而且其方法和理论呈现了年鉴学派学者的广度。③ 而格温·普林斯（Gwyn Prins）的《隐藏的河马》则是一项完全不同的研究。普林斯运用布罗代尔的"长时段"思想来解决 19 世纪赞比亚连续性与变化的问题，试图

---

① Philippe Carrard, *Poetics of the New History: French Historical Discourse from Braudel to Chartier* (Baltimore and London, 1992), p. x.

② Eric Hobsbawm, 'British History and the Annales: A Note', in *On History* (London, 1997), pp. 178–179; Georg G. Iggers and Q. Edward Wang, *A Global History of Modern Historiography* (Harlow, 2008), p. 292; Huppert, 'Annales experiment', p. 875; Iggers, *Historiography in the Twentieth Century*, pp. 62–63. See Review: *A Journal of the Fernand Braudel Center for the Study of Economies, Historical Systems, and Civilizations*, and also Burke, *French Historical Revolution*, ch. 6, and Miri Rubin (ed.), *The Work of Jacques Le Goff and the Challenges of Medieval History* (Woodbridge, 1997)，对年鉴学派的影响有广泛讨论。

③ S.D. Goitein, *A Mediterranean Society: The Jewish Communities of the Arab World as Portrayed in the Documents of the Cairo Geniza*, 6 vols (Berkeley, 1967–1988); see discussion in Nancy Elizabeth Gallagher, *Approaches to the History of the Middle East: Interviews with Leading Middle East Historians* (Reading, 1994), p. 8.

书写一部包括了非洲人的经验而非殖民者视角的历史。[1] 麦克尼尔 (John McNeil) 在研究地中海山区的历史时，从布罗代尔的《地中海》引用了一段文字，以表明自己对年鉴学派的借鉴。[2]

总体而言，年鉴学派历史学家对潜在结构的探寻、对全体史的尝试以及对社会科学方法和主题的运用，扩大了历史学科的研究领域。同时，他们对心态史的探讨也为历史学界提供了一种重建过去的新模式。他们的工作推动传统史学"转向"社会史、从社会史到文化史、微观史、世界史[3]和环境史，以及情感史。在布洛赫和费弗尔开放的视野和布罗代尔充满激情和勇气的领导下，这一百年的历史学研究得到了极大的鼓舞。

在他的一生中，布罗代尔始终致力于揭示大局观。以下节选来自他的作品《地中海》的长时段部分，我们见到了山脉并倾听它们的故事。在这里，布罗代尔发挥了自己的长处，同时也为许多历史学家提出了问题。这段摘录中包括哪些历史主题？布罗代尔将环境与我们现在所谓的"心态"联系在一起：山脉这一物理障碍是"障碍，因此也是庇护所"。寻找布罗代尔将地理与社会、文化联系起来的例子。想一想他生动的语言。他通过生动的视觉形象赋予山区人民特定的性格特征。这种做法对读者可能产生什么后果？

布罗代尔使用了丰富的注释，涵盖 16 世纪的档案，到随后几个世纪的文学，甚至是一部 1963 年的电影。为什么许多历史学家对此感到不安？布罗代尔还被指责用描述代替解释，例如当他说"山毕

---

[1] Gwyn Prins, *The Hidden Hippopotamus: Reappraisal in African History: The Early Colonial Experience in Western Zambia* (Cambridge, 1980).

[2] J.R. McNeil, *The Mountains of the Mediterranean World: An Environmental History* (Cambridge, 1992).

[3] See Lutz Raphael, 'The Idea and Practice of World Historiography in France: The Annales Legacy', in Benedikt Stuchtey and Eckhardt Fuchs (eds), *Writing World History 1800–2000* (Oxford, 2003), pp. 155–171.

竟是山”①的时候。找到一些类似的例子，并将它们与你们熟悉的其他类型的历史解释进行比较。

进一步阅读

Braudel, Fernand, *The Mediterranean and the Mediterranean World in the Age of Philip II*, trans. Siân Reynolds, 2 vols (London, [1949] 1975).

Burguière, André, *The Annales School: An Intellectual History*, trans. Jane Marie Todd (Ithaca, [2006] 2009).

Burke, Peter, *The French Historical Revolution: The Annales School, 1929–2014* (2nd edn, Stanford, 2015).

Clark, Stuart (ed.), *The Annales School: Critical Assessments*, 4 vols (London, 1999).

Daileader, Philip and Philip Whalen (eds), *French Historians 1900–2000: New Historical Writing in Twentieth-Century France* (Oxford, 2010).

Duby, Georges, *The Three Orders: Feudal Society Imagined*, trans. Arthur Goldhammer (Chicago, [1978] 1980).

Klapisch-Zuber, Christiane, *Women, Family, and Ritual in Renaissance Italy*, trans. Lydia Cochrane (Chicago, 1985).

Le Goff, Jacques, *The Birth of Purgatory*, trans. Arthur Goldhammer (Chicago, [1981] 1984).

Le Roy Ladurie, Emmanuel, *Carnival in Romans: A People's Uprising at Romans 1579–1580*, trans. Mary Feeney (New York, 1979).

Le Roy Ladurie, Emmanuel, *The Mind and Method of the Historian*, trans. Siân Reynolds and Ben Reynolds (Chicago, [1973] 1981).

Revel, Jacques and Lynn Hunt (eds), *Histories: French Constructions of the Past*, trans. Arthur Goldhammer et al. (New York, 1995).

Valensi, Lucette, *Tunisian Peasants in the Eighteenth and Nineteenth Centuries*, trans. Beth Archer (New York, [1977] 1985).

期　刊

Annales: Économies, Sociétés, Civilisations (now *Annales: Histoire, Sciences Sociales*).

Review: A Journal of the Fernand Braudel Center for the Study of Economies, Historical Systems, and Civilizations.

---

① Braudel, *The Mediterranean*, vol. 1, p. 39.

菲利普二世时代的地中海和地中海世界

费尔南·布罗代尔

山区的自由 [①]

不能否认，低地和城市的生活很难进入高地世界。它只能一点一滴地渗透进去。基督教的遭遇并非独一无二。封建制度作为一种政治、社会、经济等方面的制度和司法工具，对大多数山区也鞭长莫及。即使能达到山区，也只能施加不完全的影响。这在科西嘉岛和撒丁岛的山区已屡见不鲜。这种情形也可以在卢尼贾纳地区得到证实。意大利历史学家把托斯卡纳和利古里亚之间的卢尼贾纳视为某种大陆型科西嘉。[②] 凡在因人口的不足、稀疏和分散而使建立国家、确立占统治地位的语言和形成伟大文明遇到障碍的地方，这种情况都可以得到证实。

如果对族间仇杀进行一番调查，就会得出同类的看法和结论：

[①] 正如同时代的人所观察到的那样, Loys Le Roy, *De l'excellence du gouverne ment royal, Paris*, 1575, p. 37, 在书中写道："一个被高山、岩石和森林覆盖的国家，只适合放牧，那里有很多穷人，就像瑞士的大部分地区一样，最适合民主制……平原地带富人和贵族较多，更适合贵族制政府". Jean Bodin, in *Les six livres de la République* (English translation, *The Six Books of the Commonwealth*, by Knolles, 1606, facs. edition Harvard, 1962, p. 694) 报告说, 利奥-阿非利加努斯 (Leo Africanus) 对梅格扎山山民的健壮体魄感到惊讶, 而平原居民的体型较小。"这种力量和活力使山民热爱大众自由……正如我们对瑞士人和格劳宾登人所说的那样." Lorenzi de Bradi, *La Corse inconnue*, 1927, p. 35, 科西嘉的中世纪是一个伟大的自由时代。"科西嘉人不允许任何人剥夺他的劳动成果。他的山羊奶和田里的收成都是他一个人的。" Taine, *Voyage aux Pyrénées*, 1858, p. 138, 在书中提到："自由在这里扎根已久，是一种粗鲁而狂野的自由。"

[②] Arrigo Solmi, *'La Corsica' in Arch. st. di Corsica*, 1925, p. 32.

发生族间仇杀的地区（请注意，都是山区），是没有经过中世纪的磨炼、没有把中世纪的封建司法思想渗透进去的地区，[1] 例如柏柏尔地区、科西嘉岛或阿尔巴尼亚等地。马克·布洛赫在谈到有关撒丁岛的论著时指出，由于撒丁岛"长期避开了遍及大陆影响的巨大潮流"，因而它在中世纪"有一个偏重领主化的社会，而不是封建化的社会"。[2] 这等于强调了撒丁岛的岛屿特性。而且，这的确是撒丁岛过去的决定性力量。但是，在这股力量的旁边，还存在着一股并不稍弱的力量。那就是山。山如果不是比海洋更多地，至少也是同样地构成居民同外界隔离的原因。在奥尔戈索洛和其他地方，甚至在我们这个时代，山也制造出反抗现代国家和宪兵的传奇式的心黑手辣的亡命徒。民族学家和电影艺术家都抓住了这个动人的现实。"不偷不盗非好汉，"[3] 撒丁岛的一本小说中的人物这么说。另一个说："法律由我定，取用凭我心。"[4]

在撒丁岛、卢尼贾纳、卡拉布里亚以及我们通过观察（当可能进行这种观察时）可以发现社会和历史的洪流相脱节的地方，社会的古老风俗（例如族间仇杀以及其他）之所以还存留着，首先是由于这个简单的原因：山毕竟是山，山是一种障碍，同时也是自由人的一个藏身之地。因为文明（社会和政治秩序、货币经济）强加的

---

[1] 欲了解总体情况，参见 Jacques Lambert, *La vengeance privée et les fondements du droit international*, Paris, 1936. 同理，米歇莱（Michelet）对多菲内地区的评论也是如此，"封建主义（从未）像它对法国其他地区那样产生影响"。Taine, *op. cit.*, p. 138, 塔因（Taine）又说，"这些是贝阿恩（Béarn）的福尔斯（fors），据说在贝阿恩，过去没有封建领主"。关于黑山和上阿尔巴尼亚的族间仇杀，见 *Ami Boué, La Turquie d'Europe*, Paris, 1840, II, p. 395 and 523。

[2] Marc Bloch, *Feudal Society*, (trans. L. Manyon), London, 1961, p. 247. 另见他关于撒丁岛的有用评论，'La Sardaigne' in *Mélanges d'histoire sociale, III*, p. 94。

[3] Maurice Le Lannou, 'Le bandit d'Orgosolo', *Le Monde*, 16/17 June, 1963. 电影的导演为 Vittorio de Seta, 民族学研究来自 Franco Caguetta, French transl.: *Les Bandits d'Orgosolo*, 1963; 提到的小说，参见 Grazia Deledda, *La via del male*, Rome, 1896; *Il Dio dei viventi*, Rome, 1922。

[4] *Ibid.*

一切束缚和统治，在山区不再压在人们头上。在山区没有盘根错节的土地贵族（"阿特拉斯领主"作为摩洛哥归附地的产物，是近期才有的）。在 16 世纪，上普罗旺斯的居乡贵族（cavaier sal-vatje）与农民生活在一起，像农民那样开荒，亲自扶犁和刨地，甚至牵着驴子去驮运木材或厩肥。在"同意大利贵族一样基本上住在城市中的普罗旺斯贵族看来"，[①] 居乡贵族是一种恒久的耻辱。在山区，没有富裕的、大腹便便的、招人嫉妒的因而也更受人嘲笑的教士。神父同他的教民一样贫困。[②] 在山区，没有繁密的城市网，因此也没有行政机构，没有完全意义上的城市。我们还要补充说：那里也没有宪兵。在山下才有拥挤得令人窒息的社会，才有领取俸禄的教士，才有趾高气扬的贵族和有效的司法机关。山是自由权利、民主制度和农民"共和国"的庇护所。

托特男爵在他的《回忆录》中严肃认真地说："陡峭之地总是自由的避难所。"[③] 他写道："走遍叙利亚沿海一带，人们会看到（土耳其人的）专制统治遍及整个海岸，但在山区，一旦遇到悬崖，一旦遇到易于防守的峡谷，便立即停止。与此同时，库尔德人、特鲁兹人和米蒂阿利人，这些黎巴嫩山和前黎巴嫩山的主人，却在山区始终保持着他们的独立。"[④] 可怜的土耳其专制统治！它控制着大路、山口、城市和平原，但是，对于巴尔干和其他地方的高山地区，对于希腊和伊庇鲁斯的高山地区，对于克里特岛的高山地区（那里的斯卡菲奥特人在他们的山顶上从 17 世纪以来就貌视任何权威），对于特伯朗的阿里帕夏一生未能征服的阿尔巴尼亚高山地区，土耳其

---

① Fernand Benoit, *La Provence et le Comtat Venaissin*, 1949, p. 27.

② For the high Milanese, see S. Pugliese, 'Condizioni economiche e finanziarie della Lombardia nella prima meta del secolo XVIII' in *Misc. di Storia italiana*, 3rd series, vol. xxi, 1924.

③ *Mémoires sur les Turcs et les Tartares* (Eng. trans. *Memoirs of the Baron de Tott on the Turks and Tartars* ··· London 1785, I, p. 398)："自由的避难所，或者，"他补充道，"暴君的出没之地"。这与热那亚人在克里米亚的设施有关。

④ *Ibid.*, Preliminary Discourse, I, 11.

的专制统治又有什么意义？土耳其征服者于 15 世纪在莫纳斯提尔建立的政府难道真正实现了统治吗？它的权力范围基本上只包括一些希腊和阿尔巴尼亚的村庄，但是每一个村庄都是一个堡垒、一个独立的小群体，有时是一个马蜂窝。[①] 在这种情况下，人们难道会对阿布鲁齐地区——亚平宁山脉最高、最宽广、最野蛮的部分——能够逃脱拜占庭的统治，逃脱拉韦纳东正教教区的统治，以后又逃脱罗马教皇的统治感到惊奇吗（虽然，阿布鲁齐位于罗马的后侧、教皇国可取道翁布里亚往北推进，直抵波河河谷）？[②] 人们对摩洛哥境内未归附苏丹的主要位于山区的土地，难道感到惊奇吗？[③]

有时，尽管有现代行政机构的重压，山区的这些自由还是保存了下来，而且至今还相当明显，相当根深蒂固。罗贝尔·蒙塔涅写道，[④] 在摩洛哥上阿特拉斯山区，"阿特拉斯山的奔腾的山水灌溉着大片胡桃树林。在这些树林附近，在激流经过的充满阳光的斜坡上，排列着一层层村庄。这些村庄中就有头领或哈里发的住房。人们试图在这些山谷里区分出穷人和富人的住所是徒劳的。山里的每个小地区都构成一个由乡民会管理的单独国家。乡绅穿着褐色的羊毛衣衫，聚集在一个平台上，长时间地在一起议论村庄的公益。任何人说话都不抬高嗓门，从外表上分不清谁是主席。"如果山区的地势较高，又距离大路较远，交通不便，这一切就保存下来。这种情况在今天已很少见。但在过去，在道路网成倍扩充之前，这种情况就比

---

① Cf. Franz Spunda in Werner Benndorf, *Das Mittelmeerbuch*. 1940, pp. 209–210.

② A. Philippson, 'Umbrien und Etrurien', in *Geogr. Zeitung*, 1933, p. 452.

③ 更多的例子：热那亚附近的山区是逃兵的避难所，尽管破仑组织了搜捕行动，但仍无法控制那里 (Jean Borel, *Gênes sous Napoléon ler*, 2nd ed. 1929, p. 103). 大约在 1828 年，土耳其警察无力阻止亚拉腊山区居民的抢劫行为 (Comte de Sercey, *op. cit.*, p. 95)；今天，他们似乎同样不能成功地保护山上的森林财富免遭羊群的蹂躏 (Hermann Wenzel, 'Agrargeographische Wandlungen in der Türkei', in *Geogr. Zeitschr.* 1937, p. 407)。摩洛哥的情况也类似："实际上，在摩洛哥南部，苏丹的权力并没有超越平原地区。" R. Montagne 写道，*op. cit.*, p. 134。

④ *Ibid.*, p. 131.

较多。正因为如此，努拉虽然有一块地势平坦的平原与撒丁岛的其他部分相接，却长期处于没有大路和不通车辆的境地。在 18 世纪的一幅地图上，人们可以读到皮埃蒙特的工程师所写的图示说明："努拉，未被征服的民族，从不缴纳赋税。"[1]

山区的资源及其利弊

正如我们已经看到的那样，山排斥伟大的历史，排斥由它带来的坏处和好处。或者，山只是勉强地接受这些东西。然而，生活却要让高地的人类同低地的人类不断相混合。地中海地区没有远东、中国、日本、印度支那、印度一直到马六甲半岛惯常有的那种锁闭山区。[2] 锁闭山区同山下的平地之间没有任何往来，因此必然形成独立的世界。地中海的山向道路开放，不管道路如何险峻、弯曲和坑坑洼洼，总还有人行走。这些道路是平原以及平原的力量向高地的"一种延伸"。[3] 摩洛哥苏丹派遣保安队沿途向前推进；罗马派遣军团；西班牙国王派遣骑兵；教会派遣传教士和流动布道士。[4]

地中海的生命力的确非常强大，因此根据需要，它在很多地方炸开了不利地形造成的障碍。在狭义的阿尔卑斯山的 23 座关隘中，罗马人已经利用了 17 座。[5] 此外，山地往往人口过剩，或者对它的

---

[1]　M. Le. Lannou, *Pâtres et paysans de la Sardaigne*, 1941, p. 14, n. 1.

[2]　J. Blache, *op. cit.*, p. 12. 关于这种对比，参见 Pierre Gourou, *L'homme et la terre en Extrême-Orient*, 1940, 以及对同一本书的评论 Lucien Febvre in: *Annales d'hist. sociale, XIII*, 1941, p. 73. P. Vidal de la Blache, *op. cit.*, Eng. Trans. pp. 371–372。

[3]　R. Montagne, *op. cit.*, p. 17.

[4]　我尤其想到了描述的西斯笃五世（Sixtus V）在青年和中年时期的旅行经历，参见 Ludwig von Pastor, *Geschichte der Papste*, Freiburg-im-Breisgau, 1901–1931, X, 1913, p. 23 and 59. They would make a good map.

[5]　W. Woodburn Hyde, 'Roman Alpine routes', in *Memoirs of the American philosophical society, Philadelphia*, X, II, 1935. 同样，比利牛斯山脉并不总是人们想象中的屏障 (M. Sorre, *Géog. univ.*, vol. VII, 1st part, p. 70; R. Konetzke, op. cit., p. 9)。

财富来说，至少是人口过多。在山区，"人口的最佳密度"很快就达到并且超过。因此，山区必须周期性地向平原倾泄它过多的人口。

这并非因为山区资源微不足道。没有一座山在山谷旁或在修整成阶梯状的山坡上没有可耕地。在贫瘠的石灰质土地上，也有一些复理型（板岩、泥灰岩和砂岩的混合物）或泥灰型地带可以种植小麦、黑麦或大麦。有时甚至还有成片的肥沃土地。斯波莱托位于一片相当宽广和比较富庶的平原的中央。阿布鲁齐地区的阿奎拉适宜种植藏红花。越往南，作物或成材林的生长线就越高。亚平宁半岛北部，栗树今天可在海拔 900 米处生长。在阿奎拉，直到海拔 1680 米的地方还有小麦和大麦。在科森察，玉米这种 16 世纪才传来的新作物的生长区达到 1400 米的高度；燕麦的生长区达到 1500 米的高度。在埃特纳火山的山坡上，葡萄藤种植在 1100 米高的地方，栗树种植在 1,500 米高的地方。[1] 在希腊，小麦生长区高达 1500 米；葡萄生长区高达 1250 米。[2] 在北非，生长区的极限更高。

拥有从橄榄树、橙树、低坡地上的桑树直到真正的森林和高地牧场等多种多样的资源，这是山的优越条件之一。除去作物之外，还有畜牧业的收益：养绵羊和山羊，也养牛。这些牲畜在巴尔干半岛，甚至在意大利和北非大量繁殖，其数量过去比现在更多。由于这个原因，山是乳制品和干酪的产地[3]（16 世纪撒丁岛的干酪整船整船出口到整个西地中海），是新鲜黄油或有蛉蜊味的黄油、煮肉或烤肉等食品的产地。至于山区的房屋，放牧和饲养牲畜的山民的住房，主要是为牲畜而不是为人建造的。[4] 1574 年，当皮埃尔·莱斯卡洛皮埃穿过保加利亚的山区时，他宁愿睡在"一棵树下"，而不愿住进

① Richard Pfalz, 'Neue wirtschaftsgeographische Fragen Italiens', in *Geogr. Zeitschr.*, 1931, p. 133.
② A. Philippson, *Das Mittelmeergebiet, op. cit.*, p. 167.
③ Victor Bérard, *La Turquie et l'hellénisme contemporain, op. cit.*, p. 103, writes on leaving Albania: 'After three days of goat cheese⋯'.
④ P. Arqué, *op. cit.*, p. 68.

农民的土房。这些土房里牲畜和人"住在一起……臭气难闻，叫人无法忍受"。[1]

再说，那时的森林比现在茂密。[2] 根据阿布鲁齐地区的瓦尔迪科尔泰国家公园的模样，人们可以想象出当时的情景。这个公园内茂密的山毛榉林，一直分布到海拔 1400 米的地方。成群的野兽、熊和野猫出没其间。加尔加诺山的英国栎树资源养活大批伐木工和木材商。拉古萨的船舶制造者往往从中受益。森林同高地牧场一样，是山村之间争夺的对象，也是村民同拥有地产权的领主争夺的对象。至于灌木丛这类半森林，它们一般可供放牧，有时也改为田园和果园。灌木丛里还可打猎和养蜂。[3] 其他的好处是充沛的泉水。丰富的水源对南方的土地来说，是相当珍贵的。最后还有矿山和采石场。地中海的全部地下资源的确几乎都蕴藏在这些山区。

但是，并不是每个山区全都具备所有这些有利条件。有的山上长的是栗树（塞文山脉，科西嘉）。栗子是珍贵的"树面包"，[4] 必要时可代替小麦面包。还有的山种植桑树。蒙田 1581 年在卢卡周围见到的山[5] 或者格拉纳达高地都种植桑树。西班牙的代理人弗朗西斯科·加斯帕罗·科尔索 1569 年对阿尔及尔的"国王"厄尔杰·阿里解释说："格拉纳达那伙人并不危险，他们有什么能耐与西班牙国王作对？他们

---

[1] *Op. cit.*, f ° 44 and 44 vo.

[2] 维苏威火山的山坡上曾经有森林。关于森林的总体情况，Theobald Fischer 的观察仍然有用 (in *B. zur physischen Geogr. der Mittelmeerländer besonders Siciliens, 1877, pp. 155ff.*) *On the forests of Naples*, Calabria and the Basilicata, in 1558, cf. Eugenio Albèri, *Relazioni degli ambasciatori veneti durante il secolo XVI*, Florence, 1839–1863, II, III, p. 271. 时至今日，仍有许多过去大森林的遗迹，即森林废墟。它们在科西嘉的清单中被列举出来，Philippe Leca (preface by A. Albitreccia) *Guide blue de la Corse*, Paris, 1935, p. 15; See also the latter's La Corse, *son évolution au XIXe siècle et au début du XXe siècle*, 1942, pp. 95 ff。

[3] Comte Joseph de Bradi, *Mémoire sur la Corse*, 1819, pp. 187, 195ff.

[4] P. Vidal de la Blache, *op. cit.*, (Eng. trans.) pp. 141, 147, 221, 222. 有一些很好的观察，参见 D. Faucher, *Principes de géogr. agraire*, p. 23. "人们吃树上的面包"，在卢卡附近，参见 Montaigne, *Journal de voyage en Italie*, (ed. E. Pilon, 1932), p. 237。

[5] Montaigne, *ibid.*, p. 243.

缺乏使用武器的实践，一生就是耕地、放牧、养蚕……"①此外，还有的山出产核桃。在今天摩洛哥的柏柏尔人聚居区，村民在位于村庄中心的百年古树下，在明月之夜，举行庆祝和解的盛大节庆。②

以上一笔总账算下来，山区资源并不像人们早先设想的那么贫乏。在山区还能生活下去，但并不容易。在那些几乎不能使用家畜的山坡上劳动，要付出多大的辛劳啊！必须用手清理乱石遍地的田野，要防止泥土顺着山坡下滑和流失。必要时把泥土一直运到山头，并且用石块垒起矮墙把泥土挡住。这是一种艰巨而没有止境的劳动！一旦劳动停顿下来，山区就会回复到蛮荒状态，一切又得重新做起。18 世纪，当加泰罗尼亚移民占据了沿海高原上多石的高地时，他们在荆棘丛中惊奇地发现高大的、依然活着的油橄榄树和石块垒墙。这证明在他们以前已经有人征服过这些土地。③

进入城市的山民

生活的艰苦和贫困，④对改善境遇所抱的希望以及可观的工资的引诱，都促使山民下山。正如加泰罗尼亚的一句谚语所说："永远向下去，永不往上走。"⑤这是因为山区的资源虽然多种多样，但总不

---

① *Relacion de lo que yo Fco Gasparo Corso he hecho en prosecucion del negocio de Argel*, Simancas E° 333 (1569).

② R. Montagne, *op. cit.*, pp. 234–235.

③ Franchesci Carreras y Candi, *Geografia general de Catalunya*, Barcelona, 1913, p. 505; Jaime Carrera Pujal, *H. política y económica de Cataluña*, vol. 1, p. 40. Belon, *op. cit.*, p. 140, v° , 同样，贝隆指出，在耶路撒冷周围的山区以前曾有梯田，但他看到这些梯田时已经废弃。

④ 例如，关于上普罗旺斯的生活：玛丽·莫隆写道："上普罗旺斯的农场"，"忍受着漫长的冬季、对雪崩的恐惧以及连续数月的室内生活，在雪白的窗玻璃后面，只能看到冬季口粮、牛棚和炉边工作。"(Marie Mauron , *'Le Mas provençal'*, in *Maisons et villages de France*, 1943, preface by R. Cristoflour, p. 222)。

⑤ Maximilien Sorre, *Les Pyrénées méditerranéennes*, 1913, p. 410.

够丰足。一旦蜂房里的蜜蜂多了，[1]蜂房就不再够用。于是必须用和平或非和平的方式分蜂。为了继续生存下去，他们不择任何手段。例如，在奥弗涅山，尤其在从前的康塔尔高地，所有多余的人，包括大人、小孩、工匠、学徒和乞丐，统统都被赶走。[2]

这是一段动荡不定和难于追溯的历史。之所以这样，并非因为缺乏文献资料。相反，文献倒是太多了。一旦人们离开为历史所捉摸不透的山区，就进入平原和城市，那里拥有分门别类的档案资料。下山的山民，不论初来乍到或常来常往，总是被人品头论足，被描绘成滑稽可笑的形象。斯丹达尔于耶稣升天节那天在罗马见到了萨比内的农民。"他们从山上下来，在圣彼得教堂参加盛大的庆典并且做弥撒。[3]他们穿着破烂的粗呢外套，腿肚上裹着粗布片，用绳子呈菱形状捆绑。一双惊恐不安的眼睛被蓬乱的黑发所盖住，胸前挂着的毡帽早已因日晒雨淋而变得黑里带红。这些农民都携家带口，家人同他们一样粗野……"[4]斯丹达尔补充道："在我看来，在罗马，图拉诺湖、阿奎拉和阿斯科利之间的山区的居民，相当典型地代表了 1400 年前后的意大利的精神风尚。"[5]维克托·贝拉尔 1890 年在马其顿遇到穿着别致的骑士和士官服装的永不变化的阿尔巴尼亚人。[6]在马德里，泰奥菲尔·戈蒂埃同卖水的脚夫交错走过。这是一些"穿着棕褐色上衣和短裤、腿上套着黑色护套、头戴尖帽的加

---

① 地理调查显示，将过剩人口迁移到平原十分必要，参见 H. Wilhelmy, *Hochbulgarien*, 1936, p. 183. 但也有其他动机：比如生活是否顺心，参见 A. Albitreccia in Philippe Leca, *La Corse, op. cit.*, p. 129, 他还提到科西嘉岛："在其他地方，道路的存在会鼓励移民；而在这里，没有道路则会鼓励移民。"

② J. Blache, *op. cit.*, p. 88, according to Philippe Arbos, *L'Auvergne*, 1932, p. 86.

③ *la funzione*，弥撒。

④ *Promenades dans Rome*, ed. Le Divan, 1931, I, pp. 182–183.

⑤ *Ibid.*, p. 126.《回忆录》中也有一幅类似的景象，这次是关于高加索的，参见 Comte de Rochechouart, *Souvenirs*, 1889, pp. 76–77, 在黎塞留公爵攻占阿纳帕之际：这些高加索战士，有的身着铁衣，手持利箭，让人联想到 13 或 14 世纪。

⑥ Victor Bérard, *La Turquie et l'hellénisme contemporain, op. cit., passim.*

里西亚壮工。"① 当他们（男女都有）同邻近的阿斯图里亚斯地区的居民一起，于 16 世纪来到西班牙各地的曾被塞万提斯谈到过的市场谋生时，难道不就是这样穿戴的吗？② 曾经当过兵，16 世纪末成为奥兰大事记的编年史家的迭戈·苏亚雷斯就是其中的一个，他讲述了自己的冒险经历。他童年时代就从老家逃出，来到埃斯科里亚工地，在那里干了一些时候，觉得日常饭菜很合胃口。但是，他的双亲也从奥维耶多山区来了，无疑同很多其他人一样，是来参加旧卡斯蒂利亚的夏季农业劳动。为了不被别人认出，苏亚雷斯不得不逃到更远的地方去。③ 来自北方的山区移民络绎不绝穿过整个旧卡斯蒂利亚，有时也返回北方。蒙塔尼亚——从比斯开到加利西亚的比利牛斯山支脉——养活不了它的居民。很多人以"赶车"为生，我们后面还要谈到的马拉加托人就是如此，④ 雷诺萨地区的农民搬运夫也是如此，他们赶着满载做木桶用的箍圈和木板的大车前往南方，然后带着小麦和葡萄酒回到他们在北方的村庄和城市。⑤

确实，地中海地区无不麇集着这些对城市生活和平原生活所不可缺少的山区居民。他们脸色红润，服装奇特，习俗古怪……蒙田 1581 年在前往洛雷特圣母院的途中，曾穿过斯波莱托这块地势颇高的平原。斯波莱托是个移民中心。这些相当奇特的移民中有小杂货

① *Voyage en Espagne*, 1845, pp. 65, 106. 关于加利西亚人，包括收割者和移民，见 *Los Españoles pintados por si mismos, Madrid*, 1843. 这个文集包括：*El Indiano*, by Antonio Ferrer Del Rio, *El segador, El pastor trashumante and El maragato* by Gil y Curraso, *El aguador* by Aberramar。

② 在托莱多的塞维利亚人家里，有两个加利西亚姑娘。加利西亚人和阿斯图里亚斯人在西班牙从事重体力劳动，尤其是在矿山：J. Chastenet, Godoï, 1943, p. 40. 关于 18 世纪卡斯蒂利亚的加利西亚收割工人，参见 Eugenio Larruga, *Memorias políticas y económicas sobre los frutos, comercio, fabricas y minas de España*, Madrid, 1745, I, p. 43.

③ Diego Suárez, MS in the former *Gouvernement-Général of Algeria*, a copy of which was kindly passed on to me by Jean Casenave, f° 6.

④ See below, p. 484.

⑤ Jesús Garcia Fernández, *Aspectos del paisaje agrario de Castilla la Vieja*, Valladolid, 1963, p. 12.

商以及善拉关系、嗅觉灵敏和不择手段的各种二道贩子和专以牵线说合为业的中间人。班德洛的一篇短篇小说曾做了惟妙惟肖的描绘：他们能说会道，机敏灵活，而且总有道理，把别人说得心悦诚服。他说，只有斯波莱托人才会一面愚弄可怜的笨家伙，一面又给他们圣保罗的祝福，才会用拔掉牙齿的游蛇和蝰蛇骗钱，才会在广场上卖唱求乞，才会把蚕豆粉当作疥疮油膏出售。他们左胳膊下挂着一只用绳子拴在脖子上的篮子，高声叫卖，走遍整个意大利。①

贝加莫人在米兰一般叫孔塔多人。② 在 16 世纪的意大利，他们同样被人熟知，足迹遍布各地，他们在热那亚和其他港口当装卸工。马里纳诺战役刚结束，他们便来到米兰地区，耕种在战争期间业已荒芜了的分成制租地。③ 几年以后，科西默·德·梅迪奇设法把他们吸引到里窝那。这是一座没有人愿意居住的热病流行的城市。他们粗犷、迟钝、笨拙、吝啬、耐劳。班德洛还说：④ "他们的足迹遍天下"（在埃斯科里亚尔，甚至还有一位建筑师，名叫季奥万·巴蒂斯塔·卡斯泰洛，号称"贝加莫"⑤），"但是，他们每天花钱从不超过4 个夸特里尼，睡觉不用床，而是躺在干草上……"他们富裕后，也开始讲究穿着，装扮得神气活现，但并不因此比过去慷慨，而是显得与过去同样粗俗可笑。他们是喜剧中的丑角，是让妻子戴上"绿帽子"的粗俗不堪的丈夫，就像班德洛的小说所写的那个乡巴佬那

---

① Matteo Bandello, *Novelle*, VII, pp. 200–201. 斯波莱托人经常当兵，尤其是在外国军队中，参见 L. von Pastor, *op. cit.*, XVI, p. 267. On their cunning, see M. Bandello, *ibid.*, I, p. 418。

② M. Bandello, *op. cit.*, II, pp. 385–386. 贫穷迫使贝加莫人移居国外。据说他们在家里很清醒，但在其他地方却很能吃。在世界上的每一个地方都能找到至少一个贝加莫人。那不勒斯的大部分威尼斯人臣民都是贝加莫人，E. Albèri, *op. cit.*, Appendix, p. 351 (1597)。

③ Jacques Heers, *Gênes au XVe siècle, Activité économique et problèmes sociaux*, 1961, p. 19. M. Bandello, *op. cit.*, IV, p. 241. 同样，弗朗切斯科·斯福尔扎复辟后，许多农民从布雷西亚来到米兰。

④ *Op. cit.*, IX, pp. 337–338.

⑤ L. Pfandl, *Philippe II*, French trans. 1942, pp. 353–354. 著名的科莱奥尼和耶稣会士让-皮埃尔·马菲，都来自贝加莫，后者是 *L'histoire des Indes*, Lyons, 1603 的作者。

样。这个乡巴佬如果说有什么可以原谅自己的理由，那就是他在威尼斯圣马克教堂后面，在卖身挣钱的女人中为自己找了一个妻子。[①]

不过，这些描绘是否有丑化呢？山区居民心甘情愿充当城市和平原的这些大人先生的笑料。他们受人猜疑，使人害怕，遭人耍弄……在阿尔代什，一直到 1850 年前后，山里人还到平原参加各种庆典。他们穿着节日盛装，骑着配有鞍辔的骡子。妇女戴着许许多多的金项链，光彩夺目，但成色不足。虽然同属一个地区，他们的衣服与平原上的人却不相同。他们的那副陈腐、呆板的模样，只会让村里那些爱俏的女子哈哈大笑。对于山上的粗人，山下的农民只是挖苦奚落，家庭之间很少通婚。[②]

一道社会的、文化的障碍就这样出现了。这道障碍试图代替不完的、不断被人用成千种不同方式跨越的地理障碍。山区居民有时赶着畜群下山，进行一年一度的季节性易地放牧。有时他们在收割的大忙季节到山下当雇工。这是一种相当经常的、远比人们一般想象的更加广泛的季节性移民：萨沃亚德人[③]前往下罗讷河地区；比利牛斯人在巴塞罗那附近受雇收割庄稼；1 世纪的科西嘉农民每年夏天都去托斯卡纳的马雷马。[④]有时，山民在城里定居或在平原安家落户当农民。"普罗旺斯或孔塔韦纳森有许多村庄，陡峭斜坡上的山路弯弯曲曲，村内的房屋高高耸立，使人不禁想起南阿尔卑斯山的小镇。"[⑤]这些村庄的居民又从何而来？原来，每逢收割季节，男女山民成群地拥到下普罗旺斯的平原和沿海地区。在那里，来自加普

[①] *Op. cit.*, IV, p. 335. He came from Brescia and had settled at Verona.

[②] 个人研究成果。事实上，高地和低地之间的这种对立在更北的地方更为明显。Gaston Roupnel reports it in *Le vieux Garain*, 1939, on the Burgundy Côte, around Gevrey and Nuits-Saint-Georges. 1870 年，"山民" 参加低地集市时仍然穿着罩衫。

[③] P. George, *La région du Bas-Rhône*, 1935, p. 300: 提到了 17 世纪初，萨沃亚德人在阿尔地区收割时的劳动队伍。

[④] Grotanelli, *La Maremma toscana, Studi storici ed economici*, II, p. 19.

[⑤] P. George, *op. cit.*, p. 651.

的人——"加沃"（这实际上是一个统称）——历来被认为是"吃苦耐劳、穿着朴素，习惯于粗茶淡饭的劳动者的典型"。[1]

我们的观察同样适用于朗格多克平原以及不断从北方，从多菲内，更多的是从中央高原、鲁埃格、利穆赞、奥弗涅、维瓦雷、韦莱、塞文山脉等地拥来的移民，而且更加贴切、更加生动。这股人流淹没了下朗格多克，并经常越过下朗格多克，朝富饶的西班牙移动。每年，甚至几乎每天，队伍都得到不断的充实，其中有：无地的农民，无业的手工工匠、为收割庄稼、收获葡萄或打场脱粒而来的零工，流浪儿，男女乞丐，流动神父，"行脚修道士"和街头乐师，最后还有赶着大群牲畜的牧羊人……山区的饥饿是造成山民下山的重大原因。一位历史学家承认，"人口外流的最基本原因是，地中海平原地区的生活水平明显地比山区优越。"[2] 这些穷鬼到处颠沛流离，或暴死途中，或病死在收容所，但他们终于更新了山下的人口配成，在几个世纪内保持了一种身材高大、金发碧眼的北方人类型。

（译文来自：费尔南·布罗代尔著，唐家龙、曾培耿等译，《地中海与菲利普二世时代的地中海世界》，商务印书馆，2017 年，第 35—46 页。）

---

[1]　Fernand Benoit, *op. cit.*, p. 23.

[2]　Emmanuel Le Roy Ladurie, *op. cit.*, pp. 97 ff.

第六章　历史社会学

在过去的三四十年里，许多理论家一致认为，一个既能解释又能描述的社会学必须是历史社会学。菲利普·艾布拉姆斯（Philip Abrams）甚至称历史社会学为"学科的精髓"，认为至少部分地用历史术语解释当代世界，"对现代西方人来说几乎是自然而然的事情"。[①] 那么历史社会学是什么呢？

西达·斯考切波（Theda Skocpol）列举了历史社会学研究的四个特点：

1. "他们提出关于社会结构或过程的问题，这些问题处于具体的时间和空间中"；

2. "他们关注时间上的过程，并且认真考虑时间序列对结果的影响"；

3. 他们主要"关注有意义的行动和结构背景的相互作用，以理解个人生活和社会转变中意外和有意的结果的发展"；

4. 他们"强调特定类型的社会结构和变革模式的特殊性和差异性"。[②]

---

① Philip Abrams, *Historical Sociology* (Ithaca, 1982), pp. 1–2; Theda Skocpol (ed.), *Vision and Method in Historical Sociology* (Cambridge, 1984), p. 1.

② Skocpol, *Vision and Method*, p. 1.

　　除了关注主动过程而不是静态模型外，历史社会学直接涉及基于结构和基于行动的解释之间的区别。这是大多数历史理论家争议的核心问题，也是大多数历史写作排序的核心问题。因此，人们可能会认为历史学界会欢迎历史社会学的见解。但实际上，历史社会学的研究者往往是社会学系而不是历史系的教师。

　　奥古斯特·孔德（Auguste Comte）是 19 世纪中叶创造了"社会学"这个概念的人，他采用了人类历史发展的进化模型。孔德采用归纳法，从实证数据中发展出一般理论，在他之后，三位社会理论家的研究对 20 世纪历史社会学产生了巨大影响：卡尔·马克思、马克斯·韦伯和埃米尔·涂尔干。[①]

　　像许多社会学家和历史学家一样，马克思、韦伯和涂尔干对欧洲资本主义的增长和向现代工业化社会的过渡感兴趣。马克思和他的合作者弗里德里希·恩格斯研究了阶级形成的过程以及基于经济不平等的阶级斗争。韦伯研究了随着现代化过程而进行的官僚化以及促进资本主义增长的世界观。涂尔干研究了社会和道德失范（anomie）问题，认为这种失范伴随着工业化过程中劳动的日益专业化。尽管这些作家都发展了宏观尺度下的解释理论，但重要的是要记住，他们并不认为自己假设的历史变化是不可避免的：尽管可能存在消除限制甚至鼓励变革的情况，但这并不一定意味着他们预测的运动会发生。

　　尽管早期的理论构建发生在欧洲，而且经常发生在大学环境中，但社会学在接下来的 50 年里的主要发展在美国。1892 年，芝加哥大学成立了第一个社会学系。这门新学科倾向于关注美国民主的"特殊"氛围中个人的社会化。对个体互动的研究引发了对社会系统的兴趣。在 20 世纪上半叶，社会学思想发展在塔尔科特·帕森斯

---

① Randall Collins, *Four Sociological Traditions* (New York, 1994), pp. 38–46.

（Talcott Parsons）的结构—功能主义中达到了顶峰。

帕森斯认为自己继承了从韦伯开始的社会行动研究。他研究了构建社会系统的各个要素的功能，并绘制了它们的相互作用。帕森斯假设了一个进化系统，现代美国是所有其他经济、社会和政治系统发展的最终产物。当一个特定系统内的功能性问题的解决方案被发现时，历史性的社会变革就会发生，该系统就会向更高级别的社会组织发展。然而，在实践中，帕森斯的目的论崩溃了。他的批评者提出的经验证据并不支持他的观点：例如，发展中国家并不都渴望或致力于实现美式资本主义。因此，建立以经验为基础的新历史社会学的道路已经铺平。

在英国，社会学往往与人类学联系在一起，通常是功能主义的。此外，各个学科中的激进理论家以马克思的阶级斗争理论为基础。在欧洲，纳粹对社会学的敌意阻碍了其在欧洲的早期发展。然而，在 20 世纪 50 年代，整个西方世界发生了历史学和社会学的融合，历史社会学成为一门独立学科。①

历史社会学在其诞生之初和过去 50 年，都倾向于关注几个主要议题，特别是各种形式的现代性发展。如上所述，马克思、韦伯和涂尔干研究了资本主义和工业化的各个方面，而最近的学者经常是在回应他们的工作，这种做法被称为自我反思。我们已经详细研究了马克思的影响：在这里，我们将集中讨论韦伯及其理论。②

---

① 关于以上段落和更多细节，参见 Abrams, *Historical Sociology*, pp. 4, 112–128; Collins, *Four Sociological Traditions*, pp. 38–46; Dorothy Ross, 'The New and Newer Histories: Social Theory and Historiography in an American Key', *Rethinking History* 1 (1997), pp. 126–133; Victoria E. Bonnell, 'The Uses of Theory, Concepts and Comparison in Historical Sociology', Comparative Studies in *Society and History* 22 (1980), p. 156, n.3; 'History, Sociology and Social Anthropology', *Past and Present* 27 (1964), p. 102.

② 涂尔干虽然开创了 "社会学的核心传统"，但他倾向于研究系统而非变化过程，因此对历史社会学的影响较小：Collins, *Four Sociological Traditions*, p. 119; Arpad Szakolczai, *Reflexive Historical Sociology* (London, 2000), pp. 3, 215–216。

马克思和涂尔干认为个体行为在很大程度上受社会结构的制约，而韦伯（写作时间跨越 19 世纪 90 年代到 1920 年）则关注个体行为的意义，以及在更大范围上主观世界如何影响甚至帮助实施社会变革。他认为社会学和历史学是相互关联但又独立的领域：社会学制定社会事件的模型、类型和一般规则或模式，而历史"旨在对具有文化意义的个体行为、结构和人物进行因果分析和因果归因"。[1] 在这两个领域中，他摒弃了以前倾向于将历史变革视为线性过程、由一个主要因果引擎驱动的进化模型。例如，他拒绝接受马克思所假定的经济学在历史进程中的首要地位。[2]

正如艾布拉姆斯所阐述的，"对于韦伯来说，尽管资本主义需要资本和劳动力作为先决条件，但仅有资本和劳动力本身并不能解释资本主义如何发展成为一种主导的经济和文化秩序"。韦伯通过比较历史的方法来论证这一点，这也是他最著名的著作《新教伦理与资本主义精神》。在这部作品中，他将西欧与其他地区进行对比，例如印度和中国，这些地区也具备了资本主义的条件，但资本主义并没有发展起来，他想知道欧洲的情况有何不同。[3]

韦伯将这种差异视为西方理性主义的发展，即西方对理性作为至高权威的信仰。简单来说，对于韦伯而言，这种理性主义是新教伦理的产物，其中工作是通往救赎的重要途径。[4] 他书名中的"精神"是指"一种涉及理性计算追求利润最大化的社会行动类型"。[5] 然而，

[1] Guenther Ross, 'History and Sociology in the Work of Max Weber', *British Journal of Sociology* 27 (1976), pp. 310, 307; Max Weber, *Economy and Society*, ed. G. Roth and C. Wittich, trans. Ephraim Fischoff (New York, [1922] 1968), p. 19.

[2] Stephen Kalberg, 'Max Weber's Types of Rationality: Cornerstones for the Analysis of Rationalization Processes in History', *American Journal of Sociology* 85 (1980), p. 1151.

[3] Abrams, *Historical Sociology*, pp. 74–75, 83; Max Weber, *The Protestant Ethic and the Spirit of Capitalism*, trans. Talcott Parsons (London, [1904] 1930).

[4] Abrams, *Historical Sociology*, pp. 82–107.

[5] R.J. Holton, *The Transition from Feudalism to Capitalism* (London, 1985), p. 104.

罗伯特·霍尔顿（Robert Holton）提醒我们，韦伯拒绝单因果性的观点，认为韦伯的"精神"只是资本主义增长的众多先决条件之一。[1]

从现代历史学家的角度来看，韦伯的一个优点是他相信历史的科学性和证据的重要性。他将历史证据定义如下：证据可以是"理性的（逻辑的、数学的），也可以是共情的、情感的、艺术接受性的"。[2] 历史学家可以获得多种可能的证据，这帮助韦伯理论化了四种理性类型（实践、理论、形式和实质）和四种类型的社会行动（情感、传统、价值理性和目的理性）。其中一些相互关联，但并非全部。例如，斯蒂芬·卡尔伯格（Stephen Kalberg）将实践理性描述为"根据个体纯粹实用主义和个人利益看待和判断世俗活动的生活方式"，因此"是人类手段—目的理性行动能力的表现"。[3] 很明显，这种对"理性"范畴的细分使韦伯远离了任何简单的历史解释，而是提出了一个极其复杂的模型。

韦伯对社会运行的观点同样复杂，这使兰德尔·科林斯（Randall Collins）将他与马克思并称为冲突论社会学家，而韦伯对社会的多维视角就隐含着这种冲突。如果世界由许多领域组成，可能会有一些共识和团结，但冲突肯定存在，领域内部和领域之间都存在冲突。[4] 总体而言，韦伯通过三个领域来分析社会的分层：阶级、地位和政党；每个领域都在争夺主导权。[5]

---

[1]　Holton, *The Transition from Feudalism to Capitalism*, pp. 109–124.

[2]　Max Weber, *The Theory of Social and Economic Organization*, trans. A.M. Henderson and Talcott Parsons (New York, [1922] 1947), p. 90, cited in Werner J. Cahnman, 'Max Weber and the Methodological Controversy in the Social Sciences', in Werner J. Cahnman and Alvin Boskoff (eds), *Sociology and History: Theory and Research* (New York, 1964), p. 108.

[3]　Kalberg, 'Max Weber's Types of Rationality', pp. 1151–1152. 有关理性与社会行动的更多详情，参见本文其余部分。

[4]　Collins, *Four Sociological Traditions*, pp. 84–5.

[5]　Collins, *Four Sociological Traditions*, pp. 86–92.

韦伯对社会行动的模型在 20 世纪很有影响。[①] 例如，迈克尔·曼（Michael Mann）认为，社会及其历史最好以社会权力的四种来源之间的相互关系来描述：意识形态、经济、军事和政治关系。这些关系既是个体的又是制度的。在曼的观点中，人们在追求目标的过程中形成社会网络，并凝聚成上述四个领域，从而发生了历史变革。其中一个领域在特定地区成为制度化的主导权力结构，在这种情况下，进一步的竞争权力网络形成。在这四个主要领域的变化过程中，还有许多其他因果关系，曼认为这些关系过于复杂，无法理论化。他在计划的三卷中的前两卷详细讨论了 1914 年之前的世界历史。曼明确将他对历史的观点描述为"遵循［韦伯］对社会、历史和社会行动关系的总体愿景"。[②]

19 世纪解释现代世界发展的趋势在 20 世纪仍在继续。诺贝特·埃利亚斯（Norbert Elias）在《文明的进程》中运用弗洛伊德理论解释了欧洲向现代化转型过程中"文明行为"的发展。在这一领域，一些较新的历史社会学家包括舒梅尔·艾森斯塔特（Shmuel N. Eisenstadt）、小巴林顿·摩尔（Barrington Moore, Jr.）、沃尔特·罗斯托（Walt W. Rostow）、伊曼纽尔·沃勒斯坦、佩里·安德森、莱因哈特·本迪克斯（Reinhard Bendix）、罗伯特·霍尔顿（Robert J.

---

① For example, see the work of W.G. Runciman, *A Critique of Max Weber's Philosophy of Social Science* (Cambridge, 1972).

② Michael Mann, *The Sources of Social Power*, 2 vols (Cambridge, 1986–93), vol. 1, ch. 1, esp. pp. 1–4, 29, 32, Fig. 1.2.

Holton）和皮埃尔·布迪厄（Pierre Bourdieu）。[1] 我们将在这里讨论沃勒斯坦，他是一位历史社会学家，他的工作部分源于马克思主义理论，在全球史和后殖民史领域都有影响力。

沃勒斯坦开始从事非洲研究，这使他对非西方世界"欠发达"、持续的贫困和叛乱的原因进行了更广泛的思考。到了 20 世纪 70 年代初，认为所有国家都将在自由资本主义下逐渐变得富裕和技术发达的现代化理论，在解释和预测方面似乎都失败了；包括沃勒斯坦在内的一些学者，开始用类似的论点进行新的理论构建。例如，来自圭亚那的马克思主义学者和政治活动家沃尔特·罗德尼（Walter Rodney）认为，欧洲通过社会和经济过程剥削"欠发达"的非洲。西方的教育和宗教学说，再加上奴隶贸易等经济过程，改变了非洲人对成就的看法，并导致了像冶铁这样的技术的衰落，阻碍了非洲发展。[2] 我们已经在拉丁美洲讨论过类似的"依附理论"（见第三章）。[3]

1974 年，沃勒斯坦出版了《现代世界体系》，用现代世界的经济发展体系解释了他的观察结果。他的论点围绕着如下论断展开，

---

[1] See, for example: Norbert Elias, *The Civilizing Process, trans. Edmund Jephcott* (New York, [1939] 1978); S.N. Eisenstadt, *The Political Systems of Empires* (New York, 1963); Barrington Moore, Jr, *Social Origins of Dictatorship and Democracy: Lord and Peasant in the Making of the Modern World* (Boston, 1966); W.W. Rostow, *Politics and the Stages of Growth* (Cambridge, 1971); Immanuel Wallerstein, *The Modern World-System: Capitalist Agriculture and the Origins of the European World-Economy in the Sixteenth Century* (New York, 1974); Perry Anderson, *Passages from Antiquity to Feudalism* (London, 1974); Reinhard Bendix, *Kings or People: Power and the Mandate to Rule* (Berkeley, 1978); Holton, *The Transition from Feudalism to Capitalism*; Pierre Bourdieu, *Outline of a Theory of Practice*, trans. Richard Nice (Cambridge, [1972] 1977).

[2] in Gerald L. Caplan, 'The Use of African History', *Interchange* 4:4 (1973), pp. 89–93; 最近关于非洲史学这一线索的讨论，参见 Andreas Eckert, 'Fitting Africa into World History: A Historiographical Exposition', in Benedikt Stuchey and Eckhardt Fuchs (eds), *Writing World History 1800–2000* (Oxford, 2003), pp. 267–270。

[3] See also discussion in Steve J. Stern, 'Feudalism, Capitalism, and the World System in the Perspective of Latin America and the Caribbean', *American Historical Review* 93 (1988), pp. 829–872.

即大约在 1450 年，西北欧在技术和组织上比其他地区稍微先进一些，但经过几个世纪的发展，到了 20 世纪末，由于西北欧通过在世界范围内组织起来的经济体系对非西方边缘国家进行剥削，开始变得更加发达。沃勒斯坦将他的世界体系分为三个地理区域：资本主义核心区、半边缘区和边缘区。边缘区通过强制性的廉价劳动向核心区提供廉价的原始资源，而随着核心区变得更加富裕，它可以增加对非核心区的经济控制。每个区域都有特定的经济和劳动结构，并在每个区域内形成了不同版本的统治阶级。然而，资本主义核心区的主导地位至关重要，它能够在额外经济活动的帮助下操纵整体经济。面对这种故意和算计的剥削，边缘区几乎不可能发展出自己的具有活力的经济和政治结构。[1]

可以预见，沃勒斯坦的论点引发了很多争议，主要原因是其论点具有明显的政治性，甚至是论战性。人们普遍认为他的工作是开创性的，但用斯考切波的话来说，"像许多其他重要的开创性作品一样，……过于夸大了自己，而未能达到目标"。[2] 批评主要涉及历史、理论和方法论等方面。

J.L. 安德森概述了沃勒斯坦模型三个有价值的方面。首先，"它将注意力集中在经济上的一体化和政治上相互关联的整体系统上，而不仅仅是作为其组成部分的独立政体"。其次，沃勒斯坦指出了所谓自由贸易中固有的经济操纵行为；第三，他说明了在任何特定时期，历史的可能性取决于之前发生的事情。[3]

帕特里克·奥布莱恩（Patrick O'Brien）主要从历史的角度批

---

[1] 这个总结来自 Charles Ragin and Daniel Chirot, 'The World System of Immanuel Wallerstein: Sociology and Politics as History', in *Skocpol, Vision and Method*, pp. 276–277 and Theda Skocpol, 'Wallerstein's World Capitalist System: A Theoretical and Historical Critique', *American Journal of Sociology* 82 (1977), p. 1077。

[2] Skocpol, 'Wallerstein's World Capitalist System', p. 1076.

[3] J.L. Anderson, *Explaining Long-Term Economic Change* (London, 1991), p. 66.

评沃勒斯坦，指出了重要的史实和统计错误。他认为，在 1450 年至 1750 年期间，核心区和边缘区之间的贸易水平差距实际上相当小，以此来解释核心区在 1750 年后经济快速增长，并不具有统计学意义上的显著性。他还提出，16 世纪"世界经济"的概念是不合历史事实的。[1] 汉克·韦塞林格（Hank Wesseling）表示同意，并补充说，前工业化经济无法产生足够支持沃勒斯坦论点的剩余价值，而且交通系统也没有足够发展来服务这样的经济系统。[2] 杰里米·普雷斯特霍尔特（Jeremy Prestholdt）则选择了不同的观察角度，去考虑东非经济的现实状况，认为沃勒斯坦的理论高估了核心区对边缘区的控制能力，展示了 19 世纪东非消费者如何控制世界经济。[3]

评论家对沃勒斯坦修改马克思主义理论的方式也不满意。例如，查尔斯·蒂利（Charles Tilly）指出，沃勒斯坦将焦点放在交换关系而不是生产关系上，由此改变生产资料的阶级斗争消失了，马克思原始论文中的历史动力随即消失。沃勒斯坦没有解释资本主义制度是如何从封建主义中产生的，也无法有说服力地证明它如何被取代。[4] 同样，罗伯特·布伦纳（Robert Brenner）批评了"沃勒斯坦系统性地拒绝将创新和技术变革作为资本主义发展的常规特征进行整合"。这也意味着未能将研究阶级结构的发展和劳动生产力作为历

---

[1] Patrick O'Brien, 'European Economic Development: The Contribution of the Periphery', *Economic History Review*, 2nd series, 35 (1982), pp. 1–18.

[2] Hank Wesseling, 'Overseas History', in Peter Burke (ed.), *New Perspectives on Historical Writing* (2nd edn, Cambridge, 2001), p. 84.

[3] Jeremy Prestholdt, 'On the Global Repercussions of East African Consumerism', *American Historical Review* 109 (2004), pp. 755–781.

[4] Charles Tilly, *As Sociology Meets History* (New York, 1981), pp. 41–42; Skocpol, 'Wallerstein's World Capitalist System', p. 1088. 从马克思主义的观点来看，还有其他批评意见，例如，考虑沃勒斯坦对"阶级"的使用。参见 Anthony Brewer, *Marxist Theories of Imperialism: A Critical Survey* (London, 1980), pp. 159–181。

史变革的一部分。[①]

尽管存在（也因为）各种批评，"现代世界体系"还是引发了一股新的历史社会学浪潮。蒂利就其对历史的类似用途发表了评论："沃勒斯坦的特殊贡献在于提出了一种综合……将关于资本主义世界经济的众所周知的思路与费尔南·布罗代尔对整个地中海世界在欧洲资本主义形成时期作为单一的、相互依存的体系结合起来"。[②]自1974年以来，沃勒斯坦一直在进行世界体系的研究工作，出版了另外三卷，将他的分析延伸到1914年，最近思考的是意识形态而不是经济变革。还计划出版另外两卷。[③]

除了研究现代世界的发展，历史社会学家尤其关注革命和集体行动。在这个领域，蒂利是最重要的理论家之一。林恩·亨特（Lynn Hunt）这样描述蒂利的基本议程："在长期结构性转变的影响下，欧洲的集体行动是如何演变的？"蒂利通过对特定叛乱、罢工和其他集体活动的详细历史调查，研究了城市化和资本主义增长等各种主题。这些项目通常使用定量方法，时间跨度长，蒂利"用各种因果假设轰炸数据库"。特别值得注意的是，他的工作使用了双重方法——他同时是历史学家和社会学家——除了在每个范式内写作外，他还试图将这两种方法融合起来。[④]

与蒂利一样，斯考切波明确地将历史学和社会学融合在一起，并在她的著作《国家与社会革命：对法国、俄国和中国的比较分析》

① Robert Brenner, 'The Origins of Capitalist Development: A Critique of Neo-Smithian Marxism', *New Left Review* 104 (1977), pp. 25–92, 56.

② Tilly, *As Sociology Meets History*, p. 42.

③ See discussion in Dennis Smith, 'Review Article: The Return of Historical Sociology', *The Sociological Review* 62 (2014), pp. 206–216.

④ For example, see Tilly, *The Vendée* (Cambridge, Mass., 1964); Lynn Hunt, 'Charles Tilly's Collective Action', in *Skocpol, Vision and Method*, pp. 244–245; Skocpol, 'Sociology's Historical Imagination', in *Vision and Method*, p. 16. 有关蒂利作品的精彩分析，参见亨特的完整章节。

中发展了一种有影响力的比较分析方法。[1] 她研究了三个相同类型的革命案例，每个案例都可以通过结构主义方法进行类似的解释。正如我们在下面的摘录中所看到的，斯考切波认为"社会革命 [在法国、中国和俄国] 是三个发展的结合：(1) 中央行政和军事机构的崩溃或无能；(2) 广泛的农民起义；(3) 边缘精英政治运动。"[2]

我们将在下面看到斯考切波论点的一些细节；在这里，我们将研究对她的著作的回应。对于威廉·休厄尔来说，斯考切波的工作的一个优势是她对多因果关系问题的处理方式。他认为大多数分析者选择一个主要原因，或者试图通过时间顺序的叙述来传达因果关系的复杂性。然而，这些分析方法并不充分，他赞赏斯考切波的解释，即这些成功的革命发生在三个独立的因果过程的结合点上。[3] 贝利·斯通（Bailey Stone）评论说，她对法国革命的描述在出版时是"最有说服力的"，赞扬斯考切波区分了自愿主义（涉及人的能动系）和结构性解释，即区分了将革命归因于群众运动蓄意推翻政府的解释，以及将革命归因于革命前国家是"关键行动者"的解释。[4] 然而，休厄尔和斯通都批评斯考切波对意识形态因素的忽视，斯通认为她需要"在政府和社会之间的权力关系矩阵中评估社会文化变革"。[5]

对于打算进行社会学解释的历史学家来说，斯考切波著作的前言非常有趣。她写道，她在阅读社会科学家撰写的关于革命的理论

---

[1] Skocpol, *States and Social Revolutions: A Comparative Analysis of France, Russia and China* (Cambridge, 1979). 本书有中译本。

[2] Skocpol, 'France, Russia, China: A Structural Analysis of Social Revolutions', reprinted in *Social Revolutions in the Modern World* (Cambridge, 1994), p. 135.

[3] William H. Sewell, Jr, 'Ideologies and Social Revolutions: Reflections on the French Case', *Journal of Modern History* 57 (1985), pp. 57–58.

[4] Bailey Stone, *The Genesis of the French Revolution: A Global-Historical Interpretation* (Cambridge, 1994), pp. 13, 1–2. 感谢 Simon Burrows 给我提供的这个信息。

[5] Sewell, 'Ideologies and Social Revolutions', p. 57; Skocpol, *States and Social Revolutions*, p. 33; Stone, *The Genesis of the French Revolution*, p. 14. See Skocpol's later reflections in 'Conclusion' in *Social Revolutions*, pp. 301–344.

分析之前，先阅读了关于俄国、法国和中国的广泛而详细的历史。她认为这与大多数社会学家的做法相反，这可能解释了为什么她对革命的阐释广受历史学家的欢迎。对斯考切波来说，社会科学文献是"令人沮丧的"，因为它的解释与历史证据不符。她将此解释为意识形态问题，即从自由民主或资本主义社会的假设性变革模型中得出的理论。马克思主义理论与非马克思主义理论一样有问题。因此，她建议只有在已经存在大量历史文献的领域才应尝试比较历史社会学，因为大多数社会学家既没有时间也没有具备足够的历史技能来进行必要的初步研究。①

在 20 世纪末，历史社会学在"文化转向"和后殖民主义的影响下得到了扩展。在法国，皮埃尔·布迪厄的历史社会学从 20 世纪 80 年代开始提供了与年鉴学派不同的重点。布迪厄对阿尔及利亚独立战争（1958—1962）进行了实地调查，考察了社会机构和形态如何通过在个体中内化而自我复制，从而导致自下而上的行动。他用这个论点挑战了结构和行动的对立。这些由日常生活产生的心理结构被称为"惯习"（habitus），与强加给群体的社会经济类别的统治形成对比。因此，布迪厄的社会学可以被认为是一种文化社会学，并且对全球史学家产生了影响。布迪厄的工作被认为对历史学家"从代理、经验和实践等概念的角度，重新思考'语言转向'之后的历

---

①　Skocpol, *States and Social Revolutions*, pp. xiii–xiv. 有关比较历史社会学方法的详细讨论，参见 Bonnell, 'The Uses of Theory, Concepts and Comparison in Historical Sociology'; Theda Skocpol and Margaret Somers, 'The Uses of Comparative History in Macrosocial Inquiry', *Comparative Studies in Society and History* 22 (1980), pp. 174–197; Reinhard Bendix, 'Concepts and Generalizations in Comparative Sociological Studies', *American Sociological Review* 28 (1963), pp. 532–539。

史学"非常重要。①

比较社会学与文化史相结合，导致了"文化转移"的概念，这是一种跨国和反思性的方法，用于研究思想在看似有界的实体（如民族国家或学术学科）之间的流动。迈克尔·沃纳（Michael Werner）和贝内迪克特·齐默尔曼（Bénédicte Zimmerman）将这种方法称为"交织历史"（histoire croisée）。② 类型的复杂化可以带来丰富的研究成果：凯文·劳（Kelvin Low）使用这种方法研究了 19 世纪和 20 世纪中国移民到马来西亚的情况。他使用了共时分析和历时分析，得出了一个包括性别、欧洲中心主义、文化和权力关系等因素的复杂画面，这些因素影响了 20 世纪末和 21 世纪大多数历史学派。③

最近的辩论也涉及后结构主义和后殖民主义对"现代性"和现代化理论的重新思考。古尔明德尔·班布拉（Gurminder Bhambra）指出，关于现代性的各种宏大叙事不可避免地是欧洲中心主义的。班布拉描述了两种摆脱欧洲中心主义的尝试。"第三波文化历史社会学"试图研究融合成"现代"概念的多样历史，而"多元现代性范式"则提到了现代性的多种版本，尽管现代性的起源仍然是欧洲。世界史和 / 或全球史（区别不甚明确）试图在地理上扩展历史分析，

① Julien Vincent, 'The Sociologist and the Republic: Pierre Bourdieu and the Virtues of Social History', *History Workshop Journal* 58 (2004), pp. 129–48; Craig Calhoun, 'Pierre Bourdieu and Social Transformation: Lessons from Algeria', *Development and Change* 37 (2006), pp. 1403–1415; Victoria E. Bonnell and Lynn Hunt (eds), *Beyond the Cultural Turn: New Directions in the Study of Society and Culture* (Berkeley, 1999), p. 4; Gabrielle M. Spiegel, *Practicing History: New Directions in Historical Writing after the Linguistic Turn* (New York, 2005), p. 179: Spiegel reprints excerpts from Bourdieu, pp. 180–198.

② Michael Werner and Bénédicte Zimmerman, 'Beyond Comparison: Histoire croisée and the Challenge of Reflexivity', *History and Theory* 41 (2006), pp. 30–50.

③ Kelvin E.Y. Low, 'Chinese Migration and Entangled Histories: Broadening the Contours of Migratory Historiography', *Journal of Historical Sociology* 27 (2014), pp. 75–102. 有关历史社会学中性别问题的详细分析，参见 Pavla Miller, 'Gender and Patriarchy in Historical Sociology', in Gerard Delanty and Engin F. Isin (eds), *Handbook of Historical Sociology* (London, 2003), pp. 337–348。

并包括多样的历史观念，但仍在与欧洲中心主义的宏大叙事作斗争。问题的一部分似乎是，用迪佩什·查卡拉巴提（Dipesh Chakrabarty）的话来说，"过去和现在都有许多个欧洲，有真实的、历史的和也有幻想的"。因此，"欧洲"很容易成为分析中的对比点，而不是众多地区中的一个，其身份和关系应该被研究。班布拉为历史社会学设定了一个新的议程："在这个新数据的背景下重新思考现代性，并发展适合全球化时代的范式，其中全球化被理解为现代世界的条件，而不是其结果"。[1]

让我们牢记斯考切波的思想前提（如上文所述），审视她在摘录中的比较研究成果。比较历史方法在这篇文章中如何体现，它的优点和缺点是什么？斯考切波的工作在哪些方面是历史学的，哪些方面是社会学的？在这个摘录中，我们可以看到作者对早期历史社会学家，特别是沃勒斯坦的借鉴。斯考切波对现代化的解释与沃氏的解释相似，在哪些方面又有所不同？我们需要考虑自 1979 年以来的重大革命，如东欧剧变、苏联解体和"阿拉伯之春"中政治强人的倒台。你认为斯考切波的方法对解释这些现象有帮助吗？最后，请思考斯考切波对短期诱因和根本潜在原因的区分。这种区分对历史学家有用吗？它如何影响我们对革命比较以外的主题进行分析？

进一步阅读

Abrams, Philip, *Historical Sociology* (Ithaca, 1982).

Bonnell, Victoria E., 'The Uses of Theory, Concepts and Comparison in Historical Sociology', *Comparative Studies in Society and History* 22 (1980), pp. 156–173.

---

[1] Gurminder K. Bhambra, 'AHR Roundtable: Historical Sociology, Modernity, and Postcolonial Critique', *American Historical Review* 116 (2011), pp. 653–662, p. 662; Dipesh Chakrabarty, *Provincializing Europe: Postcolonial Thought and Historical Difference*, with a New Preface by the Author (2nd edn, Princeton, 2008), p. xiv. See also articles in *American Historical Review* 116:3 (2001) and *Journal of Historical Sociology* 27:4 (2014).

Bonnell, Victoria E. and Lynn Hunt (eds), *Beyond the Cultural Turn: New Directions in the Study of Society and Culture* (Berkeley, 1999).

Collins, Randall, *Four Sociological Traditions* (Oxford, 1994).

Delanty, Gerard and Engin F. Isin (eds), *Handbook of Historical Sociology* (London, 2003).

Lachmann, Richard, *What is Historical Sociology?* (Cambridge, 2013).

MacRaild, Donald M. and Avram Taylor, 'Fruit of a "Special Relationship"? Historical Sociology', in their *Social Theory and Social History* (Basingstoke, 2004).

Mann, Michael, *The Sources of Social Power*, 2 vols (Cambridge, 1986–1993).

Sewell, William H., Jr, *Logics of History: Social Theory and Social Transformation* (Chicago, 2005).

Skocpol, Theda (ed.), *Vision and Method in Historical Sociology* (Cambridge, 1984).

Tilly, Charles, *As Sociology Meets History* (New York, 1981).

期　刊

Comparative Studies in History and Society

Journal of Historical Sociology Review

摘 录

法国、俄国、中国：社会革命的结构分析

西达·斯考切波

塞缪尔·P. 亨廷顿在《变化社会中的政治秩序》(*Political Order in Changing Societies*) 中写道："革命是对一个社会的主流价值观和神话、其政治体制、社会结构、领导层、政府活动以及政策进行的急速、根本和剧烈的国内变革。"[1] 列宁在《社会民主党员在民主革命中的两种策略》中提供了一个不同但互补的观点："革命是被压迫者和被剥削者的盛大节日。人民群众在任何时候都不能像在革命时期这样以新社会制度的积极创造者的身份出现。"[2]

这两个引文共同勾勒出社会革命的独特性。正如亨廷顿所指出的，社会革命是社会经济和政治制度的急速、根本性转变，而列宁则生动地提醒我们，社会革命伴随着自下而上的阶级动荡，并在一定程度上通过阶级动荡得以实现。正是这种彻底的结构转变和大规模的阶级动荡的结合，使社会革命有别于政变、叛乱甚至政治革命以及民族独立运动。

如果采用这样一个具体的定义，那么成功的社会革命显然屈指可数。1789 年的法国革命、1917 年的俄国革命，以及 1911—1949

---

[1] 本文是在 1973 年美国社会学学会会议 "革命分会" 上提交的论文的缩写和修订版。作者在撰写本文的漫长过程中，收获了批评、建议（并非所有建议都被采纳）、思想激励和鼓励，他们是: Daniel Bell, Mounira Charrad, Linda Frankel, George Homans, S. M. Lipset, Gary Marx, John Mollenkopf, Barrington Moore, Jr., Bill Skocpol, Sylvia Thrupp and Kay Trimberger. Samuel P. Huntington, *Political Order in Changing Societies* (New Haven: Yale University Press, 1968), p. 264。

[2] Stephan T. Possony, ed., *The Lenin Reader* (Chicago: Henry Regnery Company, 1966), p. 349.

年的中国革命是最引人注目和鲜明的例子。这些重大的动荡事件塑造了人类大多数人的命运，它们的原因、后果和潜力自 18 世纪末以来一直倍受思想家的关注。

然而，最近的社会科学家对研究社会革命没有什么兴趣。他们将革命淹没在更为笼统的范畴中——如"政治暴力"、"集体行为"、"内战"或"离经叛道"——摒弃了历史的特殊性和对大规模社会变革的关注。[1] 他们关注的重点主要是各种集体事件（从骚乱、政变到革命，从恐慌、敌对爆发到"以价值为导向的运动"，从意识形态派别到革命党派）中常见的行为风格，这些事件可能在任何时间或地点，发生在任何类型的社会。革命越来越多地不再被视为"历史的火车头"，而是被看作是一种或另一种形式的极端行为，社会科学家以及各地的权威人士都认为这种行为存在问题，令人不安。

为什么社会科学回避社会革命这个具体问题？意识形态偏见可能是一种解释，但即便如此，也不足够充分。早期的美国社会科学家，当然不比现在的一代更具政治激进性，采用"自然史"方法分析了少数几个重大革命的案例。[2] 在很大程度上，目前对更广泛范畴的关注可以理解为对自然史方法的反动，批评者认为这种方法过于"历史"和"非理论化"。

1964 年一本名为《内战》的书的"引言"中，哈里·埃克斯坦（Harry Eckstein）将"理论主题"定义为"一个现象集合，人们可以

---

[1] 重要的案例，参见 Ted Robert Gurr, *Why Men Rebel* (Princeton, N.J.: Princeton University Press, 1970); Neil J. Smelser, *Theory of Collective Behavior* (New York: The Free Press of Glencoe, 1963), and Harry Eckstein, 'On the Etiology of Internal Wars', *History and Theory* 4(2) (1965)。

[2] Crane Brinton, *The Anatomy of Revolution* (New York: Vintage Books, 1965; original edition, 1938); Lyford P. Edwards, *The Natural History of Revolution* (Chicago: University of Chicago Press, 1971; originally published in 1927); George Sawyer Petee, *The Process of Revolution* (New York: Harper and Brothers, 1938); and Rex D. Hopper, 'The Revolutionary Process', *Social Forces* 28 (March, 1950): 270–279.

对这些现象发展出翔实的、可检验的一般性概括，这些概括适用于该主题的所有实例，其中一些仅适用于特定实例"。[①] 他接着断言，虽然"关于两三个案例的陈述当然是字典意义上的概括，但在方法论意义上，一般性概括通常应该基于更多的案例；它应该涵盖足够多的案例，以便使用严格的检验程序，诸如统计分析。"[②] 即使许多社会科学家不以统计为导向，他们也会赞同这种观点的精神：社会科学理论应该只关注一般现象；"独特"的现象应该归入"叙述性历史学家"的范畴。

显然，由此可以得出结论：社会革命的特定理论是不可能的，任何能够阐明社会革命的理论的解释对象必须比社会革命本身更为普遍。因此，人们努力将革命概念化为信仰或行为模式的极端实例，这些模式也存在于其他情况或事件中。

然而，这种方法使得对技术的考虑脱离了对实质性问题的界定。革命不仅仅是个体或集体行为的极端形式。它们是社会历史结构和过程的独特结合。人们必须将其理解为复杂的整体——不管这些情况有多少——或者根本无法理解。

幸运的是，社会科学并不缺乏应对这类问题的方法。社会革命可以被视为一个"理论主题"。为了检验关于它们的假设，可以采用比较方法，以国家历史轨迹作为比较单位。正如许多研究社会问题的学生所指出的那样，比较方法不过是社会学家在无法进行实验操作，"变量过多而案例不足"——没有足够的案例对假设进行统计检

---

① Harry Eckstein, ed., *Internal War* (New York: The Free Press, 1964), p. 8.

② Eckstein, ed., *Internal War*, p. 10.

验——的情况下必然采用的多变量分析模式。[①] 根据这种方法，人们寻找相应的变量，将感兴趣的现象存在的情况与不存在的情况进行对比，在这个过程中，控制尽可能多的变化源，通过对尽可能相似的正面和负面实例进行对比。

因此，在我对法国、俄国和中国历史上重要社会革命的发生条件和短期结果进行研究时，我采用了比较历史方法，具体是将正面案例与（a）没有通过社会革命完成现代化的情况进行对比，例如发生在日本、德国和俄国（1904 年之前），以及（b）未遂社会革命的情况，特别是 1905 年的俄国和 1848 年的普鲁士／德意志。这些比较有助于我理解那些促成社会革命在法国、中国和俄国成功的独特事件、结构和过程。反过来，法国、俄国和中国缺乏某些被认为是积极的关键因素，同样解释了为什么社会革命在其他社会没有发生或失败。通过对少数案例进行发展、完善和检验假设在比较历史分析中获得了潜在的普遍意义。

解释历史案例：农业官僚制的现代化革命

在世界现代化进程的早期历史阶段，法国、俄国和中国的社会革命都发生在农业官僚社会，这些社会位于或新近被纳入国际领域，由经济发展更加现代化的国家所主导。在每个案例中，社会革命是三个发展的结合：（1）中央行政和军事机构的崩溃或瘫痪；（2）广泛的农民起义；（3）边缘精英政治运动。每个社会革命最低限度地"成

[①] See Ernest Nagel, ed., *John Stuart Mill's Philosophy of Scientific Method* (New York: Hafner Publishing Co., 1950); Marc Bloch, 'Toward a Comparative History of European Societies', pp. 494–521 in Frederic C. Lane and Jelle C. Riemersma, eds., *Enterprise and Secular Change* (Homewood, Ill.: The Dorsey Press, 1953); William H. Sewell, Jr., 'Marc Bloch and the Logic of Comparative History', *History and Theory* 6(2) (1967): 208–218; Neil J. Smelser, 'The Methodology of Comparative Analysis', (unpublished draft); and S. M. Lipset, *Revolution and Counterrevolution* (New York: Anchor Books, 1970), part 1.

就"都是国家机构的极端合理化和集中化，将传统的上层地主阶级摆脱了对农民的中间（地区和地方）准政治监督，并消除或减少上层地主阶级的经济权力。

接下来，我将试图解释这三个伟大历史社会革命。首先，讨论农业国家的制度特点，以及它们在世界现代化进程的早期历史阶段的特殊脆弱性和潜力。同时，我还将指出法国、俄国和中国旧制度的特殊性，使它们在早期的现代化农业国家中特别容易发生向社会革命的转型。最后，我将提出关于伟大历史社会革命结果的相似性和差异的原因。

农业官僚制是这样一种农业形态，其社会控制依赖于劳动分工和半官僚国家与上层地主阶级之间的协调努力之上。[①] 作为其土地财产的附属品，上层地主阶级通常保留着对占人口大多数（不同案例的情况也不尽相同）的农民无差别的地方与区域的统治权威。部分官僚化的中央政府通过地主中介或直接从农民那里征收税款和劳役，但（至少在某种程度上）依赖于上层地主阶级个人的合作。反过来，上层地主阶级又依赖于国家的强制力，以从农民那里征收租金和／或赋税。在政治中心，独裁者、官僚和军队垄断决策，但（在不同程度和方式上）适应上层地主阶级的地方和区域权力，并（同样在不同程度上）招募这个阶级的个别成员担任国家体系的领导职务。

农业官僚制天生容易受到农民起义的威胁。农民经常对地主和国家代理人对他们的剩余产品和劳动的索取感到不满。在农业经济商业化的程度上，商人也成为农民敌视的对象。在任何时代的农业

---

① 在提出"农业官僚制"这一社会类型概念时，我特别借鉴了以下学者的著作和思想，S. N. Eisenstadt in *The Political Systems of Empires* (New York: The Free Press, 1963); Barrington Moore, Jr., in *Social Origins of Dictatorship and Democracy* (Boston: Beacon Press, 1967); and Morton H. Fried, 'On the Evolution of Social Stratification and the State', pp. 713–731 in Stanley Diamond, ed., *Culture in History* (New York: Columbia University Press, 1960). "农业官僚制"这个标签是从摩尔那里借来的。农业官僚社会的明显例子有：中国、俄国、法国、普鲁士、奥地利、西班牙、日本、土耳其。

官僚体制中，以及在非革命时期的法国、俄国和中国，农民的积怨都足以引发并一再激起叛乱。经济危机（在半商业农业经济中是常见的）和 / 或来自上层对租金或税收的增加可能会大大增加特定时期发生起义的可能性。但这些事件应该被视为引发农民不满的短期因素，而不是根本原因。

现代化不仅是一个社会内部的经济发展过程，伴随着非经济制度领域的滞后或领先变革，同时也是一个世界历史上的跨社会现象。因此，

> 一个社会现代化的必要条件是其纳入历史上独特的社会网络中，这个网络最早在西欧的近代早期出现，如今涵盖了足够多的全球人口，以至于出于某些目的，世界可以被视为由单一的社会网络组成。①

当然，社会一直以来都有相互作用。近代早期欧洲出现的现代化跨社会网络的特殊之处在于，首先，它基于商品和制造业的贸易，以及独立国家之间的战略政治军事竞争。② 其次，它孕育了英国在以西欧为中心的世界市场中获得商业霸权后的"第一次（自我推动的）工业化"。③

在第一次商业工业突破之后，现代化的压力在全球范围内产生了回响。在世界现代化的第一阶段，英国的彻底商业化、世界市场霸权的获得以及制造业的扩张（无论是在 18 世纪 80 年代开始的技

---

① Terence K. Hopkins and Immanuel Wallerstein, 'The Comparative Study of National Societies', *Social Science Information* 6 (1967): 39.

② See Immanuel Wallerstein, *The Modern World-System: Capitalist Agriculture and the Origins of the European World-Economy in the Sixteenth Century* (New York and London: Academic Press, 1974).

③ E. J. Hobsbawm, *Industry and Empire* (Baltimore, Md.: Penguin Books, 1969).

术工业革命之前还是之后），改变了欧洲国家之间传统敌对关系的手段和利益，并对其他欧洲国家，尤其是那些财政机构效率较低的国家，施加了立即改革的压力，即使只是为了方便竞争性军队和海军的融资。[①] 在第二阶段，随着欧洲现代化并进一步扩大其在全球范围内的影响力，类似的军事压力也被施加在那些没有立即殖民化的非欧洲社会上，通常是那些已经存在差异化和集中化国家制度的社会。

在全球现代化的这些阶段，对于农业官僚制中的政府精英来说，独立应对融入现代化世界所带来的困境是可能的，而且（在某种意义上）也是必要的。在这些社会中，特别是官僚和受过教育的中产阶级提出了更高效地征收税款的需求，更好、更慷慨、更持续融资军队的需求，以及模仿现有的外国模式，"引导"国家经济发展的需求。这些需求在国际军事竞争和威胁的推动下变得迫切。与此同时，政府领导人确实拥有行政机构，尽管很原始，但可以用来实施任何在世界历史的特定时刻，任何看似必要和可行的现代化改革。而且，他们的国家还没有被纳入由几个完全工业化的巨头所主导的世界分层体系中，从而其经济和政治都处于依附地位。

但农业官僚制在应对现代化危机方面面临着巨大困难。政府领导人在自主行动领域往往受到严重限制，因为很少有财政或经济改革能够不侵犯传统上层地主阶级的利益，而传统上层地主阶级是支持农业官僚制国家权力和职能的主要社会基础。只能从农民那里榨取有限的收入，而上层地主阶级往往可以对税收制度的合理化带来严重阻碍。经济发展意味着税收的增加和军事实力的增强，但它会将财富和人力资源从农业部门转移走。最后，动员大众支持战争往往会削弱地主或土地官僚的传统地方权威，而农业官僚社会在一定

---

① See Walter L. Dorn, *Competition for Empire, 1740–1763* (New York: Harper and Row, 1963; originally, 1940).

程度上依赖于他们对农民进行社会控制。

农业官僚制不能无限期地"忽视"与现代化世界接触所带来的特定危机，特别是财政和军事危机，但它们不能在不经历根本性结构变革的情况下进行适应。社会革命帮助某些国家实现了"必要"的变革，而在其他国家则通过改革或"自上而下的革命"避免了社会革命。相对停滞，伴随着次级融入国际权力领域，也是另一种可能性（例如，葡萄牙、西班牙）。社会革命从未被有意地"选择"。社会只是"陷入"社会革命。

所有农业官僚制的现代化进程中都有农民的不满，并不可避免地面临着来自国外现代化国家的挑战。因此，在某种程度上，社会革命的潜力已经内在于所有农业官僚制的现代化进程中。然而，只有少数几个国家屈服于社会革命。为什么？我相信，答案的一个重要部分在于"不是压迫，而是弱点导致革命"①。社会控制模式的崩溃才会导致和促使社会革命的发生。在法国、俄国和中国的历史案例中，社会革命的展开取决于行政和军事组织的无能为力所引发的革命危机。反过来，这种无能为力最好的解释，不是群众的不满和动员，而是来自国外更现代化国家对国家机构的压力，以及内在的结构性无能（三个案例中有两个属于此状况）无法调动更多资源以应对这些压力。法国、俄国和中国在所有农业官僚制国家中也有特殊性，因为它们的农业机构不仅提供了农民对地主和国家代理人的一般性不满，还为自治的集体起义提供了"结构空间"。最后，一旦在具有特别发生起义的农业官僚制中出现行政／军事崩溃，那么，只有在这种情况下，有组织的革命领导对社会发展产生巨大影响——尽管不一定是以他们最初设想的方式。

---

① Christopher Lasch, *The New Radicalism in America* (New York: Vintage Books, 1967), p. 141.

社会控制的崩溃：外部压力和行政/军事崩溃

如果历史社会革命的根本原因和关键触发因素是农业官僚制在现代化进程中出现的行政和军事能力丧失，那么为什么法国、俄国和中国会发生这种情况？那些屈服于社会革命的农业官僚制与那些能够通过上层改革应对现代化压力的机构有何不同？许多研究者将其归因于政府领导者的意愿或能力的差异。从社会学的角度来看，一个更令人满意的方法可能是，a. 关注农业官僚制在现代化进程中所面临的外部压力的规模，以及 b. 这些社会特定的结构特征，这些特征构成了对外部压力和内部动荡做出不同反应的领导者之间的相互作用。

农业官僚机构承受的压倒性外部压力甚至可能会打断一个总体上成功的"自上而下的"政府改革和工业化计划。俄国就是一个明显的例子。至少从 19 世纪 90 年代开始，沙皇政府就致力于快速工业化，最初是通过从农民那里榨取资源来进行政府资助，作为使俄国在军事上与西方国家竞争的唯一手段。亚历山大·格申克龙（Alexander Gerschenkron）认为，政府初期制定的促进重工业的计划在 19 世纪 90 年代取得了如此成功，以至于当政府在 1904 年之后被迫减少直接财政和行政角色时，俄国的工业部门仍然能够（在外国资本投资的帮助下）自主地实现进一步增长。[1] 在 1905 年革命失败之后，政府采取了决定性的措施来推动农业现代化，并使农民劳动力永久性地迁移到城市。[2] 如果俄国能够在第一次世界大战中坐视不管，它可能会重演德国在官僚指导下实现工业化的经历。

---

[1]　Alexander Gerschenkron, 'Problems and Patterns of Russian Economic Development', pp. 42–72 in Cyril E. Black, ed., *The Transformation of Russian Society* (Cambridge, Mass.: Harvard University Press, 1960).

[2]　Geroid Tanquary Robinson, *Rural Russia Under the Old Regime* (Berkeley and Los Angeles: University of California Press, 1969; originally published in 1932), Chap. 11.

但是，参与第一次世界大战迫使俄国全面动员它的人口，包括它不安分的农民。军官和士兵经历了多年的代价高昂的战斗，平民则面临着越来越严重的经济困境——这一切都是徒劳的。鉴于俄国的"工业落后……加上俄国在很大程度上被封锁"，另外，"俄国的军事机器在几乎所有方面都不如德国，除了数量上的优势……军事失败及其对国家内部状况带来不可避免的后果几乎已成定局。"[1] 其结果是行政部门士气低落、瘫痪，军队解体。城市叛乱先是让中产阶级温和派，然后是布尔什维克党上台，由于城市驻军新招募性质和厌战情绪，城市叛乱无法被镇压。[2] 农民的不满加剧，年轻的男性农民通过军事经历被政治化，因此从 1917 年春天开始的农民起义无法控制。

将 1917 年与 1905 年的革命进行比较是有启示性的。托洛茨基称 1905 年为 1917 年的"彩排"，事实上，在两场革命剧中，有许多相同的社会力量，具有相同的不满情绪和类似的政治纲领。导致 *1905 年革命失败的原因是沙皇政府最终能够依靠军队来镇压民众骚乱*。这里使用了巧妙的策略：政权争取时间来组织镇压，并通过 1905 年的十月宪法宣言（后来在很大程度上被撤销）提供及时的自由让步来确保军队的忠诚。然而，至关重要的是，与第一次世界大战的泥潭相比，毫无意义的 1904—1905 年日俄战争在地理空间上范围有限、地理位置边缘，对资源和人力的要求较少，并且一旦失败显而易见，战争就会迅速结束。[3] 和平条约在 1905 年末签署，使沙皇政府能自由地将军事增援从远东调回欧洲俄国。

1917 年俄国革命发生的原因是俄国与外国势力纠缠不清，无论

---

[1]　William Henry Chamberlin, *The Russian Revolution*, Volume I (New York: Grosset and Dunlap, 1963; originally published in 1935), pp. 64–65.

[2]　Katharine Chorley, *Armies and the Art of Revolution* (London: Faber and Faber, 1943), Chap. 6.

[3]　Chorley, *Armies and the Art of Revolution*, pp. 118–119.

是友邦还是敌对势力，其经济和军事实力都比俄国更强大。外国的纠缠不仅可以解释 1917 年的行政和军事无能，还可以解释俄国参与第一次世界大战。这种参与不能被视为"偶然"。它也不是"自愿的"，与参与 1904 年日俄战争的意义不同。[1] 无论涉及哪些领导层的"失误"，事实是，在 1914 年，俄国政权和经济都严重依赖西方的贷款和资本。此外，俄国是欧洲国家体系的一部分，无法在整个体系都已卷入的冲突中保持中立。[2]

1917 年俄国面临的外部压力和干涉不可避免，难以承受，这对于我们所考虑的早期农业官僚制现代化进程而言是一个极端案例。对于法国和中国来说，这种压力肯定不比日本、德国和俄国（1858—1914 年）等农业官僚制面临的压力更大，后者通过自上而下的改革成功地实现了资源的非凡动员，以促进经济和军事发展。为什么波旁王朝和清王朝无法适应？是否存在阻碍有效应对的结构性障碍？首先，让我讨论一下所有农业国家的普遍特征，然后指出波旁法国和清朝中国共同具有的一种特殊结构，我认为这解释了这些政权直到最后才触发了行政和军事崩溃，从而引发了革命危机。

韦伯的官僚理想类型可以被视为一种想象中的模型，它可能是有目的地组织社会权力的最有效方式。根据这种理想类型，完全发展的官僚制度是一个存在等级排列的官僚机构，官员们以一种纪律严明的方式面向上级权威，因为他们在工作、生计、地位和职业晋升方面都依赖于上级权威控制的资源和决策。但在前工业化国家

---

[1] 1904 年，"内政部长 von Plehve 认为，一场'小小的胜利之战'是摆脱国内［动荡局势］的理想出路"。(Chamberlin, op. cit., p. 47)。

[2] See Leon Trotsky, *The Russian Revolution* (selected and edited by F. W. Dupee) (New York: Anchor Books, 1959; originally published in 1932), Volume I, Chap. 2; and Roderick E. McGrew, 'Some Imperatives of Russian Foreign Policy', pp. 202–229 in Theofanis George Stavrou, ed., *Russia Under the Last Tsar* (Minneapolis: University of Minnesota Press, 1969).

中，君主们很难通过"中心"渠道控制足够资源，既要同时支付战争、文化和宫廷生活的费用，又要支付完全官僚化的官僚机构的费用。因此，他们通常只能从富裕背景中招募"官员"，实际上往往是地主。此外，中央政府的管辖很少直接触及地方的农民或社区；政府职能通常被委托给地主以他们的"私人"身份，或者委托给由地方地主经营的非官僚权威组织。

所有农业官僚政权内在的紧张关系在于，一方面，国家精英阶层有兴趣保护、利用和扩大军队和行政组织的权力，另一方面，上层地主阶级有兴趣捍卫基于当地和区域的社会网络、对农民的影响力以及与土地和农业剩余控制相关的权力和特权。一旦农业官僚制被迫适应国外的现代化，这种紧张关系很可能会加剧，因为外国的军事压力给国家精英阶层提供了理由，而外国的经济发展则提供了激励和模式，使他们试图进行与传统地主阶层阶级利益相悖的改革。然而，在半官僚化的农业国家中，对于如何迅速增加中央当局可支配资源的改革，存在重要的差异。是什么导致了这种反应的差异？

不是传统官僚的价值观或个人品质：日本的明治维新者以传统价值观和权威的名义采取行动，实施了彻底的结构性改革，为快速工业化和军事现代化铺平了道路。俄国沙皇政府的官僚机构以其低效和腐败而闻名，然而它在 1861 年和 1905 年实施了基本的农业改革，并管理了重工业化的初期阶段。

撇开价值取向和个体特征不谈，我们必须看阶级利益和国家官员的联系。*早期农业官僚制现代化进程的适应性在很大程度上取决于国家行政官僚机构的中上层人员在多大程度上由大地主担任。* 只有与传统的上层地主阶级有明显区别的国家机器才能进行现代化改革，而这样的改革几乎必然侵犯上层地主阶级的财产或特权。

因此，在对日本（1863 年）和土耳其（1919 年）的所谓"精英革命"进行分析时，埃伦·凯·特里姆伯格（Ellen Kay Trimberger）

认为，这些农业官僚制的传统领导层之所以能够如此有效地应对更现代化力量的侵入，仅仅是因为"日本和土耳其的统治精英是没有既得经济利益的政治官僚……"[①] 同样，沃尔特·M. 平特纳（Walter M. Pintner）根据他对"19 世纪早期俄国官僚制的社会特征"的仔细研究得出结论：

> 到 18 世纪末，中央机构的文职官僚，到 19 世纪 50 年代在省级也是如此，基本上是一个自我延续的群体。新成员来自在很大程度上与土地脱离关系的贵族，以及非贵族政府工作人员（军事、文职和教会）的儿子……重要的是，国家的文职行政部门，即使在高层，也是由那些致力于这一职业而没有其他重要收入来源的人员组成。文职行政部门的能力、效率和诚实无疑非常低下……然而，它应该是一个忠诚的政治工具，事实上，当沙皇决定解放农奴并将法律上属于贵族的土地分配给他们时，它证明了这一点。[②]

但是，在像波旁法国和晚清中国这样的地方性土地豪族集团嵌入名义上中央行政体系的情况下，国家精英控制税收资源流动和实施改革政策的能力无疑被削弱了。通过抵制在现代化危机中为军事或经济目的调动更多资源，这些土地豪族官员可能会造成行政／军事严重的混乱局面——引发潜在的政府权威的革命危机。

---

① Ellen Kay Trimberger, 'A Theory of Elite Revolutions', Studies in *Comparative International Development* 7(3) (Fall, 1972): 192.

② Walter M. Pintner, 'The Social Characteristics of the Early Nineteenth Century Russian Bureaucracy', *Slavic Review* 29(3) (September, 1970): 442–443. See also, Don Karl Rowney, 'Higher Civil Servants in the Russian Ministry of Internal Affairs: Some Demographic and Career Characteristics, 1905–1916', *Slavic Review* 31(1) (March, 1972): 101–110.

在整个 18 世纪，法国君主制面临着三个方面的困境。[①] 在欧洲国家体系内，法国的"两栖地理"迫使它同时与陆上大国奥地利和（中期以后）普鲁士以及海上大国（尤其是英国）展开竞争。英国不断加速的商业和工业发展使法国在贸易和海军实力上处于越来越大的劣势，而普鲁士官僚制度的非凡效率，使其能从相对贫困的人民和领土中获取资源，并以极高效率将其转化为军事目的，这种特殊能力往往能弥补法国在国家财富和领土规模上的优势。法国君主制还必须在国内的"第三战线"上进行斗争，即与特权阶层对税收制度合理化的抵制作斗争。

亚历克西·德·托克维尔敏锐地指出，国家权力的合理化和中央集权是法国大革命最致命的结果，但他肯定夸大了君主权威在大革命之前就已经表现出这些特质的程度。[②] 确实：

> 乍一看，法国作为欧洲大陆历史上的国家政治中心，呈现出一个清晰、统一和一致的政府结构。国王是唯一的立法者，行政等级的最高首领和所有司法的源泉……所有权力都是由王室委派，而其代理人，无论是部长、省级总督还是副代表，都是王室的代表……在司法方面，国务委员会作为国王的私人法庭，可以推翻所有普通法院的判决。君主的议会，中间和下级法院以国王的名义宣布正义，甚至领主、市政和教会法庭也受到他的控制……三级会议已经不存在了，剩下的几个省级会议也被削弱为纯粹的行政机构。[③]

---

① Dorn, *op. cit.*; and C. B. A. Behrens, *The Ancien Regime* (London: Harcourt, Brace, and World, 1967).

② Alexis de Tocqueville, *The Old Regime and the French Revolution* (New York: Anchor Books, 1955; originally published in French in 1856).

③ Dorn, *op. cit.*, p. 23.

这个系统在理论上是绝对君主的梦想。但在实践中呢？除了一般特点之外，法国行政体系在 18 世纪与普鲁士形成了鲜明的对比，后者更加分散、不那么统一，控制机制的效果也不那么好，尤其是没有一个贯穿整个行政层级的单一驱动目标。[①] 这个系统为地主（以及富人）提供了机构杠杆点，以阻碍国王的政策。

> 显然，第一和第二等级的相当一部分人仍然试图按照旧的封建结构生活，而这个结构在至少两个世纪前就失去了其功能上的正当性……剩下的人不难识别或描述。它的特点是由大地主组成，但不包括王国的王子，甚至不包括常驻凡尔赛的人。后者显然已经（即使不是必然地）与国王站在了一起。同样，许多较低级的贵族，不论是出于野心还是出于必要，都在军队或者偶尔在行政部门服役。然而，旧封建阶级的残余分子倾向于依靠自己在外省的财产生活，为地方官僚服务并破坏他们的官僚制度，在教会中寻求优待，并通过外省庄园和议会来表达和捍卫自己的利益。[②]

议会，或者主权法院，名义上是行政体系的一部分，但却是财产和特权最有力和最具战略意义的机构捍卫者。"法国君主从未纠正过它的致命错误，即在政治机器掌握之际出售司法职位。君主在面对他的法官时几乎完全无能为力，他不能解雇、调动或提拔他们。"[③]

---

① *Ibid.*, p. 30.
② Edward Whiting Fox, *History in Geographic Perspective: The Other France* (New York: W. W. Norton, 1971), p. 69.
③ Dorn, *op. cit.*, p. 26.

议会的长官在贵族血统的长短上有明显的差异，但几乎都是相当富有的人，"因为他们的财富不仅包括他们的职位，这些职位本身就代表了巨大的投资，还包括可观的证券、城市财产和乡村领地的积累。"[1] 作为关于领主权利争议的上诉法院，议会在捍卫贵族和市民的这种"奇特形式的财产"方面发挥了至关重要的作用。[2] "事实上，如果没有议会的法律支持，整个领主权利体系可能已经崩溃，因为王室官员对维护这样一种制度毫无兴趣：将应纳税人的收入转移到那些不能纳税人的手中。"[3]

毫不奇怪，考虑到他们的财产利益和与非议员财产家族的广泛联系，议会成员热衷于捍卫上层阶级的权利和特权。"议员通过他们的抗议和积极参与幸存的省级议会，继续支持……反对无差别征税、侵犯领主自治权以及对地方特权堡垒的攻击。"[4] 通过顽固地捍卫对法国国家在现代化世界中日益不足的税收和财产制度，议会在整个 18 世纪一再阻止改革的尝试。[5] 最后，在 1787—1788 年，他们通过号召支持现在不可或缺的行政财政改革，并发出召集等级会议的呼吁，"打开了革命的大门"。

法国在 18 世纪的每一次欧洲大战中都在海上和陆地上进行战

---

[1] Franklin L. Ford, *Robe and Sword* (New York: Harper and Row, 1965; originally published in 1953), p. 248.

[2] Alfred Cobban, *The Social Interpretation of the French Revolution* (Cambridge: Cambridge University Press, 1968), Chaps. 4 and 5. 越来越多的历史学家一致认为，在旧制度末期，"在大部分贵族和中产阶级的专有部门之间，投资形式和社会经济价值观具有连续性，这使得他们在经济上成为一个单一群体。在生产关系中，他们扮演着共同的角色。他们之间的区别在任何意义上都不是经济上的，而是司法上的"。From George Taylor, 'Noncapitalist Wealth and the Origins of the French Revolution', *American Historical Review* 72(2) (January, 1967): 487–488. 相似的观点，参见 J. McManners, 'France', pp. 22–42 in Albert Goodwin, ed., *The European Nobility in the Eighteenth Century* (New York: Harper and Row, 1967; originally published in 1953); and Behrens, *op. cit.*, pp. 46–84。

[3] Alfred Cobban, *A History of Modern France*, Volume I: 1715–1799 (Baltimore, Md.: Penguin Books, 1963; originally published in 1957), p. 155.

[4] Ford, *op. cit.*, p. 248.

[5] Cobban, *A History*, p. 68.

斗：奥地利王位继承战争、七年战争和美国独立战争。在每一次冲突中，它的资源都被极度消耗，重要的殖民贸易也受到了干扰，然而在美洲和印度并没有取得任何收益，反而遭受了损失。[1] 美国独立战争被证明是压垮法国的最后一根稻草。"美国独立的代价是法国大革命"：[2] 王室财政官员最终耗尽了向金融家筹集贷款的能力，被迫（再次）提出税制改革的建议。随后，议会一如既往地进行了抵抗，卡隆尼（Calonne）为了规避议会而采取的权宜之计——在 1787 年召开贵族会议——只是为特权阶层提供了另一个表达抵抗的平台。布里恩（Brienne）在 1787—1788 年试图推翻议会的最后一搏，在上层阶级的一致反抗、民众示威和军官们不愿意直接武力镇压民众抵抗的面前土崩瓦解。[3]

军队的犹豫在将财政危机和政治动荡转化为普遍的行政和军事崩溃方面尤为关键。军官来自各种特权社会背景——富有的贵族、富有的非贵族和贫穷的乡村贵族——他们对其他军官，尤其是对王室有着各种长期的不满，王室永远无法满足所有人的要求。[4] 但是对他们行为决定性的解释可能在于，他们几乎都是特权阶层，无论是社会上还是经济上，在 1787—1788 年期间他们与议会产生了共鸣。在凯瑟琳·乔利（Katharine Chorley）的《军队与革命艺术》中，她通过比较历史研究得出结论，在前工业社会中，军官们通常会认同并保护他们所属特权阶层的利益。在革命开始阶段，直到国王屈服并同意召开三级会议之后，法国大革命将所有阶层组织起来，由特权阶层领导，对抗国王。在此期间，军官不愿镇压民众扰乱，造成了政府权威和效力的普遍危机，进而引发了贵族和非贵族、富人和穷人之间的社

① Dorn, *op. cit.*

② Cobban, *A History*, p. 122.

③ Jean Egret, *La Pré-Revolution Française, 1787–1788* (Paris: Presses Universitaires de France, 1962).

④ Chorley, *op. cit.*, pp. 138–139.

会分裂，这使得旧制度后来无法采取简单的镇压手段。

由于法国士兵通常与平民人口没有隔离，军官在大革命初期的不服从更容易转化为 1789 年及以后普通士兵的不服从。士兵与平民一起居住，来自农村地区的士兵在夏季被遣散回家帮助收割。因此，在 1789 年，法国卫队（其中许多人娶了巴黎工人阶级妇女）在 7 月被巴黎革命所吸引，农民士兵在夏天传播城市的消息，在秋天回到部队时带回了关于农民起义的生动故事。[①]

与波旁王朝一样，清王朝也无法调动足够的资源来应对卷入现代世界所带来的挑战。"问题不仅仅是中国经济整体资源的不足。在很大程度上，清王朝陷入财政困境是由于……无法支配帝国的财政能力。"[②] 这种无能的部分解释在于中国与其他农业国家共同的特点：低层和中层官员是从地主阶级中招募的，薪水不足，允许一定程度的"正常"腐败，截留上级部门的税收收入。[③] 然而，如果清王朝在其权力巅峰时期（比如 18 世纪初）而不是其衰退时期遭遇到现代化的挑战，它可能会控制或能够动员足够的资源来资助现代工业并装备一个中央控制的现代军队。在这种情况下，官员将不会被允许在他们的家乡任职，因此地方和地区的乡绅集团将缺乏反对中央举措的制度支持。但事实上，清王朝在 19 世纪中期发生了一系列大规模农民起义之后，就开始被迫应对一波又一波的帝国主义入侵，这些入侵是由渴望进入中国市场和财政的外国工业化国家策划。清王朝无法独自平定太平天国起义，这项任务转而由地方乡绅领导的自卫组织和由能够获得乡村资源和新兵招募、相互关联、复杂交错的

---

① *Ibid.*, p. 141.

② Albert Feuerwerker, *China's Early Industrialization* (New York: Atheneum, 1970; originally published in 1958), p. 41.

③ Chung-li Chang, *The Chinese Gentry* (Seattle: University of Washington Press, 1955); Ping-ti Ho, *The Ladder of Success in Imperial China* (New York: Columbia University Press, 1962); and Franz Michael, 'State and Society in Nineteenth Century China', *World Politics* 7 (April, 1955): 419–433.

乡绅领导的地方军来承担。由于乡绅在平定叛乱中的角色，原本归中央政府或其官僚代理人的政府权力，包括关键的征收和分配各种税收的权力，下放到了地方、乡绅主导的地区政府协会，以及日益与乡绅结盟以对抗中央政府的省级军队和官员。[1]

无法从地方和地区当局强行获取资源，清政府只能简单地偿还外债，而 1895 年之后甚至这也变得不可能。

> 从 1874 年到 1894 年的整个时期，清政府的财政部一直在努力筹集资金以应对持续的一系列危机，但基本上不成功——与俄国关于伊犁的争端、中法战争、洪水和饥荒、甲午战争。……1895 年之后，赔款支付、外债偿还和军事开支的三重压力彻底破坏了清政府此前的 [依靠外债维持] 收支平衡。[2]

1900 年的义和团运动和随后的外国军事干预，进一步加剧了已经绝望的局势。

清王朝试图通过 1900 年后实施的一系列"改革"来解决问题——废除科举制度并鼓励现代学校、[3] 组建所谓的"新军"（实际上是围绕旧省级军队的核心形成的）、[4] 将地方政府职能转移到省级

---

[1]　Philip Kuhn, *Rebellion and Its Enemies in Late Imperial China* (Cambridge, Mass.: Harvard University Press, 1970).

[2]　Feuerwerker, *op. cit.*, pp. 40–41.

[3]　Mary C. Wright, ed., *China in Revolution: The First Phase, 1900–1913* (New Haven: Yale University Press, 1968), pp. 24–26.

[4]　Yoshiro Hatano, 'The New Armies', pp. 365–382 in Wright, ed., *op. cit.*; and John Gittings, 'The Chinese Army', pp. 187–224 in Jack Gray, ed., *Modern China's Search for a Political Form* (London: Oxford University Press, 1969).

机构，[1] 并创建一系列地方和省级乡绅主导的代议机构 [2]——只是加剧了糟糕的局势，一直到 1911 年的崩溃点。"改革摧毁了改革政府"[3]。每一次改革，王朝精英都试图创建权力来制衡既得利益集团的阻力，但职能却一再被吸收到既有的地方和（尤其是）地区乡绅集团中。[4] 具有讽刺意味的是，最后一系列的改革，即创建代议机构的改革，为地主集团提供了合法的代表机构，从而发起了反对清王朝的自由、分权的"立宪运动"。

最终引发辛亥革命的是中央政府的最后一次改革尝试，这次改革直接威胁到士绅权贵集团的经济利益，目的是加强中央政府的财政和对国家经济发展的控制：

> 引发辛亥革命的具体事件是中央政府决定收购四川的一条铁路，而当地士绅权贵在其中投资巨大。……由保路同志会的温和立宪派领导的四川起义引发了广泛的骚乱，这些骚乱往往与铁路问题无关。[5]

与孙中山的同盟会有关的革命团体，主要由受过西方教育的学生和中级新军军官组成，加入了战斗，发动了一系列军事起义。

> 各省纷纷宣布独立，领导权被两个主要群体夺取：指挥新军的总督和省级议会的绅-官-商领导人。这些人物比

---

[1] John Fincher, 'Political Provincialism and the National Revolution', in Wright, ed., *op. cit.*, p. 202.

[2] Fincher, *op. cit.*; and P'eng-yuan Chang, 'The Constitutionalists', in Wright, ed., *op. cit.*

[3] Wright, ed., *op. cit.*, p. 50.

[4] Fincher, *op. cit.*

[5] Wright, ed., *loc. cit.*

同盟会的年轻革命党人更有权力，更保守。[1]

　　1911 年的辛亥革命无可挽回地摧毁了文官精英关系的纽带——传统上，这种纽带是通过儒家教育机构的运作和中央官僚机构招募和部署受过教育的官员的政策来维持的，目的是在牺牲地方忠诚的基础上，加强"世界主义"导向——这种纽带直到目前至少为中国提供了统一治理的表面。士绅利益集团依附于地区军事机器，导致了"军阀"之间的征伐，这种精英内部的不团结和竞争（蒋介石政权在 1927 年至 1937 年间只是不太完美地短暂克服了这种局面）使中国陷入了无休止的动荡，并为下层民众，特别是农民的革命提供了机会。

[1]　John King Fairbank, *The United States and China* (third edition) (Cambridge, Mass.: Harvard University Press, 1971), p. 132.

第七章　量化史学

"量化史学"一词涵盖了一系列的方法和理论基础，它们的共同点是依赖数字数据。几乎所有的历史写作都涉及量化，无论是隐含的还是明确的。我们可以制作关于 16 世纪意大利商人的女儿识字率的统计数据，或者参考国民生产总值对加拿大经济进行建模。我们可以根据个人进入议会的年龄或家庭规模来比较过去的个人。或者我们可以借用罗德里克·弗劳德（Roderick Floud）的例子说，"中产阶级支持政府"，这是一个表面上定性的陈述，其真实性只能通过定量手段来证明。[①]

量化史学的某些分支并不是新现象。例如，托马斯·马尔萨斯（Thomas Malthus）在 1798 年就撰写了关于人口历史的论文，而经济史从 19 世纪中叶才开始变得重要起来（部分是由于马克思的影响），并在第二次世界大战后蓬勃发展。与此同时，社会历史学家越来越希望研究过去的大众而不是一些有详细记录的个人。为了做到这一点，我们通常需要使用量化方法，从而将大量数据减少到可管理的范围。此外，研究许多人的经验可以弥补有关个人信息的匮乏。历史学家还将这种可能性应用于对过去的少数族裔或被压迫群体的研究，这些群体的具体历史数据同样稀缺。历史研究广度的扩大，再加上过去几十年计算机技术的进步，促进了越来越复杂的数量分析

---

① Roderick Floud, *An Introduction to Quantitative Methods for Historians* (2nd edn, London, 1979), pp. 1–2.

方法的发展。与此同时，新的方法又使我们能够研究一系列新颖的历史问题。

虽然定量方法经常用于微观研究，时间、地点甚至问题都被严格界定，但肯尼斯·洛克里奇（Kenneth Lockridge）描述了他如何通过对一个小镇的出生、死亡和婚姻记录的研究，思考"大问题"，即隐含的理论问题。他分析了美国殖民时期一个小镇的家庭人口行为，并意识到它们与17、18世纪法国博韦（Beauvais）地区的状况非常相似。这使他提出了一个问题："美国环境为什么在150年内没有立即将这些欧洲人转变为'新人'，无论是在人口还是社会方面？"[①]最近，这种方法被描述为"自然实验"，其中进行了类似的比较，最初是相似的社会，但有不同的外部"扰动"（由外部影响引起的偏差），或最初是不同的社会但有相似的扰动。定量分析可以帮助解释这些影响，例如在不同岛屿之间随时间推移砍伐森林带来的影响（及其经济和文化后果）。[②] 量化史学所能提供的比较范围为历史学家提供了巨大的空间，可以提出、理论化和回答传统叙述历史无法解决的问题。

所谓"新经济史"（或计量经济学或计量史学）从20世纪50年代末开始蓬勃发展。根据兰斯·戴维斯（Lance Davis）的说法，这种"新"历史有四个特点。它试图"明确陈述需要研究的问题，并对相关变量进行操作定义"；"建立与问题相关的明确模型"；"提供实际存在于世界的证据"；"根据证据和反事实推理对模型进行测试"。[③]虽然历史学家通常致力于准确和明确地表述问题，但在收集数据之

[①]　Kenneth Lockridge, 'Historical Demography', in Charles F. Delzell (ed.), *The Future of History* (Nashville, 1977), p. 55.

[②]　更多的案例，参见 Jared Diamond and James A. Robinson (eds), *Natural Experiments of History* (Cambridge, Mass., 2010). 此书已经有中译本，请读者自行查阅——译者注。

[③]　Lance Davis, 'The New Economic History: II. Professor Fogel and the New Economic History', *Economic History Review* 19 (1966), p. 657.

前建立模型对于习惯于归纳法的历史学家来说是不可接受的。关于哪种数据最适合建模也存在争议。乍一看，复杂的统计模型似乎不适合与贫乏的经济数据一起使用。然而，罗伯特·恩格尔曼（Robert Fogel）认为，实际情况恰恰相反，历史学家可以通过使用高效和强大的统计方法来弥补材料稀缺的问题，而如果数据足够丰富，类似复杂的程序反而不必要了。[1] 利用不同变量的经济模型可以产生相同的结果，从而弥补数据的不一致性。因此，数学建模过程比传统经济史研究更具有广泛的调查范围。

关于定量模型的使用曾有一场旷日持久的辩论，涉及奴隶制及其对奴隶本身以及非洲和美国经济的影响。福格尔和斯坦利·恩格尔曼（Stanley Engerman）的《苦难的时代》（1974）在某种程度上具有争议性，部分原因在于他们认为奴隶制是有利可图的，并对经济增长做出了贡献，部分原因在于他们试图量化奴隶的生活条件，包括残酷程度。批评家仔细审查了他们的资料、方法和结果，但对历史学来说，更重要的学术价值在于对黑人文化研究的推动，以及最近的研究趋势，比如对全球奴隶制研究的推动。[2]

与历史经济建模相比，使用反事实构建更具争议性。新经济历史学家将真实情况与不存在特定情况下的预测情况（反事实情况）进行比较。最著名的例子是福格尔对 19 世纪末的美国进行建模，假设没有铁路存在。福格尔旨在测试传统前提，即铁路运输的引入对 19 世纪下半叶美国经济的繁荣至关重要。通过对农业运输经济进行

---

[1]　R.W. Fogel, 'The New Economic History: I. Its Findings and Method', *Economic History Review* 19 (1966), pp. 652–653.

[2]　Robert William Fogel and Stanley L. Engerman, *Time on the Cross: The Economics of American Negro Slavery* (Boston, 1974); Paul A. David et al., *Reckoning with Slavery: A Critical Study in the Quantitative History of American Negro Slavery* (New York, 1976); Demetrius L. Eudell, 'Black Culture in the Eighteenth and Nineteenth Centuries', in Karen Halttunen (ed.), *A Companion to American Cultural History* (Oxford, 2008), pp. 95–109; Gad Heumann and Trevor Burnard (eds), *The Routledge History of Slavery* (Abingdon, 2011).

建模，他计算出 1890 年反事实情况下只有船和马车运输可用的国民生产总值（GNP）。然后，他将这个数字与 1890 年的真实国民生产总值进行比较，并估计 1890 年铁路对农业的社会效益为国民生产总值的 3.1% 或更少（这个数字因若干假设而异，例如对运河网络扩展的假设）。[1] 因此，他得出结论，铁路运输几乎不能被称为美国经济增长的关键因素。

从更一般的角度来看，福格尔认为许多"旧"经济史使用了反事实解释。任何类似"奴隶制阻碍了南方的发展"的陈述都隐含地将现实世界与想象中的世界进行比较：新经济历史学家的工作是使这些比较变得明确化并对其进行测试。[2] 尽管福格尔的整体逻辑受到赞赏，但他的工作在两个方面受到了批评。首先，爱德华·亨特（Edward Hunt）认为，福格尔在分析中没有考虑到重要的变量，例如"铁路经验和示范在发展新的公司组织形式和鼓励金融企业创新方面的作用"。然而，对于方法本身来说更重要的是，有人指责说，从经济现象中去除一个变量而不影响其他变量是不可能的，而且如此众多的变化过于复杂，无法进行量化。[3]

生成具有解释和预测能力的经济模型的整个思想（在反事实情况下）基于两个假设：人类以经济理性的方式行事，且没有外生变量，例如导致 1315 年至 1317 年欧洲饥荒的气象灾难。卡洛·奇波拉（Carlo Cipolla）认为，尽管经济学家可以忽略经济的非理性和外生性，但经济历史学家不能。实际上，他们必须考虑比经济学家更多的历史变量，以至于每个历史情况都是独特的。因此，经济模型

---

[1] Fogel, 'New Economic History', pp. 650–655.

[2] Fogel, 'New Economic History', p. 655.

[3] E.H. Hunt, 'The New Economic History: Professor Fogel's Study of American Railways', *History* 53 (1968), pp. 6, 10–15. See Hawke's commentary on Hunt's critique in the same volume. For a more detailed discussion of counterfactual history, see Martin Bunzl, 'Counterfactual History: A User's Guide', *American Historical Review* 109 (2004), pp. 854–8, and Richard J. Evans, *Altered Pasts: Counterfactuals in History* (London, 2014).

对历史的服务并不好。[1] 相反，弗劳德认为，任何解释模型只能考虑有限数量的变量；当然，没有历史学家能够考虑所有可能的解释因素。实际上，所有历史学家都会选择看起来与研究问题最相关的证据。虽然经济历史学家选择的证据往往是由模型事先确定的，这个过程令许多批评家无法接受，但模型的有效性可以通过统计方法进行测试，并且可以测量其预测能力的强度。[2] 然而，隐含的假设是，在历史解释中的文化因素不如经济因素重要。彼得·特明（Peter Temin），他本人是一位新经济历史学家，认为"新经济史在方法论上的严谨性需要与旧经济史特有的多样行为模式的思考意愿相结合"。[3]

比起新经济史，使用数据生产历史系列，也就是系列史／序列史（serial history），在方法上争议较少。[4] 历史学家需要找到或构建能够在长时间内进行比较的同质数据单位。因此，过去 4 个世纪西欧识字率逐渐增加等长期变化变得可见且可量化。同样，系列分析显示出短期波动，比如小麦价格的变动，可能是由于饥荒或气候灾害。最早构建的一些系列数据与工资和物价有关，[5] 但从 20 世纪 60 年代开始，尤其是法国年鉴学派历史学家使用系列史来揭示文化、经济和人口现象。例如，米歇尔·沃维尔（Michel Vovelle）通过研究 18 世纪普罗旺斯的遗嘱内容以及研究 15 至 20 世纪普罗旺斯教堂中有关炼狱的呈现方式，调查了对死亡态度的变化。[6] 系列史可以用

---

[1] Carlo M. Cipolla, *Between History and Economics: An Introduction to Economic History*, trans. Christopher Woodall (Oxford, [1988] 1991), pp. 9–10.

[2] Roderick Floud (ed.), *Essays in Quantitative Economic History* (Oxford, 1974), pp. 2–4.

[3] Peter Temin, 'The Future of the New Economic History', in Theodore K. Rabb and Robert I. Rotberg (eds), T*he New History: The 1980s and Beyond* (Princeton, 1982), p. 179.

[4] 详细的讨论，参见 François Furet, 'Quantitative History', *Daedalus* 100 (1971), pp. 151–167。

[5] For example, William Beveridge, *Prices and Wages in England, From the Twelfth to the Nineteenth Century* (London, 1939), vol. 1.

[6] Michel Vovelle, *Ideologies and Mentalities*, trans. Eamon O'Flaherty (Cambridge, [1982] 1990), p. 73.

来解决各种各样的历史问题，并产生了一种巧妙的使用史料的方法。此外，弗朗索瓦·孚雷（François Furet）认为，这种方法的一个附带好处是历史学家必须变得具有历史学的自我意识，关注我们如何构建数据和研究对象。[1]

制作系列数据的一个困难在于确保比较单位的一致性。例如，在使用人口普查数据时，我们可能会发现尽管标签相同，但特定职业群体的工作随时间变化。在一个相关的例子中，我们可以使用显示中世纪庄园法庭案件类型逐年变化的系列数据。构建系列很简单，但解释其含义更加困难。例如，木材盗窃比例的增加可能反映了贫困水平的增加、可用林地面积的减少、特定法警对林地法规的更有效执法、对犯罪的新态度，或者仅仅是该法庭处理的业务类型的变化。在这里，我们再次看到量化可以增加历史学家可用的数据量，但不能替代深思熟虑的解释实践。

一个简单但经常重申的警告是过度简化的风险。以下引用的马克·吐温（Mark Twain）名言说明了这一点：

> 176 年前，从开罗到新奥尔良之间的密西西比河长达 1200 英里 15 英尺。在 1722 年改道之后，变成了 1180 英里……现在，它的长度只有 973 英里……在 176 年的时间里，密西西比河下游缩短了 242 英里。平均每年缩短一英里又三分之一。因此，任何一个心平气和的人，只要不是瞎子或白痴，都能看出，在旧鲕粒灰岩-志留纪时期，也就是截止下个 11 月正好 100 万年前，密西西比河下游的长度超过了 130 万英里，像一根伸出墨西哥湾的钓竿。[2]

---

① Furet, 'Quantitative History', p. 155.

② Mark Twain, *Life on the Mississippi* (Oxford, [1883] 1990), pp. 128–129.

尽管这段文字显然是一个笑话，但马克·吐温仍然指出了在使用模型和从数据推断时必须小心。从结果中退后一步，运用一些常识是非常有价值的。

历史人口学部分基于序列分析（serial analysis），是研究过去人口的学科。历史学家重建了生命周期事件的比率，如生育、婚姻和死亡等，从中可以研究诸如家庭和家庭结构、迁移、社会结构和性别角色等主题。这些模式可以与经济数据（如价格和工资系列）一起考虑，极大地拓宽了我们的历史视角。这些技术使我们能够触及比大多数历史文献分析更多的历史社会：这在前工业社会尤其如此。约翰·托什（John Tosh）提出，由于前工业社会的成员生活在比我们更接近生存边缘的地方，人口统计模式本身至关重要，事实上，"人口统计决定了社会和经济生活。"[1]

历史人口学基本上基于两种类型资料和两种分析技术。第一类资料包括特定时间存在的人员名单，并且可能包括有关他们生活的其他信息，如年龄、性别、职业、婚姻状况和收入。人口普查表和税收清单属于这一类别。第二组主要是教区登记册，提供了个人的洗礼、婚姻和葬礼的日期以及地点。[2]

理论上，如果这些文件在内容上准确一致，就人口普查材料而言，在长时段内频繁且规律地存在，在空间上涵盖国内和国际，人口历史学家可以计算出过去任何特定时间和地点的出生、结婚和死亡总数。从这里，可以产生每千人口的生育率、婚姻率和死亡率，并解释这些频率的变化，这个过程被称为聚合分析（aggregative analysis）。虽然现代人口普查最早于 18 世纪中叶在斯堪的纳维亚半

---

[1] John Tosh, *The Pursuit of History: Aims, Methods and New Directions in the Study of Modern History* (2nd edn, London, 1991), p. 188. 请注意，也许由于文化史学家引入的广度，托什著作的第六版省略了这一观点。

[2] J. Dennis Willigan and Katherine A. Lynch, *Sources and Methods of Historical Demography* (New York, 1982), chs 3 and 4.

岛使用，但人口普查材料通常在 19 世纪之前并不存在，而欧洲教区登记册虽然可以追溯到 16 世纪，但由于记录的不确定性和时间序列的间隔，它们并不能转化为完整的"重要事件"记录。[1] 此外，这些简单的总数并不能提供关于家庭结构的详细信息。

克服这个问题的一种方法是规范分析（nominative analysis），其中在登记册中通过姓名确定个人重要事件的日期，在理想情况下，还能确定亲属关系。与他们有关的其他来源材料，如人口普查、遗嘱、土地交易等，都与他们的姓名相关联。一旦研究人员费力地绘制了这些简略的传记，通常借助计算机辅助，他可以重建一个家族连续几代人的信息，这种技术被称为家族重建。[2] 这种方法可以获取关于社会中年龄、亲属关系、继承和流动模式的大量信息，以及这些模式发生变化的方式。然而，除了追踪个人信息的难度和资料的不规则之外，这种方法的缺点在于，这样的工作需要消耗大量时间，即使是少数几个家庭也是如此。

因此，学者们发展了一种弥补人口普查记录中存在间隙的方法，称为反投影（back projection），后来又被改进为逆投影（inverse projection）。即从已知统计数据向不确定的过去回溯，由此得到人口规模和结构的定量指标。[3] 这些技术的联合使用可以向我们展示过去的人口统计细节，并帮助我们解释这些信息。

虽然概述历史人口学家得出的结论需要更多的篇幅，但这种方法存在的局限性值得讨论。其中最紧迫的问题之一是，从统计数据中产生意义的困难，类似于从硬数据中产生软数据的困难，正如彼

[1]　Willigan and Lynch, *Sources and Methods of Historical Demography*, chs 3 and 4.

[2]　E.A. Wrigley, 'The Prospects for Population History', in Rabb and Rotberg, *The New History*, pp. 211–213.

[3]　Wrigley, 'Prospects for Population History', pp. 213–216. 有关该方法的详细讨论，参见 E.A. Wrigley and R.S. Schofield, *The Population History of England 1541–1871: A Reconstruction* (Cambridge, Mass., 1981), App. 15。

得·伯克所说的那样，这适用于大多数量化历史研究。[1] 在人口统计方面，迈克尔·安德森（Michael Anderson）提醒我们，统计数据中缺乏关于态度的证据。例如，配偶之间的年龄差是否意味着伴侣婚姻（companionate marriage）？同住的祖母应该被视为"受尊敬和有权势的女家长"，被期待去世的累赘，还是"老朋友"？[2]

尽管人口统计方法存在各种问题，但托尼·里格利（Tony Wrigley）提出，如果我们能够发展"将人口特征与其社会经济背景联系起来，并公正地对待两者之间的相互作用"的"组织概念，我们几乎可以无限地扩展'有前途的主题清单'"。[3] 这种工作的一个早期例子是彼得·拉斯莱特（Peter Laslett）的《我们失去的世界》，这是一部或许有缺陷但影响巨大的研究作品，利用人口统计和经济数据来研究社会结构以及社会和政治变革的书籍。另一本非常不同但同样具有开创性的专著是皮埃尔·古贝尔（Pierre Goubert）关于博韦的研究，涵盖了社会和经济生活的多个方面。[4] 从结构主义的角度来看，人口统计学也与主要是农业社会的社会结构和政治稳定联系在一起，以考虑中长期循环。[5] 将个体置于社会和文化背景中考察可以帮助解决定性和定量之间的紧张关系，这仍然困扰着历史学家，并将人口统计学家与对人类学方法感兴趣的人联系起来。[6]

---

[1] Peter Burke, *History and Social Theory* (2nd edn, Cambridge, 2005), p. 37.

[2] Michael Anderson, *Approaches to the History of the Western Family 1500–1914* (London, 1980), pp. 33–38.

[3] Wrigley, 'Prospects for Population History', pp. 207, 224. See his list of suggested research areas on p. 224.

[4] Peter Laslett, *The World We Have Lost* (London, 1965). 拉斯莱特的研究可能受到了现代化理论的影响：W.W. Rostow, *Politics and the Stages of Growth* (London, 1971), and S.N. Eisenstadt, *Modernization: Protest and Change* (London, 1966). For a discussion of Goubert, see Robert Harding, 'Pierre Goubert's Beauvais et le Beauvaisis: An Historian "parmi les hommes"', *History and Theory* 22 (1983), pp. 178–198。

[5] Peter Turchin and Sergey A. Nefedov, *Secular Cycles* (Princeton, 2009).

[6] A.W. Carus and Sheilagh Ogilvie, 'Turning Qualitative into Quantitative Evidence: A Well-Used Method Made Explicit', *Economic History Review* 62 (2009), pp. 893–925.

另一个强大的工具是内容分析（content analysis）的发展。在这里，人们对一个表面上定性的文件（如报纸或选举演讲）进行编码，以便进行定量分析。这种技术可以产生令人惊讶的结论：定量分析可能指出在更主观的结构化阅读中被忽视或视为理所当然的事项的重要性。

例如，理查德·梅里特（Richard Merritt）通过对 18 世纪报纸内容进行分析，研究了美国自我意识的发展。他认为，"殖民地居民停止将自己视为英国人，而更多地开始将自己视为美国人的时刻在美国民族主义崛起过程中具有重要意义"。为了确定这一时刻，梅里特分析了诸如词语或符号、言语使用的规律和形象等变量。然而，他指出，内容分析必须仔细选择研究变量，因为研究的前提假设是作家或演讲者使用的词语反映了该人的态度。[①] 需要再次强调的是，这种定量技术，其使用需要敏感度，但相对于更传统的历史技术可以极大地增加知识的获取。

在处理定量项目中的大量材料时使用计算机是理所当然的事情。它们非常适合经济历史学家使用的复杂模型，并且历史数据库的使用对于社会和人口历史学家来说是必不可少的，以管理数字和文本数据。软件程序（例如 NVivo 和 ATLAS.ti）也面向对文本数据进行定量和定性分析，包括口述历史访谈。[②] 除了建模和处理外，软件还允许对结果进行静态和交互式图形表示，使历史更易于理解。[③] 随着处理能力的增加，历史学家正在国内外合作创建大型数据集，

---

① Richard L. Merritt, *Symbols of American Community, 1735–1775* (New Haven, 1966); Merritt, 'The Emergence of American Nationalism: A Quantitative Approach', in Seymour Martin Lipset and Richard Hofstadter (eds), *Sociology and History: Methods* (New York, 1968), pp. 138–158.

② See www.atlasti.com, www.qsrinternational.com, and www.surrey.ac.uk/sociology/research/researchcentres/caqdas/.

③ 精彩的交互图像，参见 Hans Rosling 在 YouTube 呈现的过去 200 年的健康史：www.youtube.com/watch?v=jbkSRLYSojo, accessed 28 April, 2015.

这些全球历史数据资源通常被称为大数据，经常由大学、政府机构或世界银行等组织赞助。[1] 除了嵌入在印刷出版物中的分析外，大型数据集也以数字化形式发布，使研究人员可以检查结果或使用数据来研究自己的问题。[2] 同时，历史学家正在考虑数字化时代对历史研究和写作的理论和方法论影响。[3]

总的来说，历史中的定量方法鼓励我们扩大历史来源和主题的范围；使得我们能够更准确地比较不同社会在不同时期的情况；并且让我们专注于具体的历史问题，以及作为历史学家如何构建研究材料。我们已经看到这些技术可能会引起争议，资料可能不如我们曾经希望的那样准确，对数据的解释也没有最初量化时看起来的那么直接。尽管一些批评者声称，经济建模和人口重建等技术的使用将人民排除在历史之外，实际上这些方法极大增加了我们对过去参与者的了解。

作为剑桥人口和社会结构研究小组的成员，理查德·沃尔（Richard Wall）是其中一名历史人口学家，他对传统观点提出了质疑：中世纪为典型的大家庭，西方家庭结构随着时间的推移变得更加核心化。因此，沃尔的许多工作涉及现代世界的家庭结构问题。下面的摘录展示了人口历史的最佳实践。沃尔不仅提供了关于英国家庭及其组成变化的有价值的统计数据，而且他对自己的解读持批判态度。因此，他展现了历史人口学的可能性和局限性。

文章中的表 16.2 显示了英国家庭结构随时间变化的情况。沃尔从这个表中识别出了哪些重要趋势？当他指出，对工人阶级家庭中亲属群体角色的研究，可能"过度影响了人们对'传统'英国家庭

---

① 关于合作项目所面临问题的讨论，参见 Patrick Manning, *Big Data in History* (Basingstoke, 2013). 参考资料中包括一些此类组织的网址。

② James F.Searing, 'Review of David Eltis et al. *The Trans-Atlantic Slave Trade: A Database on CD-ROM*', *American Historical Review* 106 (2001), pp. 923–924.

③ Toni Weller (ed.), *History in the Digital Age* (London, 2013).

中亲属群体的规模和性质的期望"时，究竟是什么意思？沃尔对 18
世纪晚期以来英国家庭中仆人数量下降的原因提出了解释。他的解
释是什么，为什么他认为自己的解释可能不充分？总的来说，这篇
文章对人口统计史和数据解读方面有何启示？

进一步阅读

Anderson, Michael, *Approaches to the History of the Western Family 1500–1914* (London, 1980).

Cipolla, Carlo M., *Between History and Economics: An Introduction to Economic History*, trans. Christopher Woodall (Oxford, [1988] 1991).

Frederick Cooper, *On the African Waterfront: Urban Disorder and the Transformation of Work in Colonial Mombasa* (New Haven, 1987).

Furet, François and Jacques Ozouf, *Reading and Writing: Literacy in France from Calvin to Jules Ferry*, Cambridge Studies in Oral and Literate Culture 5 (Cambridge, [1977] 1982).

Herlihy, David and Christiane Klapisch-Zuber, *Tuscans and Their Families: A Study of the Florentine Catasto of 1427* (New Haven, [1978] 1985).

Hudson, Pat, *History by Numbers: An Introduction to Quantitative Approaches* (London: Arnold, 2000).

Laslett, Peter, *The World We Have Lost: Further Explored* (3rd edn, Cambridge, [1965] 1983).

Lyons, John S., Louis P. Cain, and Samuel H. Williamson (eds), *Reflections on the Cliometrics Revolution: Conversations with Economic Historians* (Abingdon, 2007).

Rabb, Theodore K. and Robert I. Rotberg (eds), *The New History: The 1980s and Beyond* (Princeton, 1982).

Wrigley, E.A., and R.S. Schofield, *The Population History of England 1541–1871: A Reconstruction* (Cambridge, Mass., 1981).

期　刊

Economic History Review
Historical Methods
Journal of Economic History
Population Studies

家庭：1650 年至 1970 年英格兰的人口和经济变化

理查德·沃尔

关于前工业时代英国家庭的基本结构现在已经广为人知。家庭规模较小。大多数家庭成员不超过五人，成员通常仅限于父母和未婚子女。如果家庭足够富裕，或者从事农业或贸易，那么家庭中可能会有仆人，但是几乎不会包含祖父母、父母和孙子辈的复杂家庭。[①] 由于上一代人的过早去世和男女结婚年龄普遍在二十五六或快三十岁，三代同堂的家庭数量自然受到限制。但是，实际形成的家庭数量从未接近潜在数量。[②] 三世同堂的家庭之所以很少，不是因为子女结婚晚而父母早逝，而是因为绝大多数尚未离开父母家到别人家当佣人的子女在结婚后都会另立门户。

婚姻与家庭的形成之间的关联意味着英国家庭的结构必然随时间而变化。在全国范围内，粗婚姻率逐渐下降，到 17 世纪末达到最低点，然后在 1771 年至 1796 年间上升到一个高水平，然后再次下降。[③] 每次转折点都是在大约 30 年前实际工资趋势逆转之后出现，实际工资的持续下降导致婚姻率下降，实际工资的持续上升又促使婚姻率上升。就家庭组成而言，这种关系最明显地体现在户主率上，

---

① P. Laslett and Wall (eds.), *Household and family* (1972): 146–154。

② Wachter with Hammel and Laslett, *Statistical studies of historical social structure* (1978): 80.

③ R. M. Smith, 'Fertility, economy and household formation in England'、(1981b): 601, fig. 3. 每千名 15—34 岁人口的结婚率参见 Wrigley and Schofield, *The population history of England* (1981), 其中包含了基础数据和计算程序说明。

即各年龄段自己组建家庭的人数比例。预期是，在 16 世纪末和 18
世纪末，比起 17 世纪，更多的 20 多岁和 30 多岁的男性会结婚并组
建自己的家庭，这种行为是由于早期收入的上升，与婚姻率一样。

表 16.1　户主率和已婚比例：20—29 岁男性

教区	年份	20—29 岁男性			比率	
		已婚人数	户主人数	合计	已婚率（%）	户主率（%）
Ealing	1599	4	7	31	12.9	22.6
Grasmere	1683	2	2	21	9.5	9.5
Chilvers Coton	1684	17	19	43	39.5	44.2
Lichfield	1695	29	37	116	25.0	31.9
Ringmore	1698	3	2	13	23.1	15.4
Stoke	1701	38	39	116	32.8	33.6
Wembworthy	1779	4	5	18	22.2	27.8
Corfe Castle	1790	24	24	80	30.0	30.0
Ardleigh	1796	35	30	94	37.2	31.9
Elmdon	1861	20	20	37	54.1	54.1

可惜的是，关于前工业时代英格兰户主率的信息非常有限。[①]
这些信息来自那些提供居民年龄的 9 个清单，[②] 并在表 16.1 中呈现
出 20 多岁男性。与预期相反，18 世纪末或者仅有的一个 16 世纪末
的例子并没有显示出更高的户主率。然而，原因不在于户主率和结
婚比例之间缺乏相关性，因为在社区层面，这种关联是可见的（见

---

① 为了便于比较，我们将 19 世纪的社区埃塞克斯郡的埃尔姆登（Elmdon）包括在内，该社
区的户主率非常高。
② 清单中的人口数量包括英格兰前四次全国人口普查（1801—1831 年）的现存查点
表，其中将人口划分为家庭。每份清单所提供信息的简要说明可查阅如下期刊 *Local
Population Studies* beginning with issue 24 (Spring 1980). 关于将地名组确定为住户的一些
基本问题的讨论，参见第一章。

表 16.1 的最后两列），而是因为不同社区之间户主率的极大差异完全掩盖了 17 世纪和 18 世纪之间户主率的变化。例如，斯托克和利奇菲尔德这两个大城镇的户主率较高，20—29 岁男性中有超过三分之一是家庭户主。在新兴的工业中心奇尔弗斯科顿，户主率甚至更高。而在威斯特摩兰山区的格拉斯米尔，只有 9.5% 的 20—29 岁男性是户主，而在德文郡的海滨教区林格莫尔，20 多岁男性中有 15% 是户主。

然而，不同社区之间户主率的差异还带来了一系列问题。户主率随时间的变化可以通过实际工资的趋势来解释，但是这种趋势是否能解释社区之间户主率的范围就不太清楚了。影响家庭形成过程的其他更相关的因素可能包括个人在追求特定职业之前需要的培训期限；其他家庭的劳动需求，可能在某些时候更倾向于家庭内部的劳动（即未婚仆人）[1] 而非外部劳动（主要是已婚人士的劳动）；甚至，像格拉斯米尔这样的地方是否容易获得土地。死亡率也可能因地而异，从而改变年轻成年人获得土地或就业机会的速度。[2]

对这些因素中的每一个因素应给予的重视程度，都必须等待对这些社区的地方经济进行详细研究之后才能确定，即使如此，仅仅依靠不超过 9 个自选社区的材料也很有限。因此，要绘制 1821 年之前英国家庭的时间和空间变化，仍然需要依赖大量没有年龄信息的数据清单。[3]

---

[1] Kussmaul, *Servants in husbandry in early-modern England* (1981): 97, 101.

[2] 例如，SSRC 剑桥小组有一个尚未发表的研究，根据 12 次数据重组，估算出 1750—1799 年期间死亡率的数据，如果一个人从 25 岁活到 50 岁的平均概率表示为 100，那么在林肯郡的 Gainsborough，存活概率仅为 85.2，而在诺茨郡的 Gedling，存活概率为 112.7。关于 19 世纪死亡率地区差异强度的评估，参见 Benson, 'Mortality variation in the north of England' (1980).

[3] 1821 年英国进行了第一次包含年龄信息的全国性人口普查，现存的一些调查表中都列出了居民的年龄。1841 年是第一次有全套查点表的全国人口普查，但直到 1851 年，提供与户主的关系以及每个人的确切年龄才成为标准做法。

这些材料已经重新得到了彻底调查，[①] 并且随着迈克尔·安德森的1851 年普查员日程的大量随机样本信息的出现，以及一些近期的家庭样本调查，可以对彼得·拉斯莱特在 1969 年提出的家庭概况进行修改和添加更多细节。[②] 然而，仍然存在一个主要问题。在前工业化时期，可供随机选择的社区名单太少。无法避免的状况是，只能基于少数几个质量尚可的名单（参见表 16.2 的注释）对家庭情况做出一般性陈述，因此需要仔细斟酌。下面将进一步阐释这个困难。

英国家庭自 17 世纪以来的主要概况列在表 16.2 中。导致现在英国家庭规模较小的两个因素是：子女数量的减少和家庭中居住劳动力（仆人）的几乎消失。另一方面，家庭中的亲属数量似乎只在1947 年之后才有所下降。事实上，亲属数量（家庭户主的亲戚，不包括配偶或子女）在 1947 年达到最高点，而不是在过去的某个时期。值得注意的是，1947 年之后的 10 年间出现了一些关于工人阶级社区中亲属群体角色的开创性研究，这些研究在回顾中被认为对"传统"英国家庭规模和性质的期望有重要影响。

---

① 这种新的清单选择所依据的原则如下：住户之间的划分应清晰明了，所有或几乎所有的人与户主的关系都应明确，所使用的术语应明确无误（例如，一些列表者将"孩子"用作年龄类别，而不是表示户主后代的关系，这种类型的列表被排除在外）。这个清单与拉斯莱特的《三个世纪以来英格兰的家庭规模和结构》(*Size and structure of the household in England over three centuries*, 1969) 中的清单不同之处在于，拉斯莱特根据调查对象的不同使用了不同的数量列表（例如，100 个列表可获得平均家庭规模的信息，但只有 46 个列表可获得亲属关系的信息），而本清单使用的列表数量较少，但在所有统计中使用了相同的"人口"。根据新的清单，以已婚夫妇为户主的家庭和亲属家庭有所增加，但后代、仆人和附属寄宿者的数量却少于先前的建议，但对数字的修改总体上是轻微的；cf. table 16.2 below and P. Laslett and Wall (eds.) (1972): 83, table 1.13. Wall 在《英国家庭结构的地区和时间变化》(*Regional and temporal variations in English household structure*, 1977) 一书对结果进行了类似的顺序调整，在拉斯莱特的清单中，最初选择的列表按照时间段（1750 年之前或之后的列表）进行了重新排列；cf. nn. 12, 26, 49 below。

② P. Laslett (1969). 修订和扩展版参见，ch. 4 of P. Laslett and Wall (eds.) (1972)。

表 16.2　每百户家庭的平均人数：英格兰，17 至 20 世纪

与户主的关系	1650—1749	1750—1821	乡村	城市 [a]	1947	1970
			1851			
户主＋配偶	163	175	171	164	180	170
子女	177	209	210	191	134	109
亲属	16	22	33	27	42	11
仆人	61	51	33	14	2	0[b]
小计	418[c]	457	447	396	358	290
寄宿房客	26	24	24	50	9	3[b]
总计	444	481	471	446	367	293
家庭数	866	1900	2467	1961	5997	796

a. 不包括伦敦。

b. 在 1970 年的调查中，仆人和寄宿房客并没有被单独区分开来，这里建议的划分完全是武断的。

c. 比例已四舍五入到最接近的整数。如果总计或小计与各栏或各行的数字之和略有出入，也是如此。

资料来源：

1650–1749 Cambridge Group listings: Puddletown, Dorset (1724); Southampton, Holy Rhood and St Lawrence (1696); Southampton, St John (1695); Goodnestone, Kent (1676); London, St Mary Woolchurch (1695); Harefield, Middx. (1699); Clayworth, Notts. (1676).

1750–1821 Cambridge Group listings: Binfield, Berks. (1801); West Wycombe, Bucks. (1760); Littleover, Derby. (1811); Mickleover, Derby. (1811); Morley, Derby. (1787); Corfe Castle, Dorset (1790); Ardleigh, Essex (1796); Forthampton, Gloucs. (1752); Barkway and Reed, Herts. (1801); Heyford and Caldecote, Oxon. (1771); Bampton, Barton, Hackthorpe, Kings Meaburn, Lowther, Morland, Newby, and Great Strickland, Westmor. (1787).

1851 Calculated from data supplied by Michael Anderson in a personal communication, derived from a one-sixteenth subsample of enumerators' schedules.

1947 Gray, 'The British household' (1947).

1970 R. Barnes and Durant, 'Pilot work on the General Household Survey' (1970).

当证据以一系列家庭的快照图片形式呈现时，很难得出家庭构成的变化进行精确度量，但在表 16.2 中可以看到一些非常明显的趋势。第一阶段（17 世纪到 18 世纪）[1] 家庭中仆人数量在下降，但亲属数量在增加，尤其是子女数量的增加，结果导致后期家庭的平均规模增加了约 8%。[2] 在第二阶段（1851 年之前），家庭中仆人数量大幅下降，亲属数量进一步增加，但只有在第三阶段才发生了根本性的转变，子女、仆人和寄宿者数量显著下降。由于连续几代人口普查官员未对家庭结构进行调查，并且在调查员的日程表可以被检查之前有 100 年的封闭期，第三阶段时间过长且不令人满意。家庭何时发生变化不明确，因此很难提出为什么发生变化的假设。这也可能导致对第四阶段的观察产生错误的视角，即 1947 年之后家庭发生的变化。[3] 根据目前的数据，第二次世界大战后的 25 年里，亲属数量的减少以及子女和寄宿者数量的进一步下降似乎是英国经历的最显著变化，因为这些变化发生在如此短的时间内。然而，也许在 19 世纪或 20 世纪初期，

---

① 分析所采用的时间段为 1650—1749 年和 1750—1821 年，但前者中的大部分清单可追溯到 17 世纪晚期，后者中的大部分清单可追溯到 18 世纪晚期。cf. notes to table 16.2。

② Cf. Wall (1977): 94, 根据一组不同的列表（特别是早期伦敦教区较多），该报告显示平均家庭规模的增幅较小，为 2.3%。参见拉斯莱特在 1969 年的研究中使用的细分材料 (cf. n. 9 above)。

③ 20 世纪 70 年代经济的不确定性、实际收入的下降以及 20 世纪 80 年代初住房市场的萎缩，都表明有可能出现第五个阶段：家庭规模下降的趋势逆转，含有亲属的家庭增多。然而，1979 年关于家庭规模和总类型（两口之家、一人之家或无家之家，其中有些细分部分显示有受抚养子女或退休人员的家庭或以已婚夫妇为户主的家庭）的现有最新数字没有提供任何证据表明分裂进程已经停止。参见 *Social Trends*, 11 (1981): 28。

可能隐藏着其他同样显著的变化，尽管如此，户主率的证据表明，在 1861 年至 1951 年间，组建家庭的规则变化很小。[①]

值得注意的是，当提到家庭状况随时间变化时，1970 年的家庭与 17 世纪的家庭之间存在一些令人惊讶的相似之处。如果将重点放在家庭中各类人员的比例上，如表 16.3 所示，这一点就变得清楚了。不可否认的是，1970 年的家庭规模要小得多，许多人完全独自生活，这意味着家庭总成员中超过一半的人属于家庭户主和户主的配偶这两类。[②] 另一方面，家庭中其他人员在总成员中所占的比例保持不变。这对于儿童和亲属来说都是如此，尽管 1970 年儿童和亲属的数量处于历史最低水平（参见表 16.3）。

表 16.3　按与户主关系分列的家庭成员：英格兰，17 世纪至 20 世纪

与户主的关系	1650—1749	1750—1821	1851 农村	1851 城市	1947	1970
户主	22.5	20.8	21.2	22.4	27.3	34.1
配偶	14.3	15.6	15.2	14.3	21.9	24.0
子女	39.9	43.4	44.4	42.8	36.5	27.2
亲属	3.6	4.6	7.1	6.1	11.5	3.8
仆人	13.8	10.7	7.1	3.1	0.5	1.1
寄宿房客	5.8	4.9	5.0	11.2	2.3	
总计	99.9	100.0	100.0	99.9	100.0	100.2
人口数量	3850	9133	11630	8734	21985	2337

资料来源：同表 16.2.

[①] 笔者的阐释 Hole and Pountney, *Trends in population, housing and occupancy rates 1861–1961* (1971); see Wall, 'Regional and temporal variation in the structure of the British household since 1851' (1982a).

[②] 1979 年，只有一个人的家庭占所比例为 23%，而在工业化前的英格兰，这一比例仅为 5.7%；cf. *Social Trends*, 11 (1981) and P. Laslett and Wall (eds.) (1972): 142. 有关独居者在过去和现在人口中所占比例的一些数据，参见 Wall 'Woman alone in English society' (1981).

然而，对家庭结构进行更详细的研究足以揭示 17 世纪家庭和现代家庭之间的差异。例如，对纳入家庭亲属范围的分析（表 16.4）发现，在 1947 年和 1970 年，被定义为"近亲"的亲属比例较之前几个世纪有所增加（父母和子女的配偶）。[①] 事实上，仔细观察亲属群体，可以明显看出这是其组成中最重要的变化。早期亲属群体的扩大，甚至包括 18 世纪末到 19 世纪中叶之间，孙子孙女、侄子侄女和兄弟姐妹在家庭中的增加，除了户主的父母或岳父母比例略微下降外，并没有在各类亲属比例上产生明显变化。[②] 换句话说，在 1851 年之前，亲属群体扩大了，但并没有实质性地改变各类亲属的平衡，而到了 1947 年，尽管亲属群体比 1851 年还要庞大，但家庭中的亲属范围已经缩小到 1970 年的水平。

表 16.4 按与户主关系分列的常住亲属：英格兰，17 世纪至 20 世纪

与户主的关系	每百户平均亲属数					所有亲属的比率				
	1650—1749	1750—1821	1851	1947[a]	1970[a]	1650—1749	1750—1821	1851	1947[a]	1970[a]
父母[b]	2	3	4	10	3	16	17	12	24	30
兄妹[b]	2	3	7	—	—	22	18	21	—	23
女婿或媳妇	1	1	2	8	2	8	7	8	19	14

---

① 1851 年的亲属（常住亲戚）信息来自对 1750 年至 1821 年间编制清单的相同社区的普查员明细表的分析，避免了表 16.2 和表 16.3 中 1851 年数据来源的明细表随机抽样与数量少得多且非随机抽取的清单之间的比较问题。另见 205 页注释②说明了随机抽样中的住户构成与为与 1750—1821 年"匹配"而选择的列表中的住户构成之间的差异。

② 表 16.4 还记录了 17 世纪至 18 世纪期间户主孙辈亲属的数量和比例的增加。难以确定这一变化是否真实，因为在 1650—1749 年间，"其他亲属"（与户主的关系没有明确说明的亲属）类别足够大（此后则小得多），足以解释登记的孙辈增加的大部分情况。令人遗憾的是，即使在 17 世纪最详细的英国列表中也没有更精确地说明亲属关系。(cf. n. 9)。

续 表

	每百户平均亲属数					所有亲属的比率				
侄子或侄女	1	2	5	—	—	9	11	16	—	—
孙辈	3	7	12	—	2	27	38	39		19
其他亲属	2	1	1	24	2	17	8	4	57	15
总计	11	18^c	32^c	42	11	99	99	100	100	101
家庭数	2765	2231	2804	5997	796	294	409	943	2531	88

a. 这些栏目中的破折号表示具有这种关系的人没有单独区分，而是归入"其他亲属"类别。

b. 包括法律上的。

c. 数值已四舍五入到最接近的整数。这样可以避免总计或小计与各栏或各行数字之和之间出现任何细微差别。

资料来源：同表 16.2，以及其他：

1650–1749: additional listings of Stoke Edith, Herefs. (1647); Monckton, Kent (1705); London, All Hallows Staining and St Mary le Bow (1695).

1750–1821: additional listings of Braintree, Essex (1821); Leverton, Lincs. (1762); Hartsop and Sockbridge, Westmor. (1787); but excluding Ardleigh, Essex (1796); Barkway and Reed, Herts. (1801); and Heyford and Caldecote, Oxon. (1771).

1851: enumerators' schedules for same settlements as 1750–1821.

因此，在过去三个世纪中，英国家庭结构发生了相当大的变化，可以提出各种假设来解释这一过程的关键要素。例如，对于 18 世纪末到 19 世纪中期农场服务的衰落，可以将其视为人口增长和实际工资下降的结果，这使得劳动力相对丰富和廉价，同时也使得在家中供养这些劳动力相对昂贵。可以说，这是农民对于从使用住在农场的仆人转向雇佣自给自足、更加随意的日工人的自然反应。[①] 同样应该提及 20 世纪的生活水平（这里指不断提高的生活水平），也被认为是家庭分散的原因。[②] 然而，必须承认，这些解释并不能提供一个完整的解决方案。

首先是时间问题。农场服务的衰落无法准确地绘制出来，因为现存的记录在地理上和时间上都太过分散。然而，农场服务仍然存在，特别是在牧区，这一点从 1851 年的人口普查数据中可以明显看出。[③] 因此，可以明确的是，18 世纪的人口增长本身并不能完全令人满意地解释农场服务的衰落。与耕种不同，畜牧业需要（或者至少受益于）一个常驻的劳动力（即农场仆人）。[④] 然而，人口增长的间接后果之一是，它促使农民满足对基本（以谷物为基础）食物的增加需求和对高质量乳制品的减少需求，由此会在地理情况允许的地方放弃牧场转而种植谷物。换句话说，人口增长产生的经济压力导致农民减少常驻劳动力的行为主要局限于耕种部门，尽管人口增长也倾向于增加该部门在整个农业中的相对重要性。

时间问题也以不同形态出现在 20 世纪家庭结构变化与生活水平提高之间的关联中。没有人怀疑生活水平在提高。问题在于，在其他时期也发生了生活水平的提高，但并没有促使家庭结构发生变化。因此，有必要将生活水平看作是受到某种（但尚未定义的）门槛的

---

① Cf. R. M. Smith (1981b): 604, 也强调了农业经济（谷物而非牧场）的相关性, 不过他的论点与本章的论点略有不同。

② 例如有学者解释了美国在 1950—1976 年间的变化趋势, 参见 Michael, Fuchs, and Scott, 'Changes in the propensity to live alone' (1980)。

③ Kussmaul (1981); 20, fig. 2.3.

④ Kussmaul (1981): 23 作者认为, 农场用人在牧区很常见, 这不仅是因为奶牛场需要持续的劳动力, 而且还因为这些地区的劳动力往往缺稀, 这是分散的定居点和农村手工业的其他就业机会共同造成的。然而, 另一种可能性是, 在混合农业地区, 农民为其雇员提供食宿的实际成本低于完全农业地区, 遗憾的是, 关于这一点以及牧区与农业地区实际工资水平的信息仍然缺失。

限制，只有跨越了这个门槛，家庭结构才会发生转变。"门槛"概念的主要困难在于，有证据表明，尽管生活水平很难被统一描述，但家庭在欧洲大部分地区，甚至在美国也在以相同的方式"分裂"。[①]因此，有必要进一步阐述假设，以考虑到变化点可能因国家而异的可能性。如果特定人口的文化模式阻止家庭成员独立建立自己的家庭，即使他们已经获得了足够的资源，这些差异可能会出现。在我看来，一个更有说服力的解释是，鉴于现在思想和品味的传播变得越来越容易，一旦某种特定模式在文化上占主导地位的人口中确立起来，比如美国，这种模式将迅速传播到经济状况完全不同的其他人口中。一个经济欠发达的人口将采用（或至少试图采用）在更富裕邻国的经济背景下形成的家庭结构模式。显然，这个过程将给较贫困人口的家庭系统带来巨大的压力。

除了时间问题之外，解释问题的进一步困难在于，对于被认为是理想家庭类型的态度通常与家庭成员的变化相关。例如，现如今通常认为家庭纽带较松散；人们比以前更重视独立；个人可能仍然希望见到亲戚，但不要太频繁，而且他们肯定不想和亲戚住在一起，如果可以避免的话。然而，不太清楚的是，这些态度是否在分裂过程开始之前就存在，或者这些态度是否真的是新的状况，正如有时所声称的那样。[②]

类似的情况也出现在 18 世纪末农场服务的衰退中。据说，农民开始重视他们的隐私，因此很高兴与雇员在社交和地理上保持距离。[③] 这也可能是一种先前持有的态度，只是等待合适的经济环境来实施，或者也可能是一种试图合理化经济力量使之有利的行为

---

① 相关证据在第一章中讨论，参见 Wall (1982a)，但不得不承认的是，根据十年一次甚至五年一次的人口普查和偶尔的调查来确定确切的变化点，肯定会有相当大的误差。

② 与英国老年人相关的一个问题参见 Hole and Pountney (1971): 26，关于奥地利单人住户的情况，参见 Findl and Helczmanovszki, *The population of Austria* (1977): 120。

③ 参见 1834 年《济贫法报告》对第 38 个问题的回应，Kussmaul (1981): 128–9。

模式。

由于将任何态度证据放置在足够具体的背景中存在问题，很难看出概念上的困难如何得到令人满意的解决。尽管如此，在家庭和家居观念上的变化很可能在家庭形态发生变化的时候显现出来，无论出于何种原因，并可能有助于这一过程的形成。然而，在另一个方面，进一步的进展是可能的，因为有更多关于英国家庭结构的信息可以收集，特别是 19 世纪的信息。[1] 在上文已经包括了关于家庭中包含亲属（亲戚）的频率的地区变化强度的调查，在这里，我打算更详细地研究 17 世纪到 19 世纪家庭形式的变化程度。除了仆人数量的下降外，还有子女和亲属数量的增加需要解释（见表 16.2）。此外，先前对英国家庭变化的分析结果还需要考虑：即从 17 世纪到 18 世纪，由女性户主的家庭比例下降，而非婚男性（无法确定是单身汉还是鳏夫）户主的家庭比例上升。[2]

这些发展中有多少可以归因于人口因素？首先，已经有人认为，初婚年龄的变化对整个家庭形成过程产生了强大的影响。其次，人口的年龄结构受到生育率变化的影响，这些变化主要是 18 世纪婚姻率的增加所导致的。[3] 在 1696 年，大约是早期列表的中点，生育率较低，据估计，约有 9% 的人口年龄超过 60 岁，31% 的人口年龄在

---

[1] 19 世纪中期人口普查的查点表已被广泛分析，但由于大部分工作没有经过协调，因此往往无法在一项研究与另一项研究之间进行直接比较。SSRC 剑桥小组打算从不同类型的社区中选出一组具有代表性的列表，并使用拉斯莱特在第 17 章中提到的模型表对其进行标准分析。

[2] Wall (1977): 94 报告显示，女户主家庭的比例从 18.3% 下降到 13.9%，而非婚男性户主家庭的比例从 11.5% 上升到 13.4%。其他数字也存在上述细微差别（第 9、12 段）。例如，1977 年的数据显示，1650—1749 年间，儿童占总人口的 37.6%，仆人占 18.4%，亲属占 3.2%，而上表 16.3 显示，儿童、仆人和亲属分别占总人口的 39.9%、13.8% 和 3.6%。

[3] 由于结婚年龄下降、曾经结婚的比例上升以及非婚生育率上升，结婚率也随之上升。Wrigley 和 Schofield 计算了这三个因素在提高 18 世纪生育率方面的相对重要性：Wrigley and Schofield (1981): 267, table 7.29。另外两个因素在很大程度上可以忽略不计。死亡率的变化比生育率的变化对人口年龄结构的影响要小得多（同上，443 n. 84），而且 16 世纪晚期到 18 世纪晚期，婚姻生育率水平变化很小。(*ibid.* 254)。

15 岁以下。在 1786 年，第二个列表的近似中点，经过几年的生育率上升，60 岁以上的比例几乎没有变化，仅略低于 8%，但 15 岁以下的人口占总人口的 35% 左右；而且年龄结构将变得更加年轻，并在 19 世纪的大部分时间保持这种状态。[1] 由于一个人所居住的家庭类型和与户主的关系在很大程度上受年龄的制约，仅仅根据这些数据，可以预期 18 世纪末的家庭与 17 世纪末的家庭在构成上会有所不同，最明显的是家庭中儿童的数量会增加。当然，这正是记录证据所显示的。然而，年龄结构的改变有助于理解家庭结构发生的其他变化。例如，上面报告了 17 世纪末到 18 世纪末女性户主的家庭比例下降了 4.4%。这主要是由于寡妇作为户主的家庭比例下降（从所有家庭的 14.6% 下降到 10.8%），人们很容易得出结论，年轻成年人死亡率下降导致寡妇长期丧偶的风险减少。[2] 然而，现在从人口年龄结构的变化中获得的信息清楚地表明，即使没有死亡率下降，寡妇作为户主的家庭比例也会下降（其他因素保持不变），因为 45 岁以上人口在总成年人口中所占比例下降。[3]

当然，在现实中，其他因素可能也发挥了作用。例如，《济贫法》可能已经改变了当局对寡妇在自己家庭中支付抚养费的态度，或者经济情况可能发生了变化，使得由寡妇支撑的家庭变得难以维系，或者寡妇有机会在其他家庭扮演角色，例如照顾孩子。[4]

---

[1] *Ibid.* 217 and appendix 3.1.

[2] 在这一点上，重组的证据有些模棱两可，在 17 世纪晚期到 18 世纪晚期之间，男性在成年早期的存活机会仅略有改善，但女性的改善更为明显。然而，从重组研究中得出的成人死亡率估计值受到了以下两方面的困扰：一是观察的人数较少，二是观察因 1812 年或 1837 年重组的终止而被任意缩短，人们认为现有的表格对存活率估计不足，特别是 1750—1799 年期间。

[3] 由 Wrigley 和 Schofield（1981 年）编制的未发表的英格兰年龄结构估计表明，在 25 岁以上的人口中，1696 年 45 岁以上的人口占 47.6%，1786 年占 43.8%，1851 年占 40.2%。

[4] See Anderson, *Family structure in nineteenth century Lancashire* (1971): 141, and cf. Thomson, 'Provision for the elderly in England' (1980): 350f, 显示了 19 世纪《济贫法》的实施对家庭模式的影响程度。

到目前为止，已经能够确定由实际工资水平与家庭结构引发的人口统计情况变化之间的三种不同联系。因此，先前的论点是早婚促进了早期家庭形成，而更高的生育率导致了儿童人口的扩大，并减少了寡妇为户主的家庭的比例，尽管后者也反映了死亡率的下降，这一趋势与实际工资水平的关系不太明确。[①] 还可以加上第四个间接联系：上面讨论过的农场服务的下降。然而，必须指出的是，这些联系只是暗示性的，并未得到证实，因为唯一的证据是，人口上升和家庭构成变化几乎同时发生。若要更精确地陈述这种关系，需要发展家庭结构模型，以展示在英国经验范围内婚姻、生育和死亡率的变化如何导致家庭中儿童、鳏夫和寡妇的不同比例，当儿童只有在15岁时才大量进入服务行业，而三分之二的寡妇与至少一名其他人住在一起（不包括寄宿者）。[②] 以前对前工业时期家庭的建模几乎完全集中在与各种继承策略相关的亲属构成的变化上。[③]

从理论上讲，人们可能会认为实际工资对家庭结构的影响有限。诚然，实际收入（在父母家庭或服务中体验到的）以及对理想家庭的任何规范，[④] 可能会导致人们对未来生活中想要居住的家庭类型产生某种期望。此外，如果年轻一代能够保留劳动所得的利润，他们就有经济能力建立这样的家庭。然而，家庭是否会按照预期的方式形成，取决于个人无法控制的情况，比如村庄经济中的职位空缺数量或其他结构性经济限制。第二次世界大战结束后的一个经典例

---

① Wrigley and Schofield (1981): 414–415.

② Wall, 'The age at leaving home' (1978): 190–191, tables 2, 3; 关于丧偶者的家庭状况，参见 Wall (1981), table 4. 在任何家庭结构的建模中，都有必要考虑到因儿童性别、父母职业和婚姻状况不同而导致的离家年龄的巨大差异。

③ For example, see Wachter with Hammel and Laslett (1978).

④ 关于这个问题的讨论，参见 ch. 1, p. 28.

子就是，当时住房不足以满足需求。[①] 这更能解释为什么 1947 年家庭中有这么多亲属，而不是人们在战争年代或更早时期形成了对理想家庭类型的期望。在这种情况下，如果以实际工资为基础的现实期望被意外挫败，代际的紧张关系可能会变得尤为严重。这种情况最有可能发生在第一次世界大战结束时（再次出现住房危机）[②] 和 18 世纪末的最后几年，当时大量房屋似乎被分隔以适应人口前所未有的增长，尽管家庭本身并没有变小，甚至可能比以前稍微大一些（见上文）。[③] 然而，一般来说，这种紧张关系更可能影响个人，而不是整个社区；影响到地方社区，而不是整个社会。在表 16.1 中出现的 10 个社区中，只有 2 个社区（Ringmore 和 Ardleigh）在 1698 年和 1796 年的 20—29 岁年龄组中，已婚男性的数量超过了家庭户主的数量。

另一个可能性是，18 世纪和 19 世纪亲属数量的增加让现有房屋的分隔无法为独立家庭单位提供足够的额外住所。当然，从人口和整体实际工资的趋势来看，没有理由预测寄宿亲属的数量会增加。如果可以证明增加的只是孙辈子女、侄子侄女等亲属，而这些亲属在大多数情况下属于 18 世纪期间扩大其总人口份额的年龄组，那就另当别论了；但是，正如表 16.4 清楚显示的那样，几乎所有类型的亲属都有增加。因此，亲属群体规模的增加只能部分归因于人口年龄结构的变化，其余的原因则是，家庭的形成无法跟上人口增长的速度，导致共同生活的增加。然而，还应该记住导言中提到的一点，即亲属数量的增加可能更多只是表面上的，而不是真实的情况，

---

① Hole and Pountney (1971): 26, 作者认为，1951 年住房短缺的严重程度低于第一次世界大战后；参见 Wall (1982a)。也可以说，在战争年代，家庭成员可能因服役或疏散而分离，这种经历培养了一种 "家庭团聚" 的感觉，这种感觉一直持续到战后不久，当时武装部队的复员工作尚未完成。我非常感谢让·罗宾（Jean Robin）提出的这个有趣的建议。

② Hole and Pountney (1971): 25.

③ Wall, 'Mean household size in England' (1972): table 5.8.

这是由于人口普查的基础从"理想"到"实际"的改变，即从描述人们通常居住的地方变为描述他们在普查当晚所在的地方。这种变化特别可能影响那些短暂出现在家庭中的亲属，例如在丧亲或分娩时。

在这一点上，引入一张关于亲属关系的最终表格是有用的。上文已经提及，在1851年的人口普查之前，关于家庭结构的证据必须来自个别社区的清单，这限制了对英国家庭的分析。如上所述，这些清单可以划分为较大的时间段，以提供变化或稳定的印象，但由于没有一个社区在17世纪和18世纪都被详细列出，所以总是存在这样的风险，即任何时期之间的任何变化（或缺乏变化）都有可能是因为比较涉及两个完全不同的群体，即使在同一时间点对它们进行检查，它们在家庭构成方面也会有所不同。为了增加对家庭描绘的准确性，选择用于分析的名单越少，那么这组社区在某种程度上不典型的风险就越大。至于17世纪和18世纪之间的变化，目前还没有立竿见影的解决办法[1]，但是可以通过选择18世纪保存下来的清单中在1851年仍然存在的同样的社区进行分析，来规避18世纪和19世纪之间这个时期的问题。这样的选择已经在表16.4中的亲属群体组成的分析中使用，并且确实证实了当比较涉及不同的社区集合时，亲属数量在增加。[2] 当然，问题仍然存在，即所能够随时间推移跟踪的少数社区是否代表了一般经验。

---

① 或许可以说这是一个无解的问题，除非能找到更多的数据清单。即使在1851年人口普查时发现1750年前和1750年后统计的定居点在性质上相似，但如果推断在更早的时期也是如此，那就很危险了。

② 但数值略有不同：当社区相同时，1851年的数值为每100户18户（1750—1821年）至32户，而当1750—1821年使用不同社区时，1851年的数值为每100户22户（1750—1821年）至31户（1851年），1851年使用的是随机抽样表；参见上表16.2，但1851年城市和农村地区的数字取平均值。

表 16.5　按户主职业类别分列的复杂家庭

户主的职业类型	1750—1821		1851	
	家庭总数	复杂化[a]	家庭总数	复杂化[a]
贵族和教士	40	10.0	108	15.8
自耕农和农民	185	18.4	298	24.8
中级农业[b]	137	17.5	43	9.3
商人和手艺人	395	12.1	478	16.3
劳工	415	10.4	854	16.6
贫民	18	11.2	56	17.9
没有特定职业的鳏夫	116	10.3	63	26.9
未分类和未提供	64	14.0	64	12.5
总计	1370	12.9	1964	17.8

a. 对 Laslett-Hammel 分类系统的扩展型和多人型（第 4 和 5 种类型）：简介参见 ch. 1 n. 33，详细说明，参见 P. Laslett and Wall (eds.) (1972): 28–31.

b. 园丁和丈夫，但阿德利教区除外，该教区的丈夫被归类为劳工，1796 年没有列出任何劳工。

资料来源：

1750–1821 Cambridge Group listings; Littleover, Derby. (1811); Mickleover, Derby. (1811); Corfe Castle, Dorset (1790); Ardleigh, Essex (1796); Forthampton, Gloucs. (1752); Barkway and Reed, Herts. (1801); Bampton, Barton, Hackthorpe, Kings Meaburn, Lowther, Morland, Newby, and Great Strickland, Westmor. (1787).

1851 Enumerators' schedules for same settlements as 1750–1821.

在表 16.5 中，我们进一步分析了 18 世纪至 19 世纪中叶同一社区群体和同一职业群体中多户家庭和大家庭比例的变化情况。[①] 结

---

① 这些是大部分有亲属的家庭，但不是全部。不包括没有夫妻关系的家庭中的亲属（例如同住的兄弟姐妹），也不包括单亲家庭中的一些亲属（例如丧偶的父母与儿子或女儿同住，但本人不是户主）。

果令人惊讶，几乎所有社会群体中，结构复杂的家庭比例都有所增加：从社会金字塔顶端的贵族和自耕农到底层的劳工和贫民。[①] 当然，趋势的相似性并不意味着趋势的原因一定是相同的。家庭中寄宿亲属数量的增加甚至可以被看作是三个完全不同过程的产物：人口年龄结构的变化；人口为了抵消人口扩张的影响而采取的各种尝试，例如父母将他们的一个孩子寄养给自己的父母或收养女儿的非婚生子女；[②] 以及随着旧职业的衰退和新职业让个人无法立即建立自己的家庭，导致家庭和移民模式发生改变。[③] 在特定职业群体内，需要更多关于家庭模式的详细信息，才能确定变化的模式，但这些过程的结合提供了对亲属数量趋势的可信解释。此外，这似乎比断言亲属的增加与城市化或工业化之间存在普遍联系更有说服力，无论是归因于帮助他人的态度中出现了新的计算因素，比如迈克尔·安德森将家庭关系与 19 世纪中期的普雷斯顿联系在一起，还是更简单地归因于寄宿亲属的社会阶层的扩大，超出了平均水平。[④]

然而，18 世纪末和 19 世纪初社会和经济变革对家庭形式的普遍

---

① 18 世纪末和 19 世纪初，社会发生了巨大的变化，如何灵活地界定职业类别是个问题。首先，某些术语（如 "丈夫" husbandman）消失了，但却没有被其他同等地位的术语所取代。这究竟代表了真正的变化（某一特定阶层的消失），还是仅仅是术语的变化，目前尚不清楚，因为有时可以看出劳动者（丈夫的自然继承者）群体内部的差异；参见 Wall, 'Real property, marriage and children' (1982b)，提到了 19 世纪德文郡科利顿两个劳动者群体（高于或低于一定价值的财产占有者）的家庭和婚姻模式。第二个主要问题是，无法保证在日期相似的列表中始终使用相同的术语。特别是对乡绅的认定，众说纷纭，而阿德利的校长在 1796 年的列表中使用的 "husbandman" 一词似乎与其他列表者的意义不同。在后一种情况下，我们进行了适当的更正（参见表 16.5 的注释），但对其他教区的详细研究可能会发现其他不一致之处。

② 对 19 世纪人口调查员附表的研究表明，许多三世同堂的家庭都是由于私生子的存在而产生的。需要考虑到 18 世纪晚期私生子率的上升以及 19 世纪 30 年代至 19 世纪 50 年代私生子率进一步上升的可能性 [Laslett Oosterveen, and Smith (eds), *Bastardy and its comparative history* (1980): 18]，在同一时期，这种类型的家庭似乎也越来越多。

③ 从 19 世纪中叶普雷斯顿的情况来看，移民通常住在旅店而不是亲戚家，这可能是因为在许多情况下他们没有亲戚可以一起生活。See Anderson (1971): 52. 然而，我的论点是，移民亲属将是任何其他可能形成的有亲属的家庭的 "额外情况"。

④ Anderson (1971): 170f.

相关性确实值得进一步考虑。事实上，如果这一时期的发展对家庭形成的速度和所创建的家庭类型没有影响，那将是奇怪的。19 世纪中叶，城市地区的家庭组成与农村地区不同，正如表 16.2 显示的那样。城市家庭通常较小。他们更不太可能由已婚夫妇做户主，并且家庭中的孩子和亲戚、仆人较少。这最后一点有些令人惊讶，因为19 世纪的家庭服务通常被认为是将人们引导到城镇的机制。[①] 然而，除了仆人的问题和城镇中更多寄宿者的存在之外，城市和农村家庭之间的差异并不大，不能说城市化改变了家庭的一般形态。最近有人声称，在英国没有证据表明特定的生产模式与特定的婚姻和生育模式有关。[②] 现在是否应进一步否认特定家庭类型与城市化或工业化的关联呢？

从某种角度来看，这个案例是有力的。英国家庭组成的时间变化很大程度上可以与人口因素直接或间接地联系起来，反过来又与实际工资水平的变化有关，同时还要考虑当地经济的不连贯性。然而，这样的论点忽略了众所周知的不同社区之间家庭结构的巨大差异。例如，在 1750 年至 1821 年期间，10% 的定居点的平均家庭规模为 4.27 或更小，而在另外 10% 的定居点中，平均家庭规模超过5.41。亲属关系的情况也是如此：在四分之一的定居点中，不到 5%的家庭三世同堂，而在另外四分之一的定居点中，至少有 10% 的家庭是三世同堂。还可以举出涉及仆人或孩子的其他例子。[③] 诚然，家庭过程的统计建模仍有待完成，以揭示这些差异中有多少可能是由于对小群体统计过程中的偶然变化造成的，但极有可能，这种规模的变异反映了特定社区在非常不同的人口和经济背景下运作的事

---

① Cf. McBride, *The domestic revolution* (1976): 34; Ebery and Preston, *Domestic service in late Victorian and Edwardian England* (1976): 77.

② R. M. Smith (1981b): 614.

③ 案例来自 Wall (1977): 97, table 4.4。

实。① 在人口因素中，死亡率受地方变异的影响最大（作为密度和位置的函数），然后是婚姻率（反映经济机会的差异），而社区之间婚姻生育的变异相对较小。② 然而，这并非意味着，死亡率的变异对家庭影响最大，因为婚姻率的适度变异将改变新家庭形成的速度。在经济因素中，土地的获取和劳动力市场的性质至关重要，但它们的影响力以及它们帮助产生的家庭形式在不同时间是不一致的。

经济变化与家庭结构变化之间的关系之所以不太明显，是因为迄今为止对经济关系转变的理解还相当宽泛，依赖于工业化和原工业化等广义概念，这些概念在一定程度上掩盖了个别社区内发生变化的复杂性。构建一个更精细的概念集，用于分析地方层面的经济机会和发展，预计将能更充分地评估经济和人口因素在 17 世纪至 19 世纪英国家庭结构变化中的作用。

---

① 至于这种差异的程度是大是小，则取决于我们从什么角度来看待这个问题。遗憾的是，我们没有按地区列出当代英格兰所有有亲属关系的家庭，但我们可以利用包含两个或两个以上家庭的家庭比例数据进行非常粗略的比较，因为我们知道在绝大多数情况下，这些家庭都有直系血亲关系（Wall, 1982a）。这种比较表明，1750—1821 年英格兰三世同堂的家庭比例比 1971 年英格兰和威尔士包含两个或两个以上家庭的家庭比例的变化更大（1750—1821 年英格兰 10% 以内的定居点占 15%，范围为 0%—16%；1971 年英格兰 10% 以内的定居点占 23%，范围为 0%—2.9%）。与奥地利过去的经验相比，18 世纪末至 19 世纪初英格兰家庭构成的变化看起来更为温和：1750—1821 年英格兰亲属构成的家庭占人口的 0%—10%，三分之一居住区的比例在中位数的 10% 以内，而奥地利的范围是 0.8%—17.9%，只有 15% 居住区的比例在中位数的 10% 以内。1971 年英格兰和威尔士的数字来自《1971 年英格兰和威尔士人口普查：家庭构成表》(Census of England and Wales 1971: household composition tables, 1975) 中随机抽取的郡和市辖区以及城市和农村地区中包含两个或两个以上家庭的家庭比例：III，表 32。样本 N 与 1750—1821 年期间有三代同堂家庭信息的定居点数量一致。cf. Wall (1977): 94, table 4.3, and n. 9 above. 奥地利的数据来自 Schmidtbauer, 'Daten zur historischen Demographie und Familienstruktur' (1977)。

② 这三个因素的权重是 Roger Schofield 建议的。参见表 16.1 中，20—29 岁年龄组已婚男性的比例。

第八章 人类学和民族历史学家

　　19 世纪下半叶，历史学和人类学之间存在许多相似之处。两者都采用了经验主义的方法论，而历史学家研究国家的崛起，人类学家则追溯人类的文化和社会进化。然而，在 20 世纪上半叶，两个学科分道扬镳，直到 20 世纪末历史学家开始对人类学理论的象征性和整体性维度产生兴趣，人类学家也开始在他们的工作中注入更多的历史维度，两者才重新接触。[1] 本章将简要概述这一时期人类学思想的主要流派，并探讨两种特定方法的影响，这些方法对历史学家来说是肥沃的研究领域：日常生活或象征人类学，以及民族历史。在这些方法研究和写作的背景下，我们还将探讨"民族"这个关键概念。

　　人类文化的概念是人类学的核心。19 世纪末，爱德华·伯内特·泰勒（Edward Burnett Tylor）被认为是"英语世界人类学的创始人"，他对文化的定义如下：

> 文化……在其广义的民族学意义上，是指包括知识、信仰、艺术、道德、法律、习俗以及人作为社会成员所获得的各种能力和习惯。[2]

---

[1]　在期刊《历史和人类学》（*History and Anthropology*）于 1984 年的创办过程中得到了体现；参见 Susan Kellogg, 'Histories for Anthropology: Ten Years of Historical Research and Writing by Anthropologists, 1980–1990', *Social Science History*, 15 (1991), pp. 418–419。

[2]　Cited in Marvin Harris and Orna Johnson, *Cultural Anthropology* (7th edn, Boston, 2007), p. 10.

从 19 世纪 60 年代开始，对不同人类文化的人类学解释基于一个特定的概念框架：人类进步因循演化轨迹，其中欧洲的制度和价值观是顶峰。在人类从野蛮到文明的发展道路上，社会和文化被归入人类发展的相应阶段。

到了第一次世界大战，演化人类学的前提受到了挑战，替代性观点和独特的方法开始形成。在这一基本转变中起到关键作用的是德裔美国人类学家弗朗茨·博厄斯（Franz Boas）。博厄斯在 19 世纪 80 年代进行了民族志田野调查，记录了因纽特人和美洲原住民的语言和文化。在大约 40 年的时间里，博厄斯主张应该从其自身的角度和整体性（作为一个整体）来理解文化。他坚持"民族志特殊主义"的观点，认为文化必须在其特定的背景下理解，并作为一种"独特的生活方式"。[1] 这种文化相对主义的立场摧毁了"社会达尔文主义的观点，即生物和文化进化是一个过程"。[2]

随后，在英国和美国分别出现了两种思想流派，尽管两者都主张博厄斯的文化相对主义。这两个学派分别被称为社会人类学和文化人类学。前者在社会结构和模式中寻找人类文化的证据，而后者更倾向于在个体学习的思想层面上解释文化。德裔美国语言学家和人类学家爱德华·萨丕尔（Edward Sapir）是博厄斯的学生，他认为文化传承本质上是循环的，因为个体和社会机构都受到价值观和信仰体系的影响。因此，"虽然人类行为产生文化，但人类始终是文化的"。[3]

英国社会人类学派受到社会学家埃米尔·涂尔干（Émile Durkheim）

---

① Henrietta L. Moore and Todd Sanders (eds), *Anthropology in Theory: Issues in Epistemology* (2nd edn, Chichester, 2014), pp. 1–2.

② Marvin Harris, *Culture, People, Nature* (6th edn, New York, 1993), p. 476. See also Eric R. Wolf, 'Perilous Ideas: Race, Culture, People', *Current Anthropology*, 35 (1994), pp. 1–12.

③ Moore and Sanders, *Anthropology in Theory*, p. 2.

和功能主义的重大影响，至少持续到 20 世纪 70 年代。[①] 对于涂尔干来说，研究社会群体或社区比个体更重要，因为他认为人类行为基本上是由个体所生活的道德、宗教和社会环境塑造的。此外，任何社会的凝聚力是通过共同的仪式和典礼实现的，后者在社会中发挥着重要功能。从 20 世纪 40 年代开始，A.R. 拉德克利夫-布朗（A.R. Radcliffe-Brown）将功能主义与结构观相结合；社会机构和关系被视为确保社会系统整体生存和稳定的机制。

结构主义，早在年鉴学派的章节就有定义，也被应用于人类文化的基本思维模式。法国人类学家克洛德·列维-斯特劳斯（Claude Lévi-Strauss，1908—2009）借鉴了费迪南德·索绪尔（Ferdinand de Saussure）的结构语言学（详见第十一章关于后结构主义）来分析基础神话内容中的组成要素。[②] 他认为神话由二元对立构成，并在叙述中得到消解："神话的目的是提供一个能够克服矛盾的逻辑模型。"[③] 结构主义对口头传统和神话的研究方法在卢克·德·休斯（Luc de Heusch）的《醉酒国王，或者国家的起源》中得到了体现。在他探索非洲象征思维的过程中，德·休斯对中非隶属不同民族但在语言和文化上具有相关性的班图人的叙事史诗进行了比较研究。他发现"完全不同的社会共享着关于人和宇宙的共同概念，并构成了一个遍布广泛的单一文明。"[④]

然而，结构—功能主义对社会如何保持连续性和稳定性的强调并不与传统历史学对政治和社会变革原因的兴趣特别契合。功能主义还以另一种方式挑战了正统历史学的实践。功能主义所支持的有

① Adam Kuper, *Anthropology and Anthropologists: The Modern British School* (3rd edn, London, 1996).

② Robert A. Segal (ed.), *The Myth and Ritual Theory* (Malden, 1998), pp. 12–13.

③ Claude Lévi-Strauss, 'The Structural Study of Myth', *Journal of American Folklore*, 68 (1955), pp. 428–444.

④ Luc de Heusch, *The Drunken King, or, The Origin of the State*, trans. Roy Willis (Bloomington, [1972] 1982), p. 247.

机隐喻暗示社会的各个方面是相互关联的，因此应该将社会作为一个整体进行研究。这导致人类学家采取了一种整体性的解释方法，这也与历史学家将过去的不同方面（政治、社会、经济历史）分开研究的做法相悖。

1961 年，英国历史学家基思·托马斯（Keith Thomas）强调了整体研究方法的价值，即"将主题与整个社会联系起来进行研究"。[1]然而，人类学研究往往倾向于调查规模较小、相对同质的社会，托马斯后来提出，在更大、更多样化的社会背景下，整体研究方法可能更加困难。[2]事实上，许多受人类学方法影响的历史学家更倾向于微观历史研究，对小型社区、单一事件甚至个体进行详细研究。[3]在这一类型中，卡洛·金茨堡（Carlo Ginzburg）对意大利磨坊主的信仰进行探索，以揭示 16 世纪的大众文化，以及娜塔莉·泽蒙·戴维斯对法国农民的叙述，他离开了家庭并被一个冒名顶替者取代，这两个欧洲研究备受推崇。[4]

托马斯还引起了人类学中对日常生活重要性的注意，他讽刺地得出结论："家庭和社区关系构成了社会人类学的核心内容，也是大多数人生活的真实写照，但从大多数历史研究的主题中，你永远无法推断出这一点。"[5]从这个意义上说，人类学对将历史学家的注意力从公共政治领域转向私人日常生活的重要性产生了巨大影响。历史学家重新发现了包括口述历史和口头传统在内的旧资料，并重新阅读其他资料，开始研究性别、婚姻、童年，以及魔法、神话和仪式。例如，魔法的重要性是托马斯 1971 年对早期现代英国神学和超

---

[1] Keith Thomas, 'History and Anthropology', *Past and Present*, 24 (1963), pp. 3–24.

[2] Keith Thomas, *Religion and the Decline of Magic* (Harmondsworth, 1971), p. 5.

[3] See Peter Burke, *History and Social Theory* (2nd edn, Cambridge, 2005), pp. 38–43.

[4] Carlo Ginzburg, *The Cheese and the Worms: The Cosmos of a Sixteenth-Century Miller* trans. John and Anne Tedeschi (London, [1976] 1992); Natalie Zemon Davis, *The Return of Martin Guerre* (Cambridge, Mass., 1983).

[5] Thomas, 'History and Anthropology', p. 15.

自然信仰研究的核心。[1] 托马斯因未能以非评判性的方式将魔法作为一个连贯而复杂的信仰系统来研究而受到人类学家希尔德里德·格尔茨（Hildred Geertz）的批评。[2] 尽管格尔茨的批评引起了历史学家对在历史研究中可能对什么构成了理性或非理性行为的假设的注意，但《宗教与魔法的衰落》还是引发了对早期现代英国大众文化的大量历史研究。

到了 20 世纪 80 年代，各个领域的历史学家开始效仿那些借鉴人类学来拓宽和丰富历史研究的人。美国历史学家戴维斯提出了人类学工作中的四个具体特点（历史学家可以从中学习）：对社会互动过程的密切观察、解释符号行为的有趣方式、关于社会系统各个部分如何相互配合的建议，以及与历史学家习惯研究的非常不同的文化材料。[3] 尤其是后三个特点，对在各种历史和地理背景下工作的历史学家产生了影响。

人类学洞察力在解释符号行为方面的运用可以在罗伯特·达恩顿（Robert Darnton）的文章《工人暴动：圣塞佛伦街的屠猫记》中找到一个很好的例子。[4] 达恩顿承认，他在思想上受到了美国人类学家克利福德·格尔茨（Clifford Geertz）的影响，后者对文化的符号学解释认为，人与人之间交流的符号（可以是语言、服装或手势）极具重要性。[5] 为了理解这些符号，格尔茨开创了一种被称为"厚描写"的方法。通过以眨眼为例，格尔茨说明了这样一个简单行为

---

[1] Thomas, *Religion and the Decline of Magic*.

[2] Hildred Geertz, 'An Anthropology of Religion and Magic, I', *Journal of Interdisciplinary History*, VI (1975), pp. 71–89.

[3] Natalie Z. Davis, 'Anthropology and History in the 1980s', in Theodore Rabb and Robert Rotberg (eds), *The New History: The 1980s and Beyond* (Princeton, 1982), p. 267.

[4] Robert Darnton, *The Great Cat Massacre and Other Episodes in French Cultural History* (New York, 1985).

[5] Clifford Geertz, *The Interpretation of Cultures* (New York, 1973): see ch. one 'Thick Description: Toward an Interpretive Theory of Culture'. 对格尔茨重要性的评价，参见特刊 *Representations*, 59 (1997)。

可能传达的多层次意义。格尔茨认为，如果不了解我们的研究对象所生活的概念结构和想象力的宇宙，就无法重建眨眼可能的意义。研究工作的目标是深入了解表面行为，达到一种主位（作为局内人的）理解，"根据人们……对其经验的解释来表达"。[1]

这正是达恩顿的目标，他将格尔茨的方法应用于关于 18 世纪 30 年代末巴黎印刷学徒屠杀猫的不寻常而令人不快的描述。[2] 达恩顿对这个故事的解释源自事件发生 30 年后由其中一位参与者的描述，他将这次屠杀描述为他职业生涯中最搞笑的事件。达恩顿认为，"通过理解屠猫行为的笑点，也许可以'理解'旧制度下工匠文化的一个基本要素。"[3] 故事的所有要素都受到"厚描写"的详细情境分析的影响，从猫在法国文化中的象征意义到狂欢节的仪式循环，当中传统行为规则被颠倒。通过关注文化背景和赋予猫的多重意义，达恩顿提出，屠猫代表了学徒对主人不公对待的反抗。"工人觉得这次屠杀很有趣，因为它给了他们一个以象征层面上的方式颠覆资产阶级的机会。"[4] 达恩顿对符号解释的运用引发了重大争议，批评者认为这种分析"过于决定论"，几乎没有争议或其他解读的空间。[5] 这些批评引发了关于如何评估符号解释的有效性的未解难题。历史学家可能对格尔茨的断言感到不满，他(格尔茨)认为"文化分析是（或应该是）对意义的猜测，评估这些猜测，并从更好的猜测中得出

---

[1]　Geertz, *The Interpretation of Cultures*, p. 15.

[2]　Darnton, *The Great Cat Massacre*.

[3]　Darnton, *The Great Cat Massacre*, pp. 77–78.

[4]　Darnton, *The Great Cat Massacre*, p. 100.

[5]　Roger Chartier, 'Text, Symbols and Frenchness', *Journal of Modern History*, 57 (December 1985), pp. 682–695. 关于达恩顿的回应，参见 'The Symbolic Element in History', *Journal of Modern History,* 58 (1986), pp. 218–234; Dominick LaCapra, 'Chartier, Darnton, and the Great Symbol Massacre', *Journal of Modern History*, 60 (1988), p. 103. 从后结构主义视角展开的讨论，参见 Callum G. Brown, *Postmodernism for Historians* (Pearson, 2005), pp. 48–50, 108–109.

解释性结论"。①

当然，这个陈述再次引发了经验主义章节中指出的问题。人类学家的思维，就像历史学家的思维一样，并不是一张"白纸"或白板：研究者通过自己的学术模型、概念和解释框架来观察和发展民族学的见解。丹尼尔·瓦里斯科（Daniel Varisco）在最近对克利福德·格尔茨的著作《伊斯兰观察》进行批评时提出了这一观点。②民族志学的目的是从那些经历或生活其中的人的角度来理解文化。但瓦里斯科认为，格尔茨在描述和解释过程中，将"非西方他者"的形象强加给了他们，几乎没有提供民族志观察和实地调查中关于穆斯林多样化的日常思维和实践的证据。③这场关于西方学者对其他文化和社会的表述的辩论将在第十二章关于后殖民主义视角进一步讨论。

第二次世界大战后，出现了一个新的、更具应用性的人类学和历史领域。这个新领域被称为民族历史学，影响广泛，并且现在被认为是拉丁美洲和中美洲殖民地和当代历史中最重要的方法之一。④然而，最初的动力来自 1941 年美国最高法院对瓦拉派土地索赔与圣达菲铁路的合法性的承认。这导致了 1946 年印第安索赔委员会的成立。⑤委员会启动了研究和专家证词，历史学家和人类学家之间的合作成为"情势所需"。⑥这种背景确保了民族历史学领域的发展更

---

① Geertz, *The Interpretation of Cultures*, p. 20.

② Daniel Martin Varisco, *Islam Obscured: The Rhetoric of Anthropological Representation* (Palgrave Macmillan, 2005).

③ Martin Varisco, *Islam Obscured*, p. 12.

④ Susan Kellogg, 'Philology Plus: New Studies in Mesoamerican Ethnohistory', *Ethnohistory*, 61, 4 (2014), pp. 785–791; David Carey Jr, 'Elusive Identities: Indigeneity and Nation-States in Central America', *Ethnohistory*, 54 (2007), pp. 547–554.

⑤ Christian W. McMillen, *Making Indian Law: The Hualapai Land Case and the Birth of Ethnohistory* (New Haven, CT, 2007).

⑥ Francis Jennings, 'A Growing Partnership: Historians, Anthropologists and American Indian History', *Ethnohistory*, 29, 1 (1982), p. 21.

加注重应用前景和实用价值，研究人员为索赔提供证词，支持或反对都有需求。[1]

　　由于这些起源，有人认为民族历史学一直在努力界定它是一门学科、子领域、过程还是方法论。[2] 这个名字本身引发了一个问题，为什么在美洲使用类似的历史方法和提出类似问题的历史学家被定义为"民族历史学家"，而在非洲或亚洲只被称为"历史学家"。詹姆斯·阿克斯特尔（James Axtell），这个领域最早的历史学家之一，将民族历史学定义为"历史和民族学的结合，其目的是培养既具有历史的历时维度又具有民族学的共时敏感性的学术后代"。[3] 虽然一些人类学家和历史学家将他们的研究限制在一个社会或文化中，但大多数美国民族历史学家在两个或更多社会或文化的接触点工作，并且对该领域的定义强调文化互动。[4] 创办于 1954 年的《民族历史学》杂志的目标之一是"分析和解释那些在民族、国家和殖民帝国的历史和人类学中被忽视的土著、散居和少数民族的经验、组织和身份"。[5]

　　因此，民族和土著的概念是该领域的核心。关于"土著"的概念将在第十二章后殖民主义中讨论；那么什么是民族？虽然这个词的词根 ethnos 源于希腊，但民族的概念在 20 世纪 70 年代成为人类学的重要概念。[6] 关于民族有不同的方法，但都同意"民族与人群

---

[1] Michael E. Harkin, 'Ethnohistory's Ethnohistory: Creating a Discipline from the Group Up', *Social Science History*, 34, 2 (Summer 2010), p. 113.

[2] Kelly Chaves, 'Ethnohistory: From Inception to Postmodernism and Beyond', *The Historian*, 70, 3 (2008), p. 492.

[3] James Axtell, 'Ethnohistory: A Historian's Viewpoint', in *The European and the Indian: Essays in the Ethnohistory of Colonial North America* (Oxford, 1981), p. 5.

[4] Russell J. Barber and Frances F. Berdan, *The Emperor's Mirror: Understanding Cultures through Primary Sources* (Tucson, 1998).

[5] Jennings, 'A Growing Partnership', p. 21.

[6] 以下讨论来自 Thomas Hylland Eriksen, *Ethnicity and Nationalism* (3rd edn, London, 2010), pp. 4–16。

关系的分类有关"。① 虽然上述杂志的目标保留了"少数民族"的词语，但实际上每个人都属于一个民族群体，尽管归属的意义和强度会有所不同。由于后者失去了科学可信度，因为人们认识到"在一个'种族群体'内部的遗传变异要大于它们之间的系统变异"，并且遗传特征不能解释文化变异，所以学术讨论中"种族"一词被民族取代。② 首先，从社会人类学的角度来看，民族是一种关系性的概念，基于对文化独特性的感知（包括语言等），尽管边界可能是流动的。其次，最好将其视为一种由内在的和主观的因素确定的"归属感的主位类型"。③ 最后，民族认同似乎不会随着现代化而减弱，反而可能在城市化等进程中得到强化。④

然而，在实践中，民族作为一种主观性形式也可能包括对共同血缘或起源神话的信仰，并且这些民族信仰已经成为许多国家发生"灭绝性种族暴力"的基础。⑤ 乔纳森·格拉斯曼（Jonathan Glassman）在殖民地和后殖民地非洲的背景下认为，历史学家普遍认为种族冲突起源于西方关于种族的"教条"，包括民族分类和等级制度，这些教条得到了殖民地国家社会结构的支持。同样，种族概念也与世界体系理论中的全球资本主义结构相关联，反映了核心和外围之间劳动分工的不平等和剥削性质（见第六章）。相比之下，在关于桑给巴尔（Zanzibar）的案例研究中，格拉斯曼指出，这种理解忽视了"在战争期间成长起来"的桑给巴尔知识分子的作用，他们的政治"历史和文明的修辞"在很大程度上促成了战后桑给巴尔的

① Hylland Eriksen, *Ethnicity and Nationalism*, p. 5.
② Hylland Eriksen, *Ethnicity and Nationalism*, p. 6.
③ Hylland Eriksen, *Ethnicity and Nationalism*, p. 16.
④ See, for example, the discussion in Bruce Berman, Dickson Eyoh, and Will Kumlicka (eds), *Ethnicity and Democracy in Africa* (Oxford, 2004), pp. 3–9.
⑤ 这个概念，以及本节随后的讨论，参见 Jonathan Glassman, 'Slower Than a Massacre: The Multiple Sources of Racial Thought in Colonial Africa', *American Historical Review*, 109, 3 (2004), pp. 720–754。

种族仇恨的兴起。他得出结论，证据并不支持"非洲种族政治观念仅源于欧洲想象力"的假设。①

受 20 世纪血腥历史的影响，许多欧洲历史学家对民族国家文化符号的具象化情感吸引力持怀疑态度。但是，人类学家（如安东尼·史密斯）认为文化符号、神话、记忆和传统与民族主义密不可分。事实上，他认为民族主义的根本根源在于其"深层"文化资源，即"古代的神话、记忆、传统和民族遗产的符号"，这些资源对大众意识具有持久的影响力，精英不能对此视而不见。② 因此，这种对民族或民族群体的理解似乎是历史的、普遍的，并且可以跨越时间维度。

正如中世纪历史学家帕特里克·吉里（Patrick Geary）指出的，这种说法对于寻求理解过去的历史学家来说存在风险。③ 与史密斯相反，吉里认为欧洲民族身份和民族主义话语的起源出现在 19 世纪，并且：

> 历史记录中没有任何证据支持它们。早期中世纪和当代"民族"的一致性是一个神话……在大型霸权国家和渴望独立的运动中，声称"我们一直是一个民族"的说法实际上是成为一个民族的呼吁——这些呼吁不是基于历史，而是基于创造历史的尝试。④

---

① Glassman, 'Slower Than a Massacre', p. 753.

② Anthony Smith, *Myths and Memories of the Nation* (Oxford, 1999), pp. 12, 271–274.

③ Patrick Geary, 'Power and Ethnicity History and Anthropology', *History and Anthropology*, 26, 1 (2015), p. 12.

④ Patrick Geary, *The Myth of Nations: The Medieval Origins of Europe* (Princeton, 2003), pp. 12, 37. See also J.L. Nelson, 'A Sense of Humour in Daddy's Presence', *London Review of Books*, 25, 11, 5 June 2003, pp. 23–24: www.lrb.co.uk/v25/n11/jl-nelson/asense-of-humour-in-daddys-presence, accessed 24 March 2015.

正如吉里所建议的，历史学家将民族身份视为一种情境构建也许更具成效：即在特定社会和历史背景下，个人或群体对特定力量或压力的回应而采取的身份，因此民族可能会发生变化？[1] 史密斯和吉里之间的争论可能反映了基本的学科差异：历史学家致力于找出过去的"真相"，而人类学家对于探索特定口述或书面材料对当代民族身份建构的影响更感兴趣。[2]

民族历史学家对于展现殖民背景下土著和少数民族的经历和观点津津乐道。在口头文化背景下进行这一努力所面临的困难在阿克斯特尔的一篇论文中得到了充分体现，该论文试图理解印第安部落如何看待欧洲侵略者。[3] 北美印第安人没有"书写系统，[他们] 几乎没有留下关于他们早期对白人看法的第一手记载"。阿克斯特尔随后研究了欧洲人写的记录，包括早期探险家的描述以及后来对印第安人口头传统的记载。通过这种方式，我们看到历史学家逆向解读资料，试图将印第安人聚焦在视野中。[4] 作为这种做法的一个例子，阿克斯特尔引起了我们对欧洲人所赋予的名字的注意，这些名字是"对本土形象和价值的有意义的指标"。与印第安人接触的欧洲人被赋予的名字几乎都与他们的技术有关："罗得岛的纳拉甘塞特人称所有欧洲人为"外套人"或"剑客"。纽约的莫霍克人称荷兰人为"铁匠"或"布匹制造商"，而休伦人称法国人为 Agnonha，"铁人"。阿克斯特尔早就提醒我们，在"割据的土著政权"的背景下，武器非

---

① Patrick Geary, 'Ethnic Identity as a Situational Construct in the Early Middle Ages', *Medieval Perspectives*, 3, 2 (1988), pp. 1–17.

② Eriksen, *Ethnicity and Nationalism*, p. 85.

③ James Axtell, 'Through Another Glass Darkly: Early Indian Views of Europeans', in *After Columbus: Essays in the Ethnohistory of Colonial North America* (Oxford, 1988), pp. 125–143. 后面的引用都来自本文，see pp. 128, 134, 135。

④ 另外的例子参见 Bronwen Douglas, 'Encounters with the Enemy? Academic Readings of Missionary Narratives on Melanesians', *Comparative Studies in Society and History*, 43, 1 (2001), pp. 37–64。

常重要，新来者的技术优势导致了"印第安人最初对陌生白人的崇高看法"。

民族历史学的一个重要成就是将所有参与文化交流的人都视为共同决定结果的主动者。[1] 这是相对于传统观点的重大进步，以前的观点将美洲原住民描绘为欧洲行动或政策的对象。[2] 相反，民族历史学家关注"文化同化"的过程，即不同文化之间相互吸收。弗雷德里克·霍克西（Frederick Hoxie）认为，民族历史学家早期关注殖民破坏和剥夺，这些力量似乎无法抵抗，但在 20 世纪美洲印第安人的研究中，已经被对美洲印第安人生活的"持久性、文化创新"和主动性的认识所取代。[3] 但殖民往往伴随着暴力、剥夺和文化压制，人类学家对这种不平等竞争价值中立的态度与后殖民历史中明显更加一致的观点形成鲜明对比。

关于原住民的不同宇宙观和时间框架在多大程度上被纳入书面历史记载仍然存在争议。口头文化可能以多种方式构建过去：例如，与季节相关的生态时间、人类活动的循环日历以及整体的过去。[4] 这些时间框架可能与西方的线性、时间顺序模型或公历不相符。此外，在历史上具有重要意义的事件可能没有达成一致，正如以下例子所示。20 年前，R. 大卫·埃德蒙兹（R. David Edmunds）指出，当历史学家研究 1833 年大平原地区的美洲原住民历史时，他们集中于"部落间的战争、毛皮贸易、霍乱流行"等事件。然而，"大平原

---

[1] 比如 Bruce Trigger, *Natives and Newcomers: Canada's 'Heroic Age' Reconsidered* (Kingston, 1985); Richard White, *The Middle Ground: Indians, Empires, and Republics in the Great Lakes Region, 1650–1815* (Cambridge, 1991)。

[2] R. David Edmunds, 'Native Americans, New Voices: American Indian History, 1895–1995', *American Historical Review*, 100 (1995), pp. 720, 725.

[3] Frederick E. Hoxie, 'What's Your Problem? New Work in Twentieth-Century Native American Ethnohistory', *Ethnohistory*, 47, 2 (Spring 2000), pp. 469–481.

[4] Patricia Galloway, *Practicing Ethnohistory: Mining Archives, Hearing Testimony, Constructing Narratives* (Lincoln, 2006), p. 21.

部落记录的象形日历主要关注一次壮观的陨石雨……大平原人将这段时间记忆为'星星落下的冬天'"。[1] 关于原住民和西方形而上学和时间框架之间的对比，将在第十二章的后殖民历史和第十四章的口述历史中得到进一步讨论。

过去30年，人类学遗产为历史研究带来了什么呢？也许最重要的是将"无历史的人们"纳入书面历史记录之中。[2] 这也意味着更加重视档案之外的历史资料，包括物质文化和口头传统。人类学还使历史学家注意到需要进行仔细的共时分析，这是对社会进行整体研究的方法论产物，也是理解文化、语言和社会结构重要性的产物，在这些结构中，人们了解自己的生活，并去其中发挥作用。关于日常生活、家庭、神话和仪式的历史研究极为丰富，这是关注人类学问题的结果。虽然历史学家已经意识到从历史行动者的角度理解过去的重要性，但人类学家却揭示了"主位"（emic）和"客位"（etic）视角之间的紧张关系和含义。民族历史学也是一个历史研究成果具有深远的物质和政治影响的领域，也是一个理论与实践可能在当下发生碰撞的领域。

接下来的阅读材料是由英嘉·克伦丁恩（Inga Clendinnen）撰写的，她是一位澳大利亚历史学家，研究对象包括阿兹特克人和16世纪墨西哥的文化交流。克伦丁恩认为，克利福德·格尔茨和E.P.汤普森是她的灵感来源，而这篇文章探讨了西班牙殖民征服对尤卡坦半岛土著妇女的影响，展示了人类学遗产对丰富历史写作的重要性。克伦丁恩具体关注什么，以使这个社会中妇女的角色变得可见？她认为这些证据揭示了妇女地位的哪些方面？你能找到克伦丁恩如何逆向解读西班牙传教士的记录，以窥探尤卡坦玛雅妇女的生活吗？

---

[1] Edmunds, 'Native Americans, New Voices', p. 737; see also Daniel Richter, 'Whose Indian History?', *William and Mary Quarterly*, 50 (1993), pp. 379–93.

[2] 这个概念来自 Eric R. Wolf, *Europe and the People without History* (Berkeley, 1982)。

你认为她的论点,即尽管妇女被排除在玉米的生产之外,但她们在食物准备中的角色同样神圣,正确吗?克伦丁恩的判断是基于主位还是客位视角?最后,她为什么得出结论说西班牙征服导致尤卡坦玛雅妇女丧失了地位和尊严?

进一步阅读

Axtell, James, 'Ethnohistory: An Historian's Viewpoint', *Ethnohistory*, 26, 1 (1979), pp. 1–13.

Black, Lisa, 'The Predicament of Identity', *Ethnohistory*, 48, 1–2 (2001), pp. 337–350.

Chaves, Kelly, 'Ethnohistory: From Inception to Postmodernism and Beyond', *The Historian*, vol. 70, 3 (2008), pp. 486–513.

Claus, Peter and John Marriott, *History: An Introduction to Theory, Method and Practice* (Harlow, 2012), ch. 14.

Darnton, Robert, 'The Symbolic Element in History', *Journal of Modern History*, 58 (1986), pp. 218–234.

Davis, Natalie Zemon, *The Return of Martin Guerre* (Cambridge, Mass., 1983). Fogelson, Raymond. 'The Ethnohistory of Events and Nonevents', *Ethnohistory*, 36, 2 (1989), pp. 133–147.

Galloway, Patricia, *Practicing Ethnohistory: Mining Archives, Hearing Testimony, Constructing Narratives* (Lincoln, 2006).

Geertz, Clifford, 'Thick Description: Toward an Interpretive Theory of Culture', in *The Interpretation of Cultures* (London, 1975).

Ginzburg, Carlo, 'Microhistory: Two or Three Things That I Know About It', in *Threads and Traces: True, False, Fictive*, trans. Anne C. Tedeschi and John Tedeschi (Berkeley, [2006] 2012).

Harkin, Michael, 'Ethnohistory's Ethnohistory: Creating a Discipline from the Ground Up', *Social Science History*, 34, 2 (2010), pp. 113–128.

Magnússon, Siguróur Gylfi and István Szijáartó, *What is Microhistory?* (London, 2013).

期 刊

Ethnohistory

History and Anthropology

Identities: Global Studies in Culture and Power

摘 录

尤卡坦玛雅妇女与西班牙征服：历史重建中的角色与仪式

英嘉·克伦丁恩

在过去几年里，不同地区和时期的历史学家一直在寻找"普通人"。通过更加深入地利用已知资料，以及将以前未被考虑的存留物视为研究对象，已经取得了显著的成功。[1] 对于普通妇女的追寻同样充满激情，但进展并不顺利。拉丁美洲以极其明显的方式展示了这些困难。对于近期历史，统计数据提供了一些机会来了解妇女生活的外部条件，而研究人员则可以借助录音机来了解特定妇女的经历，这方面的收获是可观的。然而，在早期，社会和种族分歧的尖锐对立、大多数人口的贫困和文盲状态、将男性视为其女性亲属的充分代表的文化习惯的强大力量，有效地将普通妇女排除在历史记录之外。[2]

然而，我们可以通过某些方式来了解妇女的生存和经历模式，即使是对于 16 世纪那些塑造欧洲—印第安人关系的关键几十年。接下来，我将追溯西班牙征服和殖民对尤卡坦土著妇女的影响。相关

---

[1] E.P. 汤普森及其同事的工作在这两方面都堪称典范。See esp. Douglas Hay et al., *Albion's Fatal Tree* (New York, 1975)。

[2] Asunción Lavrin (ed.), *Latin American Women: Historical Perspectives*, Contributions in Women's Studies, Number 3 (Westport, CT, 1978), Intro., p. 4. 最近的文献情况，参见 Meri Knaster, *Women in Spanish America: An Annotated Bibliography from Pre-Conquest to Contemporary Times* (Boston, 1977)。

资料主要是西班牙人的，而且都是男性视角。[①] 从土著一方，我们只有一些编纂的祈祷文、预言、故事和日历，学者们将其统称为"奇拉姆·巴拉姆之书"（Books of Chilam Balam）。由于关注高尚、神圣和男性事务，它们只是略微提及妇女。[②] 西班牙文献具有"外来者"叙述的惯有缺陷：外来征服者很少成为出色的民族志学家。作为男性，他们与被击败的敌人的妇女生活相距甚远。

资料不一定直接或间接涉及妇女，但可以揭示她们的处境。通过重建围绕男性活动的界限，我们可以推断出相应的女性活动定义。但是，要确定性别角色的界限、内容，甚至相关的举止，并不是要了解扮演者是如何体验和评价这些角色的。为此，我们必须转向那些场合，让那些"构成……民族的生活和文化信息，但未得到阐明的概念"，最终得到最正式的表达，从而使观察者更容易理解：仪式

---

① 其他地方的社会史学家在重建人口迁移和当地人口概况时，曾如此有效地利用过统计资料，但半岛却缺乏这些资料；我们所能得到的只是绝对人口的估计数字，以及地区间不同损失的粗略指标。参见 Woodrow Borah and Sherburne F. Cook, *Essays in Population History: Mexico and the Caribbean* (Berkeley, 1971–1979), 3 vols, vol. 2, 1974, chapter 1. See also Peter Gerhard, *The Southeast Frontier of New Spain* (Princeton, 1979). 为确定殖民时期半岛人口流动的文化动态所做的尝试令人印象深刻，参见 Nancy M. Farriss, 'Nucleation versus Dispersal: The Dynamics of Population Movement in Colonial Yucatán,' *Hispanic American Historical Review* 58 (1978): 187–216. 关于早期世俗西班牙人的记载，参见 Henry Raup Wagner (ed.), *The Discovery of Yucatán by Francisco Hernandez de Cordoba* (Berkeley, 1942) and his *The Discovery of New Spain in 1518 by Juan de Grijalva* (Berkeley, 1942). 关于 Jeronimo de Aguilar 被玛雅人 "奴役" 的经历，参见 Cervantes de Salazar, *Crónica de la Nueva España* bk. 2, chs. 25–29. 相关段落的英译，参见 Appendix D in Alfred M. Tozzer (ed.), *Landa's Relación de las cosas de Yucatán: A Translation* (Cambridge, Mass., 1941). 同样重要的还包括 *Relaciónes* from Yucatán, (1579–1581), published as volumes 11 and 13 of the *Colección de documentos inéditos relativos al descubrimiento, conquista y organización de los antiguas posesiones españolas de Ultramar* 25 vols (Madrid, 1885–1932). Hereinafter *RY* I and *RY* II.。

② 最易获得的案例，参见 Ralph L. Roys (trans & ed.), *The Book of Chilam Balam of Chumayel* first published 1933 (new edition Norman, 1967). 有关 "奇拉姆·巴拉姆之书" 及其他低地玛雅资料的完整列表，参见 Charles Gibson and John B. Glass, 'A Census of Middle American Prose Manuscripts in the Native Historical Tradition,' in *Handbook of Middle American Indians* vol. 15, ed. Howard F. Cline (Austin, 1975).

行为的世界。^① 因此，我们需要对行为进行详细描述。我们已经有了这些描述。一些西班牙传教士专业地努力去理解家庭和社区互动的社会伦理，费心记录土著生活的日常例行事务。他们更加热衷于描述那些他们认定属于禁忌的土著仪式世界的表演。^② 当然，他们只"看到"了他们认为重要的事物，但他们的报告足够丰富，为我们的研究提供了基本依据。通过追踪角色和仪式之间的关系，并注意其他路径和陷阱，我们不仅可以了解 16 世纪尤卡坦玛雅妇女做了什么，以及发生了什么，还可以了解她们对这些经历的理解。

如果我们要追溯征服的影响，必须首先将女性置于传统世界中。^③ 将殖民征服前尤卡坦的男女关系，解读为女性受压迫这部冗长史书中的又一篇章，是很容易的事情。性别角色被明确区分，成年女性和女孩被限制在我们所称的家庭空间，并且要保持严谨的谦逊态度。女性没有法律角色，没有继承财产或地位的权利。年轻男子通过搬到妻子父亲的家中并为他服务两三年来"赢得"对妻子和子女的控制权。^④ 如果一夫一妻制是平民的规则，贵族则拥有众多的妾室和妾妇，所有男人都认为他们有权对待他们的女性奴隶。女性被排除在最

---

① Clifford Geertz, 'On the Nature of Anthropological Understanding,' *American Scientist* 63 (1975): 47. 我认为，Geertz 关于"文化"的概念对于民族史学家或任何其他历史学家来说都是不可或缺的。See especially 'Thick Description: Toward an Interpretive Theory of Culture,' in his *The Interpretation of Cultures* (New York, 1973), pp. 2–30. 妇女研究这一特殊领域的必备图表参见 Susan Carol Rogers, 'Women's Place: A Critical Review of Anthropological Theory,' *Comparative Studies in Society and History* 20 (1978): 123–162。

② 最重要的单一资料来源是方济各修士迭戈·德·兰达（Diego de Landa）于 1566 年在西班牙撰写的《尤卡坦事物记》，该书总结了他在半岛 15 年的生活经历。See also Diego López de Cogolludo, *Historia de Yucatán* (Mérida, 1867–1868). Hereinafter Cogolludo, *Historia.* 传教士的相关叙述，散布于 F. V. Scholes, C. R. Menendez, J. I. Rubio Mañe and E. B. Adams (eds), *Documentos para la historia de Yucatán* 3 vols (Compañía Tipográfica Yucateca, 1936–1938); F. V. Scholes and E. B. Adams, *Don Diego Quijada, alcalde mayor de Yucatán, Campeche y Tabasco* 3 vols (Mexico City, 1942). 其他重要的资料包括 *Cartas de Indias* (Madrid, 1877), and Mariano Cuevas (ed.), *Documentos inéditos del siglo xvi para la historia de Mexico* (Mexico City, 1946–1947)。

③ 本节主要信息来自 Landa, *Landa's Relation, passim*, but especially pp. 85–133。

④ Tomas Lopez Medel, 'Ordenanzas,' in Cogolludo, *Historia* bk. 5, ch. 17.

神圣的仪式之外，[①] 不能向神祭献自己的血液。[②] 只有未到青春期的女孩才会在献祭中流血而死；只有已经安全度过更年期的老妇人才被允许进入神庙并在神像前跳舞。[③] 男性仪式行为的某些方面也可以被解读为对女性，或者至少是对性的敌意。戒除性交在准备仪式活动中是很常见的，但尤卡坦玛雅人规定了非常长的禁欲期。[④] 在中美洲，阴茎割礼是一种自我牺牲的行为，在墨西哥，这种做法仅限于独身的祭司，而在尤卡坦，这种仪式对所有男性开放，并且竞争激烈。[⑤]

根据这些证据，尤卡坦玛雅妇女在自己的社会中被视为财产，而且是不洁的财产。但是，我们所看到的其他印第安人的行为暗示着一种友好的相互接纳，从而挑战了这种黯淡的观点。西班牙人以他们公然的淫乱行为震惊了印第安人，而他们反过来又震惊地看到印第安男女如何随意地在水坑中洗澡，男性只遮掩了"一只手能遮

---

① 某些仪式所需的"处女"水是从非常偏远的地方取来的，还没有被女性污染。J. Eric Thompson, intro., to reprinted edition of Henry C. Mercer, *The Hill Caves of Yucatán* (Teaneck, N.J., 1973), pp. xv–xxii; Landa, *Relación*, p. 103, p. 153, n. 468. See also J. Eric Thompson, *Maya History and Religion* (Norman, 1970), pp. 185–185 [sic]。

② 关于女性自愿献血的禁忌，参见 Landa, *Landa's Relatión*, pp. 114, 128. 更有意思的是，这些限制似乎是半岛上的地方性限制，代表着在某一时期与传统做法的决裂。我们有明确的证据表明，在玛雅古典时期，低地玛雅妇女曾献血，"进行放血仪式，甚至在突袭后协助提审囚犯"。Tatiana Proskouriakoff, 'Portraits of Maya Women in Maya Art,' in Samuel K. Lothrop (ed.), *Essays in Pre-Columbian Art and Archaeology* (Cambridge, Mass., 1964), pp. 90–91. 乔伊斯·马库斯（Joyce Marcus）从墓志和图像证据出发，认为在古典时期的第九个周期，妇女开始享有"新的角色和认可"，在都城中心统治的王朝的妇女或许可以在较小的附属中心行使权力。Joyce Marcus, *Emblem and State in the Classic Maya Lowlands*, (Washington, D.C., 1976). She notes that during Cycle 10 (A.D. 830–909) women cease to be represented on monuments. Marcus, *Op. Cit.*, pp. 192–193。

③ 尽管人们对此充满幻想，但并没有任何证据表明圣水之穴只接受美丽的处女——其受害者死于溺水。Earnest A. Hooton, 'Skeletons from the Cenote of Sacrifice at Chichén Itzá,' in Alfred M. Tozzer (dedicated to), *The Maya and their Neighbours* (New York, 1962), (2nd ed.), pp. 272–280. See also *RY* II, 24–26. 在兰达的叙述中，他提到箭祭的牺牲者是"男人或女人"。Landa, *Landa's Relatión* p. 118. 然而，由于箭祭与战士崇拜紧密相连，我认为这是兰达或后来的抄写员的疏忽。

④ 例如，被选为纳孔（Nacom）或战争队长的人必须在三年任期内禁欲。Landa, *Landa's Relación* pp. 122–123。

⑤ Landa, *Landa's Relación* p. 114.

住的部位".[1] 女孩在月经开始时并没有被隔离，也没有证据表明在月经周期中有任何避讳的实践。[2] 分娩是女性的事情，但没有有关产后净化仪式的记载。男女都花很长时间在相当不舒服的情况下，通过文身、涂饰和香气芬芳的香膏使自己的身体更加美观、触感和气味宜人。性行为本身似乎被看作是理所当然的事情。虽然新娘肯定被期望是处女，但并没有过分关注贞洁的迹象：新婚夫妇在婚礼之夜只进行了最简单的床上活动，当晚重要的事情是亲戚们的宴会。如果在完成新娘仪式之前婚姻破裂，即使自己的女儿不再是处女，甚至可能已经当了母亲，也没有迹象表明父亲认为女儿再婚会更加困难。寡妇和鳏夫可以再婚，但他们更常常陷入非正式的性关系，似乎除了他们自己之外没有人关心。当然，淫乱的行为令人憎恶，但不悦是因为这样的行为违背了高尚的尊严和自我控制的标准。[3]

---

[1] Landa, *Landa's Relación* pp. 89, 126.

[2] 在这里，我们必须面对这样一种令人不安的可能性，即月经隔离和避讳的做法，要么没有被后来的调查人员提及，要么被视为无关紧要或有伤风化而被删除。

[3] 事实上，性控制的松弛是危险的，因为它会引发更严重的失控。下面是"奇拉姆·巴拉姆之书"中关于在 Katun 7 Ahau "入侵"开始之年出现的瓦解过程，"智者"的淫乱带来了失序，而他本来的责任是维护秩序。(plumeria 就是我们所谓的"鸡蛋花"。尤卡坦玛雅人总是把它与性联系在一起，当然并非总是负面的联系。)

Katun 7 Ahau 是第三个 katun……plumeria 是它的面包，plumeria 是它的水，是 katun 的负担。然后，智者的淫乱开始了，肉体罪恶的召唤开始了，katun 的召唤开始了……，他们转动脖子，扭动嘴巴，眨巴眼睛，口中念念有词，对男人、女人、首领、法官、审判长、书记员、唱诗班班主，对所有大小人物都是如此。没有伟大的教诲。对他们而言，天地迷失了，他们失去了所有的羞耻感。于是，城镇的首领、城镇的统治者、城镇的先知、玛雅人的祭司都被绞死。理解丧失了，智慧丧失了。准备好吧，噢，伊萨！你们的儿子将看到 katun 的欢笑、katun 的戏谑、无赖的言语、无赖的面孔……统治者、首领……

Roys, *The Book of Chilam Balam of Chumayel* p. 151. See also pp. 105–106; 169. "奇拉姆·巴拉姆之书"是在欧洲统治时期写成的(正如引用的段落所表明的那样)，受到了基督教的影响，但它们所颂扬的宇宙观却是传统的。参见 Inga Clendinnen, 'Landscape and World View: the Survival of Yucatec Maya Culture under Spanish Conquest,' *Comparative Studies in Society and History* 22 (1980); 374–393. 在醉酒祭祀时可能会发生乱交行为。据酋长迭戈·德·孔特雷拉斯(Diego de Contreras)报告，醉酒后"(印第安人)……会崇拜偶像，并与他们的姐妹、女儿和女性亲属发生肉体关系"。兰达本人也声称，印第安人在醉酒后会"侵犯对方的夫妻权利，可怜的妇女以为她们在接受丈夫……" Landa, *Landa's Relación* p. 91. 然而，在他伟大的《联系》(*Relación*)一书中，没有一处再次提到酒后乱性的指控，甚至在他关于玛雅年最后三个月的庆祝活动期间暴力和酗酒的描述也没有提到。Landa, *Landa's Relación* p. 166. 在大部分作品中，他都强调了对贞洁的高度重视，以及对性活动的严格管理，eg. Landa, *Landa's Relación* pp. 32, 123–124, 127. See also Pedro García, *RY* I, 149。

　　婚姻并不一定被视为一种压迫性的制度。即使女性没有正式的"权利"，她仍然享受到了相当的保护。在最初不确定的几年里，当她和新丈夫开始理解他们的关系的条件时，她继续与她最亲近的亲人生活在一起，并享受熟悉的日常生活和环境的安全感。她可能在同样安全的环境中生下自己的第一个孩子。当转移到丈夫父亲的家庭时，她可以带着她作为一位已经被承认的妇人的角色和声誉完成搬迁。她与亲人之间也没有身体上的距离。在尤卡坦半岛的多家庭、多代人的家庭中，"社会"的范例及他人可能的干预在所有关系中普遍存在。婚姻中适当行为的明确规定表明，夫妻双方都受到很好的保护，不会被对方任意摆布。有迹象表明，完成新娘服务标志着每个配偶进入完全社会成熟的阶段。妇女摆脱了早年所受到的严格社会和身体限制，年轻男子也摆脱了战士之家和单身汉的黑色涂料，转而获得了婚姻状态下的文身和更大的独立性，然后升级到可以成为自己家庭的家长的地位。命名习俗也提供了证据：妇女在婚后保留了自己的姓氏，每个人的名字中都有一个来自母亲的 teknonym 命名。[①] 妇女有自己专属的仪式场合，由于资料匮乏，这些场合对我们来说是隐秘的。她们肯定有自己的空间：如果男人在战士之家周围的公共空间、祭司和领主的住所中找到了他们的社交场所，那么院子就是妇女的领地，她们可以在果树的阴凉处聚集、交谈、看孩

---

① 　拉尔夫·罗伊斯认为这个名字源于母亲的姓氏，"她只能从母系祖先的女系中继承这个姓氏"。参见 Ralph Roys, 'Personal Names of the Mayas of Yucatán,' *Contributions to American Anthropology and History* Vol. 6 (Washington, D.C., 1940), pp. 37–38. 罗伊斯怀疑，"玛雅社会中存在某种母系组织，但在相关文献中却从未曝光过"。Ralph L. Roys, 'Literary sources for the History of Mayapan,' *Mayapan Yucatán Mexico* ed. H. E. D. Pollock, Ralph L. Roys, T. Proskouriakoff, A. Ledyard Smith, Pub. No. 609, (Washington, D.C., 1962), p. 63, and 'Personal Names of the Mayas of Yucatán,' p. 38. 尽管在这一问题上证据混乱，但罗伊斯的判断一如既往地令人肃然起敬。有关证据的讨论，参见 William A. Haviland, 'Rules of descent in sixteenth century Yucatán,' *Estudios de cutura Maya IX* (1973), 135–150. 哈维兰声称，虽然理想的血统是父系的，但在现实中，为了满足动荡时期的灵活需求，血统是模糊的。

子，并在无尽的编织工作中互相帮助。

对仪式世界的更系统的调查显示，尽管强调让性成熟的妇女远离最神圣的地方和时刻，但她们并没有被排除在所有或大多数宗教场合之外。妇女是家庭神殿的主要保管人，这些神殿供奉着家族和家庭的神明，可能占据了印第安人虔诚信仰生活的大部分内容。[1] 在寺庙和领主的庭院举行的更公开的仪式上，男人酿造类似蜜酒的 balché，但妇女负责大部分仪式食物，并且在仪式结束时与男人分开坐着参与宴会和饮酒。她们还有自己独特的表达方式，但整个社会都很重视。她们的编织技巧对于维持仪式展示至关重要。半岛之外的贸易是领主的特权，他们在社会权威的公共表现中消费了大部分进口奢侈品。由尤卡坦妇女编织的精美棉织品是一种主要且特别珍贵的出口商品。虽然一些用于外贸的披风和腰布可能是作为贡品提供的，但毫无疑问，大部分工作是在领主家庭的"家庭工厂"里编织完成的，那里女性劳动的合作已经在平民家庭中得到了发展，成为专业化的专家。[2] 而且，女性手工艺品总是装饰仪式的主要参与者。

女性的技能在仪式上得到了与男性同样的荣誉：在每年的"祝福职业"仪式中，"所有职业的工具"，从祭司的器具到妇女的纺锤，都会被涂上神圣的蓝色沥青，镇上的所有孩子，男孩在一组，女孩在另一组，都会轻轻拍打手掌，使他们的双手在适当的职业中变得熟练。[3]（值得注意的是，这个仪式是由一位老妇人执行的。）

---

[1] Tozzer, *Landa's Relation* p. 18, n. 105.

[2] 关于征服前的贸易，参见 France V. Scholes and Ralph L. Roys, *The Maya-Chontal Indians of Acalan-Tixchel* 2nd ed. (Norman, 1968), esp. chapter 2; Anne C. Chapman, 'Port of Trade Enclaves in Aztec and Maya Civilizations,' in Karl Polanyi, Conrad M. Arensberg, Harry W. Pearson (eds), *Trade and Market in the early empires; economics in history and theory* (New York, 1957), pp. 144–153. See also Ralph L. Roys, *The Indian Background of Colonial Yucatán* second ed. (Norman, 1972) esp chapter 8。

[3] Landa, *Landa's Relación* p. 159.

当社区的男性专家们聚集在其中的一座房子里，为他们的职业举行年度庆祝活动时，他们的妻子作为参与者和伴侣也在场。[1] 尽管强调长时间的性禁欲，但神职人员并不需要保持独身：对于他们来说，婚姻标志着社会成熟，他们被期望将深奥的知识传给自己的儿子。

在玉米的种植和使用中，这一中心活动——基于其对生计的重要性、在生产中花费的时间和其神圣意义上都具重要性——再次展示了男性和女性、丈夫和妻子的相互依存。方济各修士弗朗西斯科·瓦斯克斯（Francisco Vásquez）在 18 世纪初的危地马拉高地提到玉米地（*Milperos*）时写道：

> 玉米周期是一个完全男性的事务，他们所做和所说的一切都与玉米有关，他们几乎把它看作是一个神。他们对玉米地的陶醉和狂喜是如此之大，以至于为了它们，他们忘记了孩子、妻子和其他乐趣，仿佛玉米地是他们生活的最终目标和所有幸福的源泉。[2]

在尤卡坦半岛，与危地马拉一样，种植、照料和收割玉米是男性的特权。女性最多可以帮助将收获的玉米运回村庄。虽然墨西哥人会在玉米生长的某些阶段将其视为女性，但可以明确的是，玛雅玉米神的拟人化形象为男性，女性被禁止参与玉米生长的农田仪式。但是，如果我们继续追踪整个生产和消费周期，男性和女性活动的相互依存以及丈夫和妻子的互补性再次显现，那么女性被排除

---

[1]　Landa, *Landa's Relación* pp. 154–155.

[2]　Fray Francisco Vásquez, 'Cronica de la provincia de Santísimo nombre de Jesús de Guatemala de la Orden de nuestro seràfico Padre San Francisco,' quoted Thompson, *Maya History and Religion* p. 287.

在这一中心活动之外的观念只能持续到我们所称之为"生产周期的结束"。一旦玉米进入村庄，女性就要承担控制和照顾它的责任，并以适当的关注和尊重来处理这些圣物：因为随意浪费谷物或草率处理玉米壳会给整个社区带来报应。三石火炉是一个神圣的地方，磨碎和煮玉米的时间与男性在农田中度过的劳动时间一样充满了神圣的意义（这提醒我们，对"角色"和"仪式"进行必要的区分是多么武断）。由于数字四与男性相关，象征着他将在四边形农田中度过大部分时间，数字三代表了女性，象征着三石火炉，代表她将在家内炉灶旁度过生活的大部分时光。即使是阴茎割礼——对我们来说令人不安，因为我们深受基督教对罪恶肉体的苦行观念的影响——也可能在庆祝同样的相互依存性。彼得·弗斯特（Peter Furst）令人信服地指出，当玛雅时期的祭司和统治者从他们的阴茎中抽取血液——这种血液被认为具有非凡的生命力——他们表达了"中美洲世界关于互补［原文如此］对立面相互依存的某些基本假设——在这种情况下指男性和女性……"，男性生殖器的血液被认同为月经血。[①] 我们当然不能认为这种仪式对女性是不利的。

不能把与西班牙人接触之前的尤卡坦岛理想化为某种社会与性别和谐的"我们已经失去的世界"，这样是对过去的浪漫化，放弃了理解它的义务。战俘在村庄里默默劳作，在饥荒时期，绝望的穷人

[①] Peter T. Furst, 'Fertility, Vision Quest and Auto-Sacrifice: Some Thoughts on Ritual Blood-letting Among the Maya,' in Merle Greene Robertson (ed.), *The Art, Iconography and Dynastic History of Palenque Part III*, (Pebble Beach, Calif., 1976), p. 183. 关于生殖器血液的生命力，参见 David Joralemon, 'Ritual Blood-Sacrifice among the Ancient Maya: Part I,' in Merle Greene Robertson, ed., *Primera Mesa Redonda de Palenque: Part II*, (Pebble Beach Calif., 1974) pp. 59–75. 我们是否应该在神话和赋予女性神灵的特征中寻找更多的蛛丝马迹？在我看来，线索中断了：我在占主导地位的神话和神灵形象（如果它们是"人"的投影的话）中看到的是传统女性角色的直接复制。参见 J. Eric Thompson, *Maya History and Religion* esp. 214–219. X-Tabai 是现代人发明的一种恶毒的女妖，她们化身为美丽的女孩，引诱男人去送死。Robert Redfield and Alonso Villa R., *Chan Kom: A Maya Village* (Washington, D.C., 1934), p. 122.

把自己卖身为奴隶，而神灵则索取人类的心脏和鲜血。秩序是被追求和珍视的，因为它是一种脆弱的东西。但如果说浪漫主义是容易的，那么我们的理解能力就更容易受到最顽固、最理所当然的种族中心主义的阻碍，即西方对"人"的概念化，以及随之而来的"个人主义"和"自治"概念，[①] 同时也会被我们自己对两性关系的政治维度的敏感——理所当然的敏感——所蒙蔽。尤卡坦玛雅妇女确实与男性不同，并且处于从属地位。男性系统地优先于女性：男性控制公共仪式活动和整个公共领域，而女性则在我们所称的家庭区域活动。但是说妇女是分开和从属的，并不等于说她们被隔离和受压制，并且被视为，以及她们自己视为，低人一等。男性同样但以不同的方式受到约束，年轻人对年长者的责任，低级别对高级别的责任。社会权威并没有增强"独立性"：领主对平民和祭司有双重责任，祭司对男性和神灵有责任。在这种世界观的框架下，功能和地位的差异被理解为相互依存。男性和女性在很大程度上分开活动，但这些区域通过日常和仪式行动的多重桥梁相互联系，每个群体都可以平等地行动。

尤卡坦玛雅人在西班牙人进入新世界之前首先遭受的灾难是天花。它可能源自达连湾，在1517年尤卡坦半岛被正式"发现"之前席卷了整个半岛。西班牙人在1527年发起的第一次进攻可能只影响了特定的社区。茂密的灰色森林的威胁，以及狭窄曲折的小径上被伏击的高风险，使得那些潜在的征服者不敢冒险，当他们偶然发现一个村庄时，村民通常已经被他们接近时发出的噪音吓得躲进了灌木丛中。西班牙人在这片贫瘠的土地上找到的东西很少，以至于在1535年，他们被金色秘鲁的传说吸引，离开了半岛。1540年回来的人带着新的决心确保他们的战利品，尽管他们知道它很贫瘠。他们发现了一个变化了的景观：在这个过渡期间，印第安人遭受了残酷

---

① 　克利福德-格尔茨（Clifford Geertz）以其一如既往的清晰风度提出了问题并发出了警告，参见 'On the Nature of Anthropological Understanding,' *American Scientist* 63 (1975): 47–53。

的内战、干旱、饥荒，然后是蝗虫肆虐。在那些荒凉的日子里，据说人们"死在路上，回来的西班牙人再也认不出这个国家了。"[1] 尽管遭受了这些破坏，几个省份仍然顽强抵抗，在最后的战役中，双方都打得十分惨烈。在这最后阶段，几乎没有村庄幸免于难，整个地区都被摧毁：曾经人口众多的乌伊米尔-切图马尔（Uaymil-Chetumal）省，在战斗最终平息时，已经成为一个只有少数幸存者的空荡荡的地方。在很多地方，社区放弃了他们的村庄和玉米地，尽力在森林中分散生活。

印第安人曾经奋力战斗，但对他们的对手缺乏足够了解。原住民的妇女、儿童和男子都被用链子拴住脖子，成为征服者拖在身后的长队中的俘虏。当加斯帕尔·帕切科（Gaspar Pacheco）夺取了一个城镇并需要搬运工时，他发现男人们已经逃走，于是他把妇女聚集起来强迫她们搬运——这是印第安人从未想到的解决办法。[2] 妇女还遭受了西班牙人和墨西哥盟友的性虐待。不幸的是，我们没有理由怀疑那些流传的恐怖故事，比如妇女被绞死，孩子被倒挂；性残害；"不合作"的妇女被比西班牙人更可怕的大狗撕裂。那些没有直接与入侵者发生身体接触的妇女仍然必须忍受饥饿和风吹雨打；当旧的生活模式被打破时，性别之间的严格分工对每个人都造成了沉重的负担。

结 局

由于防御者精疲力竭，1546 年"和平"来临，土地被划分为纳

---

[1]　Landa, *Landa's Relación* p. 55.

[2]　关于 Pachecos's campaigns 的关键资料，参见 Fray Lorenzo de Bienvenida to the Crown, Mérida, 10 February 1548, *Cartas de Indias* pp. 70–82. For the carriers episode, see p. 80. 关于整个征服过程，最好的叙述依然是 Robert S. Chamberlain, *The Conquest and Colonization of Yucatán, 1517–1550* (Washington, D.C., 1948)。

贡区并被留下来休养生息。

幸存者生活在一个变化的世界中，最明显的状况是我们所知道的人口大幅减少，其确切规模仍然不清楚。能够确定的是，半岛的人口在征服的 20 年中减少了一半以上，而东部和南部的省份，在西班牙人到来之前人口众多，已经被有效地清空。[①] 然后在 10 年内，通过传教士的努力（尽管遭到西班牙平民和印第安人的激烈反对），剩下的印第安定居点被迫集中，当然以印第安人的生命为代价。我们通过老殖民者吉拉尔多·迪亚兹（Giraldo Diaz）的回忆，窥见了幸存者被驱离家园，被迫搬到修道士选择的陌生地方时的痛苦和心理冲击。他回忆说，许多被赶进新定居点的人死于饥饿和风吹雨打，有些人则死于"内心的巨大悲伤"。[②] 在整个世纪的其余时间里，我们所拥有的少量指标表明，人口继续下降，尽管不那么剧烈，部分原因是"自然"灾害，如流行病、饥荒（当然也因为迁徙而恶化），或许还有婴儿出生模式的变化。

征服者对被打败的印第安人提出的经济要求在很大程度上是熟悉的。尤卡坦半岛没有矿产财富，而且，正如西班牙人很快发现的那样，在这片干旱的土地上没有其他有商业价值的产品。如果半岛被更快地征服，人口很可能将成为商业资源，被运往大陆和岛屿上渴望劳动力的矿山，但到 15 世纪 40 年代中期，皇室已经坚决反对这种对其臣民的随意支配，这条致利之路被关闭了。这个贫困的省份对后来的冒险家没有什么吸引力，而那些曾经奋斗了那么久那么辛苦的西班牙人只能得到微薄的回报，生活在 4 个西班牙城镇之一，满足于分配给他们的城镇首领的纳贡，无非是一些传统的土著产品，

---

① 博拉和库克估计，1527 年（军事行动的第一年）和天花流行之后，半岛人口为 80 万，1546 年约为 35 万。16 世纪下半叶主要"自然"灾害清单，参见 *Essays in Population History* II, pp. 62–63, 176–177。

② Giraldo Diaz, *RY* II, 209–210.

如棉被、蜂蜜和蜡、盐、玉米和豆类以及引进的鸡；并且依靠组织劳动力以满足主要的家庭需求。

这些要求对玛雅男性来说并不新鲜。虽然无法确定征服前向领主支付的贡品的确切水平，[①] 但领主通常会得到当地农产品的一部分，并依赖男性的劳动力服务，也可能包括女性劳动力。对于男性来说，后征服时期的农业生产方式、技术、社会群体和地点仍然很熟悉，即使所要求的贡品数量和最终用途是新颖的。对于女性来说，这种强加的变化要大得多。尽管西班牙的贡品要求经历了一系列的调整，但有一个要求始终不变：每个纳贡者，无论如何定义，每年都必须提供一定长度的普通棉布。[②] 尤卡坦的妇女一直在纺织棉布，既为自己使用，也提供给对外贸易的奢侈品市场。但是，按照西班牙人的规定纺织厚重、宽阔、无装饰的斗篷是一项陌生而乏味的任务。此外，强加的劳动义务迫使妇女在西班牙城镇中从事家庭服务，而军事习惯难以改变：在 1561 年，最终成功废除妇女纳贡劳动的论点是，无法保护妇女免受性骚扰。[③]（正是在这种情况下，方济各修士敦促，将在村庄中"惹是生非"的"流浪"妇女集中起来，强迫她们到西班牙人的家中服务，理由大概是她们已经堕落，不能再堕落下去。这种实用主义态度让心地善良的世俗主义者震惊不已。）[④]

对于偶然的性邂逅，梅里达的"淫秽之家"仍然存在，大概主

---

① Eg., Landa, *Landa's Relación* p. 87; Juan Bote, *RY* I, 287–288; Pedro de Santillana, *RY* I, 254–255; Juan de Magaña, *RY* I, 187, 有关贡品登记的相关资料, 参见 obert S. Chamberlain, *The Pre-Conquest Tribute and Service System of the Maya as a Preparation for the Spanish Repartimiento-Encomienda in Yucatán* (Coral Gables, 1951)。

② 1549 年的贡品要求每位已婚男子，或者更恰当地说是每对已婚夫妇，提交一份约 10 平方码或 12 平方瓦拉的棉花贡品和若干欧洲母鸡，以及玉米、豆类、蜂蜡和蜂蜜。有关以雷亚尔为单位的曼塔价值估算，以及对要求压迫性的精明评估，参见 Scholes and Roys, *The Maya-Chontal Indians of Acalan Tixchel* pp. 151–153. See also p. 470, n. 1。

③ Don Diego Quijada to the Crown, 6 October, 1561, *RY* II, 260–261.

④ Don Diego Quijada to the Crown, 6 October, 1561, *RY* II, 260.

要由印第安女孩承担，① 但大多数西班牙人更喜欢持久的关系。在尤卡坦，很少有具有地位的印第安女性能够吸引西班牙人结婚，尽管少数征服者和更多的工匠娶了印第安妻子。② 情妇又是另一回事。1552 年，访问的皇家法官托马斯·洛佩斯·梅德尔（Tomas Lopez Medél）尽力迫使西班牙人解散"满是女人的房子"，③ 但在1579 年，吉拉尔多·迪亚兹仍然漫不经心地评论那些印第安女孩的迷人方式，她们是西班牙人的特别朋友。（然后他尖刻地抱怨说，土著妇女每天都变得"更加淫荡"，这似乎是火苗在责怪水壶为什么变黑。）④ 不幸的是，我们对这些妇女或她们后代的命运一无所知，尽管有可能，正如洛克哈特在秘鲁所展示的那样，一些非婚生的孩子被他们的西班牙父亲接纳并在西班牙社会获得一定地位。

战争的动荡和征服者的性需求让这些妇女摆脱了传统束缚。但大多数妇女仍然留在村庄里。传教士们决心摧毁土著生活的传统模式和传统关系，重新安置和重组了这些村庄。修士们认为，普通民众传统的多家庭、多代人的家族，培养了女性的合作劳动和互助支持，是性混乱和社会混乱的煽动因素；到世纪末，这样的家庭只在远离西班牙监视的偏远地区存活下来。⑤ 他们认为领主的家庭，带

---

① Fray Francisco de Total to the Crown, 20 April 1567, *Cartas de Indias XLII*; Petition of Joaquín de Leguizamo, n,d., Scholes and Adams, *Don Diego Quijada II*, 207–208.

② Juan Francisco Molina Solis, *Historia del Descubrimiento y conquista de Yucatán* (Mexico, D.F.: 1943), 2 vols II, pp. 384–385.

③ Tomas Lopez Medél, 'Ordenanzas,' in Cogolludo, *Historia* bk 5, chs. 16–19.

④ Giraldo Diaz, *RY* II, 212. 据兰达（Landa）记载，老人感叹，自从与西班牙人接触后，他们女人的贞操就下降了。Landa, *Landa's Relación* p. 71。

⑤ Lopez Medél, 'Ordenanzas'; Giraldo Diaz, *RY* II, 209–210. Fray Lorenzo de Bienvenida to the Crown, Mérida, 10 February 1548, in *Cartas de Indias* p. 78; France V. Scholes, Ralph L. Roys and E. B. Adams, 'Report and Census of the Indians of Cozumel, 1570,' *Contributions to American Anthropology and History* Vol. 6, (Washington, D.C., 1940), pp. 5–29; Ralph L. Roys, France V. Scholes and Eleanor B. Adams, 'Census and Inspection of the Town of Pencuyut, Yucatán, in 1583 by Diego Garcia de Palacio, *oidor* of the Audiencia of Guatemala,' *Ethnohistory*, 6, no. 3 (Summer 1959): 195–225.

着随行的女眷，是淫乱的庙宇。他们坚持认为，每个领主必须将他的性兴趣限制在主要"合法"妻子身上，任何其他居住和服务于家中的妇女必须得到报酬。普通人的"一夫一妻"婚姻也没有逃脱关注。新娘服务被视为买卖妇女。他们坚持认为（他们的目光从西班牙人身上移开），基督教生活要求每对已婚夫妇与他们的子女住在一个单独的住所中。妇女的亲属不再干涉婚姻，因为婚姻不是家族之间的联盟，而是个人之间的庄严圣礼，以基督的义务将男女联系在一起，将他们变成一体。[①]

当然，所有异教仪式都是被禁止的。任何印第安人都不被信任，不允许在他们的房子里放置基督教的器物：只有教堂被指定为村庄中神圣的地方，那里可以存放神圣的物品，并展示虔诚的行为。但是，妇女和男子一样被要求去教堂，并在由土著教师且在来访修士监督下运营的"基督教"学校中，女孩子被从母亲的照料中召唤出来，与男孩子一起在新秩序的陌生祈祷和手势中摸索前行。

这个新秩序似乎为尤卡坦妇女提供了一些安全和地位的提升。经济理论家满怀希望地向我们保证，妇女的地位与她们在非家庭领域的贡献成正比，而妇女的经济角色已经扩大：妇女现在开始提供组成义务贡品的斗篷和鸡。兰达记录了尤卡坦贵族对修士们的嘲笑，"因为他们不分贫富，一视同仁"。[②] 贵族知道，世界的自然、真实和适当的秩序是建立在区别和对这些区别的排序上的；贵族、男性和长者的优越地位以及普通人、女性和年轻人的从属地位。修士们有意地努力颠覆这种秩序，并为自己更加平等的世界观赢得接受。

---

① 这种对领主一夫多妻制关系的干预肯定会将许多妇女（和儿童）从社会秩序中卑微但安全的位置驱逐到社会的空白地带。在战后这个普遍动荡的时期，死亡频频降临，我们不能把所有在村庄里流浪的流离失所者都归咎于修士们的社会工程实验，但他们的立法一对 1561 年所抱怨的许多"流浪的印第安妇女，未婚且生活邪恶"负有责任。

② Landa, *Landa's Relación* p. 97.

妇女被敦促向修士求助，以纠正修士们所谓的"不公正"，[①] 以及保护修士所定义的"权利"。她们在新信仰中被教导，男人和女人一样都是罪人，都有救赎的能力，并看到一个被称为玛丽的温柔母亲受到尊崇，并被告知她在人类和神圣事务中是一个有力的力量。现在的任务是看看新统治者的干预在多大程度上改变了妇女的传统关系和传统自我认知，无论是有意还是无意。

在一个关键的领域，发生了重大变化：征服之前，女孩在 20 岁结婚，20 年后，她们在 12 或 14 岁结婚——部分是为了应对方济各修会的压力，部分可能是为了应对那个时代悲惨的不确定性。[②] 早婚和对一夫一妻制的强调导致较早和更频繁的怀孕；迪亚哥·德·兰达修士注意到女孩"非常多产"，并且生孩子"非常早"。[③] 在如今的社会，传教士对一夫一妻制的坚持导致产后恢复性关系过早，结果往往是母亲和儿童严重的蛋白质缺乏，妊娠困难、成功分娩和婴儿存活的困难显著增加。尤卡坦的一些证据片段指向这个方向：一位殖民者报告说，虽然许多印第安儿童出生，但并非所有人都能长大，[④] 当托拉尔主教在 16 世纪 60 年代为他的教区神父们起草一份通知时，详细说明了在无法正常分娩婴儿时使用的程序。[⑤] 另一方面，兰达提到了"非常漂亮而丰满"的婴儿的活力，将他们的活泼归功

① 例如., 兰达指出，在皈依运动的早期，在附属于修道院的贵族子弟特殊学校中接受培训的热心男童"敦促离婚妇女和孤儿（如果他们沦为奴隶）向修士投诉"。Landa, *Landa's Relación* p. 73. 兰达还记录了一个已婚妇女的案例，在一名男子先是企图引诱她，然后又企图强奸她之后，她来找他寻求保护，p. 127。

② Landa, *Landa's Relación* p. 100.

③ Landa, *Landa's Relación* p. 128.

④ Juan Bote, *RY* I, 289.

⑤ 'Avisos del muy illustre y reverendísimo señor don Fray Francisco de Toral, primer obispo de Yucatán, Cozumel y Tabasco … para los padres curasy vicarios de este obispado y para los que en su ausencia quedan en las iglesias,' n.d., Scholes, Menendez, Rubío Mane, Adams (eds), *Documentos para la Historia de Yucatán* II, 27.

于母亲丰富的乳汁和持续三到四年的母乳喂养。[①] 这种延长哺乳期的习惯，再加上土著草药知识的强大资源，可能抑制了过于频繁的受孕。此外，西班牙人的存在对饮食的影响并非全都有害。虽然猎物和追捕猎物的时间肯定大大减少了，从海岸带来了没有腌制的渔产，但是繁殖速度快的欧洲鸡很快就在大多数印第安小屋周围啄食和叫唤。如果主人不准备吃这些鸡（除非生病或庆祝某个节日，鸡是一种贡品），那么鸡蛋一定增加了蛋白质摄入量。猪肉偶尔也能获得，以补充印第安人继续为食物饲养的小狗肉。在许多村庄引入西班牙井增加了最必要但稀缺的水资源的可及性，沉重的搬运工作显著减少，以及由此带来的流产风险。[②]

产妇仍然由熟练的当地妇女和亲近的女性亲属陪伴。西班牙修士摧毁了传统的多家庭住宅，并宣扬婚姻只是个人之间的事务，但在那些小型面对面的社区中，亲属很难被说服相信旧的关系和旧的责任已经结束。托拉尔主教警告他的牧师要确保前来结婚的夫妇是自愿的，没有来自父母或"一些村庄里过去有的那些老媒人"的压力，并教导夫妇们婚姻的责任，明确指出他们必须生活、睡觉和吃饭在一起，并离开之前的家庭。[③] 我们不知道新娘服务是否仍然以某种修改过的形式存在：西班牙人对在农田中发生的事情不予理会。尽管传教士不赞成，但复杂的互相宴请（男女分开）肯定仍在继续。村庄广场似乎已经取代了战士之家，成为仍然举行的男性会议的场所。没有任何迹象表明男性在征服后比征服前在家庭区域花费更多的时间，尽管男孩子和女孩子在学校中被迫在一起，但在幼儿阶段后，他们的生活仍然存在明显的差异。

在新的私人夫妻关系中出现了一些新的压力：兰达遗憾地指出，

---

① Landa, *Landa's Relación* pp. 125, 128.

② Juan Bote, *RY* I, 290.

③ Bishop Toral, 'Avisos,' 31.

抛弃妻子曾经很少见，现在变得很常见，印第安男子观察到西班牙人对不忠诚的女人的行为后，开始虐待他们犯下错误的妻子，甚至杀死她们。尽管他们通常表现得很绅士，但女性似乎不太愿意接受双重标准，并且在嫉妒方面也很暴力，通常袭击其他女人，但有时也对丈夫发火，扯掉他们的头发，"无论他们有多少次不忠诚。"[1] 尽管女性的团结并不总能克服性竞争，但它确实能使妇女的劳动贡献更容易接受。随着领主家庭的解散，维系复杂家庭的"家庭工厂"也被解散，我们必须假设专业织工失去了将自己的技能运用到工作中的乐趣，以及自己的专业知识所带来的地位。对于普通妇女来说，制作大型斗篷的织布工作可能是一项繁重的任务，尤其是如果修士成功地将每个女人关在她自己的个人家庭监狱中。但是，旧的家庭社交仍然存在：女性的大部分时间仍然与其他女性在一起，从事她们共同的工作，并互相帮助。

她们并非把所有的织布时间都用于制作贡品斗篷。尽管与征服前的水平相比，印第安人自己对布料的消耗量下降了，主要是因为男性的服装已经简化为无装饰的衬衫和宽松的裤子，但女性的服装仍然极具表现力，她们的装饰和自我呈现方式也是如此。

尽管现代广告伤害了人们的敏感性，但这并不是一个微不足道的问题；毕竟，一个民族在对"美"的概念上的表现与对"善"的概念一样重要，而在印第安妇女的偏好中，我们有机会评估她们对西班牙女性美的理解和回应。在征服前的时代，备受推崇的精致文身和修齿术至少在 16 世纪 60 年代就已经不再使用。纹身在 1552 年被洛佩斯·梅德尔禁止，但修齿术和身体彩绘的消失并非因为法规，而是因为西班牙人的鄙视以及创作时间和适当展示机会减少等综合原因。然而，并没有迹象表明他们模仿了西班牙关于女性优雅的理

① Landa, *Landa's Relación* pp. 100, 127.

念；尽管在西班牙主人家里服务期间有充分的机会观察和学习西班牙人的偏好和技巧，尤卡坦玛雅妇女拒绝接受西班牙妇女的面部化妆品，认为这种做法很不端庄，并继续以传统的方式蓄发并精心护理头发。[1] 她们的服装也基本保持传统。毫无疑问，在征服之后，妇女的节日服装跟先前一样，仍然是她们编织技巧、审美意识的无声表达，对于那些精通装饰图案深奥语言的人而言，无疑也是被偏爱的自我形象；这些服装富有装饰性，用彩色纱线制成复杂的图案边框，并与鸭毛交织在一起。即使对于未受教育的吉拉尔多·迪亚兹来说，它们"看起来不错"。[2] 妇女将明亮的羊毛纱线编入设计中，或者编织在辫子上，这是一种新奇的做法，这些纱线从墨西哥进口，证明这些妇女能够通过在当地市场进行交换积累足够的零用钱，并且有足够的独立性从巡回小贩那里购买所需的物品，这些小贩不顾散漫西班牙人试图将他们立法取缔的努力，在不同村庄之间来回穿梭。[3]

尽管征服过程发生了种种动荡，修士的行动也充满活力且精准无误，但传统惯例和传统角色的强大韵律似乎仍在重新发挥作用。但并非所有的指标都表明，创新是持续的或可控的。尽管传教士精力充沛，但是他们在体力上和文化上都远离村庄，无法真正替代传统的思维方式和传统的权威结构。但是，他们刻意对与土著宗教有关的表演的攻击确实产生了一个意想不到的后果：这种干预破坏了将男性世界和女性世界联系在一起的仪式纽带。

在 1562 年的偶像崇拜大审判中，一些妇女被折磨，大概是因为人们认为她们了解非法仪式，在狭小的村庄世界里，她们可能确实

---

[1] Landa, *Landa's Relación* pp. 126–127.

[2] *RY* II, 212.

[3] 关于羊毛纱线，见上文，以及 the *relación* de Merida, *RY* I, 70–71. 有关早期取缔小贩的尝试，参见 Lopez Medél, 'Ordenanzas,' nos 9 and 33。

如此。但在幸存下来的逼供证词中，除了一些牺牲者被认定为未到青春期的女孩外，没有任何证词提到女性的存在或辅助参与。[1] 我们或许可以理解为什么妇女被排除在村庄教堂内举行的仪式之外，因为教堂可能被视为征服前的神庙。同样，我们不会期望妇女出席在森林、洞穴或隐蔽的水洞中进行的仪式：这些地点一直是男性的专属领域。但据说一些仪式是在教堂墓地或教堂附属的墓地中进行的，[2] 在那里，根据征服前的做法，妇女可以出席，即使只是作为旁听。然而，似乎她们并没有出席。这可能是因为表演的强制保密性以及与之相关的高风险——这样的仪式在某种程度上是战争的延续——使它们被认为不适合妇女，而只适合男性。

修士的惩罚行动并没有阻止偶像崇拜；在整个世纪及以后的时期，即使在村庄学校仍有关于偶像崇拜的报告，以及"基督徒"教师、领主和平民继续参与异教仪式的报道。[3] 但是持续的压力导致传统活动与天主教活动之间的差异日益加剧，并将前者从村庄的舞台上排除。在殖民时期的其余时间里，印第安祷告领袖和教师在村庄内传授基督教版本的仪式，但是最持久的传统玉米地仪式则在森林中进行，女性无法参与。女性或许可以准备一些仪式食物，但随后它们会被带走，超出她们的视野，进入成为纯粹男性兴奋和庄重

---

[1]　Report of Sebastian Vásquez, 25 March 1565, Scholes and Adams, *Don Diego Quijada* II, 213–214, 关于未成年女性受害者，参见 e.g., Testimony of Juan Tzabnal, 5 September 1562, *Don Diego Quijada* I, 152. 我曾在其他地方论证过，摘录的证词不能被解读为对实际事件的直接描述，但随意透露的社会背景可以被认为是准确的表述。

[2]　Eg., Petition by Fray Diego de Landa to Diego Quijada, 4 July 1562, *Don Diego Quijada* I, 69; Indictment against the Indians of Sotuta province, 11 August 1562, *Don Diego Quijada* I, 71–72.

[3]　Scholes and Adams, *Don Diego Quijada* I, 114; *RY* II, 28, 147, 190, 213; Pedro Sanchez de Aguilar, 'Informe contra idolorum cultores del Obispado de Yucatán,' in Francisco del Paso y Troncoso, *Tratado de las idolatrías, supersticiones, dioses, ritos, hechicerias y otras constumbres gentílicas de las razas aborigenes de Mexico* (Mexico City, 1953), Tomo II, *passim*.

的领域。贫困的村庄无法养活这些专家，而他们的妻子在维持这些专家的技能方面所起的作用一直得到公开承认。女性无法再照料家庭的神灵，因此无法宣示她们与家族的认同，也无法在更公开的崇拜方式中展示她们所做贡献的重要性。女性的手工艺品不再是神像或伟大领主形象的装饰品，也不再是仪式剧场不可或缺的组成部分。现在，她们织布的大部分时间都被用于制作宽阔的平纹棉布，这些布料只是被收集起来，带走，用于未知的用途和目的（疏离感并不是工业化世界独有的经历）。她们更精细的技能只能用于个人装饰。

观察行为是一回事，声称了解行为对被观察者的意义又是另一回事。尽管如此，显然西班牙的存在，尽管对女性生活的许多例行事务几乎没有影响——基于狭义上的"性别角色"——却严重减少了能够公开验证女性职业和男女角色互补性的宗教和社交场合。大部分男性的劳动时间一直都在村庄之外；在西班牙的干预下，他们的主要社交生活和大部分宗教生活都迁移到了他们的劳动地点，这些生活曾经以村庄为中心，并与女性的社交和宗教生活融为一体。被困在村庄的狭小世界中，女性被迫在她们之间建立社交生活，并在男性主导的罗马天主教教会的结构中尽可能做出宗教上的调整。[①]仪式不仅建立现实，也确认现实。我们可以推断，西班牙征服的一个结果是，尤卡坦妇女的地位被微妙但真实地削弱了。

[①]　Eg., see Thompson, *Maya History and Religion*, pp. 248–9 and lrwin Press, *Tradition and Adaptation: Life in a Modern Yucatán Village* (Westport, LT, 1975). Press 称，在普斯图尼奇，天主教是"女性的宗教"，"男孩去教堂的次数开始减少，而与此同时，他们的密巴活动（milpa activties）却在增加"，p. 184. 妇女可以参加密巴仪式，也可以食用部分主要祭品，但必须与祭坛保持一定距离。Press, *Tradition and Adaptation* p. 189. 尤卡坦玛雅人的解决方案与高原玛雅社区的解决方案大相径庭，在高原玛雅社区，村落中精心设计的公民–宗教等级制度是男性宗教和社会能量的集中体现，而女性则处于从属地位，但起着必不可少的辅助作用。有关这种制度的详细分析，参见 Evon Vogt, *Zinacantán: A Maya Community in the Highlands of Chiapas* (Cambridge, Mass., 1969)。

第九章　叙事问题

"叙事"这个词可能是英语中过度使用的词。它不仅出现在你意料之中的文学和历史领域，还出现在政治和商业领域。如今，政党和大型企业都认为，拥有一个"引人入胜的叙事"对于说服公众投票或购买产品至关重要，这证明了叙事对我们认知周围世界具有影响力。讲故事是人类天性的基本部分，甚至可能是我们思维中"深层结构"的一部分。[①] 一些历史学家认为，叙事也是历史学科的定义特征；例如，弗朗索瓦·孚雷认为"历史是叙事的孩子"——历史的定义是由其"话语类型"而不是研究对象来确定的。[②] 叙事是解释随时间变化的核心，这是历史研究和写作中最重要的维度之一，也是历史学家寻求实证"连贯性"或逻辑一致性的主要手段（见第一章）。但正如社会心理学家杰罗姆·布鲁纳（Jerome Bruner）警告的那样，尽管我们对故事很熟悉，却"并不善于理解故事如何实现寻常物的嬗变"。[③] 本章将确定历史学家和历史哲学家对过去叙事化提出的关键问题，特别关注海登·怀特（Hayden White）所做的批判性介入，该介入在学术辩论中仍能引发共鸣。

---

① H. Porter Abbott, *The Cambridge Introduction to Narrative* (2nd edn, Cambridge, 2008), p. 3.

② François Furet, 'From Narrative History to Problem-Oriented History', in *In the Workshop of History*, trans. Jonathan Mandelbaum (Chicago, [1982] 1984), p. 54. See also Louis O. Mink, *Historical Understanding* (Ithaca, 1987), p. 12.

③ Jerome Bruner, *Making Stories* (New York, 2002), p. 4. "寻常物的嬗变"（transfigures the commonplace）的概念来自 Arthur Danto, *The Transfiguration of the Commonplace* (Cambridge, Mass., 1989)。

　　叙事的核心是构建一个有起承转合的叙述，包括开端、发展、结束等环节，围绕一系列随时间发生的事件进行结构化。以下是劳伦斯·斯通（Lawrence Stone）对叙事的定义，可以代表对叙事的传统理解：

> 　　叙事被理解为将材料按照时间顺序进行组织，并将内容聚焦为一个单一的连贯故事，尽管其中可能有次要情节。叙事史与结构史的两个基本区别在于，它的组织方式是描述性而不是分析性的，而且它的中心焦点是人而不是环境。因此，它处理的是具体而特定的事物，而不是集体和统计的事物。叙事是一种历史写作方式，但它的模式也受到内容和方法的影响。①

　　这个定义中有两个需要详细阐述的关键表述。第一个涉及叙事是一个单一的、连贯故事的观点，第二个是叙事本质上是描述性而不是分析性的建议。叙事需要高度的连贯性才能形成故事发挥作用。然而，叙事的规模可能涉及不同层次的概念连贯性。根据艾伦·梅吉尔（Alan Megill）的分类，这些层次包括：特定事件的微观叙述；试图解释更广泛历史段落的总体叙述；声称提供历史权威解释的宏大叙述；最后是借鉴某种宇宙观或形而上学基础的元叙述，例如基督教。② 罗伯特·伯克霍夫（Robert Berkhofer）认为，"伟大的故事"继续对历史学家和读者产生相当大的吸引力。以克里斯托弗·哥伦布五百周年为例，伯克霍夫展示了特定总体叙述的高度争议性。

---

① Lawrence Stone, 'The Revival of Narrative: Reflections on a New Old History', in *The Past and the Present Revisited* (London, 1987), p. 74.

② Alan Megill, 'Grand Narrative and the Discipline of History', in Frank Ankersmit and Hans Kellner (eds), *A New Philosophy of History* (Chicago, 1995), pp. 152–153.

哥伦布的故事是"发现、入侵、征服、相遇、互动、干预还是其他什么"？[①]

总体叙事，正如哥伦布的叙事所示，通常是由胜利者书写的，很少能引起共识。梅吉尔认为，大多数 20 世纪的历史学家只是将"对人类历史的单一承诺"作为一种理想保留下来，"这是一个自主学科无法达到的终极目标。一致性现在不再位于叙述或预期的故事中，而是位于学科的统一思维方式中"。[②]他认为，这种妥协使历史学家能够将一致性的概念嵌入历史学专业的方法和目标中。在这种说法提出约 20 年后，是否可以认为历史学家共享一种"统一的思维方式"，又在多大程度上适用于叙事形式？彼得·伯克认为，西方范式与土著传统的相遇已经结合在一起，形成了"一个全球的专业历史学家社群，具有类似但不完全相同的实践标准"，他形成了十条论点进行讨论。[③]然而，第九个论点表明，"西方历史学的文学形式是独特的"，并且目前尚不清楚在不同的全球背景下写作的历史学家是否有意识地或无意识地借鉴了类似或不同的土著文学体裁作为叙事模式。[④]当你阅读第十二章关于后殖民历史时，请思考这个评论。

关于叙事形式作为一种表达过去的手段，有许多批评意见。首先，叙事关注人类行动和行为，因此可能过分强调人类的作用，社会结构、经济、社会或环境背景的作用可能被忽视。人类行为在多大程度上受到外部环境的驱动，比如粮食歉收？其次，事件按顺序发生并不一定表示因果关系。一些历史学家会认为，现实是"根本

---

① Robert Berkhofer Jr., *Beyond the Great Story: History as Text and Discourse* (Cambridge, Mass., 1995), p. 45.

② Megill, 'Grand Narrative and the Discipline of History', p. 160.

③ Peter Burke, 'Western Historical Thinking in a Global Perspective – 10 Theses', in Jörn Rüsen (ed.), *Western Historical Thinking: An Intercultural Debate* (New York, 2002), pp. 15–27.

④ Burke, 'Western Historical Thinking', p. 26.

不连续和异质的"，而叙事则对过去施加了虚假的连贯性。[1] 最后，批评者认为论点在叙事中是隐含的而不是明确的，读者无法辨别历史学家进行基本分析的标准或原因。有没有办法解决叙事困境？在多大程度上可以扩展叙事并包含历史学家的后见之明和观点，同时不失去故事的连贯性？大卫·哈克特·费舍尔（David Hackett Fischer）多年前提出了"编织叙事"（braided narrative）的概念，将分析与叙述交织在一起，这是解决问题的一种方式。[2]

其他历史学家坚持传统经验主义和叙事的原则，并认为叙事可以简单地"告诉读者发生了什么"。[3] 认识到历史学家必须在可用事实中进行选择以构建叙事，莱蒙认为这些选择的方式取决于一致性和可理解性的要求，先前和随后的事件通过"传统上可接受的连续性"相互联系在一起。[4] 在叙事的解释力方面，莱蒙认为，"它似乎提供了一种理解，读者可以将一个行动视为一个代理人的适当回应"。莱蒙同意叙事"假设了关于人类行为的一般理论……一套关于人们如何行为以及世界如何运作的假设"。[5] 然而，与第二章中提到的艾布拉姆斯对叙述经验主义历史中未经审视概念的批评相反，莱蒙认为这是叙事方法的优势。[6] 他得出结论："这种解释方式不需要在每个场合通过解释和分析的话语来表达，而是实际上嵌入一种独

---

[1] Carlo Ginzburg, *Threads and Traces: True, False, Fictive*, trans. Anne C. Tedeschi and John Tedeschi (Berkeley, [2006] 2012), p. 207.

[2] David Hackett Fischer, *Albion's Seed* (Oxford, 1989), p. xi; 另一个编织叙事的例子，参见 Anna Green, *British Capital, Antipodean Labour: Working the New Zealand Waterfront, 1915–1951* (Dunedin, 2001)。

[3] M.C. Lemon, *The Discipline of History and the History of Thought* (London, 1995), p. 48. See also David Carr, 'Narrative Explanation and its Malcontents', *History and Theory*, 47 (2008), pp. 19–30.

[4] Lemon, *The Discipline of History*, p. 49.

[5] Lemon, *The Discipline of History*, p. 53.

[6] Philip Abrams, *Historical Sociology* (Shepton Mallet, 1982), pp. 309–310.

特的话语形式中（即叙事）。①

因此，叙述是"通过描述进行解释"吗？劳伦斯·斯通提出，通过"丰富内涵原则"（pregnant principle）将分析和论证融入叙述中。吉尔·莱波雷（Jill Lepore）在以下案例研究中将这一概念付诸实践。② 1741 年，纽约的非洲奴隶被指控密谋烧毁城市，最终有 34 名密谋者被绞死或烧死。莱波雷为这个故事写了三个不同的开始场景，每个场景都包含了一个"丰富内涵原则"或不同论证的种子。第一个描述性段落引起了对城市奴隶制的不稳定性的注意；第二个强调了动产奴隶制的野蛮性；最后一个暗示火灾是一场意外。莱波雷的主要观点是，吸引读者，写出"扣人心弦"的叙述，是历史学家应该努力做到的：即"讲故事在历史写作中不是必要的恶，而是必要的善"。③ 然而，采用"丰富内涵原则"来构建叙述框架，并不能向读者表明历史学家选择特定分析的原因，或者偏好一种解释而不是另一种解释的依据，我们现在就转向这一批评。

在 20 世纪 60 年代，历史叙述的性质受到了密切而批判性的审视。历史学家现在必须考虑这样一种断言：我们对过去的表述与小说家和诗人的表述一样，并没有更多真实性的承诺，我们的叙述是文学作品，按照文体和风格的规则制作。这一挑战来自海登·怀特，他写道："总的来说，人们不愿意将历史叙述视为显而易见的东西——语言虚构，其内容与文学中的对应物更相似，而不是科学中的对应物。"④ 为了赋予过去以意义，怀特认为历史学家从文化类型

---

① Lemon, *The Discipline of History*, pp. 53–54.

② Jill Lepore, 'Writing for History: Journalism, History, and the Revival of Narrative', in Jim Downs (ed.), *Why We Write: The Politics and Practice of Writing for Social Change* (New York, 2006), pp. 83–93.

③ Lepore, 'Writing for History', p. 93.

④ Hayden White, 'The Historical Text as Literary Artefact', in Robert Canary and Henry Kozicki (eds), *The Writing of History: Literary Form and Historical Understanding* (Madison, 1978), p. 42.

的库存中构建情节，如浪漫、悲剧、喜剧或讽刺。这种对历史叙述的分析重新强调了"历史想象力"的概念，但这种想象力比第二章中讨论的历史学家 R.G. 柯林武德的设想更具文学性。

在一篇广为阅读、于 1966 年发表的名为《历史的负担》的文章中，怀特批评说，历史学家声称他们的工作"既依赖于直觉，也依赖于分析方法"，而他们的专业培训几乎完全侧重于后者，这种说法很虚伪。[①] 他认为历史学家已经忽视了"历史想象力"对于理解人类状况的价值，并指出了 1800 年至 1850 年间"史学思想的黄金时代"，在这个时期，"史学思想的最佳代表"积极运用历史想象力来说明"人类对自己命运的责任"。[②] 当怀特发表了一篇关于"历史的黄金时代"几位主要哲学家和历史学家采用的叙述模式的重要分析时，进一步阐述了这一主题。四位欧洲著名历史学家（米什莱、兰克、托克维尔和布克哈特），以及四位历史哲学家（黑格尔、马克思、尼采和克罗齐）的著作构成了怀特的"历史想象力"的理论基础。[③]

怀特的核心观点是，语言和语言规范在历史写作中起着根本性的作用。它们以两种方式实现：历史学家选择理论概念和叙述结构来分析和解释历史事件，以及通过语言范式"预设他们的研究领域"。正是后者被怀特定义为所有历史写作中的元史学元素：

> 历史著述结合了一定数量的"材料"，用于解释这些材料的理论概念，以及对这些材料进行呈现的叙述结构……
> 此外，我认为，它们包含了一种深层次的结构性内容，这

① Hayden White, 'The Burden of History', *History and Theory*, 2 (1966), p. 111.
② White, 'The Burden of History', p. 132.
③ Hayden White, *Metahistory: The Historical Imagination in Nineteenth-Century Europe* (Baltimore, 1973). See 'Introduction: The Poetics of History', pp. 1–42, 对怀特的理论有详细阐释。

种内容通常是诗学的，具体而言是语言学的，是人们预先
接受的独特"历史"解释范式。在所有比专著或档案报告
更全面的历史作品中，这个范式都发挥着"元史学"要素
的功能。[1]

历史写作中的元史学元素从一开始就被确定下来。历史学家必
须"预设领域——也就是说，将其构建为精神感知的对象"。[2] 这个
精神过程是研究和写作的基础。怀特将其描述为"在对历史领域进
行正式分析之前的诗意行为，[在这种行为中]，历史学家既创造了
他的分析对象，也预先确定了他将用来解释这一对象的概念策略的
模式"。[3] 为了理解历史写作中的元史学方面，怀特转向了比喻理论。
比喻是诗意或比喻是语言的潜在语言结构。历史学家构思他们的研
究方式受到这些语言结构的限制。怀特认为有四种比喻类型塑造了
"历史想象的深层结构形式"，它们如下：[4]

比喻理论	
隐喻	一个事物被描述为另一事物，从而"承载"其所有联想
转喻	用事物的属性或与之密切相关的名称代替事物的名称
提喻	用事物的一部分来描述整体，反之亦然
反讽	言不由衷

通过比喻的概念，怀特将修辞手法转化为预先确定历史学家构
建的叙述类型的深层思维结构。对这个命题的两个批评可能会引起

---

① White, *Metahistory*, p. ix.

② White, *Metahistory*, p. 30.

③ White, *Metahistory*, p. 31.

④ White, *Metahistory*, pp. 31–38; 定义来自 Martin Gray, *A Dictionary of Literary Terms* (2nd edn, Harlow, 1992). 怀特对四种比喻类型的使用不同于结构主义者列维-斯特劳斯的二元对立，参见 Hans Kellner, 'A Bedrock of Order: Hayden White's Linguistic Humanism', *History and Theory, Beiheft* 19 (1980), p. 5。

我们的关注。在实践中，历史学家可能会使用多种比喻手法。怀特对 19 世纪历史学家的研究表明，每个历史学家都使用了多种比喻手法，例如，托克维尔在"隐喻和转喻两种意识模式之间"进行了交替，通过讽刺进行调和。[①] 在更基本的层面上，注重经验的历史学家拒绝将比喻提升到历史叙述中起决定性作用的地位。例如，基思·温德舒特（Keith Windschuttle）声称，"比喻不是决定整个结构的深层基础，而是历史叙述中使用的相对较小的文体手法……怀特将表面误认为实质，将装饰误认为建筑物"。[②]

一旦历史学家开始研究，怀特认为他们必须选择特定的理论概念和叙述结构来理解证据。怀特提出历史学家有三种用于历史解释的策略：情节化、形式论证和意识形态蕴含，每种策略都有四种替代的表达方式：[③]

情节模式	论证模式	意识形态蕴含模式
浪漫式的	形式论的	无政府主义的
悲剧式的	机械论的	激进主义的
喜剧式的	有机论的	保守主义的
讽刺式的	情境论的	自由主义的

历史学家选择的情节化、论证和意识形态蕴含的特定组合决定了他们的历史写作风格。但这种选择并不完全自由。怀特认为各种解释策略之间存在"亲和性"，这些亲和性在上面的表格中表示。[④]

让我们以列奥波德·冯·兰克为例，他是《元史学》中的研究对象之一，看看理论在实践中是如何运作的。兰克是 19 世纪书写／

---

① White, *Metahistory*, p. 203.

② Keith Windschuttle, *The Killing of History* (Sydney, 1994), p. 241.

③ White, *Metahistory*, p. 29.

④ 关于"选择性亲和关系"概念的讨论，参见 Philip Pomper, 'Typologies and Cycles in Intellectual History', *History and Theory, Beiheft* 19 (1980), p. 32。

叙述关于民族和国家历史的最重要的历史学家之一。怀特得出结论，兰克的大部分作品都采用了喜剧、有机主义和保守主义的情节化、论证和意识形态。历史学家以特定的方式构建他们的叙述，这提供了一种解释。毕竟，史料并没有告诉历史学家何时开始他们的叙述，或者何时结束。怀特认为兰克采用了喜剧情节化，这是一种模式，男人可以在其中战胜他们分裂的状态，即使是暂时的实现和谐与和解。其次，有机主义论证，顾名思义，采用有机的隐喻进行解释。个体和实体是整体的组成部分，例如国家（这里有一个有用的隐喻是身体，其中腿和头是整体的一部分），结果是"具有整合意图"。最后，保守主义的意识形态暗示也与有机的隐喻一致。变革最好是缓慢进行的，并且应该是对现有制度和结构的渐进适应。怀特认为，这三个方面对兰克关于国家崛起的叙述至关重要。兰克的叙述，就像上面对喜剧的定义一样，从"从表面上的和平状态，到冲突的揭示，再到通过建立真正和平的社会秩序来解决冲突"的过程。①

兰克在他的叙述中采用的叙事策略，包括情节、论证和意识形态，根据怀特的说法，源自他开始时的"元史学"元素和"比喻解释"。兰克的作品展示了"提喻"的比喻手法，也就是说，他对欧洲历史的描述"给读者提供了一种形式上连贯的连续感，通过这种方式，行动似乎以局部与更大的历史整体相融合的方式运行"。② 怀特没有提出为什么兰克会选择这种比喻手法而不是选择其他，这成了批评意见的来源。

汉斯·凯尔纳（Hans Kellner）承认怀特将历史学家在修辞和语言选择上做出的深刻道德选择纳入了他的理论中，但他认为怀特没有解释这些选择是如何做出的。"由于历史不能从文件开始（在文件面前，这个过程已经进行得很顺利），怀特的体系的基础是什么？它

---

① White, *Metahistory*, p. 177.
② White, *Metahistory*, p. 177.

的起点在哪里？"① 在《元史学》中，怀特从未暗示过比喻手法的选择可能会受历史学家自身的个人经历或历史环境的影响。② 然而，在《元史学》首版出版后的几十年里，怀特模型中的道德选择维度变得更加明显。

在他最近的专著《实践的过去》中，怀特提到了他对历史写作的愿景，即作为一种"伦理话语"，但他认为历史学家陷入了书写历史的讽刺模式中，选择不在当下撰写具有道德或"实用性"的修辞历史。③ 怀特似乎在这里暗示，比喻手法的选择是历史写作的元史学维度，而这个决定至关重要，因为在选择我们的过去时，我们也在选择我们的未来。④ 加布里埃尔·斯皮格尔（Gabrielle Spiegel）指出，在 20 世纪人道灾难的背景下，"选择几乎不是一个可操作的概念"，但她同意"历史学实践面临的最大问题是理解它与长期被从专业历史学中排除的伦理目标的关系"，并承认"没有人比怀特更有力地主张对过去采取伦理责任和道德意义的方法"。但她最后呼吁"这应该发生在我们的历史实践中，而不是在选择一个实用的过去上。"⑤ 这里回响着 2014—2015 年《历史学宣言》的辩论。⑥ 作者们认为，历史学家应该利用数字化获取"大数据"的机会，通过研究与世界紧迫问题相关的长期趋势，对政策制定者施加更多影响力。历史学家是否应该在选择研究课题时感到道德责任，还是应该关注长时段的历史趋势？

---

① Kellner, 'A Bedrock of Order', p. 14.

② Pomper, 'Typologies and Cycles', p. 33.

③ Hayden White, *The Practical Past* (Evanston, 2014).

④ Robert Doran, ed., *Philosophy of History after Hayden White* (London, 2013), p. 15.

⑤ Gabrielle Spiegel, 'Above, About and Beyond the Writing of History: A Retrospective View of Hayden White's Metahistory on the 40th Anniversary of its Publication', *Rethinking History*, 17 (2013), pp. 504, 505.

⑥ Jo Guldi and David Armitage, T*he History Manifesto* (Cambridge, 2014), 翌年，《美国历史评论》出现了后续的争论。

怀特呼吁历史学家选择他们的历史过去，撰写"实用性"的历史，由此产生的第二个批评涉及怀特的相对主义。怀特断言，叙事结构与历史证据之间没有必然的关系，因此历史学家无法根据经验性的依据声称某种解释比其他解释更具权威性。[①] 在一篇关于纳粹主义历史再现的文章中，怀特重申"每个历史现象的再现中都存在着不可消除的相对性"，但他似乎对这个立场进行了限定。[②] 在纳粹主义的背景下，怀特回应说，在语言协议的完全自由选择方面，例如选择喜剧模式，将会被"事实"所拒绝，并且竞争性的叙事可以根据"对事实记录的忠实度"进行批评。[③] 有人认为，"怀特对个人撰写历史时不同情节的吸引力的敏感性，并没有与对证据的吸引力相匹配"。[④]

一个相当不同的批评围绕着怀特选择 19 世纪历史学家来展示他的叙事模式。这个批评提出了两个观点：第一，怀特基于自己非常有限的历史学家选择削弱了代表"19 世纪欧洲历史想象力"的主张。[⑤] 第二，有人认为，尽管怀特的洞见对于 19 世纪的历史学家具有相关性，但并不适用于当代多样化的历史写作。[⑥] 怀特后来将他的比喻模式应用于 E.P. 汤普森的《英国工人阶级的形成》，这在第三章中有所讨论。怀特认为四个"比喻的主要隐喻"与汤普森书中的四个明确的分歧之间存在对应关系。第一部分名为"自由之树"的章节，怀特描述为隐喻，"在这个隐喻中，工人阶级人民意识到他们

---

① White, *Metahistory*, p. xii.

② White, 'Historical Emplotment and the Problem of Truth', in S. Friedlander (ed.), *Probing the Limits of Representation: Nazism and the 'Final Solution'* (Cambridge, Mass., 1992), p. 37.

③ See Gabrielle Spiegel on this point, 'Above, About and Beyond the Writing of History', p. 504.

④ Peter Burke, 'Metahistory: Before and After', *Rethinking History*, 17, 4 (2013), p. 441.

⑤ Mark Phillips, 'Histories, Micro-and Literary: Problems of Genre and Distance', *New Literary History*, 34 (2003), pp. 211–229.

⑥ Michael Stanford, *The Nature of Historical Knowledge* (Oxford, 1986), p. 137.

与富人的差异，感受到彼此的相似之处，但除了普遍渴望难以捉摸的自由之外，他们无法组织起来。"[1] 随后的章节通过转喻、提喻和反讽的方式进行，怀特得出结论："汤普森在英国工人阶级意识史中发现的模式或许与他的数据一样，既是对数据的强加，也是在数据中找到的……这是一种长期以来与修辞学和诗学中的意识过程分析相关的模式。"[2]

历史学家对怀特的叙事模式表示了不满，认为它过于概括，"就像作者生活在毕达哥拉斯的四元世界中一样"。[3] 怀特的模式反映了强调特定类型分类和分类法的文学和修辞理论，但该领域最近的理论化建议了一种更具历史背景的方法，强调类型的交流功能。[4] 新理论拒绝了固定类型的观念，强调类型的不稳定性，这是它们与不断变化的社会和交际背景之间动态互动的结果。这种方法对历史学家来说更具吸引力，因为它将类型历史化为交流工具。正如马克·菲利普斯（Mark Phillips）总结的那样：

> 我想反对通常的假设，即历史是一种单一、稳定、相当庄重的文学，建议将其理解为一簇相互重叠和竞争的类型，包括低级和高级的类型。结果是对历史思想的描绘更加细致和灵活，更能适应构成任何历史写作时代的方法、意识形态和修辞的范围。[5]

---

[1] Hayden White, *Tropics of Discourse: Essays in Cultural Criticism* (Baltimore, 1978), pp. 15–17.

[2] White, *Tropics of Discourse*, p. 19.

[3] Burke, 'Metahistory: Before and After', p. 440.

[4] Phillips, 'Histories, Micro- and Literary', p. 212.

[5] Phillips, 'Histories, Micro-and Literary', p. 213. 参见 Steven Feierman, *Peasant Intellectuals: Anthropology and History in Tanzania* (Madison, 1990), 可以被视为 Mark Phillips 关注历史思想流派的高下之分，存在重叠和竞争的一个例子。

总的来说，历史学家对《元史学》的核心命题的回应往往反映了他们对后结构主义概念的最初接受程度（见第十一章）。怀特拒绝了这个标签，但后结构主义学者，包括基思·詹金斯在内，已经注意到怀特思想对他们自己的影响。① 多米尼克·拉卡普拉赞扬怀特对不加反思的叙事方式提出疑问的行为，声称"在目前这个国家写作的人中，没有人比他更能将历史学家从教条主义的沉睡中唤醒"。② 最近，文化史学家彼得·伯克认为，怀特对实证主义历史学家"以及他们对客观性、科学性和现实主义的幻想所做的批判，我认为，如今已经被广泛接受。"③ 历史学家并不仅仅是"解释……正如一些人所主张的那样。相反，他们首先是在讲述，以愉悦、着迷、恐惧或顺从的方式。"④

下面这篇海登·怀特的文章首次发表于 1966 年。请思考他提出的"历史学家的话语"和虚构写作在多大程度上具有共通性。这些共同之处究竟是什么？根据怀特的定义，18 世纪的历史写作与 19 世纪历史学家的学术追求有何不同？历史书写是否必然涉及运用修辞的说服技巧？艾伦·梅吉尔认为有必要区分写作的文学性和虚构性；他指的是文学修辞手法与历史学家所采用的概念和分类法之间的区别。⑤ 叙事历史学家是否像怀特所说的那样运用诗意想象来融合和塑造过去的碎片？这与运用明确定义的理论概念和范式来理解人类历史有何不同？最后，你认为小说家和历史学家是否有相同的目标，并从本质上说在从事相同的事业？

---

① Keith Jenkins, 'Nobody Does It Better', in Frank Ankersmit, Ewa Domańska and Hans Kellner (eds), *Re-Figuring Hayden White* (Stanford, 2009), p. 121.

② Dominick LaCapra, *Rethinking Intellectual History: Texts, Contexts, Language* (Ithaca, 1983), p. 72.

③ Burke, 'Metahistory: Before and After', p. 444.

④ Allan Megill, 'Recounting the Past: Description, Explanation, and Narrative in History', *American Historical Review*, 94 (1989), pp. 652–653.

⑤ Megill, 'Grand Narrative and the Discipline of History', p. 171.

进一步阅读

Burke, Peter (ed.), 'History of Events and the Revival of Narrative', in *New Perspectives on Historical Writing* (2nd edn, Philadelphia, 2001).

Canary, Robert and Henry Kozicki (eds), *The Writing of History: Literary Form and Historical Understanding* (Madison, 1978).

Carr, David, 'Narrative Explanation and its Malcontents', *History and Theory*, 47, 1 (2008), pp. 19–30.

Doran, Robert (ed.), *Philosophy of History After Hayden White* (London, 2013). Easthope, Antony, 'Romancing the Stone: History-Writing and Rhetoric', *Social History*, 18, 2 (1993), pp. 235–249.

Harlan, David, 'The Burden of History Forty Years Later', in Frank Ankersmit, Ewa Domanska, and Hans Kellner (eds), *Re-Figuring Hayden White* (Palo Alto, 2009), pp. 169–189.

Kansteiner, Wulf, 'Hayden White's Critique of the Writing of History', *History and Theory*, 32 (1993), pp. 273–295.

Megill, Allan, 'Recounting the Past: "Description", Explanation, and Narrative in History', *American Historical Review*, 94 (1989), pp. 627–653.

Megill, Allan, '"Grand Narrative" and the Discipline of History', in Frank Ankersmit and Hans Kellner (eds), *A New Philosophy of History* (Chicago, 1995).

Phillips, Mark, 'Histories, Micro- and Literary: Problems of Genre and Distance', *New Literary History*, 34, 2 (Spring 2003), pp. 211–229.

Roberts, Geoffrey (ed.), *The History and Narrative Reader* (London, 2001).

White, Hayden, *Metahistory: The Historical Imagination in Nineteenth-Century Europe* (Baltimore, 1973).

摘　录

事实再现的虚构

海登·怀特

为了预见历史学家常常遇到的一些反对意见，我希望从一开始就承认，历史事件与虚构事件的区别，正如亚里士多德以来一直习惯性地加以描述的那样。历史学家关注的是可以归属于特定时空位置的事件，这些事件在原则上是可观察或可感知的，而想象力丰富的作家——诗人、小说家、剧作家——既关注这类事件，也关注想象的、假设的或虚构的事件。历史学家和虚构作家所关注事件的性质并不是问题所在。在讨论"事实文学"或者我所谓的"事实再现的虚构"时，我们应该关注的是历史学家和虚构作家的话语在多大程度上重叠、相似或彼此相通。尽管历史学家和小说家可能对不同类型的事件感兴趣，但他们各自的话语形式和写作目标通常是相同的。此外，在我看来，他们在构成各自的话语时使用的技巧或策略在本质上是相同的，尽管在纯粹的文本表面或措辞层面上可能看起来不尽相同。

历史和小说的读者几乎不可能忽视它们的相似之处。从纯粹的形式（或者我应该说形式主义）来看，有许多历史可以被当作小说，也有许多小说可以被当作历史。从纯粹的语言艺术品的角度来看，历史和小说是无法区分的。除非我们对每种类型处理真实性质持有特定的先入之见，否则我们无法轻易地从形式上区分它们。但在书写故事的层面，小说家和历史学家的目标必须是相同的。两者都希望提供一个"现实"的语言形象。小说家可能间接地呈现他对这个现实的看法，也就是说，通过比喻的技巧，而不是直接地记录一系列命题；正如历史学家所声称的那样，这些命题被认为逐点对应于某些文本外的发生或事件领域。但小说家构建的现实形象的总体轮廓意味着它与历史学家所指的那个领域一样"真实"。因此，这不是两种真实之间的冲突（西方将经验主义作为唯一通达现实的渠道，这是强加给我们的偏见），一种是对应真实的真实，另一种是一致性真实。每一部历史都必须符合一致性的标准，才能被视为对"事实真相"的合理描述。

经验主义的偏见伴随着一种信念，即"现实"不仅是可感知的，而且在其结构上也是一致的。如果没有一些逻辑或美学上的一致性将它们连接在一起，一系列可证实的存在性陈述的简单列表并不能构成对现实的描述。同样，每一部小说都必须通过对应的测试（它必须"足以"超越某种自身的形象）才能声称代表对人类世界经验的洞察或启示。无论一个话语所代表的事件被理解为整体的"原子化"的部分，还是被理解为可感知的整体中可能发生的事件，这个话语作为某种现实的整体形象，都与它所代表的对象之间存在着对应关系。正是在这双重意义上，所有书面话语在目的上都是认知性的，在手段上都是模仿性的。无论是最具游戏性和表现性的话语，还是诗歌和散文，甚至那些似乎只想阐明"写作"本身的诗歌形式，都在这两个意义上是认知的目标和模拟的手段。就这一点而言，历史是一种小说形式，就像小说是一种历史表现形式一样。

将史学描述为一种虚构创作的形式，不太可能得到历史学家或文学评论家的同情，尽管他们在很多方面意见不一，但通常都认为历史和小说处理不同的经验秩序，代表不同（甚至对立的）话语形式。因此，我们有必要简要说明将历史与小说对立起来的观念是如何产生的，以及为什么在西方思想中长期未受质疑。

在法国大革命之前，历史学通常被视为一门文学艺术。更具体地说，它被视为修辞学的一个分支，其"虚构"的性质被普遍认可。尽管 18 世纪的理论家在"事实"和"幻想"之间进行了相当严格的区分（并不总是有足够的哲学理据），但总体而言，他们并不认为历史学是对事实的再现，不掺杂任何幻想成分。虽然承认以真实事件为基础的历史叙述比想象中的事件更为可取，但从培尔到伏尔泰和德·马布利的理论家都承认，在历史叙述中，不可避免地需要使用虚构技巧来描绘真实事件。18 世纪涌现了大量作品，这些作品区分了"历史研究"与"历史写作"。"写作"是一种文学行为，尤其是修辞上的实践，其成果的评判标准，既依据文学原则，也同样依据科学原则。

在这里，主要的对立是"真实"和"错误"，而不是"事实"和"幻想"，人们可以感知许多真实，即使在历史中，也只能通过虚构的表现技巧呈现给读者。这些技巧被认为包括修辞手法、比喻、词语和思想的图式，正如古典和文艺复兴修辞学家所描述的那样，它们与普通诗歌的写作技巧是相同的。"真实"并不等同于"事实"，而是事实与概念矩阵的结合，概念矩阵是事实在话语中的恰当位置。无论是理性还是想象力，在适当地描绘真实时都必须参与其中；这意味着虚构创作的技巧与博闻强识一样，都是构成历史话语必不可少的条件。

然而，在 19 世纪初形成了一种惯例，至少在历史学家中间，将真实与事实等同起来，并将虚构视为真实的对立面，因此将其视为理解现实的障碍，而不是理解现实的一种方式。历史与虚构（尤其是小说）被对立起来，前者呈现"实际"，而后者只能表现"可能"或"想象"。于是，一个关于历史话语的梦想诞生了，历史叙述只包含对原则上可观察的（或者曾经观察到的）事件领域的准确陈述，按照事件发生的原始顺序排列，就可以让人们了解其真正的含义或重要性。典型的 19 世纪历史学家的目标是从他的话语中清除任何虚构或纯粹想象的痕迹，避免诗人和演说家的技巧，并放弃被视为虚构创作者在理解现实时所采用的直觉程序。

为了理解历史思维的发展，我们必须认识到历史学在 19 世纪的西方变成一门独立的学科，其背景是对所有形式神话的深刻敌意。政治右派和政治左派都将神话思维归咎于大革命的过度行为和失败。对历史的错误解读，对历史进程本质的误解，对历史社会转型方式不切实际的期望——所有这些都导致了法国大革命的爆发，革命发展的奇特进程以及革命活动的长期影响。当务之急是超越任何根据党派偏见、乌托邦期望或对传统制度的情感依恋来解释历史记录的冲动。为了在大革命期间和之后形成的各方冲突主张中找到自己的道路，有必要找到一个真正"客观"、真正"现实"的社会感知立场。如果社会进程和结构似乎是"恶魔"，能够抵制方向，出现不可预见的转折，推翻最高的计划，挫败最衷心的愿望，那么历史研究就必须去神话化。但在那个时代的思想中，任何研究领域的去神话化往往与该领域的去虚构化等同。

神话和虚构之间的区别，在我们自己世纪的思想中司空见惯，但在 19 世纪初的许多主要思想家中几乎没有被理解。因此，历史学这门卓越的现实主义科学便与小说对立起来，前者是研究现实的科学，后者研究单纯的想象。尽管兰克在抨击小说只是幻想时，想到的是我们后来称之为"浪漫主义"的小说形式，但当他把历史定义为对现实的研究，而把小说定义为对想象的表现时，他表现出了同时代的许多人所共有的偏见。只有少数理论家意识到，其中最著名的是 J.G. 德罗伊森（J. G. Droysen），写历史时不可能不借用演说家和诗人的技巧。大多数当时的"科学"历史学家没有看到，对于每一种可辨认的小说，历史学家都会产生一种相应的历史话语。浪漫主义史学产生了天才米什莱（Michelet），现实主义史学由兰克本人创造了范例，象征主义史学产生了布尔克哈特（他与福楼拜和波德莱尔有更多共同之处，而不是兰克），现代主义史学的主角是斯宾格勒。因此，现实主义小说和兰克历史主义在大致相同的时间进入了各自的危机，就并非偶然了。

简而言之，历史表述的"风格"与19世纪可辨别的文学风格一样多。19世纪的历史学家没有意识到这一点，因为他们被一种幻觉所束缚，即可以在不使用任何虚构技巧的情况下书写历史。他们在整个时期都推崇历史与虚构对立的概念，即使他们彼此之间的历史话语形式如此不同，以至于只有通过对历史过程本质的审美预设的根基来解释这些差异。历史学家相信，对同一事件集的不同解释是意识形态扭曲或事实数据不充分的结果。他们坚信，只要避开意识形态，忠于事实，历史将产生一种与物理科学提供的任何知识一样确定，并且像数学练习一样客观。

大多数19世纪的历史学家没有意识到，当涉及处理过去的事实时，对于那些希望忠实地代表它们的人来说，关键的考虑因素是他对组成整体的各个部分之间关系的表述所使用的概念。他们没有意识到，事实本身并不会自己说话，而是历史学家为它们发声，代表它们，并将过去的碎片塑造成一个完整的整体，其完整性在其表述中是纯粹的话语。小说家可能只涉及想象的事件，而历史学家则涉及真实的事件，但将事件（无论是想象的还是真实的）融合成一个可理解的整体，作为表述对象的过程是一个诗意的过程。历史学家必须使用与诗人或小说家相同的修辞策略，使用相同的模式用文字表现关系。在未经加工的历史记录中，以及在历史学家从记录中提取的事件编年史中，事实只存在于相互关联片段的集合中。这些片段必须组合在一起，以形成一个特定而不是一般的整体。它们被组合在一起，就像小说家用自己的想象力组合出一个有序的世界、一个宇宙，而在这个世界里，可能只会出现无序或混乱。

宣言到此为止。这种反动立场可以用什么理由来证明？历史话语与小说话语的共同点多于分歧点，这种说法有什么根据？第一个理由可以在最近文学理论的发展中找到，特别是在现代结构主义和文本批评家坚持必须消解散文和诗歌之间的区别，以确定它们作为语言行为形式的共享属性，这些属性一方面构成了它们的表述对象，反映了外部现实，另一方面又投射了内部情感状态。斯大林曾经认为，语言既不属于文化实践的上层建筑，也不属于物质基础，而是以某种未指明的方式优先于两者。我们不知道语言的起源，也永远不会知道，但今天可以确定的是，对语言更合适的描述应该是，它既不是人类意识的自由创造，也不仅仅是环境力量作用于心灵的产物，而是意识与意识所居住的世界之间的中介工具。

这对于文学理论家来说并不是新闻，但对于那些埋头于档案的历史学家来说，他们还没有意识到这一点。历史学家希望通过所谓的"事实筛选"或"数据操作"找到现实的形式，当"所有事实均已知晓"、最终"理清了头绪"之后，撰写呈现客观的叙述。

因此，当代批评理论使我们比以往任何时候更有信心，"诗化"不是一种悬浮在生活或现实之上、超越生活或与之疏离的活动，而是一种实践方式，它作为所有文化活动的直接基础（这是维科、黑格尔、尼采、弗洛伊德和列维–斯特劳斯的洞见），甚至是科学本身。因此，我们不再被迫相信——如同浪漫主义后期的历史学家所相信的那样——小说是事实的对立面（就像迷信或魔法是科学的对立面），或者我们可以在没有启发性和通用虚构矩阵的帮助下将事实联系起来。对于许多历史学家来说，这也是个新闻，如果他们对"事实"的概念没有如此迷恋，对任何形式的"理论"抱有先天的敌意，那么历史作品中出现了用于阐明事实和概念之间关系的形式理论，就足以使他们被指责为投靠了被鄙视的"社会学"，或者堕入了邪恶的"历史哲学"。

我想，每个学科都是由禁止从事某些活动的规定构成的，尼采最清楚地看到了这一点。每个学科都由一系列对思维和想象的限制组成，而没有哪个学科比专业历史学更多禁忌——以至于所谓的"历史方法"几乎只是要求"弄清楚故事"（对"故事"与"事实"之间的关系毫无概念），并且要以任何代价避免出现概念的过度决定和想象的过度丰富（比如"热情"）。

然而，所付出的代价是相当大的。这导致了对*概念装置*（conceptual apparatus）的压制（在没有这些装置的情况下，原子化的事实无法聚合成复杂的宏观结构，并在历史叙述中构成话语表达的对象）以及历史写作中诗意时刻的减少，将其置于话语的内部（在那里它作为历史叙述未被承认的——因此无法批评的——内容）。

那些在历史和历史哲学之间划清界限的历史学家未能意识到，每个历史话语中都包含一个完整的——即使只是隐含的——历史哲学。这对于传统上被称为"叙事"（或历时性）历史学和"概念"（或共时性）历史表达形式同样适用。历史和历史哲学之间的主要区别在于，后者将概念装置带到了文本的表面，而所谓的"正统历史"则将其埋藏在叙述的内部，成为一个隐藏或隐含的塑造装置，正如弗莱教授在叙事虚构中所构思的那样。因此，历史并不是神话的认知对立面，而仅仅代表了所谓"置换"的另一种更极端形式，正如弗莱教授在《解剖学》中分析的那样。每一段历史都有其神话；如果基于不同的可识别的神话原型有不同的虚构模式，那么也存在不同的历史学模式——对特定时空位置中发生事件的"事实"按照不同方式进行假设性排序，以便使同一组事件在不同的虚构矩阵中发挥不同作用，以体现不同的道德、认知或者美学意义。

实际上，我认为这些神话模式在史学著作中比在"文学"文本中更容易辨认出来。因为与小说家相比，历史学家在创作中的语言自觉性（因而诗意自觉性）通常要低得多。他们倾向于将语言视为一种透明的表达工具，不带任何认知负担进入话语中。伟大的虚构作品——如果罗曼·雅各布森（Roman Jakobson）是正确的话——通常不仅仅是关于其假设的主题，还是关于语言本身以及语言、意识和现实之间的关系，包括作者自己的语言。大多数历史学家对语言的关注仅限于努力表达清晰，避免华丽的修辞手法，确保作者自己的人物设定在文本中无处可寻，并明确解释技术术语的含义，如果他们敢于使用的话。

当然，这并不适用于伟大的历史哲学家——从奥古斯丁、马基雅维利和维科到黑格尔、马克思、尼采、克罗齐和斯宾格勒。语言的问题性地位（包括他们自己的语言规范）构成了批评装置的关键要素。但是对伟大的经典历史著作作家并不适用——从修昔底德和塔西佗到米什莱、卡莱尔、兰克、德罗伊森、托克维尔和布尔克哈特。这些历史学家至少具有修辞意识，使他们能够认识到，任何一组事实都可以以不同的方式进行描述，并且这些描述具有同等的合法性，不存在任何唯一正确的原始描述，然后在此基础上对该事物进行解释。简而言之，他们认识到任何现象领域的原始描述都已经是对其结构的解释，而对该领域的原始描述（或分类法）所采用的语言模式将隐密地排除某些表达模式和解释模式，并默许其他模式。换句话说，对于历史现象领域（包括文学文本领域），首选的原始描述模式已经隐密地包含了一种有限的情节模式和论证模式，以揭示该领域在一种叙述性散文表达中的意义。如果描述不仅仅是对随机印象记录的话。历史叙述的情节结构（事情为何如此发展）以及为什么"事情发生或为何如此发展"的正式论证或解释，都是通过原始描述（需要解释的"事实"）来预示的，而原始描述以特定的主要语言模式进行：隐喻、转喻、提喻或反讽。

现在，我想说明的是，我自己使用隐喻的术语，以不同的方式建构解释领域或现象集，以便将它们"加工"为叙事表达和话语分析的可能对象。任何最初以隐喻模式对世界进行编码的人，都会倾向于将其解码，即对其进行叙事性的"阐释"和话语分析，将其视为个性的集合体。对于那些认为世界上没有真正的相似之处的人来说，解码必须采取披露的形式，无论是事物之间的简单接触（转喻模式）还是隐藏在每个表面相似或统一之中的对比（反讽模式）。在第一种情况下，将领域的叙述表达，构建为一个历时过程，倾向于将浪漫主义原型作为首选的情节模式，并将知识的认同与事物的特殊性和个体性的欣赏和描述联系起来。在第二种情况下，以转喻方式对领域进行原始描述有利于将悲剧情节结构作为首选的叙事方式，并将机械式因果关系作为首选的解释方式，以解释在情节中勾勒出的地理变化。同样，对领域进行讽刺性的原始描述将导致倾向于采用讽刺的叙事方式，并对所揭示的结构进行实用或语境解释。最后，为了完善这个列表，以借喻方式进行原始描述的领域往往会产生喜剧式的叙事和有机论解释，解释为什么这些领域会以其特定方式发生变化。①

例如，请注意，无论是米什莱、托克维尔、布克哈特和兰克等经典历史学家所创作的伟大叙事巨作，还是赫尔德、马克思、尼采和黑格尔等历史哲学家所创作的优雅概述，在运用他们特有的叙事表述和解释模式（即他们对历史事件领域的"意义"的"解释"）之前，最初描述历史事件领域时都使用这种语言模式。如果我们把他们看作是这种语言模式的受害者和利用者，那么它们之间的关系就更容易理解。此外，每种语言模式、情节模式和解释模式都与特定的意识形态立场有关：无政府主义、激进主义、自由主义和保守主义。意识形态问题表明，对任何事件领域都不存在中立的叙事方式、解释方式，甚至描述的方式，无论是虚构的还是真实的。这表明语

---

① 我试图在自己的专著中就涉及的历史学家的关系网详细举例说明，参见 *Metahistory: The Historical Imagination in Nineteenth-Century Europe* (Baltimore & London: The Johns Hopkins Univ. Press, 1973).

言本身的使用意味着或涉及一种特定的姿态，即伦理、意识形态或更普遍的政治态度：不仅所有解释，而且所有语言都带有政治污染。

现在，在我看来，任何历史学家如果仅仅用转喻的方式描述一组事实，然后以悲剧的方式叙述其过程，并机械地解释这些过程，最后从中得出明确的意识形态含义——正如大多数庸俗的马克思主义者和唯物主义决定论者所做的那样——不仅不会很有趣，而且可以合理地被标榜为一个教条主义者，他将"曲解事实"以适应预设的理论。历史话语的特殊辩证法——以及其他形式的议论散文，也许甚至包括小说——来自作者在不同的叙事方式和解释方式之间进行调解的努力，这最终意味着在各种不同的语言模式或修辞策略之间进行协调，以最初描述特定领域的现象，并将其构建为可能的表达对象。

正是这种对隐喻、转喻、提喻和反讽等另类语言规范的敏感性，使伟大的历史学家和历史哲学家有别于这两门技艺的技术人员中不那么有趣的同行。这就是为什么托克维尔比他的同时代人——教条主义者基佐或者他的现代自由派或保守派追随者更有趣（后者的知识比他更广博，回顾视野更广阔，但辩证能力发展得更弱）。托克维尔书写了关于法国大革命的历史，但更有意义的是，他的书写将大革命构建为错综复杂的事实网络，人们很难将其作为一个能够把握的整体或结构化的整体，对其进行*确切的客观描述*。托克维尔论述的核心矛盾，即*缺憾*，因为他意识到，对革命是什么的描述可以是另类的、相互排斥的、独创的。他认识到，可以合理地使用转喻和提喻的语言模式来描述构成"革命"的事实领域，并将其作为历史话语的可能对象。他疯狂地在两种原始描述模式之间游走，同时测试两种模式，试图将它们分配给不同的精神集合或文化类型（他所说的"民主"意识是现象的转喻转录；"贵族"意识是提喻的手法）。他自己对这两种模式都不满意，尽管他认识到每种模式都可以展示现实的特定方面，并代表了一种可能的认识现实的方式。他的最终目标是设计一种能够在这两种意识模式之间进行调解的语言。这种调解的目标反过来又促使他逐渐认识到，任何给定的语言协议都会在一定程度上模糊它试图通过词语顺序捕捉现实的信息。这种根植于语言本身核心的缺憾或矛盾感，存在于所有经典历史学家的作品中。正是这种语言自我意识使他们与世俗的同行和追随者区别开来，后者认为语言可以作为完全透明的表达媒介，并认为如果能找到正确的语言来描述事件，事件的意义将在意识中显现。

我认为，在不同语言模式之间切换，并将其视为不同的描述协议，是所有伟大"事实文学"经典作品的一个显著特点。例如，达尔文的《物种起源》①，这部作品在任何伟大的同类文学作品名录中都应该位居经典之列。这部作品，更甚于其他任何作品，渴望保持在纯粹事实的范围内，它不仅仅是关于分类问题，也是关于其表面主题——自然历史数据的问题。这意味着它涉及两个问题：如何将事件描述为论证的可能要素；一旦这样描述了，它们又构成了什么样的论证？

达尔文声称他关心一个关键问题："为什么不是所有有机物都以不可分割的混乱方式相互联系？"但他希望用特定的术语回答这个问题。他不希望像他的许多同时代人认为的那样，认为所有分类系统都是任意的，是分类者思维的产物；他坚持认为自然界存在着真正的秩序。另一方面，他不希望将这种秩序视为某种精神或目的论力量的产物。他在数据中寻求的秩序必须在事实本身中显现，但不能以显示任何超越性力量的运作方式显现出来。为了建立这种自然计划的概念，他首先打算"客观地"接受由野外博物学家、家畜饲养员和地质记录学生提供的所有自然历史"事实"——就像历史学家

---

① References in the text to Darwin's *Origin of Species* are to the Dolphin Edition (New York: Doubleday, n.d.).

接受档案提供的数据一样。但这种对记录的接受并不是简单地认可事实；它是对事实的采用，目的是质疑之前所有基于这些事实进行编码的分类系统。

与他之前的康德一样，达尔文坚持认为所有错误的根源是表象。他反复强调，类比始终是一种"欺骗性的指南"（见第 61 页、66 页、473 页）。与类比相对立，或者我会说仅仅是对事实进行隐喻性描述不同，达尔文希望从谱系学的角度证明存在真正的"亲缘关系"。建立这些亲缘关系将使他能够假设所有生物通过谱系演化、变异和自然选择的"法则"或"原则"与其他所有生物相连。这些法则和原则是他关于为什么生物按照时间序列排列的机械解释中的形式要素。但只要数据仍然以隐喻或提喻的语言模式编码，这种解释就无法提供定性联系的模式。只要生物按照外形的相似性或本质的统一性进行分类的，那么有机物的领域就必须保持要么是任意确定联系的混乱，要么是高低形式的等级制度。然而，科学（正如达尔文所理解的那样）不能处理"更高"和"更低"的范畴，就像不能处理"正常"和"畸形"一样。一切都必须被视为它显而易见的样子。任何事物都不能被视为"令人惊异"，就像任何事物都不能被视为"奇迹"。

《物种起源》中引用了许多种类的事实：达尔文谈到了"令人惊讶的"事实（第 301 页），"引人注目的"事实（第 384 页），"主要的"事实（第 444 页、447 页），"不重要的"事实（第 58 页），"确立的"事实，甚至"奇怪的"事实（第 105 页）；但没有"令人惊异的"事实。对于达尔文和尼采来说，一切事物都只是它显而易见的样子——但事物的显而易见都是在空间（世界各地博物学家收集的所有事实）和时间（家畜饲养员和地质记录）的连续性下刻画的数据。作为一个问题的要素（或者更准确地说，作为一个谜题的要素，因为达尔文相信他的问题有解决办法），自然历史的事实被认为存在于那种以转喻的语言比喻的运作为前提的关系模式中，这是所有现代科学话语首选的比喻方式之一（这是现代科学与前现代科学之间的关键区别之一）。用事物的一部分的名称代替整体的名称，在语言学上预先得到了科学意识的认可，因为科学意识赋予了纯粹的连续性的重要性。在使用这种比喻手法时，对相似性的考虑是默认的，对差异和对比的考虑也是如此。这就是肯尼斯·伯克（Kenneth Burke）所谓的转喻意识的"还原性"。事物存在于仅在空间和时间上可定义的连续关系中。这种对世界的转喻化，对事实仅仅基于联系关系的初步编码，是为了从物理现象中消除隐喻和目的论，这正是现代科学力求实现的效果。达尔文在他的书中花费了大部分篇幅来证明这种编码的合法性或对现实的原始描述，以消除单纯的隐喻性的属性所产生的错误和混乱。

但这只是初步的操作。然后，达尔文开始重构事实，但只围绕他最初部署的时空网格的轴线展开。他不再强调现象的纯粹连续性，而是转变了方式，或者说转换了逻辑模式，开始集中关注差异。这里存在两种差异：一种是物种内的变异，另一种是物种之间的对比。他写道："系统学家只需决定……是否有任何形式足够恒定且与其他形式有所区别，以便能够定义；如果可以定义，那么这些差异是否足够重要，值得给予一个特定的名称。"但物种和变种之间的区别只是程度问题。

> 今后，我们将不得不承认，物种和明显的变种之间唯一的区别是，后者在当今被认为与中间过渡形式有联系，而物种以前就是这样联系的。因此，在不排除任何两种形式之间的存在中间过渡形式的情况下，我们将被引导更加仔细地权衡并更高地评估它们之间的实际差异。现在普遍被认为只是变种的形式有可能在将来被认为值得专门命

名；在这种情况下，*科学和普通语言将达成一致*。简而言之，*我们将不得不像博物学家对待属*（genera）*一样对待物种，后者承认属只是为了方便而人为进行的组合。这可能不是一个令人振奋的前景，但我们至少可以摆脱对"物种"这个术语的未被发现和无法发现的本质的徒劳追寻*。（第474—475 页；斜体为添加）

然而，达尔文却偷偷引入了他对物种"本质"的理解。他通过借用地质记录来支持自己的观点，效仿了莱尔（Lyell）的做法，称地质记录为"一部保存不完整的世界历史，……用一种不断变化的方言书写"，而我们只拥有最后一卷（第 331 页）。他利用这个记录，假设所有物种和变种都是从四到五个原型后代演化而来，这个过程受到他所称的"渐进过渡"的"规则"（第 180 页及以下）或"渐变的伟大原则"（第 251 页）的支配。*差异已经在神秘的过渡中消失*，以至于*连续性的变异被视为"规则"*，而激进的不连续或变异被视为"异常"（第 33 页）。但是这种"神秘的过渡"（参见他对可能的"过渡模式"高度试探性、混乱和截断的讨论——第 179—182 页，310 页）只不过是按时间顺序排列的事实，而不是按空间排列，并被视为一个"系列"，允许"在……头脑中留下实际通道的印象"（第 66 页）。然后，所有有机生物（基于达尔文可获得的事实和理论）都被视为（在字面意义上是隐喻，而在寓言意义上则是同义词）随意地属于从假定的四到五种原型通过谱系关系（通过变异和自然选择的作用）关联起来的家族。他告诉我们，只有他对"类比"的厌恶使他没有"再进一步，即相信所有的植物和动物都是某一个原型的后代"（第 473 页）。但是他已经接近有机统一的教义，正是他对"事实"的尊重，以及它们在接触模式中的原始编码，使他能够做到这一点。他将"事实"从仅仅是连续相关的个别事物的结构转化为升华的借喻。而这是为了将一种新的、更令人安慰（在他看来也更有趣和可理解）的自然观念取代他的生命论对手的观念。

他最终提出的形象——一个不间断的世代继承——可能对他的读者产生了不安的影响，因为它消解了自然界中"高级"和"低级"之间的区别（因此也消解了社会中的区别），以及生活中的"正常"和"畸形"之间的区别（因此也消解了文化中的区别）。但在达尔文看来，有机自然的新形象作为一种本质上连续的存在，确保了没有"灾难"曾经"毁灭过世界"，并使他期待"安全的未来和趋向完美的进步"（第477页）。当然，对于"灾难"，我们可以理解为"革命"；对于"安全的未来"，我们可以理解为"社会现状"。但所有这些都被呈现为事实，而不是形象。达尔文只对那些将"现实"建立在他不赞同的虚构之上的分类系统持有讽刺态度。达尔文区分了对数据负责的修辞代码和不负责的修辞代码。但对数据负责的标准并不是外在于他在最初的描述中对数据进行排序的操作；这个标准是这种操作的内在要求。

如此看来，即使是《物种起源》这部19世纪"事实文学"的总结，也必须被视为一种寓言——一部意在按字面意思理解的自然史，但最终呼应着一种仅通过语言"转折"构建的连贯和有序的形象。如果这对《物种起源》而言是真实的，那么对于任何人类社会历史来说，又有多少真实呢？事实上，历史学家还没有就描述事件的术语体系达成一致，他们希望将这些事件视为事实，并将其作为自我揭示的数据嵌入他们的论述中。大多数历史学——在学者的学识和智力相当的情况下——争论的焦点恰恰是围绕使用哪种语言规范协议来描述存在争议的事件，而不是对事件采用哪种解释系统来揭示事件的意义。历史学家仍然抱着达尔文式幻想，即在解释或分析之前，对事实进行一个价值中立的描述是可能的。达尔文之所以被其他自然史研究者誉为自然史界的哥白尼，并不是因为他提出的自然选择学说。这个学说在《物种起源》之前就已经被人们了解和阐述。所需要的是对要解释的事实进行重新描述，用一种能够赋予这些事实以学说应用的语言来解释它们。

对于试图"解释"法国大革命、罗马帝国的衰落与灭亡、奴隶制对美国社会的影响或者俄国革命的意义的历史学家来说，情况也是如此。问题不在于"事实是什么"，而在于"应如何描述事实，才能支持一种而非另一种解释方式？"一些历史学家坚持认为，历史学要成为一门科学，就必须找到足以正确描述其研究对象的技术术语，就像物理学找到了微积分、化学找到了元素周期表那样。这是马克思主义者、实证主义者、计量经济学家等的建议。其他人将继续坚信，历史学的完整性取决于其使用的普通语言，避免使用行话。这些人认为普通语言是防止"事实"受到意识形态扭曲的保障。然而，他们没有意识到，普通语言本身也有其自身的术语决定论形式，其代表就是修辞手法，没有这些修辞手法，话语本身变无从谈起。

第十章 性别与历史学

性别史起源于女性对于她们在历史中被忽视的状态感到不满，但随后其范围也扩展到对男性历史的研究。[①] 虽然像艾丽斯·克拉克（Alice Clark）、艾薇·平奇贝克（Ivy Pinchbeck）、艾琳·鲍尔（Eileen Power）和玛丽·比尔德（Mary Beard）这样的专业历史学家从 20 世纪初就一直在研究妇女的生活，但实际上从 19 世纪初就有很多由妇女撰写或者内容涉及妇女的业余历史书籍。[②] 然而，正是在 20 世纪 60 年代的妇女解放运动中，女性历史学家开始积极地解决女性的生活和经历在大多数学院派历史书写中的缺失问题。格尔达·勒纳（Gerda Lerner）指出："妇女的历史是女性解放不可或缺的重要内容。"[③] 的确，"没有历史意味着被困在一个压迫性社会关系中就变成了自然且不可避免的现实。了解历史就是了解事物已经发生和正在发生的改变。"[④] 本章重点关注性别史学家如何努力"纠正"妇女在历史中的"隐形"问题。虽然最初性别史学家主要从女性为中心的视角撰写，但迄今为止，相当一部分研究同时涉及女性

---

① 贝内特讨论了使用"性别史"、"女权史"和"妇女史"等术语的含义，参见 Judith M. Bennett, 'Feminism and History', *Gender & History* 1 (1989), pp. 251–272。

② See Bonnie G. Smith, *The Gender of History: Men, Women, and Historical Practice* (Cambridge, Mass., 1998).

③ Gerda Lerner, *The Creation of Patriarchy* (Oxford, 1986), p. 3.

④ Glenn Jordan and Chris Weedon, *Cultural Politics: Class, Gender, Race and the Postmodern World* (Oxford, 1995), p. 187.

和男性以及两者之间的关系。① 然而，自 20 世纪 90 年代以来，男性气质才被作为一个独立的主题加以讨论。在此，我们旨在概述性别史学家参与的主要理论方向和辩论，并展示正在进行的研究的多样性。

传统上用性别来区分人类，即基于男女间的生理差异。直到最近，性别仍被认为很少发生变化，因此对大多数历史学家来说，它似乎不是一个有用的概念。然而，"性别"在其两个主要定义中处于核心地位："在特定社会和特定时期，对不同性别有不同的行为文化定义"，以及"对性别差异的不同感知，是社会关系的一个构成要素，……同时也是表现权力关系的主要方式。"② 如果性别是一种社会建构，那么性别就有其历史，我们可以追问：谁创造了性别，它又是如何延续和改变的？包括权力关系的维度也很重要，因为历史书写长期以来一直涉及权力的讨论，无论是政治领域的推动者还是关于阶级和种族斗争的参与者。这些性别的定义，以及由此构建的男性／女性和性别（sex，生理性别）／性别（gender，社会性别）的二分法，形成了两种女性主义分析的主线。

性别历史的一条主线反映了女权运动的整体进程。从 20 世纪 60 年代开始，第二波女权主义者游说争取平等权利，历史学家倾向于关注妇女在过去的地位和经历，最初写一些著名妇女的故事，后来想方设法扩大焦点。例如，玛格丽特·拉巴奇（Margaret Labarge）试图"揭示 12 至 15 世纪西欧中世纪社会各阶层的一些妇女所取得

① 请注意，在过去 20 年里，有关双性人和变性人的历史已开始被撰写，比如 Alice Domurat Dreger, *Hermaphrodites and the Medical Invention of Sex* (Cambridge, Mass., 1998)。

② Lerner, *The Creation of Patriarchy*, p. 238; Joan Scott, 'Gender: A Useful Category of Historical Analysis', *American Historical Review* 19 (1986), p. 1067.《美国历史评论》将斯科特的文章评价为"经典之作"，"当代历史文献中最常被引用的作品之一"：*AHR* 113 (2008), p.1344;《美国历史评论》的撰稿人集中讨论了这篇文章的影响，*AHR* 113 (2008), pp.1344–429; 另见斯科特在"关于性别与政治的更多思考"中对"性别"用法的讨论，参见 *Gender and the Politics of History* (Rev. edn, New York, 1999), pp. 199–222。

的不可忽视的成就"。[1] 其他人则提出了对历史进程的激进重构，包括打破传统使用的历史分期方式。琼·凯利（Joan Kelly）描述了她与勒纳和妇女史的初次接触，并由此撰写了文章《妇女有文艺复兴吗？》。在这项开创性的工作中，凯利研究这样一个概念，即"推动男性历史发展的事件，那些使他们从自然、社会或意识形态的限制中解放出来，对妇女却产生了完全不同，甚至相反的影响。"她继续论证道："没有女性的文艺复兴——至少在文艺复兴时期并不存在。"[2] 对父权制的历史分析给妇女史的写作带来了政治视角，提高了历史学界对妇女史和女性历史学家地位的"意识"。[3] 尽管如此，安托瓦内特·伯顿（Antoinette Burton）在 2012 年的报告中指出，妇女在世界历史教科书中仍然处于"边缘地位"，性别史在美国全球史教学中使用的"宏大叙事"视角中仅留下了"相对微弱的印象"。[4]

在英国，许多早期女性历史学家的马克思主义背景意味着他们试图将性别维度与现有的阶级分析相结合。例如，希拉·罗伯瑟姆（Sheila Rowbotham）的《被历史隐藏的女性》问道："女性在什么条件下通过劳动以及生育产生和再生产自己的生活？"[5] 莎莉·亚历山大（Sally Alexander）讨论了与阶级斗争相关的性别分工，并展示了女性主义视角对工业革命分析的不同之处，长期以来一直是工人阶级

---

[1] Margaret Wade Labarge, *A Small Sound of the Trumpet: Women in Medieval Life* (Boston, 1986), p. xiv.

[2] Joan Kelly, *Women, History and Theory: The Essays of Joan Kelly* (Chicago, 1984), pp. xii–xiii, 19.

[3] Joan Scott, 'Women's History', in Peter Burke (ed.), *New Perspectives on Historical Writing* (2nd edn, Cambridge, 2001), pp. 45–49.

[4] Antoinette Burton, 'The Body in/as World History', in Douglas Northrop (ed.), *A Companion to World History* (Chichester, 2012), p. 273.

[5] Sheila Rowbotham, *Hidden from History: 300 Years of Women's Oppression and the Fight Against It* (3rd edn, London, 1977), p. ix.

男性的舞台。^① 然而，同时考虑性别和阶级的尝试存在问题：尽管生活方式不同，但某些压迫和经历似乎是所有阶层的妇女共同的，但这种压迫是由男性造成的，而不是由妇女生活的特定经济体制所致。

激进女性主义试图通过指出男性对女性性行为（包括生殖）的控制来解释女性的服从地位，通常认为所有人类压迫都植根于生物学的异性结合家庭。从历史学家的角度来看，这可能导致对性别关系的感知是静态的或在时间上连续的，即非历史性的父权制。朱迪斯·贝内特（Judith Bennett）讨论了使用"父权制"这个术语的问题和优势，认为避免使用这个术语，会让女权主义历史过度去政治化。^② 这场关于连续性和变化的辩论在 20 世纪 90 年代末重新出现：勒纳认为，我们需要在一个整体框架中分析连续性和变化，通过注意到社会中不同方面或结构的变化速度和效果来"完善和复杂化我们的分析"^③。

这些早期的方法往往假设所有妇女本质上都是相同的，并且都享有白人中产阶级妇女得到的关切。^④ 从 20 世纪 70 年代末开始，有色人种妇女对这种本质主义进行了激烈批评。例如，贝尔·胡克斯（Bell Hooks）写道："很多证据证实种族和阶级身份造成了生活质量、社会地位和生活方式上的差异，这些差异优先于妇女的共同经历，也鲜少能被跨越。"^⑤ 雅各琳·琼斯（Jacqueline Jones）在《爱

---

① Sally Alexander, 'Women's Work in Nineteenth-Century London: A Study of the Years 1820–1850', in Juliet Mitchell and Anne Oakley (eds), *The Rights and Wrongs of Women* (Harmondsworth, 1976), pp. 59–111.

② Bennett, 'Feminism and History', p. 259 ff.

③ See debate 'Confronting Continuity', *Journal of Women's History* 9:3 (1997), pp. 73–139.

④ 然而，需要特别注意英国的马克思主义女性主义者对阶级问题的关注。

⑤ Bell Hooks, *Feminist Theory: From Margin to Center* (Boston, 1984), p. 4. See also Evelyn Brooks Higginbotham, 'African-American Women's History and the Metalanguage of Race', *Signs* 17 (1992), pp. 251–74 and Catherine Hall's discussion and references in *White, Male and Middle Class: Explorations in Feminism and History* (Cambridge, 1992), pp. 18–21. 不过，请注意这种特权的例外情况，参见 Gerda Lerner, *Black Women in White America: a Documentary History* (New York, 1972)，这是一部非常早期的作品集，Higginbotham 和 Hall 都提到过这些作品。

的劳动，悲伤的劳动》中展示了种族对性别史的压倒性的重要程度。她在关于奴隶制时期黑人妇女工作的章节剖析了黑人与白人、妇女与男性之间的差异，以及所有这些群体中的地位差异，将它们置于经济和文化背景之中，并展示了黑人妇女在多重工作角色中如何在巨大的困境中保护自己的文化。[①] 弗朗·韦尔（Vron Ware）和凯瑟琳·霍尔（Catherine Hall）也研究了种族差异在白人女性气质构建中的作用。[②]

1989 年，金伯莱·克伦肖（Kimberlé Crenshaw）提出了"交叉性"（intersectionality）这个术语来描述"双重歧视"，展现了黑人妇女的法律伤害通常被忽视，因为它被隐藏在性别、种族、阶级和 / 或性行为的重叠之下。现在，这个术语在各个学科被广泛使用，理论和历史研究都关注这些重叠权力关系的动态性质。[③] 例如，埃文·史密斯（Evan Smith）和马里奈拉·马尔莫（Marinella Marmo）使用交叉性来研究英国移民史中的"贞操检查"，展示了印度妇女由于种族、性别、国籍、婚姻状况、年龄和社会经济地位而受到的歧视。[④]

在第二个主线中，男女之间的历史二分法引起了人们对其他二

---

① Jacqueline Jones, '"My Mother Was Much of a Woman": Slavery' in *Labor of Love, Labor of Sorrow: Black Women, Work, and the Family from Slavery to the Present* (New York, 1985), pp. 11–43.

② Vron Ware, *Beyond the Pale: White Women, Racism and History* (London, 1992); see Hall, *White, Male and Middle Class*.

③ See Kimberlé Crenshaw, 'Mapping the Margins: Intersectionality, Identity Politics, and Violence Against Women of Color', *Stanford Law Review* 43 (1991), pp. 1241–1299; Sumi Cho, Kimberlé Crenshaw and Leslie McCall, 'Toward a Field of Intersectionality Studies: Theory, Applications, and Praxis', *Signs* 38 (2013), pp. 785–810; and other articles in the special issue of *Signs* 38:4.

④ Evan Smith and Marinella Marmo, 'Uncovering the "Virginity Testing" Controversy in the National Archives: The Intersectionality of Discrimination in British Immigration History', *Gender & History* 23 (2011), pp. 147–165.

分法分析潜力的关注：自然 / 文化、工作 / 家庭和公共 / 私人。[①] 例如，在卡洛林王朝的贵族中，家庭事务由妻子负责，而丈夫通常忙于国家事务或战争：因此，公共和私人之间存在一定的分离意识。然而，当家庭管理涉及经济时，妻子可以行使相当大的权力。例如，卡洛林王朝的王后负责皇家财政，这在国王眼中只是一个"家庭琐事"。同样，关于劳动分工的许多研究表明，当工作场所与家庭分离时，妇女的工作价值下降。于是，男人被视为"工人"，而妇女只关心家庭，这一活动不被标记为"工作"。在研究自然和文化方面，娜塔莉·戴维斯（Natalie Davis）讨论了在近代早期的法国，妇女的不羁被认为根源于她们的天性，而男性的越轨行为与教养有关，即他们成长或生活的文化。由于妇女无法控制自己"难以驾驭"的天性，那些企图煽动叛乱和骚乱的男人经常伪装成女性。[②]然而，总的来说，历史学家发现，在这些主要由早期女性主义人类学家提出的二分法范围内开展工作具有局限性：卡洛林王朝的例子显示了男 / 女、公共 / 私人和权力 / 家庭之间的假定相关性存在很多问题。[③]

上述两种方法存在的问题促使历史学家寻求更精准的理论。即使将种族作为研究范畴加入进来，使用"三大"即自由主义、社会主义 / 马克思主义和激进女性主义来描述女性主义思想和女性史的写作似乎也失去了作用。玛丽·梅纳德（Mary Maynard）认为，这种标签化导致了对理论立场的刻板印象和同质化，并将不符合某一

---

① See Gisela Bock, 'Challenging Dichotomies: Perspectives on Women's History', in K. Offen, R.R. Pierson and J. Rendall (eds), *Writing Women's History: International Perspectives* (Bloomington, 1991), pp. 1–5.

② Suzanne Fonay Wemple, *Women in Frankish Society: Marriage and the Cloister 500– 900* (Philadelphia, 1981), pp. 97–9; for example, essays in Mary Prior (ed.), *Women in English Society, 1500–1800* (London, 1985); Natalie Zemon Davis, 'Women on Top', in *Society and Culture in Early Modern France* (Stanford, 1975), pp. 124–151.

③ 这并不是说所举的任何例子都没有合理性。

类别的研究排除在外。此外，理论往往过于简单，不能很好地解释随时间变化的情况。梅纳德认为，理论最有用的形式是与实证研究相结合，只有允许理论具有其演变性质，女性主义史学才能受益。[①]随着历史学家意识到这些早期理论中隐含的"女性"概念过于简单化，我们已经开始以两种重要的方式去本质化"女性"。

首先，由于性别、阶级和种族的划分似乎不够充分，历史学家开始根据种族、性取向、年龄、婚姻状况、宗教信仰以及心理和身体残疾等因素来区分过去的妇女。我们因此研究了更多样化的女性群体。例如，玛格丽特·斯特罗贝尔（Margaret Strobel）研究了宗教、阶级、性别、种族以及殖民主义对蒙巴萨妇女的影响。朱迪思·布朗（Judith Brown）将修女贝内代塔·卡尔利尼（Benedetta Carlini）的生活置于文艺复兴时期意大利对女同性恋的宗教和社会态度的背景下。[②] 大量的研究工作揭示了世界各地的性别史，涵盖了家庭和婚姻、工作、宗教、政治结构和艺术等各种主题。[③] 此外，比较和跨国性别史鼓励研究各运动间的次政府联系，例如国际女性主义集体的发展，以及"一种超越国家或文化界限的不同类型历史对象的新视角"。[④]

除了普遍的"女性"观念外，还存在一种普遍化的女权主义观

---

① Mary Maynard, 'Beyond the "Big Three": The Development of Feminist Theory into the 1990s', *Women's History Review* 4 (1995), pp. 261–267, 276.

② Margaret Strobel, *Muslim Women in Mombasa, 1890–1975* (New Haven, 1979); Judith C. Brown, *Immodest Acts: The Life of a Lesbian Nun in Renaissance Italy* (New York, 1986).

③ For example, Teresa A. Meade and Merry E. Weisner-Hanks (eds), *A Companion to Gender History* (Oxford, 2004); *Women's History Review* 19:4 (2010); Dorothy Ko, 'Gender', in Ulinka Rublack (ed.), *A Concise Companion to History* (Oxford, 2011), esp. pp. 207–219.

④ Bonnie G. Smith (ed.), *Women's History in Global Perspective*, 3 vols (Urbana, 2004–2005); Oliver Janz and Daniel Schonpflug (eds), *Gender History in a Transnational Perspective* (New York, 2014), pp. 1–24; Sonya Rose, *What is Gender History?* (Cambridge, 2010), pp. 110–114.

念，对非西方妇女来说是压迫性的。[1] 姆里纳里尼·辛哈（Mrinalini Sinha）认为："如果说女权主义对更多非西方女权主义的呼声的回应是不充分的……这种不充分之处正是因为女性主义思想往往没有充分地将'差异'的物质条件历史化。"作为示例，她展示了如何将对印度女权主义的分析置于与殖民主义、民族主义和英国女权主义的历史关系中，从而增进我们对非西方和西方女权主义的理解。[2]

其次，理论家提出，"女性"（单数）这一基本类别并不存在，因为女性身份具有支离破碎的性质：每个女性的主观性都是分裂和冲突的。精神分析提供了揭示和解释主观性的工具，可以被视为由无意识的观念组成，部分是我们（父权制）社会的内化给定，部分是经验的产物。亚历山大认为，"[精神分析]提供了一种根植于无意识和语言的性别差异解读，而不是性别分工（尽管它组织了这种差异）或自然界"，并且"心理过程赋予了政治运动以情感力量。"因此，精神分析有助于理解社会中的权力关系。她借鉴了精神分析家拉康的研究成果，强调语言的力量，例如，她研究了 19 世纪工人阶级语言中女性气质和男性气质的作用，并表明女性无法在激进的大众言论中表达自己的观点。这反过来帮助她对 19 世纪女权主义的出现背景提供了一个连贯的解释。亚历山大讨论了精神分析和女权主义（尤其是女性史）之间的共同特点，例如"无意识的概念"和

---

[1] See Judith Butler, *Gender Trouble: Feminism and the Subversion of Identity* (Rev. edn, New York, 1999), pp. 3–9. 请注意，性与性别的二分法现在也被视为一种有问题的划分方法：Butler, *Gender Trouble*, pp. 6–7, 106–11; Henrietta L. Moore, *A Passion for Difference: Essays in Anthropology and Gender* (Cambridge, 1994), pp. 8–72. 感谢 Catherine Kingfisher 为我提供了后面的参考资料。

[2] Mrinalini Sinha, 'How History Matters: Complicating the Categories of "Western" and "Non-Western" Feminisms', in Social Justice Group at The Center for Advanced Feminist Studies, University of Minnesota, *Is Academic Feminism Dead?* (New York, 2000), pp.168–186, 169.

"女性生活中未曾言说的历史"。[1] 最近，迈克尔·罗珀认为，与其过分关注性别作为社会或文化建构，不如保留对材料的认识，包括历史人物的经验，是很重要的，这涉及"在自我内部和与他人的关系中管理情感冲动的永恒过程，无论是有意识的还是无意识的"。[2] 这里再次提到了一种分裂的主观性身份，它丰富了我们对性别关系的理解。

亚历山大还指出了像琼·斯科特这样的理论家的著作中，对性别差异的理解已经脱离了精神分析。斯科特采取了解构主义的方法，与精神分析类似，关注语言和话语。例如，她研究了19世纪法国政治经济学家关于女工的话语（说话和写作方式）。[3] 在这些文本中，女性"既是研究对象，又是代表社会秩序和社会组织观念的手段"。[4] 在这里，研究的对象不是女性本身，而是关于她们的话语。我们无法通过这些话语了解女性工作的现实情况，因为它们在描述的同时构建了女性的处境（边缘化的）。我们所能做的只是研究这些话语的运作方式。由于话语的主体（作者）是分裂和变化的（就像所有自我一样），主体是非中心化的（他们没有统一的自我），因此不可能有全知全能的作者之声。虽然这对历史学家来说是个问题，因为经验变得过时，但对于女权主义历史学家来说是有用的，因为制造话语的理性者是分裂的，可以被解构。因此，表面上理性的知识中固有的权力可以被化解。在这种方法中，女性主体也是去中心化的，

---

[1] Sally Alexander, 'Women, Class and Sexual Difference', *History Workshop* 17 (1984), pp. 125–149, and 'Feminist History and Psychoanalysis', *History Workshop* 32 (1991), pp. 128–33. 另参见对精神分析和女性主义作品的有益讨论，Judith Kegan Gardiner and Michèle Barrett in *Signs* 17 (1992), pp. 435–466。

[2] Michael Roper, 'Slipping Out of View: Subjectivity and Emotion in Gender History', *History Workshop* Journal 59 (2005), pp. 57–72.

[3] 请注意，"话语"有不同的定义。例如，福柯认为"话语"包括"可以说什么"的属性以及"可以说什么"的条件。详见第十一章"后结构主义"。

[4] "'*L'ouvrière! Mot impie, sordide* ...'": Women Workers in the Discourse of French Political Economy, 1840–1860', in *Gender and the Politics of History*, pp. 139–163.

凯瑟琳·坎宁（Kathleen Canning）提出，从政治角度来看，这可能是危险的，因为女性主体仍然在历史中被发现和恢复。然而，也会有人说，恢复多样性的女性身份只会丰富我们的历史。[①]

梅纳德和坎宁认为，解构对女权主义历史学家来说是有用的，只要不完全消除权力等级的概念，并且不抛弃真实的观念。因此，坎宁在研究 19 世纪末德国的社会改革时，调查了话语的出现（不仅仅是霸权话语）及其物质和意识形态后果，从而恢复了改革的主体和客体的声音。她发现，女性的身体体验"为意识和主观性的转变打开了道路。"[②] 女权主义历史学中的后现代方向继续提供了令人兴奋的解读和政治化研究的方式。例如，高彦颐（Dorothy Ko）对中国缠足的多层次分析，探讨了隐藏的欲望和性别实践与身份。[③]

坎宁和高彦颐的研究工作都涉及具身化，而身体史在过去 30 年的性别史中一直是一个重要的组成。身体研究的发展得益于：福柯关于身体建构的理论；女权主义关于"性"和"性别"变化含义以及性别如何由身体表现的辩论；"身体"作为"性欲、生殖或性别"的更时髦的替代品；医学史作为一个领域的出现；以及围绕身体的欲望、身份和物质性的大众话语。[④]

托马斯·拉克尔（Thomas Laqueur）的《制造性别》一书做出

[①] 下面的讨论来自 Maynard, 'The Big Three', pp. 269–81 and Kathleen Canning, 'Feminist History after the Linguistic Turn: Historicizing Discourse and Experience', *Signs* 19 (1994), pp. 368–404。

[②] Canning, 'Feminist History'.

[③] Dorothy Ko, *Cinderella's Sisters: A Revisionist History of Footbinding* (Berkeley, 2005).

[④] David Armstrong, 'Bodies of Knowledge/Knowledge of Bodies', in Colin Jones and Roy Porter (eds), *Reassessing Foucault: Power, Medicine and the Body* (London, 1994), pp. 17–27; Judith Butler, *Bodies That Matter: On the Discursive Limits of Sex* (New York, 1993); Kathleen Canning, 'The Body as Method? Reflections on the Place of the Body in Gender History', *Gender & History* 11 (1999), pp. 499–513, 499; Roy Porter, 'History of the Body Reconsidered', in Burke, *New Perspectives*, pp. 233–260; Caroline Bynum, 'Why All the Fuss About the Body? A Medievalist's Perspective', *Critical Inquiry* 22 (1995), pp. 1–33.

了历史性贡献，他研究了性别差异的历史，从而质疑了性别是生物决定和双重性质的观点。他提出，大约在 1750 年，两性模型即男性和女性在身体上有根本不同的观点开始出现。此前，只有一个性别，即男性，女性被视为退化的男性，其类似的生殖器官位于身体内部。尽管批评家认为这两个理论实际上是共存的，但拉克尔的著作引发了理论辩论，也导致了对性别模糊性及其处理方式的历史调查。①

最近，高彦颐回顾了一种欧洲中心主义的偏见，即假定性别的二元模型和基于身体的性与性别关系。尼日利亚学者伊菲·阿马迪乌姆（Ifi Amadiume）和奥耶龙克·奥耶乌米（Oyeronke Oyewumi）的研究表明，殖民者强加的"生理女性意识形态"破坏了灵活的前殖民性别体系。高彦颐引用了奥耶乌米的重要理论干预："尽管分离两者的努力不断，性和性别之间的区别是一个误导。在西方的概念中，性别不能没有性，因为身体是这两个范畴的基础。"在这个意义上，高彦颐认为，在西方理论中，性和性别的分离"已经回到了原点"。②

从理论化的基本女性和主体的分裂中脱离，使性别历史学家相信有必要研究男性和男性气质。阿娃·巴伦（Ava Baron）认为，"即使没有女性，性别也存在"，如果我们只研究女性，那么"'男人'仍然是普遍的主体，女性的特殊性则与之相对。"③ 约翰·托什也指出，鼓励研究男性史是一种颠覆性的行为："使男性作为有性别的

---

① Thomas Laqueur, *Making Sex: Body and Gender from the Greeks to Freud* (Cambridge, Mass., 1990); for example, Katharine Park and Robert A. Nye, 'Destiny is Anatomy: Review of Making Sex', *The New Republic* 204:7 (1991), pp. 53–57.

② Ifi Amadiume, *Male Daughters, Female Husbands: Gender and Sex in an African Society* (London, 1987) and Oyeronke Oyewumi, *The Invention of Women: Making an African Sense of Western Gender Discourses* (Minneapolis, 1997), p. xi, cited in Ko, 'Gender', pp. 219–225, 223.

③ Ava Baron, 'On Looking at Men: Masculinity and the Making of a Gendered Working-Class History', in Ann-Louise Shapiro (ed.), *Feminists Revision History* (New Brunswick, 1994), pp. 148–150.

主体可见对历史学家的所有已有主题都有重大影响：对家庭、劳动和商业、阶级和国家认同、宗教、教育以及……对制度政治也是如此。"[1] 尽管男性对女性的权力问题在男性气质构建方面仍然需要解决，但巴伦提醒我们，男性之间的权力差异也值得关注。[2]

最早的男性历史著作涉及男同性恋者，历史学家证明，同性恋者和异性恋者的身份随着时间的推移发生了变化。[3] 从 20 世纪 90 年代开始，男性史领域扩大，重点关注男性身份和权力差异的解读。例如，辛哈研究了殖民时期孟加拉的男子气概和女性气质，展示了这些观念如何被刻画在男性身上，也对英国的性别观念产生了影响。一系列关于非西方男性气质的文集有助于解决男性历史中的欧洲中心主义偏见。战争中的男性一直是男性史的主题，但罗珀对战争中的男性进行了截然不同的描述，以精神分析的方式讲述了情感生存之战。[4]

考虑到女性和男性的性别身份，让历史书写变得更加微妙。例如，埃斯梅·克利尔（Esme Cleall）研究了性别、聋哑和宗教的交

---

[1] John Tosh, 'What Should Historians do with Masculinity? Reflections on Nineteenth Century Britain', *History Workshop Journal* 38 (1994), pp. 179–180; Michael Roper and John Tosh (eds), 'Introduction: Historians and the Politics of Masculinity', in *Manful Assertions: Masculinities in Britain since 1800* (London, 1991), p. 1.

[2] Baron, 'On Looking at Men', pp. 154–157.

[3] See, for example, John Boswell, *Christianity, Social Tolerance, and Homosexuality: Gay People in Western Europe From the Beginning of the Christian Era to the Fourteenth Century* (Chicago, 1980).

[4] Robert A. Nye, 'Locating Masculinity: Some Recent Work on Men', *Signs* 30 (2005), pp. 1937–1962; Mrinalini Sinha, *Colonial Masculinity: The 'Manly Englishman' and the 'Effeminate Bengali' in the Late Nineteenth Century* (Manchester, 1995); Kam Louie and Morris Low (eds), *Asian Masculinities* (London, 2003); Lisa A. Lindsay and Stephan F. Miescher (eds), *Men and Masculinities in Modern Africa* (Portsmouth, 2003); Rohit K. Dasgupta and K. Moti Gokulsing (eds), *Masculinity and Its Challenges in India: Essays on Changing Perceptions* (Jefferson, 2014); Stefan Dudink, Karen Hagemann and John Tosh (eds), *Masculinities in Politics and War: Gendering Modern History* (Manchester, 2004); Michael Roper, *The Secret Battle: Emotional Survival in the Great War* (Manchester, 2009).

叉点。她将精神上软弱和放荡的"聋哑女孩"与被阉割、不工作的聋哑男人进行了比较（同样属于精神上的软弱）。[①]

尽管没有使用"交叉性"一词，但在 1990 年的文章中，莎伦·哈雷（Sharon Harley）讨论了在大多数美国妇女劳工史研究中忽略黑人女工的问题。黑人男性和女性的工作经历存在相似之处，但也存在可以归因于性别的差异。在 1880 年至 1930 年的华盛顿特区，性别和阶级对黑人妇女可从事的工作类型以及黑人对妇女工作的看法产生了影响。对工作与自我意识之间关联的态度也因种族而异。

哈雷指出，黑人妇女"经常成为一概而论和毫无根据的刻板印象的受害者"。在她看来，是什么造成了这种情况？哈雷在讨论中分析了女性 / 男性、黑人 / 白人、工人阶级 / 中产阶级以及公共 / 私人的二分法。您认为这些二分法作为分析工具的作用如何？黑人妇女的就业存在哪些障碍，社会对妇女既要结婚又要工作的要求有什么影响？考虑到 1990 年以来性别史的理论发展，本文的分析是否遗漏了某些性别经验的领域，它们应如何被纳入进来？

进一步阅读

Arnold, John H. and Sean Brady (eds), *What is Masculinity? Historical Dynamics from Antiquity to the Contemporary World* (Basingstoke, 2011).

Brownell, Susan and Jeffrey N. Wasserstrom (eds), *Chinese Femininities/Chinese Masculinities: A Reader* (Berkeley, 2002).

Doumani, Beshara (ed.), *Family History in the Middle East: Household, Property and Gender* (Albany, NY, 2003).

Joyce, Rosemary A., *Gender and Power in Prehispanic Mesoamerica* (Austin, 2000).

Meade, Teresa A. and Merry E. Wiesner-Hanks (eds), *A Companion to Gender History* (Oxford, 2004).

Morgan, Sue (ed.), *The Feminist History Reader* (London, 2006).

[①] Esme Cleall, '"Deaf to the Word": Gender, Deafness and Protestantism in Nineteenth-Century Britain and Ireland', *Gender & History* 25 (2013), pp. 590–603.

Oyewumi, Oyeronke, *The Invention of Women: Making an African Sense of Western Gender Discourses* (Minneapolis, 1997).

Robertson, Claire C. and Nupur Chaudhuri, 'Editors' Note: Revising the Experiences of Colonized Women: Beyond Binaries', *Journal of Women's History*, 14:4 (2003), pp. 6–14.

Rose, Sonya O., *What is Gender History?* (Cambridge, 2010).

Scott, Joan Wallach, *Gender and the Politics of History* (Rev. edn, New York, 1999).

Scott, Joan Wallach (ed.), *Feminism and History* (Oxford, 1996).

Stearns, Peter N., *Gender in World History* (3rd edn, Hoboken, 2015).

Wiesner-Hanks, Merry E. (ed.), *Gender in History: Global Perspectives* (2nd edn, Chichester, 2011).

Zinsser, Judith P., 'Women's History, World History, and the Construction of New Narratives', *Journal of Women's History*, 12:3 (2000), pp. 196–206.

期　刊

Gender & History
Journal of Women's History
Women's History Review

摘　录

为了家庭和种族的利益：黑人社区中的性别、工作和家庭角色，1880—1930

莎伦·哈雷

　　所有黑人在有薪劳动市场上面临的种族限制不断使黑人妇女和黑人男性的工作经历具有相似之处，然而，有一些差异很大程度上可以归因于性别。[①] 在家庭和工作角色的期望方面，性别差异最为明显。在 19 世纪末和 20 世纪上半叶，由于广泛而尖锐的种族和性别歧视，黑人妇女通常发现自己在家庭和社区（尤其是教堂）的无偿家务工作是一种巨大的自豪感来源。因此，与工薪收入者相比，

---

① 本文是关于性别、阶级、种族和非裔美国工薪妇女之间交叉关系研究的长篇书稿的一部分。洛克菲勒基金会为少数民族学者提供的博士后奖学金为这项大型研究提供了资金支持。本文得益于 Jacquelyn Dowd Hall 和 James Horton 的学术建议，他们在 1987 年美国历史学会 (OAH) 的会议上对本文的一个版本进行了评议。本文还得益于我在美国历史学年会上的共同代表 Eileen Boris、我的同事 William Sabol 以及 *Sighns* 的匿名读者的批判性阅读。

在美国，没有哪个妇女群体比黑人妇女从事有偿和无偿工作的历史更长了；然而，传统上，黑人妇女在大多数已出版的职业妇女史研究中都是缺席的，即使出现，她们也往往是一概而论和毫无根据的刻板印象观念的受害者。一些历史学家将这种缺失归咎于有关黑人职业女性的资料来源匮乏，另一些人则归咎于黑人妇女工作经历的"独特性"，这使得在（白人）女工史中对黑人妇女的论述即使不是不可能，也很难仅仅停留在表面。最近出版的两本历史著作，对我们了解黑人女工具有重要的学术贡献：Jacqueline Jones, Labor of Love, *Labor of Sorrow: Black Women, Work, and the Family from Slavery to the Present* (New York: Basic, 1985); and Dolores Janiewski, *Sisterhood Denied: Race, Gender and Class in a New South Community* (Philadelphia: Temple University Press, 1985). 关于赚取工资的非裔美国妇女的一个最流行的神话是，她们代表了一个处于职业结构最底层的单一群体，其工作和家庭生活随着时间的推移变化甚微。最近，各学科的学者都在努力纠正这种看法，尤其是与黑人中最大的赚取工资的妇女群体——家政服务人员——有关的看法。参见 Bonnie Thornton Dill, "Across the Boundaries of Race and Class: An Exploration of the

黑人妇女更容易接受自己作为母亲、妻子、姑姑和姐妹的角色。②

　　19 世纪末到大萧条时期的 50 年间，妇女的公共和私人角色发生了巨大变化，美国的经济、社会和种族环境也发生了巨大变化，

Relationship between Work and Family among Black Female Domestic Servants" (Ph.D. diss., New York University, 1979); Elizabeth Clark-Lewis, "From 'Servant' to 'Dayworker': A Study of Selected Household Service Workers in Washington, D.C., 1900–1926" (Ph. D. diss., University of Maryland, 1983); David Katzman, *Seven Days a Week: Women and Domestic Service in Industrializing America* (New York: Oxford University Press, 1978); and Phyllis Palmer, "Household Work and Domestic Labor: Racial and Technological Change," in *My Troubles Are Going to Have Trouble with Me: Everyday Trials and Triumphs of Women Workers*, ed. Karen Brodkin Sacks and Dorothy Remy (New Brunswick, N.J.: Rutgers University Press, 1984), pp. 80–91. 最后，由于种族在所有黑人（无论男女）的生活中扮演着主导角色，人们倾向于假定黑人男女在家庭关系上是平等的，因此性别在黑人妇女的家庭和工作生活中的作用在很大程度上被非裔美国人和妇女历史学家所忽视。我无意暗示种族不是黑人妇女生活中的一个重要变量，而只是想说明还有其他重要因素，如性别和阶级，同时影响着个人的生活。在黑人妇女的工作生活中，性别是一个重要的决定因素，在其他工薪妇女群体的生活中也是如此。有关性别与工作交叉问题的研究，请查阅 Joseph H. Pleck, "The Work-Family Role System," in *Women and Work: Problems and Perspectives*, ed. Rachel Kahn-Hut et al. (New York: Oxford University Press,1982), pp. 101–110; and Ann Game and Rosemary Pringle, *Gender at Work* (Sydney: Allen & Unwin, 1983). 虽然不是以美国妇女为重点，但关于妇女工作与家庭角色之间关系的最佳资料来源之一仍然是 Louise A. Tilly and Joan W. Scott, *Women, Work, and Family* (New York: Holt, Rinehart & Winston, 1978). 本文提出的论点和得出的结论是历史学家詹姆斯·奥利弗·霍顿（James Oliver Horton）在其文章中提出的论点和结论的延续，"Freedom's Yoke: Gender Conventions among Antebellum Free Blacks," *Feminist Studies* 12, no. 1 (Spring 1986): 51–76。

②　关于黑人女工的自我认知以及种族、性别和阶级结构如何影响这些认知的内容丰富的讨论，参见 Bonnie Thornton Dill, "Race, Class, and Gender: Prospects for an All-Inclusive Sisterhood," *Feminist Studies* 9, no. 1 (Spring 1983): 131–150; and Micheline Ridley Malson, "Black Women's Sex Roles: The Social Context for a New Ideology," *Journal of Social Issues* 39, no. 3 (1983): 101–113. Also see Jones, "Introduction." 美国社会的种族主义允许黑人妇女在家庭内外扮演多重角色，甚至迫使她们这样做。家庭以外的角色（但与她们的家庭责任密切相关）经常被归类为"社区工作者"、"教会姐妹"和"种族妇女"。有学者研究了这些角色及其文化和历史基础，Evelyn Brooks (Higginbotham) in "The Women's Movement in the Black Baptist Church, 1880–1920" (Ph.D. diss., University of Rochester, 1984); Angela Y. Davis, *Women, Race and Class* (New York: Vintage, 1983); and Cheryl Townsend Gilkes, "'Holding Back the Ocean with a Broom': Black Women and Community Work," in *The Black Woman*, ed. La Frances Rodgers-Rose (Beverly Hills, Calif.: Sage, 1980), pp. 217–231。

哥伦比亚特区尤其如此。与此同时，黑人妇女和男性在整个美国经历了日益恶化的种族氛围。[1] 尽管存在种族敌意，哥伦比亚特区吸引了来自马里兰州和弗吉尼亚州的黑人女工，因为在这里通常能找到比其他地方收入更高、更有声望的工作（即使是家庭女佣）。[2] 因此，在私人住宅中，黑人女佣和洗衣妇人的数量稳步增加，办公楼中有黑人清洁女工，商业洗衣房中有新手和半熟练的洗衣工人。

根据哥伦比亚特区的职业普查报告，1890 年，54.6% 的黑人妇女从事有偿工作；到 1910 年，这一比例上升到 60.1%。然而，10 年后，战后职业数据反映出这一比例下降到 56.3%。到了 1930 年，随着大萧条的来临，这一比例降至 52.8%。单纯的统计数字显示，1880

---

[1]　有学者详细论述了这一时期为所有女性，尤其是受过教育的黑人女性提供的机会，参见 Bettye Collier Thomas, ed., "Special Issue: The Impact of Black Women in Education," *Journal of Negro Education*, vol. 51, no. 3 (Summer 1982); see especially articles by Cynthia Neverdon-Morton, "Self-Help Programs as Educative Activities of Black Women in the South, 1895–1925: Focus on Four Key Areas," 207–221; and Sharon Harley, "Beyond the Classroom: Organizational Lives of Black Female Educators in the District of Columbia, 1890–1930," 254–265. 美国历史学家充分记录了这一时期美国黑人种族环境的恶化。第一次世界大战后的 1919 年夏天发生的种族骚乱，以及联邦政府雇员因种族而受到的歧视和隔离日益加剧，都表明了美国首都种族环境的恶化。有关这一时期的历史概述，请查阅 John Hope Franklin, *From Slavery to Freedom: A History of Negro Americans* (New York: Knopf, 1988), chaps. 16 and 17. For information about the race riot and the racial situation in Washington, D.C., see Constance M. Green, *The Secret City: A History of Race Relations in the Nation's Capital* (Princeton, N.J.: Princeton University Press, 1967)。

[2]　有学者注意到哥伦比亚特区对黑人女佣的吸引力，W. E. B. Du Bois, "The Negroes of Farmville, Virginia: A Social Study," *U.S. Department of Labor Bulletin*, no. 14 (January 1898), 20–21. 最近的研究考察了两个妇女劳工群体在地方经济中的作用，绝大多数为白人，参见 Cindy Sondik Aron, *Ladies and Gentlemen of the Civil Service* (New York: Oxford University Press, 1987); and Gloria Moldow, *Women Doctors in Gilded-Age Washington: Race, Gender, and Professionalization* (Urbana: University of Illinois Press, 1987)。

年到 1930 年间，哥伦比亚特区的有薪黑人妇女数量稳步增加。①

哥伦比亚特区还拥有庞大的黑人公立学校系统，受过教育的黑人专业人员高度集中。哥伦比亚特区的黑人公立学校系统——矿工师范学校、霍华德大学、国家妇女和女童培训学校以及其他黑人机构——成为受过教育的黑人妇女和男性的主要雇主。②

此外，该地区的经济以联邦政府和市政府为中心，主要由白领和专业工人组成，辅以非技术性的家庭佣工和劳工。因此，当地经济偏向服务业而非生产业，导致了两个种族中大量女性工薪族的存在。

尽管女性在劳动力中占有一定比例，但黑人女性的工资劳动比例要低于黑人男性。例如，1900 年，10 岁及以上的黑人女性中有 57% 从事有偿工作，而同年龄段的黑人男性中有 80% 从事有偿工作。1910 年，华盛顿特区的黑人女性中有 60.1% 据称从事有偿工作，而黑人男性中有 81.4%。20 年后，黑人女性中有 52.8% 从事有偿工作，

① See, e.g., U.S. Department of Interior, Census Office, *Compendium of the Eleventh Census, 1890* (Washington, D.C.: Government Printing Office, 1897), pt. 3, p. 446; U.S. Department of Commerce and Labor, Bureau of the Census, *Special Reports – Occupations at the Twelfth Census: 1900* (Washington, D.C.: Government Printing Office, 1904), pp. 248–250; U.S. Department of Commerce, Bureau of the Census, *United States Census of Population: 1910*, vol. 4, *Occupations* (Washington, D.C.: Government Printing Office, 1914), pp. 446–447; and U.S. Department of Commerce, Bureau of the Census, *Fourteenth Census of the United States, 1920: Population*, vol. 4, *Occupations* (Washington, D.C.: Government Printing Office,1923), pp. 361–362; and U.S. Bureau of the Census, *Negro Population in the United States, 1920–1932* (Washington, D.C.: Government Printing Office, 1935), p. 300.

② 有关当地黑人教育机构的信息，参见 Winfield Scott Montgomery, *Historical Sketch of the Education for the Colored Race in the District of Columbia, 1805–1907* (Washington, D.C.: Smith Bros., 1907); Green, *The Secret City*; and Rayford W. Logan, *Howard University: The First Hundred Years, 1867–1967* (New York: New York University Press, 1969). 关于华盛顿特区的历史，参见 Constance M. Green, *Washington: Capital City, 1879–1950* (Princeton, N.J.: Princeton University Press, 1967). 华盛顿特区黑人就业状况概览，参见 Lorenzo Johnston Green and Myra Callis, *Employment of Negroes in District of Columbia* (Washington, D.C.: Association for the Study of Negro Life and History, 1932). 有关联邦官僚机构中黑人工作人员的具体信息，参见 Laurence J. W. Hayes, *The Negro Federal Government Worker: A Study of His Classification in the District of Columbia, 1883–1938* (Washington, D.C.: Howard University Graduate School, 1941).

而黑人男性中有 80.6% 从事有偿工作。

一些与性别相关的因素解释了黑人女性和黑人男性在劳动力中所占比例的差异。这种比例差异部分反映了雇主（无论是白人还是黑人）通常更喜欢男性工人而不是女性工人，即使这意味着支付稍高的工资。例如，1920 年对黑人男性和女性家庭佣工和个人服务工人的一项研究显示，男性电梯操作员的平均周薪为 9.00 至 10.00 美元，而女性电梯操作员的周薪为 8.00 至 9.00 美元。同样，黑人男性日工的日薪约 4.00 美元，而黑人女性日工每天赚取 2.50 至 3.00 美元。工资水平的不平等已成为公认的事实，雇主以男性是主要养家糊口者的普遍假设为由，为基于性别的工资歧视和招聘行为辩护。[1]

由于这种态度，黑人女性工人也比黑人男性有更少的机会担任薪资更高（通常更有声望）的职位。劳动力市场上的种族主义意味着黑人，无论男性还是女性，都很少有白领工作机会；但在 1880 年至 1930 年期间，黑人男性占据了华盛顿特区为黑人保留的许多高级文职职位。[2] 著名的黑人男性，如弗雷德里克·道格拉斯（Frederick Douglass）和前密西西比重建时期的参议员布兰奇·K·布鲁斯（Blanche K. Bruce），担任了联邦政府为黑人提供的高级文职和政治赞助职位。而类似甚至接受过更高教育培训和政治关系的黑人女性，如玛丽·切奇·特雷尔（Mary Church Terrell）和露西·E. 莫顿（Lucy E. Moten）博士，从未有过这类高级职位的机会。[3]

---

[1] 薪资数据来自 Elizabeth Ross Haynes, "Negroes in Domestic Service in the United States," *Journal of Negro History* 8, no. 3 (October 1923): 384–442, esp. 421. 关于黑人妇女赚取工资的重要性的评论在《华盛顿蜜蜂报》中随处可见，比如如下的几期：November 13, 1897; November 27, 1897; October 20, 1900; February 23, 1901; January 4, 1902; and April 12, 1902.

[2] 联邦政府中担任赞助人和其他高级职位的黑人名单，参见 Hayes, *The Negro Federal Government Worker*。

[3] Hayes, *The Negro Federal Government Worker*, chap. 1 and app. A, pp. 113–115. Also consult Green, *The Secret City*. 在关于威尔逊政府和黑人问题的研究作品中都记录了联邦政府和华盛顿市种族氛围的恶化。See, e.g., Bert H. Thurber, "The Negro at the Nation's Capital, 1913–1931" (Ph.D. diss., Yale University, 1973).

事实上，在 1920 年至 1930 年间，联邦政府中的种族主义开始使黑人女性和男性失去白领工作机会。到 1920 年，联邦政府中大量白人女性职员的存在，毫无疑问地表明文职工作是白人女性的工作；不到 5% 的黑人女性劳动力从事文职工作。在种族主义的影响下，黑人联邦雇员越来越多地受到种族主义政策和做法的伤害，例如办公室、餐厅和洗手间的种族隔离政策，这些政策通常是在白人女性员工的坚持下实施的。[①] 然而，无论工作的性质或级别如何，与在私人住宅中提供个人服务或当洗衣工相比，黑人女性在政府就业通常更好。政府雇员薪资更高，声望更高，并且可以花更多时间与家人在一起。[②]

对于一些黑人（以及白人），黑人母亲（尤其是那些没有受过教育和非专业的人士）有工作不是种族进步和家庭稳定的例子。吉尔斯·杰克逊（Giles B. Jackson）和韦伯斯特·戴维斯（D. Webster Davis）是《黑人种族工业史》（1919）的作者，他们认为："这个种族需要由丈夫供养，待在家里的妻子，这样她们就可以花时间培养孩子。"[③] 这种关于黑人母亲所谓适当角色的观点通常（但不总是）由黑人社区的男性成员提出，代表了许多黑人的理想。然而，黑人男性在就业市场上面临的种族障碍迫使相当数量的已婚黑人妇女加入劳动大军。根据 1920 年的人口普查数据，华盛顿特区约有一半的已婚

---

① Hayes, *The Negro Federal Government Worker*. chap. 2; Green, *The Secret City*, chaps. 7–9.

② 除教师职位外，白领职位，尤其是联邦政府中的白领职位，是女性可获得的最有声望、薪酬最高的职位。对于已婚教师来说，文职工作往往是唯一与她们所受培训相称的工作。第一次世界大战期间，黑人妇女主要受雇于半技术和非技术岗位（如电梯操作员和联邦政府的"女清洁工"）。参见 Green and Callis, *Employment of Negroes*, pp. 58–64。

③ 引自 Giles B. Jackson and D. Webster Davis, *The Industrial History of the Negro Race of the United States* (Richmond, Va.: Negro Educational Association, 1911), p. 131. 有关哥伦比亚特区黑人妇女婚姻状况的信息，请查阅美国人口普查局的相关资料，*Negroes in the United States, 1920–1932* (n. 5 above), pp. 151–152, table 11. 基于已婚意大利妇女和黑人妇女就业情况的比较，伊丽莎白·普莱克（Elizabeth H. Pleck）从文化角度对已婚黑人妇女在劳动力队伍中的高比例提出了解释。参见 "A Mother's Wages: Income Earning among Married Italian and Black Women, 1896–1911," in *A Heritage of Her Own: Toward a New Social History of American Women*, ed. Nancy F. Cott and Elizabeth H. Pleck (New York: Simon & Schuster, 1979), pp. 367–392。

黑人女性就业（相比之下，当地已婚白人女性的比例不到四分之一）。尽管改革者对此表示担忧，但 1920 年华盛顿特区的大多数黑人职业妇女要么未婚（单身或丧偶），要么已婚但家中没有子女或配偶。[①]

对于大多数黑人丈夫来说，他们几乎不可能反对妻子就业（尽管有些人反对），因为他们和黑人社区中的其他人一样清楚，他们家庭的生存完全依赖于妻子提供的工资，无论多么微薄。例如，对 1890 年至 1910 年的联邦就业申请和就业诉求进行的研究显示，妇女最常提到的寻求有偿工作的原因是履行家庭义务。[②]

在美国内战后和第一次世界大战期间，大量未婚女性来到华盛顿特区寻找收入更高的工作，这使得特区黑人女性的数量进一步增加。事实上，到 1900 年，特区所有黑人妇女中略过半数（57.4%）是单身或丧偶，而黑人男性的比例为 47.1%。这种不平衡的性别比例引起了一些中产阶级黑人改革者和学者的担忧，他们预测由于缺乏足够数量的婚姻伴侣，老处女（和道德败坏的女人）的数量将增加。正如霍华德大学教授凯利·米勒（Kelly Miller）在 1908 年解释的那样："华盛顿和巴尔的摩分别有 10,006 和 9,132 名绝望的女性，

---

① 关于黑人男性对赚取工资的女性所持的多种多样、经常相互矛盾的态度的讨论，参见 Bonnie Thornton Dill, "The Dialectics of Black Womanhood," *Signs: Journal of Women in Culture and Society* 4, no. 3 (Spring 1979): 543–55; Horton, "Freedom's Yoke"; Jones, *Labor of Love, Labor of Sorrow*; and E. Pleck, "A Mother's Wages." See also Bonnie Thornton Dill, "'The Means to Put My Children Through': Child-Rearing Goals and Strategies among Black Female Domestic Servants," in Rodgers-Rose, ed., *The Black Woman*, pp. 107–123。

② 参见 Dill, "'The Means to Put My Children Through;'" pp. 108–10. 历史学家伊丽莎白·普莱克谈到了黑人母亲自愿为子女做出的牺牲 (see her "A Mother's Wages"). 另见 James Borchert, *Alley Life in Washington: Family, Community, Religion, and Folklife in the City, 1850–1970* (Urbana: University of Illinois Press, 1980). 各联邦机构职位求职者的就业申请表存放在国家档案馆。由于妇女，尤其是已婚妇女，在求职时必须给出令人信服的理由，因此这些申请表提供了有关女性求职者及其希望工作的各种理由的宝贵的定量和定性数据。虽然申请者的种族并不总是给出，但在某些联邦办公室和职位中，黑人女性求职者占多数，因此往往可以推断出她们的种族。参见 "Application File – Mrs. Elizabeth B. Meredith," Treasury Department Applications, Charwomen, Laborers, and Messengers, Record Group 56, National Archives, Washington, D.C.。

她们既没有现任丈夫，也没有未来丈夫。"[1] 然而，他对所谓"剩女"婚姻前景的预测，并没有阻止女性移民潮，也没有鼓励未婚女性离开城市。大多数黑人女性移民的年龄在 13 到 30 岁之间，虽然她们并不反对找到一个好丈夫，但她们来华盛顿主要是为了找工作，以便养活自己和帮助有需要的亲属。[2]

事实上，有证据表明黑人社区鼓励这些女性将事业置于结婚计划之上。例如，1897 年，当地黑人报纸《华盛顿蜜蜂报》的一位记者建议年轻女性追求某种事业，不一定是专业职业，但不要"因缺乏职业而缔结愚蠢的婚姻"。[3]

对于黑人职业妇女，尤其是教师来说，应该结婚和应该工作这两种假设之间的矛盾尤为突出，因为政策要求教师在结婚后辞去教职。1923 年，一位希望保持匿名的女教师写信给哥伦比亚特区教育局的一位官员，表达了她反对重新实施禁止已婚女教师在学校系统工作的运动。这位教师质疑，为什么这些女性会因为婚姻而受到惩罚，她们已经为自己的职业发展做出了巨大牺牲；她写道，职业妇女的"个人

---

[1] Quote found in Kelly Miller's chapter, "Surplus Negro Women," in his *Race Adjustments: Essays on the Negro in America* (New York: Neale Publishing, 1908), 170; "男女比例失衡只会给社会带来灾难。经济和社会条件的失调打破了大自然本应保持平衡的天平。夏洛特–帕金斯–吉尔曼夫人的论点既正确又勇敢。'在妇女人数众多的地方'，'不道德行为也会相应增加，因为妇女是廉价的'。" 米勒在论述大城市的剩女时提到的文章题为 "The Duty of Surplus Women," by Charlotte Perkins Gilman, *New York Independent*, January 1905, as cited by Miller, 170. 1900 年，华盛顿特区和马里兰州巴尔的摩市的女性与男性比例（126∶100）为全美最高。

[2] 杜波依斯主要根据米勒关于"黑人剩女"的文章，在自己的专著讨论了黑人女性移民的婚姻状况、道德品质和经济条件之间的关系，参见 *The Negro American Family* (1909; reprint, Cambridge, Mass.: MIT Press, 1970). 尽管伊丽莎白·普莱克（Elizabeth H. Pleck）的研究重点并非专门针对黑人妇女，但她在自己的专著中对黑人移民的经济学进行了最新的分析研究，参见 *Black Migration and Poverty: Boston, 1865–1900* (New York: Academic Press, 1979). 有关 1900 年至 1927 年间移民到华盛顿特区主要从事家政工作的黑人女性的信息，见 Clark-Lewis, "From 'Servant' to 'Dayworker'". 有关黑人女性人口婚姻状况的信息可在各种已公布的人口普查报告中找到。参见 U.S. Bureau of the Census, *Negroes in the United States, 1920–1932* (n. 5 above), p. 152, table 11。

[3] "A Pointer on the Side," *Bee* (January 16, 1897).

义务——例如对亲属的义务——不会因为结婚而终止，因此，她们有继续工作的合理理由。"此外，她警告说，"考虑到生活成本的高昂，拟议的动议将导致秘密结婚、家庭减少和职位空缺减少"。①

即使那些来自中上层黑人职业家庭的女性，经济上不会因为选择工作或婚姻而受到影响，也面临着黑人女性理想之间的矛盾。1884 年从奥伯林学院毕业后，玛丽·丘奇（Mary Church）作为孟菲斯黑人企业家的女儿，不顾父亲的反对，在威尔伯福斯大学担任教师。丘奇选择了教师职业，因为她在自传中写道："在整个大学期间，我一直梦想着能够促进我的种族的福祉。"② 她的父亲希望她过上典型的"南方贵妇"的"悠闲"生活，认为教师职位应该给真正需要钱的人。③ 玛丽·丘奇继续教书，并于 1887 年在哥伦比亚特区的黑人公立学校系统工作。在与华盛顿知名教育家和法官罗伯特·H. 特雷尔（Robert H. Terrell）结婚后，丘奇·特雷尔（Church Terrell）担任有薪讲师、共和党的政治组织者，并短期担任了联邦政府的职员。

尽管特雷尔的丈夫支持她参与各种公共活动，但烹饪饭菜、打扫房子和抚养孩子的责任主要由她负责，而不是丈夫。她雇了一系列的住家女佣和厨师来帮助她完成这些责任，但特雷尔经常感到沮丧，不得不在做晚饭、陪伴两个女儿和作为公民活动家、作家、有

---

① "An earnest teacher" to Mrs. Raymond B. Morgan, October 23, 1923, Mary Church Terrell Papers, Box 4, Moorland Spingarn Research Center, Howard University, Washington, D.C. 20 世纪 20 年代中期，全国教育协会对近 60% 的学校董事会进行了调查，结果显示，这些董事会歧视已婚妇女作为新员工。参见 Nancy Cott, *The Grounding of Modern Feminism* (New Haven, Conn.: Yale University Press, 1987)。

② 如需了解玛丽·丘奇·特雷尔早期的工作经历以及她父亲最初反对她从事有报酬的工作，请阅读她的自传, *A Colored Woman in a White World* (1940; reprint, Washington, D.C: National Association of Colored Women's Clubs, 1968), pp. 59–63, esp. 60. 根据对更多当代数据的分析，巴特·兰德里（Bart Landry）和玛格丽特·普拉特·詹德里克（Margaret Platt Jendrek）发现，黑人中产阶级的妻子比白人中产阶级和黑人工人阶级的妻子更有可能工作 (see their article "The Employment of Wives in Middle-Class Black Families," *Journal of Marriage and Family* 40 [November 1978]: 787–97)。

③ Terrell, *A Colored Woman in a White World*, pp. 59–60.

薪讲师之间做出选择。在她的自传《白人世界中的一个有色人种妇女》中，特雷尔对拒绝出版商关于撰写私刑问题书籍的请求做出了如下解释："即使我有能力和勇气，我也必须克服重重困难，才能找到撰写这样一部专著所需的时间、集中精力的机会和平静的心态。我必须履行我对家庭的责任，以教育委员会成员的身份履行对公立学校的责任，而且我还经常应邀演讲。"①

尽管丘奇·特雷尔面对着作为促进美国黑人福祉的全职专业人士与全职母亲的理想之间的矛盾，但还是在职业生涯中取得了长期的成功。毫无疑问，这是因为她有能力雇人帮她承担家务。对于大多数黑人女性，尤其是那些从事低地位工作（如家政服务和洗衣工作）的女性来说，这些理想之间的矛盾是通过自己做家务来解决的（或者是出于需要，或者是出于选择）。

一位曾经是家政女佣的妇女描述自己有偿工作的感受与在休息日为家人和朋友所做的类似工作之间的区别时说：

> 现在工作可以很有趣。还记得我告诉过你关于周四聚会的事吗？那是辛苦的工作，但人们并不介意，因为他们想要这样做，而且他们是为自己工作。……白人和黑人之间一个非常重要的区别是，白人认为你就是你的工作。……现在，一个黑人……知道我所做的与我想做的或者在为自己做事时所做的没有任何关系。现在，黑人认为我的工作只是我必须做的事情，或者是为了得到我想要的东西而做的事情。②

---

① Terrell, *A Colored Woman in a White World*, p. 235.

② 这些引文摘自人类学家约翰·兰斯顿·格瓦尔特尼（John Langston Gwaltney）在 20 世纪 70 年代汇编的一系列个人叙事中的一段。这些叙述提供了一个极好的视角，让我们了解黑人妇女和男子对其工作经历的日常看法（see *Drylongso: A Self-Portrait of Black America* [New York: Vintage, 1981], pp. 173–174）。

与这位前纽约黑人女佣持有相似观点的，还有在哥伦比亚特区的黑人家政女工。例如，一位化名为维尔玛·戴维斯（Velma Davis）的女佣曾表示："当我说'我的工作'时，我指的是你曾经做过的工作。"[1] 这些女性和其他从事低地位工作的人认为，专注于职业或有薪工作身份的观念与黑人社区无关。

配偶有工作的黑人母亲不在外从事有偿工作，往往是值得骄傲的事情。在她的自传《尘埃之路》中，佐拉·尼尔·赫斯顿（Zora Neale Hurston）透露她的父亲喜欢向他的男性朋友吹嘘"他从未让自己的妻子为任何人打过工"。[2] 当然，讽刺的是，佐拉的母亲照顾着一个庞大的家庭（她的父亲也吹嘘过），这几乎使她无法在家外工作。然而，佐拉的父亲并不认为他妻子的无偿家务劳动是"真正"的工作。[3]

在 1880 年至 1930 年的黑人社区中，关于妇女"地位"的辩论延伸到了华盛顿特区公立学校工作场所中的性别隔离问题。黑人男性教师占据了特区黑人公立学校系统的大部分高薪和有声望的行政和教学职位，特别是在 M 街和后来的邓巴高中。在 1880 年至 1930 年间担任行政职位的少数黑人妇女经常遭受尖锐的基于性别的攻

① Quote taken from Elizabeth Clark-Lewis, "'This Work Had a End': African-American Domestic Workers in Washington, D.C, 1910–1940," in *"To Toil the Livelong Day": America's Women at Work, 1780–1980*, ed. Carol Groneman and Mary Beth Norton (Ithaca, N.Y.: Cornell University Press, 1987), p. 205. 黑人的普遍感觉是，他们的工作并不能从根本上代表他们的身份，事实上，不同种族和族群中许多没有受过教育、没有技能的成员也是如此。关于对黑人家庭佣工的态度和对黑人家庭佣工的态度的翔实讨论，参见 Trudier Harris, *From Mammies to Militants: Domestics in Black American Literature* (Philadelphia: Temple University Press, 1982)。

② Zora Neale Hurston, *Dust Tracks on a Road: An Autobiography* (1942; reprint, Urbana: University of Illinois Press, 1984), p. 16.

③ Hurston, *Dust Tracks on a Road*.

击。[1] 例如，从 1902 年被任命为 M 街高中校长开始，安娜·朱莉娅·库珀（Anna Julia Cooper）就引起了争议。争议的根源在于库珀作为女性无法充分监督男学生和男教师。《华盛顿蜜蜂报》直言不讳的编辑 W. 卡尔文·查斯（W. Calvin Chase）最初支持库珀，认为"这是一个适合女性的位置"；[2] 但是后来改变了对库珀任命的立场。他对几乎每个女性占据"男人的"工作都发表了类似的言论。通常这些评论都会提到女性某种"独特"技能，以证明她们任职的合理性。因此，妇科牙医被赞扬，因为女性患者可以避免寻求男性牙医服务的尴尬。女性入殓师被赞扬，因为她们为女性尸体准备葬礼，并为悲痛的家庭成员提供更好的安慰。[3]

一些黑人妇女主张性别隔离，因为她们认为女性具有更优秀的技能。华盛顿特区黑人公立学校的教师爱丽丝·斯特兰奇·戴维斯（Alice Strange Davis）坚称，应该将女性而不是男性分配到小学教学职位上，因为"她们（女性）更容易将自己置身于孩子的位置"。[4] 从戴维斯的角度来看，性别隔离的劳动力市场确保了女性能够获得可能本来不会对她们开放的工作机会。

黑人对于支持妇女和男人分离的原因在他们的历史中是独特的。对于一个刚刚脱离奴隶制的群体来说，性别定义的工作和家庭责任象征着他们的新地位。此外，由于他们的经济机会和就业选择仍然受到白人美国社会的种族主义的限制，性别隔离有助于保护黑人妇

---

[1] 在本研究期间，《哥伦比亚特区公立学校年度报告》（*Annual Reports of the Commissioners of the District of Columbia*）中列出了该区教师的工资和职级。例如，1890 年，文法学校和小学教师的平均年薪为 588.95 美元，中学教师为 984 美元。

[2] Quote appears in "What I Saw and Heard," Washington *Bee* (July 8, 1905). 围绕库珀的争议，参见 Louise Daniel Hutchinson, *Anna J. Cooper: A Voice from the South* (Washington, D.C.: Smithsonian Institution Press, 1981); and Sharon Harley, "Anna Julia Cooper: A Voice for Black Women," in *The Afro-American Woman: Struggles and Images*, ed. Sharon Harley and Rosalyn Terborg-Penn (Port Washington, N.Y.: Kennikatt, 1978), pp. 87–96。

[3] See the issues of the *Bee* for May 23, 1896; April 17, 1897; and March 29, 1919.

[4] Alice Strange Davis 的评论，参见 Washington *Bee* (September 30, 1899)。

女，无论是已婚还是单身，免受 19 和 20 世纪作家和改革者对他们道德的指责。[1]

尽管这经常导致黑人妇女的地位低下和薪水低，但在这个时期，性别隔离似乎在华盛顿特区的黑人社区中被广泛接受。一方面是全职母亲的理想状态，另一方面是尊重和认可黑人工作妇女的能力和其对家庭收入的贡献，两者的矛盾存在于一系列倾向于支持传统性别角色的态度中。

然而，在 1880 年至 1930 年间，特区经济的变化使这场争论持续不断。随着商业活动、专业和科学机构的数量增加，以及联邦劳动力规模的增长，已婚妇女在家外工作的机会增加了。例如，随着商业洗衣店的增加，曾经在家中工作的妇女面临着外出工作的压力。随着住家女佣工作被"日工"所取代，妇女越来越有可能从事家政工作的同时维持家庭生活，妇女面临着工作日的双重压力，而这些压力本可以增加她们对全职母亲理想模式的支持。[2]

此外，大多数黑人妇女工作的低薪和低地位削弱了有偿工作的整体重要性和意义，同时也扩大了她们传统家庭角色的重要性。很明显，正如一些种族领袖和黑人中产阶级改革者所争论的那样，女性的就业并不会对家庭的福祉和稳定造成损害。如果母亲不为家庭收入做出贡献，孩子又该如何得到食物、衣物、住房和教育呢？家人和朋友对她们作为一个好母亲、好厨师和好管家的认可，给许多黑人妇女带来了在有偿工作生活中无法获得的成就感和满足感。奥拉·费舍尔（Orra Fisher，一位前华盛顿家庭女佣）在谈到她的劳动

---

[1]　由于从事与男工密切接触的有偿工作，妇女的道德经常受到质疑。历史学家 Cindy Sondick Aron 在专著《市民服务中的女士与先生》(*Ladies and Gentlemen of the Civil Service*) 中讨论了这个问题，还可以参见 "'To Barter Their Souls for Gold': Female Clerks in Federal Government Offices, 1862–1890," *Journal of American History* 67 (March 1981): 835–853。

[2]　Clark-Lewis, "This Work Had a End", pp. 204–207.

成果时说："我努力为上帝服务，让我的三个女儿不必像我一样为别人服务，只需侍奉上帝……我的女儿在办公室工作，我的儿子在军队服役已经 20 多年了。想到这些我就很满足。"[1]

事实上，她们在劳动力市场活动的重要性在于，她们得到了履行对家庭成员和有需要的非亲属的个人义务的手段。有偿工作还为美国黑人妇女和男子提供了在经济上帮助黑人社区机构（主要是教会）和组织的能力，尽管这种帮助可能很少。黑人核心文化和宗教的关键元素是分享和奉献；有偿工作使黑人妇女（和男性）能够向不幸者分享和奉献。

在黑人社区，一个干净的家、美味的饭菜和有礼貌、负责任的孩子是自豪感和地位的主要来源。妇女对于她们家务活动的看法，而不是她们有偿工作的活动，更能反映她们对自我的认知。黑人家庭女佣和洗衣女工的社会地位被整个社会甚至黑人社区的一些成员剥夺，但她们在自己的家庭和邻里中却能找到这样的地位。妇女在家中的无偿劳动不仅是自我价值和自豪感的重要来源，还为她们提供了在劳动力市场环境中无法获得的自主感和控制感。

事实上，一位自学成才的黑人女佣准确地概括了许多黑人妇女对种族和性别问题的普遍态度，她宣称："我可以应对黑人男性，我无法应对的是这种［种族］偏见。"[2] 她的断言简明扼要地表达了她面对黑人社区性别歧视的能力，以及面对 20 世纪美国种族主义的挑战。

---

① Clark-Lewis, "This Work Had a End", p. 212.

② Gwaltney, *Drylongso: A Self-Portrait*, p. 170. 受过教育的中产阶级黑人职业女性通常能平等地对待种族和性别问题，认为基于种族和性别的歧视都不利于黑人妇女的福祉和地位的提高。参见华盛顿黑人教育家 Anna J. Cooper, *A Voice from the South by a Black Woman of the South* (Xenia, Ohio: Aldine Printing House, 1892); Terrell, *A Colored Woman in a White World*; and Nannie Helen Burroughs, "Black Women and Reform," *Crisis* 10 (August 1915): 187.

第十一章　后结构主义的挑战

在 20 世纪 80 年代和 90 年代，关于历史与后现代主义以及历史与后结构主义的争议不断。虽然这些理论起源于 20 世纪 60 年代，最初主要被文学理论家使用。历史学家与后结构主义的接触在 20 世纪 80 年代被称为"文化转向"，最初主要涉及语言理论。随着"文化转向"从 20 世纪中叶开始取代社会史的地位，历史学家努力将新的文化理论付诸实践，尽管一些理论家认为这是不可能的。[①] 随着时间的推移，文化史的定义逐渐扩大。[②] 现在后结构主义方法的实用性得到了广泛认可，2004 年出版的《文化与社会历史：社会历史学会杂志》或许就是一个信号。

在讨论后结构主义的主要思想之前，需要先给出一些定义。正如简·卡普兰（Jane Caplan）指出的那样，一些作者几乎将后现代主义、后结构主义和解构主义视为同义词，并且存在着相互冲突的

[①] 例如，基思·詹金斯（Keith Jenkins）始终认为，历史学家无法再在后现代中进行知识生产，我们"必须乐于成为快乐的失败者"。参见他在特威克纳姆圣玛丽大学学院历史哲学中心启动仪式上的演讲，Published on 4 December 2013, www.youtube. com/watch?v=cu2znmjTgvM. 对詹金斯研究的概述，参见 Alexander Macfie, review of *Keith Jenkins Retrospective, Reviews in History* 1266, www.history. ac.uk/reviews/review/1266, accessed 12 March 2015。

[②] 浏览一下这些书单的内容就能证明这点：Roger Chartier, *Cultural History: Between Practices and Representations*, trans. Lydia G. Cochrane (Cambridge, 1988); Peter Burke, *What is Cultural History?* (2nd edn, Cambridge, 2008); Anna Green, *Cultural History* (Basingstoke, 2008); Melissa Calaresu, Filippo de Vivo and Joan-Pau Rubiés (eds), *Exploring Cultural History: Essays in Honour of Peter Burke* (Farnham, 2010)。

定义。例如，帕特里克·乔伊斯（Patrick Joyce）在格雷戈尔·麦克伦南（Gregor McLennan）的基础上这样描述后现代主义：

> 它可以被看作是对现代主义（社会）理论"四宗罪"的批判：还原主义（将复杂的整体看作是其更基本的部分）；功能主义（将元素或部分视为更复杂整体的表达）；本质主义（假设事物或结构具有一组基本特征，或者以类似的方式"基础性"）；以及普遍主义（假设理论是无条件或超历史的，而不是后现代主义所青睐的"局部知识"）。[1]

当历史学家开始讨论雅克·德里达、米歇尔·福柯和雅克·拉康的研究所提出的历史类型时，我们称之为后结构主义。后来，更常见的是使用后现代主义这个词，如贝弗利·萨瑟盖（Beverley Southgate）最近所描述的："不断尝试从理论上解释我们实际上（以及定义上）所处的境况——后现代性本身的情境"。[2] 然而，这些术语的混淆常常导致困惑。因此，我们在这里遵循卡普兰的观点，将后现代主义作为"一个时代的历史描述"，将后结构主义作为"一系列理论和知识实践的综合，源于与其'前身'结构主义的创造性接触"，将解构主义作为"一种阅读方法"。[3]

后结构主义起源于对结构主义原则的参与和批判，结构主义是源于费迪南德·索绪尔对语言的研究，并由人类学家克洛德·列维–斯特劳斯引入社会科学领域。语言分析的重要性使得这种理

---

[1]　Jane Caplan, 'Postmodernism, Poststructuralism, and Deconstruction: Notes for Historians', *Central European History* 22 (1989), pp. 262–268; Patrick Joyce, 'The Return of History: Postmodernism and the Politics of Academic History in Britain', *Past and Present* 158 (1998), p. 212, n.18.

[2]　Beverley Southgate, *Postmodernism in History: Fear or Freedom?* (London, 2003), p. 3.

[3]　Caplan, 'Postmodernism'; for another definition, Thomas C. Patterson, 'Post-structuralism, Post-modernism: Implications for Historians', *Social History* 14 (1989), pp. 83–88.

论模式被称为"语言转向"。索绪尔将语言视为一个不依赖于外部指称的系统。重要的是语言元素或"符号"的关系。符号由"能指"或声音模式和"所指"或符号触发的概念组成。符号通过与其他符号的差异来区分。符号是任意的。[1]虽然语言中的意义源于内部系统，但语言仍然是对外部现实的表达。结构主义思想家从结构语言学中推导出通过任何符号系统所代表的深层普遍心理结构的文化和历史分析。通过这种方式进行文化和历史研究导致了"大叙事"（如第三章中讨论的马克思关于历史变革的辩证模型）。

结构主义假设存在一个可以被外部观察者观察和理解的封闭系统（符号化系统）。这是 20 世纪大多数历史学家对过去的立场。在那里有一个真相，如果我们拥有所有信息，或者从正确的角度来审视它，我们就可以发现。但对于后结构主义思想家来说，系统并不是封闭的，也永远不可能是封闭的。因此，绝对真理并不存在。对于历史学家来说，这种缺乏封闭性意味着没有宏大叙述，没有关于人类历史从过去到未来的总体解释。

历史学家通常以物质文物（文件、艺术品、建筑、考古遗迹）为基础进行分析，我们可以将这些来源称为"文本"，即符合某种内部系统的符号集合。通过将语言理解为符号系统的扩展，后结构主义者将所谓的文本领域扩大到包括其他物质和非物质的文本。例如，罗伯塔·吉尔克里斯特（Roberta Gilchrist）通过研究中世纪世界各种空间布局的意义，认为"由此产生的空间地图代表了以身体为基

---

[1] Howard Gardner, *The Quest for Mind: Piaget, Lévi-Strauss and the Structuralist Movement* (New York, 1972), pp. 44–45; F. Saussure, 'Nature of the Linguistic Sign', in David Lodge (ed.), *Modern Criticism and Theory: A Reader* (London, 1988), pp. 10–12.

础的权力话语"：在这里，空间就是一种文本。[①] 我们也可以将思想体系视为文本，例如女性苗条的理想或自由人道主义。后结构主义者将各种文本都视为符号系统，其意义可以通过解构来确定，解构是一种在文本中解放多重意义的方法。

解构是法国哲学家德里达在 20 世纪 60 年代末提出的一种著名的阅读方法。对于索绪尔来说，符号直接与所指相关，但对于德里达来说并非如此。德里达的符号中总是包含着缺席和他者。例如，许多词语在解构时被发现包含二元对立。"男人"是"女人"的对立面；当我们在文本中看到"男人"时，"女人"是缺席和 / 或他者。然而，由于"男人"在一定程度上是通过其对立面来定义的，即使在文本中没有提到"女人"，"女人"仍然存在——在某种程度上，无论是有意识的还是无意识的，我们都意识到"女人"的存在，因此"女人"既存在又缺席。"男人"是文本中必要的词语，但同时也不足以承载全部意义。因此，对于我们或文本的作者 / 创作者（如果可以确定的话）来说，意义不可能一目了然。[②]

如果结构主义者的符号系统代表了外部现实，后结构主义者则认为一个系统或文本是自指的，它的意义不一定，当然也不完全来自其产生的背景或作者的意图。历史学家习惯于质疑文本产生的表面或陈述的原因，但我们通常是通过讨论文本产生的环境或参考类似文本来做到这一点的。现在，我们只剩下一个文本，德里达告诉我们，这个文本充满了对立和不稳定的意义。此外，随着时间的推移，不同的读者对文本进行了不同的解读和阐释，因此我

---

① Roberta Gilchrist, 'Medieval Bodies in the Material World: Gender, Stigma and the Body', in Sarah Kay and Miri Rubin (eds), *Framing Medieval Bodies* (Manchester, 1994), pp. 43–61. 身体本身通常被用作文本，参见本书第十章关于性别与历史的论述，以及 Sarah Toulalan and Kate Fisher, *The Routledge History of Sex and the Body, 1500 to the Present* (Abingdon, 2013)。

② 这段讨论来自 Madan Sarup, *An Introductory Guide to Poststructuralism and Postmodernism* (2nd edn, New York, 1993), p. 33. For more detail, see ch. 2, 'Derrida and deconstruction'。

们自己的解读既受到过去的阐释的影响，也受到我们当前条件的影响。①

如果一个文本的意义必然是不确定的，那么根据文本构建的历史事实又何尝没有问题呢？事实不能独立存在，也不能代表外部现实：它们已经被历史化，它们的"真相"是不确定的。② 因此，无法通过参考事实来验证另一位历史学家的解释；我们所能做的只是重新阅读一个（开放的）文本。

每个文本都缺乏封闭性和外部参照物，这导致我们看到历史和过去的声音的多重性，从理论上讲，历史和过去的声音的种类和该文本的读者的数量一样多。后结构主义历史学家试图以各种方式呈现这种多样性。例如，理查德·普赖斯（Richard Price）以四种声音呈现了一段历史，每种声音都有自己的字体（typeface），这样我们同时听到了18世纪黑奴（通过他们的后代传递的声音）、荷兰行政官员、摩拉维亚传教士和历史学家的声音。③ 约翰·阿诺德（John Arnold）试图从当权者制作的文本中读出被边缘化的声音，他在一个文本（中世纪宗教裁判所的记录）中发现了许多声音——不是个体的声音，而是由从多个立场发言的主体所建立的多重话语。④ 沙马混合了"事实"和"虚构"，指出所有历史建构和解释都可以被视

---

① Patterson, 'Post-structuralism', p. 84.

② Keith Jenkins, *The Postmodern History Reader* (London, 1997), p. 19.

③ Richard Price, *Alabi's World* (Baltimore, 1990). 参见 Peter Burke, 'History of Events and the Revival of Narrative', in Peter Burke (ed.), *New Perspectives on Historical Writing* (2nd edn, Cambridge, 2001), p. 289–290, 有更详细的讨论。罗森斯通在调查19世纪美国访日游客时，将他们对日本文化可能造成的影响的担忧，与他自己在20世纪晚期对另一种文化在他的遭遇史中对他造成的影响的反思性担忧交织在一起：Robert A. Rosenstone, *Mirror in the Shrine: American Encounters with Meiji Japan* (Cambridge, Mass., 1988)。

④ John H. Arnold, *Inquisition and Power: Catharism and the Confessing Subject in Medieval Languedoc* (Philadelphia, 2001), esp. pp. 12–13. Also see Kevin Passmore, 'Poststructuralism and History', in Stefan Berger, Heiko Feldner, and Kevin Passmore (eds), *Writing History: Theory and Practice* (2nd edn, London, 2010), pp. 142–143.

为虚构。① 最近的畅销小说《HHhH》，融合了"历史真相、个人记忆和非凡想象"，可以说是后现代历史的代表作。这个例子凸显了一个问题：我们在历史和虚构之间如何划清界限？有人会认为我们无法划清界限；还有人认为界限非常明确；还有人认为在后现代世界中，探讨这个问题本身就是历史书写过程中激动人心之处。②

对于研究那些因阶级、种族、性别、性取向或年龄而被边缘化群体的历史学家来说，一个符号之所以与众不同，是因为它与其他事物的差异，即"他者"。这个"他者"，虽然常常是隐含的，但通过一个文本中的一系列意义的不一致性暴露出来，从而产生了另一种意义，这个术语指的是缺席和差异。③ 例如，对于女性主义历史学家来说，当大多数历史文本都是由男性撰写和关于男性的时候，逆向解读文本以揭示意义的可能性就非常有用。作为一个概念，差异也为历史学家使用的身份标签增添了政治色彩：例如，布莱恩·刘易斯（Brian Lewis）在他的《英国酷儿史》导言中注意到了与"同性恋的"、"同性恋者"和"酷儿"等词语的关联。④

后结构主义者认为语言不仅代表世界，而且创造世界。语言和文本作为符号的集合，因此被重新构想为社会和政治力量，对于这个实体，术语"语言"是不够的。因此，后结构主义术语中的"语言"在其多重含义中被"话语"取代，"话语"是指构成和界定特定关注领域的一种语言统一体或一组陈述，受其自身的形成规则和区

① Simon Schama, *Dead Certainties* (Unwarranted Speculations) (London, 1991).
② Laurent Binet, HHhH, trans. Sam Taylor (New York, [2010] 2012). 另一部结合了作者本人（残缺的）记忆、口头证词、文献资料和科学研究的多层次叙事作品是 Clifton Crais's *History Lessons: A Memoir of Madness, Memory, and the Brain* (New York, 2014). 参与理论与实践相结合的创新写作，参见 Alun Munslow and Robert A. Rosenstone (eds), *Experiments in Rethinking History* (New York and London, 2004)。
③ Caplan, 'Postmodernism', p. 267.
④ Brian Lewis (ed.), *British Queer History: New Approaches and Perspectives* (Manchester, 2013), Introduction.

分真实与虚假的方式的支配。[①] 当然，分析任何一个地方、时间和文本中存在的多样性话语也会产生多重历史解读。

因此，考虑后结构主义理论就会带来多元的、可变的解读和阐释，而对后结构主义侵入传统历史实践的批评也主要是围绕这个问题展开的。从根本上讲，后结构主义支持相对主义立场，破坏了对历史客观性的任何主张。不仅存在多种可能的解释，有时还是互相排斥的，而且解释的真实性无法验证。所有的历史既代表现实，同时也是虚构的。将相对主义推向极端，会导致一种一切都同样有意义／无意义的虚无主义。[②] 在这种情况下，一个人如何在这些条件下成为一个实践和理论的历史学家？从理论上讲，一个解释不能优于另一个解释，可以争论的是，过去被特权化的那些解释之所以占据其地位，是因为它们符合这样或那样的权力话语。然而，下面列出的历史学家和《历史学宣言》的撰写者认为，这种极端立场是不必要的。[③]

另一个争论涉及文本和语境的使用。如果否认历史情境中作者意识的重要性，批评家认为文本就会被去历史化。由于符号（文本中的元素）不指向任何实质性的东西，文本就无法指向过去的现实。加布里埃尔·斯皮格尔并不否认后结构主义，她指出"在符号挑战之后，对文学和文化产生历史根基的观点极其难以理论化"，但文学评论家已经发现了需要一个已知的历史来衡量他们的解释需求。她继续辩称，围绕文本和语境的争议基于"历史学家和文学学者面临的对象、任务和目标之间的不可比较性"。虽然文本是一个给定的东西，"历史研究的对象必须由历史学家构建"才能对其含义进行研

---

① Jeffrey Weeks, 'Foucault for Historians', *History Workshop Journal* 14 (1982), p. 111.

② 关于历史学家的道德义务也一直存在争议: see ch. 7, 'Morality', in Callum G. Brown, *Postmodernism for Historians* (Harlow, 2005)。

③ Keith Jenkins, Sue Morgan and Alun Munslow (eds), *Manifestos for History* (London, 2007).

究。[1] 历史学家在现在既构建（研究对象），又解构（文本），以至于很难触及过去。她还提出，尽管不太确定，文学评论家将更关注美学和情感，而历史学家则专注于文本的意识形态功能。斯皮格尔认为，如果我们将文本视为"语言的情景使用"，那么只有通过对其产生的社会语境进行考察，才能确定其完整的意义，即使文本中没有对该语境的引用。[2]

对于历史学家来说，后结构主义的许多主题和研究方法都是福柯作品的遗产。福柯研究了他所称之为"思想体系史"，希望发现我们当下是谁，以及我们如何变成这样。用杰弗里·韦克斯（Jeffrey Weeks）的话来说，"福柯的核心关注点是统治这些系统的规则，这些思维结构对社会生活进行分类，然后将结果作为真理呈现给我们"。[3] 虽然很难总结福柯的各种著作，但我们注意到几个影响历史学家的问题。

福柯的所有工作都研究了各种形式的权力的运作情况。[4] 虽然权力在社会内部的运作往往会强化该社会的主导话语，但对于福柯来说，权力并不是从上方通过单一机构（如"政府"）运作，而是以分散、局部的方式运作；抵抗也以一系列局部的破坏性斗争形式出现，而不是以强大的辩证对抗。[5] 福柯对当代对群体的控制感兴趣，因此追踪了诸如监禁罪犯或精神病患者等惩戒实践的发展历程。《疯癫与文明》不是一部精神病学史，而是对使该学科得以发展的条件

---

[1] 在第九章讨论海登·怀特时也提到了历史探究对象的构建问题。

[2] Gabrielle M. Spiegel, 'History, Historicism, and the Social Logic of the Text in the Middle Ages', *Speculum* 65 (1990), pp. 73–78. See the debate sparked by this article reprinted in Jenkins, *Postmodern History Reader*.

[3] Weeks, 'Foucault', p. 107.

[4] 详细而清晰的讨论，参见 Alec McHoul and Wendy Grace, *A Foucault Primer: Discourse, Power and the Subject* (Melbourne, 1993), ch. 3。

[5] Robert Young, *White Mythologies: Writing History and the West* (London, 1990), p. 87.

进行的调查。①

福柯的许多著作涉及社会中的边缘群体（尽管明显不包括女性）。他关注这些群体的边缘化知识，认为知识分子的工作不是策划革命，而是揭示这些话语。值得注意的是，他认为知识和权力密不可分。特别是，没有"真理"，只有官方或主导的知识，这些知识赋予那些了解和讲述它们的人以权力。

从这一点我们可以看出，历史写作是一种权力形式：我们利用我们的知识来控制和驯化过去，尽管它只是一种过去。由于所有的历史都必须以现在为中心，我们通过对过去的创造性虚构（因为别无选择）来创造人们对现在的思考方式。这是一个强大的立场。然而，由于这种话语的主体，历史学家本身并不在话语之外，他实际上并没有创造这种话语，也无法理解这种话语。当一个人在这种知识／权力的运作中时，他无法理解自己的压抑。

福柯摒弃了大叙事、对人类发展的总体理论以及历史连续性，从而打破了以往的历史观。相反，他讨论了一系列不连续的认识论（以特定思维系统的主导为特征的历史时期）。因此，历史的变化不是累积的、进步的、天衣无缝的或理性的，也不是由固定的基本原则引导的。

毫不奇怪，福柯的观点引起了相当大的争议甚至愤怒。他反对大叙事，拒绝通过展示不同现象发展之间的联系来全面阐述自己的立场，这些都令人不安。② 然而，罗伯特·杨（Robert Young）提出，传统的历史学几乎没有做任何事情，只是解释认识论的转变，并因此避免承认过去的"他者性"。我们更喜欢寻求与现在的相似之处和

---

① Michel Foucault, *Madness and Civilisation: A History of Insanity in the Age of Reason*, trans. Richard Howard (London, [1961] 1965).

② See, for example, Mark Poster, 'Foucault and History', *Social Research* 49 (1982), pp. 116–122.

连续性，从而使过去非历史化。[①]

　　福柯也因历史不准确而受到广泛批评。[②] 他的论点广泛而横向，但他引用了没有当代资料支持的情况、事件和解释。此外，人们很难理解一个认为所有历史都是虚构的历史学家。我们大多数人相信我们的解释在现实中有一定的基础，正如福柯自己所认为的，因为他用历史证据支持了他的论点。然而，艾伦·梅吉尔在 1979 年提出，福柯"不应被当作历史学家来认真对待"，但"绝对应该被当作是历史学现状的指标来严肃对待"。[③]

　　福柯的非政治立场经常受到批评。除了挑战传统知识分子作为"进步和革命先锋"的观念外，他还摒弃了权力等级制度。他没有区分导致统治和帮助解放的话语，因此没有涉及他自己话语的权力效应。当然，如果我们都参与权力话语，很难将统治和解放截然对立起来。然而，不可否认的是，有些人比其他人更难获得权力和自由，有些话语对某些形式的限制具有垄断地位。[④]

　　福柯的工作指出了许多新的历史课题：边缘人群和各种机构的历史、疯癫和医学的历史、身体（包括政治身体）的历史、性的历史、思想体系的历史等。例如，福柯的《疯癫与文明》（1961 年出版，英文译本 1965 年）出版后，疯癫和精神病学的历史在西方历史学中迅速扩展，部分原因是前威康医学史中心的发展和罗伊·波特（Roy Porter）等学者的努力。研究主题涵盖了精神病院和精神疾病治疗的历史，以及关于"疯子"的故事集。最近的研究探讨了几个世纪以来全球范围内对疯癫的思考方式是如何变化的，以及疯癫诊

---

① Young, *White Mythologies*, p. 75.

② H.C. Erik Midelfort, 'Madness and Civilization in Early Modern Europe: A Reappraisal of Michel Foucault', in Peter Burke (ed.), *Critical Essays on Michel Foucault* (Aldershot, 1992), pp. 28–41.

③ Allan Megill, 'Foucault, Structuralism, and the Ends of History', *Journal of Modern History* 51 (1979), p. 502.

④ Poster, 'Foucault and History', pp. 138–140; Weeks, 'Foucault', p. 117.

断如何被用来制造权力差异。例如，对于具有争议的癔症诊断是否"反女性"还是对疾病更细致入微的文化表述，研究人员对此进行了调查，并密切关注病人和医生的语言。朱莉·帕尔（Julie Parle）通过对非洲和殖民当局区分巫术、灵魂附体和癔症的尝试进行了跨文化的讨论，而凯瑟琳·科尔伯恩（Catharine Coleborne）指出，男性被送入殖民精神病院的人数比女性多，讨论了殖民地男性气质观念的压力如何导致男性疯癫。①

性别史也成为一个热门话题。福柯在《性史》中，第一卷探讨了性如何被"置于话语中"，挑战了 17 世纪性开放的"神话"，这一神话后来演变为维多利亚时期的资产阶级性压抑，并将性描绘为 19 世纪科学的发明。这与关于性别意义的辩论中对身体的研究相结合，导致了对性别历史建构的详细研究，对异性恋规范话语的挑战，以及对性别历史的二元模型的挑战。这个领域的广度是巨大的，从定义到实践，从规范到主观体验，维克斯（Weeks）评论道："越来越多的人认识到，性在其最广泛的意义上，远非历史主流的一个次要附属物，而是道德、社会和政治话语的核心。"②

---

① Edward Shorter, *A History of Psychiatry: From the Era of the Asylum to the Age of Prozac* (New York, 1997); Roy Porter, *A Social History of Madness: Stories of the Insane* (London, 1996); Waltraud Ernst and Thomas Mueller (eds), *Transnational Psychiatries: Social and Cultural Histories of Psychiatry in Comparative Perspective c. 1800–2000* (Newcastle Upon Tyne, 2010); Elaine Showalter, *Hystories: Hysterical Epidemics and Modern Culture* (New York, 1997); Sander L. Gilman, Helen King, Roy Porter, G.S. Rousseau, and Elaine Showalter, *Hysteria Beyond Freud* (Berkeley, 1993); Julie Parle, 'Witchcraft or Madness? The Amandiki of Zululand, 1894–1914', *Journal of South African Studies* 29 (2003), pp. 105–132; Catharine Coleborne, 'White Men and Weak Masculinity: Men in Public Asylums in Victoria, Australia, and New Zealand, 1860s-1900s', *History of Psychiatry* 25 (2014), pp. 468–476.

② Jeffrey Weeks, 'Sexuality and History Revisited', in Kim M. Phillips and Barry Reay, *Sexualities in History: A Reader* (New York, 2002), p. 28.《历史上的性》一书是绝佳的资料来源，另外参见 Anna Clark (ed.), *The History of Sexuality in Europe: A Sourcebook and Reader* (London, 2011); Toulalan and Fisher, *Routledge History of Sex and the Body*; and Andrew P. Lyons and Harriet D. Lyons (eds), *Sexualities in Anthropology: A Reader* (Malden, MA, 2011)。

关于文化历史学家对"过于系统地描述语言的运作"的不满，斯皮格尔在 2005 年指出了"焦点的转移"，从"文化作为话语到文化作为实践和表演"。她的收集中包括了历史社会学的批评。理查德·比尔纳基（Richard Biernacki）发现了语言学转向的两个假设，"意义是由'符号系统'中符号之间的共时关系产生的"，以及"文化研究者将'符号'和'符号阅读'误认为世界上自然的一部分，而不是历史上形成的'看待方式'。"他建议将代理人通过"执行社会实践"产生的意义也纳入分析，并认为这是将历史的物质条件纳入后现代叙述的一种方式。[1] 也许这是一种后后现代的历史，即今天的历史学家既要认真对待后结构主义的批评，又要在创造历史的过程中关注物质条件。

历史学家对后结构主义的立场如何？我们尚未勾勒出"后结构主义历史"的样貌，鉴于这个领域的开放性，这似乎也不太可能。我们认为，更有成效的做法是谈论后结构主义的历史方法。用阿伦·芒斯洛（Alun Munslow）的话来说，"［后现代或解构主义的历史］不再聚焦于过去本身，而是聚焦于过去性和现在性之间的脱节"。[2] 对于罗伯特·伯克霍夫来说，这意味着我们需要重新塑造自

---

[1] Gabrielle M. Spiegel (ed.), *Practicing History: New Directions in Historical Writing after the Linguistic Turn* (New York, 2005), Introduction, pp. 3–4, 18–26; Richard Biernacki, 'Language and the Shift from Signs to Practices in Cultural Inquiry', *History and Theory* 39 (2000), pp. 289–310, p. 290, p. 293, italics in original. See also Victoria E. Bonnell and Lynn Hunt (eds), *Beyond the Cultural Turn* (Berkeley, 1999).

[2] Alun Munslow, *Deconstructing History* (2nd edn, London, 2006), p. 177. 另参见关于解构（及其相关的理论文章）Keith Jenkins and Alun Munslow (eds), *The Nature of History Reader* (London, 2004), pp. 12–15. Elizabeth Deeds Ermarth 探讨了 Munslow 在她的书中提及的时间性问题，参见 *Sequel to History: Postmodernism and the Crisis of Representational Time* (Princeton, 1992), and Jenkins responded: 'Living in Time But Outside History, Living in Morality But Outside Ethics: Postmodernism and Elizabeth Deeds Ermarth', in *At the Limits of History: Essays on Theory and Practice* (London, 2009).

己作为读者和评论者，以及作家和教师的身份。① 后结构主义理论可能为我们提供技术和理论工具，以开发适合后现代时代的新历史。

《可怕的快乐城》和朱迪思·沃科维茨（Judith Walkowitz）早期的著作《卖淫与维多利亚社会》（1980）探讨了维多利亚时期英国的性文化。沃科维茨承认自己的研究受到了福柯的影响，以及女权主义辩论的影响，例如关于色情的辩论。下面的阅读材料摘自《可怕的快乐城》，是后结构主义历史的典型特征。故事的主人公韦尔登夫人（Weldon）避免了因疯癫而被监禁的命运，展示了知识和权力的交汇，以及大众话语的颠覆性和矛盾性。

福柯认为，权力并不纯粹是由上层强加的等级制度；相反，它是以弥散和局部的方式运作的。这种权力范式在韦尔登夫人的故事中是如何体现的？你是否认为在这个特定案例中，它是一种令人信服的解释方法？在维多利亚社会关于权力和无权的话语中，韦尔登夫人本人在哪些方面可以被视作交叉点？沃科维茨认为，"双方都参与了一场象征性的斗争，在文字和图像的辩证斗争中，经常颠覆了与对手相同的隐喻语言。"请在摘录中找到这种做法的例子。沃科维茨还提出，"降神会颠覆惯常的知识和权力的性等级制度。"韦尔登夫人通过她的经历获得了权力吗？我们是否知道韦尔登夫人战斗的真实故事？我们能知道吗？作为历史学家，沃科维茨在哪些方面留下了这样的叙事空间，她的做法与其他一些历史学家有何不同？②

---

① Robert F. Berkhofer, Jr, *Beyond the Great Story: History as Text and Discourse* (Cambridge, Mass., 1995), pp. 281–283.

② Judith R. Walkowitz, *City of Dreadful Delight: Narratives of Sexual Danger in Late-Victorian London* (Chicago, 1992), pp. 172, 176.

进一步阅读

Appleby, Joyce, Elizabeth Covington, David Hoyt, Michael Latham, and Allison Sneider (eds), *Knowledge and Postmodernism in Historical Perspective* (New York, 1996).

Berkhofer, Robert F., Jr, *Beyond the Great Story: History as Text and Discourse* (Cambridge, Mass., 1995).

Brown, Callum G., *Postmodernism for Historians* (Harlow, 2005).

Caplan, Jane, 'Postmodernism, Poststructuralism, and Deconstruction: Notes for Historians', *Central European History* 22 (1989), pp. 262–278.

Foucault, Michel, *Discipline and Punish: The Birth of the Prison*, trans. Alan Sheridan (New York [1975] 1977).

Goldstein, Jan (ed.), *Foucault and the Writing of History* (Oxford, 1994).

Jenkins, Keith (ed.), *The Postmodern History Reader* (London, 1997).

Munslow, Alun, *Deconstructing History* (2nd edn, London, 2006).

Partner, Nancy and Sarah Foot (eds), *The Sage Handbook of Historical Theory* (London, 2013): ch. 9, Robert M. Stein, 'Derrida and Deconstruction'; ch. 10, Hans Kellner, 'The Return of Rhetoric'; ch. 11, Clare O'Farrell, 'Michel Foucault'; ch. 12, Ann Rigney, 'History as Text'; ch. 13, Ann Curthoys and John Docker, 'The Boundaries of History and Fiction'.

Passmore, Kevin, 'Poststructuralism and History', in Stefan Berger, Heiko Feldner and Kevin Passmore (eds), *Writing History: Theory and Practice* (2nd edn, London, 2010), pp. 123–146.

Roberts, David D., *Nothing but History: Reconstruction and Extremity after Metaphysics* (Berkeley, 1995).

期 刊

History and Theory
Journal of Cultural and Social History
Rethinking History

摘 录

科学与降神会：性别和流派的僭越

朱迪思·R. 沃科维茨

《每日电讯报》的婚姻通讯[①]只是 19 世纪末揭示妻子困境的众多媒体大事件之一。另一个轰动一时的事件是乔治娜·韦尔登（Georgina Weldon）大肆宣扬她的丈夫亨利和精神病专家 L. 福布斯·温斯洛（L. Forbes Winslow）密谋将她关进疯人院，因为她是一位灵媒。在她声名鹊起的时候，半便士报纸[②]的头条新闻经常是"韦尔登夫人再次"，据一家新闻剪报机构称，坚毅不屈的乔治娜·韦尔登的报纸专栏数量相当于一位内阁部长。韦尔登夫人深受斯蒂德（W. T. Stead）的喜爱，后者钦佩她的勇气、对宣传的巧妙操纵、对"主体自由"的民粹主义辩护，以及她以女性灵修的名义与唯物主义科学的斗争。在所有这些方面，她引起的反应与斯蒂德的同时代人卡尔·皮尔逊（Karl Pearson）截然不同，后者并不同情像韦尔登夫人这样的"市场女性"，她利用城市商业空间来嘲弄和反对男性的职

---

① 1868 年的一份法庭报告引起了公众的注意，报告称有人企图诱骗一名比利时女孩卖淫。这个事件引发了社会的广泛关注，各种社论猛烈抨击此事，报社也收到了愤怒的读者来信，痛斥对"社会丑恶现象"的控制不力。以这个事件为契机，《每日电讯报》开辟了一个读者来信的通讯专栏，读者就问题的根源——年轻人的婚姻问题——撰写大量内容丰富的评论。在将近一个月的时间里，以"结婚还是独身"为标题的读者来信占满了通讯专栏，并辅以长篇大论，逐步延伸到关于经济现实、道德价值、社会习俗以及爱情等问题的讨论，成为当时重要的媒体事件。——译者注

② 指价格便宜，面向大众的报纸。——译者注

业性。①

韦尔登夫人的"都市女性"故事展现了 19 世纪 80 年代像她这样有进取心的中产阶级妇女在大都市生活的可能性。乔治娜·韦尔登在伦敦社交空间中游刃有余地穿梭，重塑自己的不同形象，能够宣传自己的处境并揭露失败的男性阴谋。从 1878 年到 1888 年，韦尔登夫人在报纸和医学期刊上演绎她的故事，通过街头广告和游行扩大宣传范围，将其延伸到讲演巡回、法庭，最终进入 19 世纪 80 年代的主要商业空间——音乐厅。韦尔登夫人的复仇运动集勇气、才艺和滑稽喜剧于一身，极大地取悦了受过教育的读者，同时也触动了人们对疯癫和错误监禁的恐惧，从而延续了威尔基·柯林斯（Wilkie Collins）和查尔斯·里德（Charles Reade）在 19 世纪 60 年代流行的煽情小说中常见的家庭医学阴谋桥段的戏剧化叙事。②

灵媒术和疯狂医生

韦尔登夫人成为精神病院监禁的目标，是因为她的丈夫试图利用医生和灵媒之间的公开争议来达到私人目的，即摆脱一个讨厌的妻子。医生对受教育阶层中灵媒术日益流行感到担忧，他们自己挑

---

① This is a revised version of 'Science and the Séance: Transgressions of Gender and Genre in Late-Victorian London,' *Representations* 22 (Spring 1988): 3–29, © 1988 by the Regents of the University of California. 关于婚姻的辩论，参见 Lucy Bland, 'Marriage Laid Bare: Middle-Class women and Marital Sex, c. 1880–1914,' in Jane Lewis, ed., *Labour and Love: Women's Experience of Home and Family, 1820–1940* (Oxford: Basil Blackwell, 1986), pp. 123–148; Philip Treherne, *A Plaintiff in Person* (London: William Heinemann, 1923), p. 97.

② Peter McCandless, 'Dangerous to Themselves and Others: The Victorian Debate over the Prevention of Wrongful Confinement,' *Journal of British Studies* 23 (Fall 1983): 84–104; idem, 'Liberty and Lunacy: The Victorians and Wrongful Confinement,' *Journal of Social History* 11 (1978): 366–386.

起了这场更大的冲突。① 他们将灵媒描绘成疯女人和女性化的男人，从事迷信、庸俗和欺诈行为。灵媒则通过构建男性医生邪恶的象征图像来回应，将医生想象成精神病交易商和性危险人物，一个人格分裂的人，他的科学使他残忍、嗜血和极度男性化，因为它压抑了他的女性和灵性部分。双方都参与了一场象征性的斗争，一场词语和图像的辩论战，经常与对手颠倒使用相同的隐喻语言。在这样做的过程中，灵媒和他们的对手采取了已经被女权主义者和医生在反对国家管制卖淫的运动标明的立场，并在同时期的反疫苗接种和反活体解剖运动中得到回响。②

　　组织对灵媒术展开攻击的男性大多是神经生理学和精神病学专家。其中一些最杰出的同行，如威廉·克鲁克斯爵士（Sir William Crookes）和阿尔弗雷德·拉塞尔·华莱士（Alfred Russel Wallace），借助自己的名声和声誉支持灵媒术，③ 引发了论战。灵媒的对手们认为自己的唯物主义科学文化受到了攻击，作为研究"病态"和"异

---

① 在 19 世纪 60 年代末和 70 年代，参加降神会成为上流社会的一种流行热潮，就连查尔斯·达尔文和弗朗西斯·高尔顿（Francis Galton）也参加过降神会。参见 Janet Oppenheim, *The Other World: Spiritualism and Psychical Research in England, 1850–1914* (New York: Cambridge University Press, 1985); Ruth Brandon, *The Spiritualists: The Passion for the Occult in the Nineteenth Century* (New York: Knopf, 1983); Alex Owen, 'The Other Voice: Women, Children, and Nineteenth-Century Spiritualism,' in Carolyn Steedman et al., eds., *Language, Gender, and Childhood* (London: Routledge and Kegan Paul, 1985), pp. 31–73; S. E. D. Shortt, 'Physicians and Psychics: The Anglo-American Medical Response to Spiritualism, 1870–90,' *Journal of the History of Medicine and Allied Sciences* 39 (1984): 339–355。

② Judith R. Walkowitz, *Prostitution and Victorian Society: Women, Class, and the State* (New York: Cambridge University Press, 1980), chaps. 4, 5; R. D. French, *Antivivisection and Medical Science in Victorian Society* (Princeton: Princeton University Press, 1975), chap. 9; R. M. McLeod, 'Law, Medicine and Public Opinion: The Resistance to Compulsory Health Legislation 1870– 1901,' *Public Law* (1967): 189–211; F. B. Smith, *The People's Health 1830–1910* (New York: Holmes and Meier, 1979), pp. 158–168.

③ 例如，克鲁克斯资助了一位年轻貌美的试验灵媒（引起了不少流言蜚语），并发表了一些研究结果，声称这些结果验证了灵媒产生的物理现象。参见 Brandon, *The Spiritualists*, pp. 113–126; Oppenheim, *The Other World*, pp. 16–21。

常"大脑状态的专家，他们想要在讨论中主张"认识论的主权"。[1]
著名生理学家威廉·克利福德（William Clifford）坚持认为，大脑
"由原子和以太构成，没有空间容纳鬼魂"。[2]

在 19 世纪 70 年代末，动物学教授威廉·卡彭特（William
Carpenter）和年轻的生物学家雷·兰克斯特（E. Ray Lankester）与
"妄想症流行病"展开了不懈的斗争。卡彭特坚称，灵媒的非凡主张
需要非凡的检验；他们必须接受冷静观察者的临床检验，而不是由
忠实的信徒随意验证。[3] 兰克斯特在 1876 年推进了这场运动，揭露
了灵媒亨利·斯莱德（Henry Slade）的欺诈行为，并与哈雷街医生、
后来的男女俱乐部成员霍雷肖·唐金（Horatio Donkin）一起，根据
《流浪法》对斯莱德提起诉讼，指控他是一个骗子。[4]

怀有敌意的科学家进一步斥责灵媒是疯子。[5] 医学评论家谴
责出神状态是一种癔症，是一种"大脑的异常状态"，女性由于其
固有不稳定的生殖生理学特性而特别容易受到影响：伦敦贝塞姆
医院的院长乔治·萨维奇（George Savage）博士断言，无论在哪
里出现"奇怪的表现"，都一定会找到一个有癔症症状的女孩。亨
利·莫兹利（Henry Maudsley）宣称，灵媒主义应该成为精神疾病
的原因之一。在医学家的带领下，精神病医生将灵媒主义的交流
翻译为唯物主义科学的深奥语言，把它们说成是大脑的局部病变

---

[1] Shortt, 'Physicians and Psychics.' pp. 345, 354.

[2] William Clifford, quoted in Oppenheim, *The Other World*, p. 240; 'Spiritualism and Science,' *Lancet* 2 (1876): 431–433.

[3] Carpenter published a scathing critique of Crookes, 'Some Recent Converts to Spiritualism,' *Quarterly Review* 131 (October 1871): 301; *Lancet* 2 (1876): 832.

[4] 他声称在灵魂交流开始之前就从斯莱德手中抢走了一块写有灵魂信息的石板。法院法官弗劳尔斯先生判处斯莱德三个月苦役。该判决因技术问题被推翻，但斯莱还是逃离了国家。Oppenheim, *The Other World*, pp. 23, 241; *Lancet* 2 (1876): 474。

[5] 亨利·霍兰爵士宣称，"幻觉和预言、千里眼、灵魂出窍、转移和升天"最好的解释是"大脑的病态或异常状态"。Quoted in Oppenheim, *The Other World*, p. 244。

或无意识的思维。[1]

一个积极参与公开攻击的精神病医生是汉默史密斯的两家私人疯人院的经营者 L. 福布斯·温斯洛博士。温斯洛的家族历史与英国精神病学的历史密切相关。他的父亲福布斯·温斯洛是心理医学的伟大先驱，在 19 世纪 40 年代亲自促成了精神错乱抗辩在法律上的认可。儿子 L. 福布斯在鲁格比（Rugby）和剑桥接受教育，并被培养成为继承父业并接管家族企业的人。在他的职业生涯中，年轻的温斯洛一直生活在父亲的阴影下：他"缺乏父亲的独创力"，对他的专业没有"瞩目的贡献"。医学界往往以轻蔑的态度看待他，往好了说，视他为一个与神经病学这个地位较高的专业没有关联、一个无关紧要的精神病院的看守人，往坏了说，视他为与精神病"市场"关系密切的"商人"。[2]

温斯洛的难处部分在于自他父亲的时代以来，疯人院，尤其是私人疯人院的地位不断下降。疯人院的治疗与为精神病学专业化和现代化服务的新有机理论几乎没有联系。精神病医生仍然基于行为症状和其他社会指标进行诊断，这些指标与大脑的明显病变毫无关联。身体理论在治愈方面提供的帮助很少，精神病医生未能扭转 19 世纪末疯人院中慢性病患者"堆积"的趋势。只要精神病医生与疯人院有关，他们就会因与地位较低的患者有关联而受到污名化，在

---

[1] George Savage, quoted in Jane Marcus, 'Mothering, Madness and Music,' in Elaine K. Ginsberg and Laura Moss Gotlieb, *Virginia Woolf: Centennial Essays* (Troy, N.Y.: Whitston, 1983), p. 33; Alexandra Owen, *The Darkened Room: Women, Power, and Spiritualism in Late-Victorian England* (London: Virago, 1989), pp. 144–146.

[2] L. Forbes Winslow, *Recollections of Forty Years* (London: John Ouseley, 1910); Obituary, *Lancet* 1 (1913): 1704; Obituary *BMJ* 1 (1913): 1302; Dr. A. L. Wyman, 'Why Winslow? The Winslows of Sussex House,' *Charing Cross Hospital Gazette* 64 (1966–1967): 143–146.《柳叶刀》的讣告冷酷地将他描述为"在外行圈子里众所周知的专家"，而《英国医学杂志》则毫不客气地将他斥责为宣传猎手："他在任何公众感兴趣的案件中的意见显然都受到一些报纸的高度重视，但在他自己的专业领域，这些意见的分量就没那么重了。" Quoted in Wyman, 'Why Winslow?'。

研究和医院任命的机会非常有限，基本上陷入了一条死胡同。①

然而，L. 福布斯·温斯洛还是一个很有进取心的人，他似乎通过从事专家证人和医学宣传家来弥补并不突出的专业资历。根据他自己的说法，他在"几乎每个重大的精神失常杀人案审判"中都出庭作证；他还通过撰写一些关于法医精神病学的通俗著作在外行圈子中提高了自己的声誉。②

在兰克斯特（E. Ray Lankester）的带领下，温斯洛成了一名热情的"鬼魂猎手"，他在 1877 年通过向"灵魂面孔"喷洒红墨水揭露了一位公众媒介的欺诈行为。③ 在《灵媒的疯狂》（1877）中，他将灵媒视为英国精神病增加的主要原因，尤其是在"意志薄弱的癔症女性"中（像莫兹利这样的精神病学家只是将其列为重要原因之一），并声称有超过四万名灵媒被关押在美国的精神病院中。④ 温斯

---

① L. S. Jacyna, 'Somatic Theories of Mind and the Interests of Medicine in Britain, 1850–1879,' *Medical History* 26 (1982): 233–258; Michael Clark, 'The Rejection of Psychological Approaches to Mental Disorder in Late NineteenthCentury British Psychiatry,' in Andrew Scull, ed., *Madhouses, Mad-Doctors, and Madmen: The Social History of Psychiatry in the Victorian Era* (Philadelphia: University of Pennsylvania Press, 1981), pp. 271–312; Shortt, 'Physicians and Psychics,' p. 353; W. F. Bynum, 'Themes in British Psychiatry: J. C. Prichard (1786–1918) to Henry Maudsley (1835–1918),' in Michael Ruse, ed., *Nature Animated* (Dordrecht: Reidel, 1983), pp. 225–242.

② 温斯洛的记录是在一周内为三起谋杀案出庭作证 (*Recollections*, p. 139). L. Forbes Winslow, *Fasting and Feeding Psychologically Considered* (London: Balliere, Tindall and Cox, 1881); idem, *Insanity of Passion and Crime, with 43 Photographic Reproductions of Celebrated Cases* (London: John Ouseley, 1912), p. 205. 他的著作声称疾病是以躯体为基础的，但却从行为症状的角度确定了刑事精神错乱的征兆："言行举止的外在表现""理性意志的失败""缺乏谨慎和远见"。温斯洛还以"边缘地带"专家自居，这是一个新发现的灰色区域，在那里，个人怪癖会逐渐演变为精神失常。温斯洛喜欢危言耸听地预测"疯狂的人类"：他在 1912 年写道："过去 50 年的官方年度报告显示，精神失常正在逐步跃进。"*Insanity of Passion*, p. 205.

③ Winslow, *Recollections*, p. 60.

④ L. Forbes Winslow, *Spiritualistic Madness* (London: n.p., 1877), p. 32. 他将这种"耸人听闻"的说法与科学解释相结合，将灵媒的疯狂解释为"神经系统"的"生理"状况，这种做法再次追随了兰克斯特和莫兹利等更有声望的科学家的脚步。

洛的小册子在灵媒中引起了一波焦虑，[①] 也引起了亨利·韦尔登的注意，他请温斯洛采访自己的妻子，然后为她找一所精神病院。温斯洛显然将韦尔登的请求视为例行公事。[②] 由于精神病证明需要两名医生（与精神病院经营者无关）签字，并对潜在患者进行单独检查，温斯洛设计了一个方案来采访韦尔登夫人：他和他的医学同事将以感兴趣的慈善家的身份拜访她，询问她办的孤儿院的情况。完成这些采访后，他建议为韦尔登夫人找一个伴侣；当韦尔登先生告诉他这不太"实际"时，他欣然接受了她为患者，每年收费 400 英镑。[③] 不幸的是，韦尔登和温斯洛都低估了对手乔治娜·韦尔登的机智、决心和表演技巧。

乔治娜·特里恩是威尔士一位地主绅士的女儿，才华横溢、美貌动人，1860 年，她违背家人的意愿，嫁给了穷困潦倒的亨利·韦尔登。[④] 他们的婚姻是一场"爱情结合"，也是乔治娜逃离她专制父亲控制并满足她对戏剧事业的渴望的一种方式。由于亨利只有微薄的私人收入，她坚持要求，作为他们婚姻的条件，他需要允许她"上舞台赚钱"。[⑤]

乔治娜很快发现，婚姻契约——即使是与一个不足以养家的人——也不能让她进入舞台。一结婚，亨利就食言了，乔治娜只能参加业余戏剧和慈善音乐演出。她通过"最严格的节约"和在社交

---

① 作为回应，灵媒组织了辩护基金，并加强了他们自己反对疯人法的运动。Owen, 'Subversive Spirit', chaps. 5, 6; S. E. Gay, *Spiritualistic Sanity: A Reply to Dr. Forbes Winslow's 'Spiritualistic Madness'* (London: Falmouth, 1879); 'A Vigilance Committee,' *The Spiritualist* London) (10 Dec. 1880): 287。

② 在他的精神病院里，有 400 多名病人通过精神病鉴定被安置了下来。*The Times* (London), 11 July 1884。

③ Winslow, quoted in *The Times*, 28 Nov. 1884.

④ Treherne, *Plaintiff*; Edward Grierson, *Storm Bird: The Strange Life of Georgina Weldon* (London: Chatto and Windus, 1959); 'Mrs. Weldon's Orphanage,' *Spiritualist* (21 Sept. 1877).

⑤ Mrs. Weldon, quoted in Grierson, *Storm Bird*, pp. 26, 27.

活动中"唱歌换饭"来维持家计。① 然而，到了 19 世纪 60 年代末，乔治娜受欢迎程度开始下降，她也发现自己越来越讨厌表演业余戏剧。她对没有孩子的婚姻感到幻灭，厌倦了"为晚餐而歌唱"，她回到教学中，将其作为实现人生价值的新途径。在她婚姻的第九年，她提出了创办国家培训学校的想法，以"自然主义"的方式教授贫困儿童音乐。② 尽管丈夫反对，她坚持这个计划，他不喜欢她招募"肮脏、有病的孤儿"并将他们"安置在他的屋檐下，让他们吃饱穿暖，接受教育"。③ 因此，哈里·韦尔登④ 于 1875 年与妻子分居，将他们在布鲁姆斯伯里的联排别墅塔维斯托克宅邸（Tavistock House）的租约和每年 1000 英镑交给她。

韦尔登夫人的慈善计划，加上她的婚姻问题，使她与上流社会和自己的家庭疏远。⑤ 上流社会对塔维斯托克别墅的非传统管理方式感到震惊。韦尔登夫人的进步方法完全违反了社会和阶级的礼仪。⑥ 孩子们"从小就被教唱歌和背诵，他们被送去听歌剧"；他们被养成素食主义者；他们不被允许哭泣；他们被允许光着脚大喊大叫一刻钟；他们没有受到严格的规则管束，也不接受能使他们适应

---

① 她是社交界的知名人士，小荷兰屋（Little Holland House）的常客，也是前拉斐尔派（pre-Raphaelites）的朋友。Ibid., p. 43. 全称为"前拉斐尔派兄弟会"，是 19 世纪中叶出现的一个艺术团体，最初由几位年轻的英国画家发起。——译者注

② 'Mrs. Weldon's Orphanage'.

③ Ibid.

④ 原文为 Harry Weldon，疑似笔误。在此期间他继承了一大笔财产。——译者注

⑤ 韦尔登夫人并不是这类事业的孤军奋战者。在 19 世纪 60 年代和 70 年代，许多妇女为妓女开设了小型的私人救助之家；引用约瑟芬·巴特勒（Josephine Butler）的话说，她们的"个人慈善风格"是对维多利亚时代早期由男性创办和管理的福音教养院的非个人化和压制性制度的自觉挑战。总的来说，这些女性慈善家都是中产阶级的贵格会教徒和不信教者，而不是时尚社会的成员。19 世纪 70 年代的社交名媛即使参与个人慈善活动，一般也仅限于家访穷人，而不是将"街头阿拉伯人"引入自己的住所。参见 Josephine Butler, *An Autobiographical Memoir*, ed. by G. W. Johnson and L. A. Johnson (Bristol: Arrowsmith, 1928), pp. 81–83.

⑥ 维多利亚时代的中产阶级习俗要求将儿童与成人严格隔离，并对他们进行自我约束而非自我表达的训练。中产阶级的观察家希望贫困儿童受到更严格的管束。

卑微生活的训练。①

　　同样不拘一格且不合礼仪的是她为孤儿院使用的广告手法。孩子们被从一个活动地点接到另一个活动地点，坐在一辆广告车里，这是一辆退役的马车，上面用巨大的字母写着"韦尔登夫人的社交之夜"——这个物体如此"奇特"，以至于她的兄弟请求她"别把它带到他家门口"。社交之夜本身也只是稍微不那么奇特而已；韦尔登夫人经常将音乐演奏与她的孤儿院历史朗读结合起来，3 岁的萨福·凯蒂（Sapho-Katie）表演的戏剧朗诵《时代的蜘蛛》将整个晚会推向了高潮。②

　　与此同时，韦尔登夫人越陷越深地参与异端活动。她成为朴素着装的狂热支持者："我的品味一向都很简单……当蓬蓬裙流行时，我并没有追随潮流……我把头发剪短了。"她还拥抱了许多与激进政治和大众健康有关的"古怪"事业：素食主义、催眠术、神秘学。③

　　对于她的反文化兴趣来说，灵媒术是一个自然的延伸。她对儿童教育的进步观点与灵媒主义进步讲堂的创新教育方法相契合，后者根据一位历史学家的说法，具有"多样性、实践学习和舞蹈，没有严厉的惩罚"。④韦尔登夫人还加入了更大的灵媒团体：她为臭名昭著的斯莱德先生辩护以及在灵媒会议上的无偿演唱而赢得了灵媒媒体的赞扬，被称为"热心而真诚的朋友"。⑤她甚至在自己的家

---

① Georgina Weldon, *The History of My Orphanage, or the Outpourings of an Alleged Lunatic* (London: Mrs. Weldon, 1878); Grierson, *Storm Bird*, pp. 147, 148.

② Grierson, *Storm Bird*, p. 148.

③ Georgina Weldon, *How I Escaped the Mad Doctors* (London: Mrs. Weldon, 1882), p. 6; Grierson, *Storm Bird*, p. 233.

④ Logie Barrow, 'Socialism in Eternity: Plebian Spiritualists 1853–1913,' *History Workshop* 9 (Spring 1980): 56.

⑤ 'Printed Allegations against Mrs. Weldon,' *Spiritualist*, 19 April 1878; 'Notes and Comments,' *The Medium and Daybreak* (London), 17 Oct. 1879.

庭中进行了"社会分层"的实验，让她的女仆和孤儿们参与灵媒交流。[1] 考虑到她自己的婚姻困境，韦尔登夫人可能也同情灵媒对婚姻中父权性权力的批评，以及坚持女性成为"婚床上的君主"的观点。[2] 受婚姻问题困扰的普通女性灵媒经常将灵媒讲座和降神会视为就业和逃离不幸家庭的庇护所。不久之后，韦尔登夫人自己也会向灵媒寻求集体保护和支持，以抵御父权阴谋。

作为一种灵媒实践，灵媒术对女性具有特殊吸引力，女性在信徒和灵媒人数大大超过男性。降神会的私密、家庭般的氛围，加上与已故亲人进行的灵媒交流的家庭内容，为女性提供了一种舒适的环境。降神会颠覆了通常基于知识和权力的性别等级制度：它将注意力从男性转移到女性灵媒身上，她们成为灵界知识和洞察力的中心。作为受欢迎的"亲身治疗"场景，降神会也构成了女性消费者对正统医学的挑战。[3]

同样重要的是，灵媒术提供了针对所有感官的超级娱乐。大多数私人降神会都以出神状态下的发言或感召式为特色，但职业或"测试"灵媒的节目中还包括各种各样的"物理现象"：桌子倾斜、家具漂浮、乐器自动演奏、神秘香气飘散在空气中。[4] 在灵媒显灵时，还会进行更加戏剧性的性展示和性颠倒：通常是一个迷人的年

---

[1] 'Topics of the Day be the Heroes of the Hour,' *Pall Mall Budget* (London), 21 March 1884. On social leveling and spiritualism, see Morell Theobald, *Spirit Workers in the Home Circle: An Autobiographic Narrative of Psychic Phenomena in Family Daily Life Extending over a Period of Twenty Years* (London: F. Fisher Unwin, 1887); Owen, 'The Other Voice,' pp. 55–57; *Light* (London), 26 March 1887.

[2] *Medium and Daybreak*, 24 Aug. 1888, 7 Sept. 1888.

[3] 马奇小姐是一位疗愈师兼通灵者，在降神会中观察到一位女士疼痛难忍，"把她带到房间中央，把手放在她的背部和胸部，指出她疼痛的位置"，这位女士非常惊讶。其他女性治疗师，参见 *Medium and Daybreak*, 7 Oct. 1887, 13 July 1888; Owen, *Darkened Room*, chap. 5。

[4] Mrs. Henry Sidgwick, 'Results of a Personal Investigation into the Physical Phenomena of Spiritualism,' *Proceedings of the Society for Psychical Research* 4 (1886–87): 45.

轻女孩，被束缚和堵上嘴，然后一个奇特的灵魂会出现，有时是一个土著印第安人，有时是一个满口脏话的海盗，有时是一个穿着薄纱白袍的可爱年轻的女灵魂，坐在她最喜欢的绅士们的腿上。[1]

　　正如其他历史学家所指出的那样，出神状态使女性的各种"不良行为"合法化，允许她们对"真正女性"的"独立领域"建构进行微妙的颠覆——但不是否定。灵媒主义者认为女性特别适合担任媒介，因为她们在意志和智力方面较弱，但在被动、贞洁和易受影响等方面女性品质较强。[2] 女性媒介是其他灵魂（通常是男性灵魂）的接受容器，他们在灵界中充当媒介的控制者或"向导"。[3] 这种模仿男性的形式反映了在灵媒圈子中围绕性别运作的矛盾动态：如果女性受到他人（尤其是男性）的控制，她们可以权威地"说出灵魂的话语"；她们获得男性权威的途径是通过分裂自己的人格。[4] 另一个讽刺和危险是：这些特殊的女性力量也使女性灵媒容易受到特殊形式的女性惩罚，特别是医学上的癔症和精神病院的监禁。

　　韦尔登夫人无疑对灵媒主义的戏剧性非常感兴趣。[5] 最吸引她的是它为女性提供的发声机会。正如我们所见，自她年轻时起，韦

---

[1]　Owen, 'The Other Voice,' pp. 45, 47; Florence Marryat, *There Is No Death* (London: Kegan Paul, Trench, Trubner & Co., 1891), pp. 202–204; George Sitwell, to the editor of *The Times,* reprinted in *Spiritualist,* 16 Jan. 1880; R. Laurence Moore, 'The Spiritualist Medium: A Study of Female Professionalism in Victorian America,' *American Quarterly* 27 (1975): 207, 214.

[2]　Moore, 'Spiritualist Medium,' p. 202.

[3]　根据灵媒研究者在 19 世纪 80 年代进行的灵媒普查显示，58% 的媒介是女性，而 63% 的控制者是男性。灵媒主义者对女性灵媒被"男性灵力"附身的倾向做出了解释，理由是男性最可能经历暴力死亡，而这些被附身的灵魂最可能在降神会上进行交流。灵媒论表面上是对个性的捍卫，因为它坚持认为灵魂即使在死后也会保留自己的身份，但它也表明了整体、完整的自我，尤其是性别主观性的脆弱性。Vieda Skultans, 'Mediums, Controls and Eminent Men,' in Pat Holden, ed., *Women's Religious Experience* (London: Croom Helm, 1983), p. 17。

[4]　Owen, 'The Other Voice,' pp. 37, 38, 67, 68.

[5]　韦尔登夫人第一次参加降神会是在法国的一个时髦客厅，在那里她试图与死去的朋友交流，并收到了一些通过桌子上的符咒拼写出来的"测试信息"。*Spiritualist*, 23 June 1876。

尔登夫人就一直试图找到在公众场合进行表演的途径，从业余戏剧到慈善演出，再到她的社交晚会。毫不奇怪，她被降神会所吸引，这是一种以女性发言而非单纯聚会为特色的家庭娱乐活动。[1]

韦尔登夫人最初参加的降神会是在法国，但很快她发现自己的性格不适合担任媒介。尽管她继续尝试与灵魂交流的其他形式，但她的口味往往偏向神秘主义（因此，她对法国灵媒主义和异端天主教很感兴趣），她自己对灵媒主义的物理现象没有多少兴趣。例如，她在法国的第一次降神会上，当她"热切地希望"与已故朋友交流时，"几乎没有发生任何现象"。当她按照媒介的建议"保持完全被动时，桌子上开始出现明显的现象"。但显然，乔治娜·韦尔登不是那种能够长时间保持"完全被动"或成为其他灵魂透明容器的人。她不够被动和易受影响。她的活力和决心将在她即将面临的与"失败的阴谋"斗争中发挥作用。[2]

失败的阴谋

1878 年，韦尔登夫人和她的孤儿们正在参观法国的一所修道院，此时她预感到自己必须回家。也许她听到了传言，她的丈夫对他们的分居条件感到不满，想要削减开销并出售他们在布鲁姆斯伯里的联排别墅——塔维斯托克宅邸。她把孤儿们托付给修道院的修女照料后，立即穿越海峡返回伦敦。她很快卷入了一起针对一名女仆的刑事指控，她声称女仆偷走了房子里的财物。在她被盘

---

① Owen, 'The Other Voice,' p. 35.

② *Spiritualist*, 23 June 1876. 韦尔登夫人的精神品味反映了她的阶级地位。根据洛吉·巴罗的说法，灵媒主义者在宗教实践方面存在明显的阶级差异：平民灵媒往往强烈反对基督教，与中产阶级灵媒相比，他们的神秘主义色彩较淡，更多的是经验主义和唯物主义。Treherne, *Plaintiff*, p. 208; Logie Barrow, *Independent Spirits: Spiritualism and English Plebeians, 1850–1910* (London: Routledge and Kegan Paul, 1986), chap. 5。

问期间，辩护律师试图质疑她的证词，声称她患有妄想症。在这种公开指责几天后，韦尔登夫人发现自己被一系列神秘的陌生人拜访。①

根据她自己的叙述——以下是她自己的叙述摘要——1878 年 4 月 14 日，韦尔登夫人正在她的书房里清扫音乐书籍的灰尘，一名女仆通报说有两位访客，谢尔先生和斯图尔特先生，正在大厅里。她以为他们是她的音乐出版商，就让他们进来了。结果，他们竟然是两个陌生人，一个年长的绅士"挺直背端坐着"，双手交叉放在肚子上，一个年轻人看起来像一个"克里斯蒂吟游诗人"，"眨眼、眨眼、咧嘴笑"。他们自称是对她在音乐改革和儿童方面的工作感兴趣的灵媒主义者。她告诉他们自己是一个"坚定的灵媒主义信徒"。经过半小时的交谈，他们离开了。②

8 点钟，女佣宣布访客回来了。他们冲进房间，令她惊讶的是，访客又是两个完全陌生的人，这次是一个"胖乎乎的人"和一个"沉默寡言的人"，看起来像一个"肮脏的牙医助手"。他们也问她关于她的灵媒交流的问题，问她的孩子中是否有灵媒，以及她是否相信她的动物有灵魂。③

在这些初次接触中，韦尔登夫人积极而直接地回答了他们的问题。她说："我并不觉得奇怪；我怀疑这一切都与一些富有而神秘的孤儿有关。"他们离开后，她逐渐意识到这个谜团与她自己有关。韦尔登夫人开始感到"可怕"，并意识到"有什么可怕的陷阱"。她记得有关她患妄想症的谣言，开始怀疑这场伪装可能是试图将她关进

---

① Weldon, *How I Escaped*; 'Printed Allegations.'
② 韦尔登夫人在大量文章、宣传册、报纸访谈以及法庭证言中重复了她关于"失败的阴谋"的说法 (Treherne, *Plaintiff*, p. 58)。参见 Mrs. Weldon, quoted in 'Some Medical Men at their Work,' *Spiritualist*, 17 May 1878; *The Times*, 15 March 1884。
③ Mrs. Weldon, quoted in 'Some Medical Men'. 来访者对她描述的幻象做了大量笔记，其中一个幻象是流星雨和十字架上的基督。

精神病院的一部分。她告诉女佣"锁好房子"。20 分钟后，一辆马车到达，门铃响了。"是谁？""有位先生和两位女士来拜访韦尔登夫人！"看门人贝尔在外面和他们交谈。最后他当着他们的面关上了门。"他们敲了又敲，按了 3 次门铃，但我们关掉了煤气；他们等得厌烦了，最后我们听到马车开走的声音。"①

"我生平第一次感到紧张。""我称之为我的守护天使，给了我一个警告的信号，告诉我，我处于非常紧急和严重的危险中。"②"我苍白而颤抖地"给几个朋友写信，警告他们自己所处的困境。③ 她给《灵媒》杂志的编辑哈里森（W. H. Harrison）写了一封信，他曾经刊登过路易莎·洛维（Louisa Lowe）的一系列信件。洛维夫人曾是一家私人精神病院的住院者，她在信中警告灵媒在疯人院被错误禁闭的危险。洛维夫人写道：在英国，"把一个理智的人送进精神病院"是再容易不过的事情。④ 最有可能被关起来的，莫过于"普通妇女"和"妻子"。⑤"整个上午我一直在想，"韦尔登夫人写道，"哦，我多么希望敢去找洛维夫人。"⑥

第二天下午两点钟，"门铃又响了。""一封来自哈里森夫人的介绍信，介绍的人是谁——洛维夫人！我正渴望并祈祷的那个人。"韦尔登夫人刚开始讲述她的故事，门铃又响了。看门人显得非常激动：

---

① Ibid.

② Weldon, *How I Escaped*, p. 13.

③ Mrs. Weldon, quoted in 'Some Medical Men.' Sir Charles Dilke and William Gladstone were among her correspondents.

④ Louisa Lowe, quoted in Treherne, *Plaintiff*, p. 61. 有关洛维女士为精神病法改革所做活动的其他讨论，参见 Peter McCandless, 'Build, Build: The Controversy over the Care of the Chronically Insane in England, 1855–1870,' *Bulletin of the History of Medicine* (1979): 87; Owen, *Darkened Room*, chap. 7。

⑤ Louisa Lowe, *The Bastilles of England: or the Lunacy Laws at Work* (London: Crookenden, 1883).

⑥ Mrs. Weldon, quoted in 'Some Medical Men'.

"那三个人闯进来说他们会等到他们来见你。"[1]

洛维夫人掌握了局势，去找警察；当她带着"两个强壮的警察"回来时，韦尔登夫人变得更加勇敢，面对门口的"三人组"。两个女人"扑向我并抓住我。"韦尔登夫人有些想去拿个火钳打破她们的头，但洛维夫人建议采取更谨慎的方式。"以袭击你的方式将他们交给警方，"洛维夫人说。"警察，"我说，"把她们交给警方，她们正在袭击我""我可能说了希伯来语或中文；他们一动不动，我确信她们会带走我。"在洛维夫人的建议下，她把自己关在房间里。[2]

最后，一位友好的警察（前一晚已经被告知）赶到并强迫三人出示了疯癫令，该令由她的丈夫和家庭朋友德·巴斯将军（General de Bathe）签署，德·巴斯将军前一天下午曾短暂拜访过韦尔登夫人。"然后他们离开了，我给我丈夫发了电报让他来救我。"韦尔登夫人坚称她丈夫的签名一定是伪造的，但愤世嫉俗的洛维夫人回答道："你不知道丈夫有多坏。"她的仆人和友好的警察都支持洛维夫人的建议，认为她应该"走"，而不是寄希望于丈夫的仁慈干预。"于是我匆忙地披上披风，戴上帽子，没来得及穿靴子，就穿着一双漂亮的旧拖鞋跑到广场，警察拦住了一辆出租车（他说："我没看车牌号！"），跳进车里，洛维夫人带我去了她家，我就……得救了！"当"疯人院看门人"温斯洛那天晚上回来时，得知他的猎物逃脱了，非常愤怒。"韦尔登夫人是一个危险的疯子！她去哪了？谁能找到她，给 1000 英镑。"[3]

---

[1]　Ibid.

[2]　Ibid.

[3]　Weldon, *How I Escaped,* pp. 17, 19; *The Times,* 28 Nov. 1884; Winslow, quoted in Treherne, *Plaintiff,* p. 63.

　　韦尔登夫人首先跟随洛维夫人回到她的家，然后在疯癫令有效的 7 天里躲了起来。当她重新出现时，她决心向对策划这次袭击的各方进行报复。她亲自代表自己出庭，在鲍街警察法庭面前出现。弗劳尔斯（Flowers）先生对她的遭遇表示同情，并谴责温斯洛医生的行为是"对她自由的无理侵犯"；但他无法提供任何法律救济来对抗这次袭击。他解释说，除非她被关在疯人院，否则法律机构无权处理她的案件；她作为一名已婚妇女，也不能对疯人院提起民事诉讼。①

　　然而，乔治娜还是赢得了一场道义上的胜利。弗劳尔斯先生对她的同情声明使她的案件合法化，并迅速让她的正常理智得到认可，甚至在医学界的报刊上也承认她是一位"完全有能力享受自由而不会对自己或他人造成伤害的女士"。② 尽管她被禁止在法庭上追究她的案件，韦尔登夫人仍然继续在其他方面攻击她的敌人。她遵循小说家查尔斯·里德的建议，采取了一种"美国式"的宣传方式。③ 她在灵媒报刊上发表了自己的故事，接受日报的采访，试图挑起参与者的诽谤诉讼，站在公共讲台上支持癔病者改革事业，雇人在温斯洛家前面游行，手持标语谴责他是"盗尸贼"，④ 并开始了公开的音乐会事业，同时继续在家中举办社交活动，在音乐表演的间隙发表演讲："我如何逃脱疯狂的医生"。⑤

---

①　Mr. Flowers, quoted in 'Mrs. Weldon and the Lunacy Laws,' *Spiritualist*, 18 Oct. 1878.

②　*BMJ* 1 (1879): 39. *Truth* demanded a 'searching inquiry' (quoted in *Spiritualist*, 18 Oct. 1878).《英国医学杂志》进一步指责温斯洛试图禁闭韦尔登夫人以获取金钱利益的不当行为。

③　Treherne, *Plaintiff*, p. 119.

④　Weldon, quoted in 'Some Topics of the Day.'

⑤　Grierson, *Storm Bird*, p. 176. 19 世纪 80 年代初，韦尔登夫人临时重建了她的孤儿院。然而，到 1884 年，孤儿院已不复存在，孩子们也散落各地。Grierson, *Storm Bird*, p. 245。

韦尔登夫人的叙述：一个被重述的故事

韦尔登夫人在她丈夫的阴谋中幸存了下来，并证明自己是精神病医学的有力反对者。她能够获得包括《泰晤士报》和医学界在内的不同领域的支持和同情，原因有很多。韦尔登夫人是一位女性反叛者，她保持了"真正女性气质"的"光环"。尽管她生活的动荡和戏剧性是她坚决抵抗性别传统的直接结果，但她以一位甜美、亲切、声音温柔的女性形象示人，过着"宁静的家庭的生活"。她采取了一种与其他女性灵媒类似的策略，延伸但并不排斥"（男女）不同领域"的界限。

但在其他方面，她对女性特质的处理与灵媒实践者截然不同。正如雷杰尼亚·加尼耶（Regenia Gagnier）指出的那样，她倾向于讽刺那些声称要维护的女性家庭美德——从母性情感到音乐晚会。[1]此外，那些被认为不适合做媒介的"非女性化"特质——强烈的个性和活跃不安的脾气使她能够在公开场合进行反击，冲破使其他女性灵媒（尤其是媒介）更容易受到医疗监督的控制动力。甚至她的灵魂沟通也是非常实用的，建议人们进行自我保护和采取果断行动。

阶级和年龄也使韦尔登夫人与来自工匠和中下层阶级背景的年轻女性有所不同，后者在某些富有绅士的赞助下进行物质化表演，并成为"测试灵媒"。[2]由于韦尔登夫人拥有更多资源，她可以选择更独立的公众呈现方式。当然，韦尔登夫人与物化的灵媒之间也有相似之处；在寻找就业机会时，她最终转而从事商业表演，并且她也喜欢某种语言上的异装癖。她的扮演对象不再是超男性化的下层

---

[1]　See Regenia Gagnier, 'Mediums and the Media,' *Representations* 22 (Spring 1988).

[2]　Brandon, *Spiritualists*, pp. 113–126; Oppenheim, *The Other World*, pp. 16–21; Owen, *The Darkened Room*, chap. 3.

阶级水手或士兵，而是权威的法律精英男性。在与音乐表演者的交往中遇到了相当大的困难后，韦尔登夫人在公开场合以"穿裙子的疯狂律师"形象公开露面，完全摆脱了男性庇护。

阶级、年龄和性情的差异无法保护她免于精神病鉴定，只能使她在受到威胁时逃脱监禁。当韦尔登夫人终于读到她的疯癫令时，她"第一次"得知"因为我是一个灵媒，他们希望检查我的大脑状态"。更确切地说，因为她是一个灵媒，又是一个希望"削减开支"的丈夫想要疏远的妻子，所以她的自由受到了威胁。但她的社会地位也是她的防御手段；有着良好的人脉，自恃清高，因此能够反败为胜，严重破坏了她的对手——精神病学的"盗尸贼"的公众信誉。①

韦尔登夫人还是一个非常善于讲故事的人。作为一名活动家和"疯癫律师"，她能够以读者能理解的方式解释自己的困境，从而战胜了对手。一旦她察觉到自己的"危险"，她立刻意识到一个熟悉情节的轮廓。她立即想到了洛维夫人在灵媒出版物上的信件，这些信件源于里德和柯林斯关于家族阴谋和背叛的煽情叙事的改编。② 与19世纪60年代的其他煽情小说家一样，柯林斯和里德对传统舞台剧中性危险的描绘，将焦点放在了中产阶级婚姻上。对他们来说，女性的无力和脆弱始于家庭；女性受到的威胁不是来自家庭之外的非法性行为，而是来自家庭内男性的性虐待。婚姻不再解决女性的困境，而是加剧了这种困境。疯人院只是加剧了家庭庇护所的危险；它是父权制的补充结构，是一个疯狂和性欲的地方，医生取代了暴君丈夫，成为妇女的看守者和折磨者。③

① Mrs. Weldon, quoted in Treherne, *Plaintiff*, p. 98; Lowe, *Bastilles of England*.
② Wilkie Collins, *The Woman in White* (London, 1859–1860; rpt., Harmondsworth, Middlesex: Penguin, 1974); Charles Reade, *Hard Cash: A Matter-of-Fact Romance* (London: Chatto and Windus, 1895; rpt., Collier, New York, 1970).
③ Winifred Hughes, *Maniac in the Cellar* (Princeton: Princeton University Press, 1980).

在她的公开小册子中，洛维夫人以相同的方式描述了她在疯人院的经历：作为一个用来藏匿不受欢迎的妻子（或亲戚）的地方，也是一个充满性危险的地方。她指责她的丈夫在她的灵媒写作中揭露了他的通奸行为后，安排将她关进精神病院。她将自己被囚禁的疯人院描述为一个制度化的非理性之地，医生比病人更疯狂，整个氛围弥漫着无节制的性欲和无纪律，足以让任何理性的人发疯。①

韦尔登夫人通过借鉴传统的煽情小说，经过洛维夫人自己的"历史"过滤，重新讲述了一个古老的困境叙事。在这个男性恶棍和女性受害者的故事中，韦尔登夫人将自己塑造成一个处于危险的女主角，她在千钧一发之际得到了另一位穿衬裙的"疯癫律师姐妹"洛维夫人的及时帮助。② 她们一起成功地挫败了一个剥夺她自由的父权阴谋。上文概述了她的第一部作品，包含了一整套情节和比喻的夸张元素：快速的行动，大量的秘密，毫无心理深度的刻板化、可互换的恶棍角色，极端的生存状态和危险，多重伪装和冒充，由某个未知的幕后黑手指挥的邪恶力量的运作。③ 与舞台上的情节剧一样，仆人和警察也是滑稽的代言人——他们是有同情心但无能为力的人物，无力抵御入侵者的进攻。只有韦尔登夫人和洛维夫人的勇气和决心才挽救了局面，使"追捕者"无功而返。④ 为了逃脱关

---

① Lowe, *Bastilles of England; My Outlawry; A Lecture Delivered in the Cavendish Room* (London, 1874); *My Story: Exemplifying the Injurious Working of the Lunacy Laws and the Undue Influence Possessed by Lunacy Experts* (London, 1878); Dr. Maudsley, testimony before the Select Committee on the Lunacy Laws, *Parliamentary Papers,* 1877 (373), 13, Q. 7328; Dr. Fox, Q.7642.

② *Spiritualist*, 26 April 1878.

③ 关于情节剧主题的讨论，参见 Hughes, *Maniac*, passim; Peter Brooks, *The Melodramatic Imagination: Balzac, Henry James, Melodrama, and the Mode of Excess* (New Haven: Yale University Press, 1976); Michael R. Booth, *English Melodrama* (London: Herbert Jenkins, 1965)。

④ 'Mrs. Georgina Weldon,' *Medium and Daybreak*, 17 Oct. 1879.

押，韦尔登夫人不得不逃离自己的家庭庇护所，逃离安全舒适的日常生活场景，伪装成城市中的无名居民，后来，她以一个"公众"女性的身份重新出现，一心想要为自己的名誉和理智平反。

"真相比小说更离奇，"《灵媒与破晓》在评论韦尔登案时宣称，"贤良淑德、才华横溢的女人可以不受惩罚地被赶出家门，并注定要遭受比刑罚奴役更糟糕的待遇时，一定有什么根本性的问题。"[1] 但是，这些阴谋背后的不祥力量是谁呢？[2] 韦尔登先生的参与一直不为人所知，直到第一场景的高潮时刻，当疯人法案最终被宣读，他的签名才被披露。[3] 直到这时，疯狂医生的行动才被揭示为"家庭阴谋"的一部分，也只有这时，韦尔登夫人才意识到，用洛维夫人的话来说，"丈夫有多坏"。[4]

韦尔登夫人关于她"逃脱"的夸张故事在多次重述中保持不变，但有一个重要的发展：随着她丈夫的参与逐渐明确，她的故事逐渐"性化"。在逃脱后不久，韦尔登夫人在《伦敦费加罗报》的一次采访中指责她的丈夫与德·巴斯将军合谋，试图摆脱她以便迎娶德·巴斯将军的年轻女儿；她进一步声称，德·巴斯将军对她有长期的怨恨，因为她在年轻时曾拒绝他的性骚扰。[5] 韦尔登夫人将医生—家庭朋友—丈夫的男性阴谋解释为"贩卖女性"，[6] 医生通过将女性

---

① *Medium and Daybreak*, 22 Aug. 1879.

② 韦尔登夫人的叙述顺序中包含了神秘性。在她的第一段叙述中，她以"媒体事件"的形式介绍了她的故事，使疯人院老板和助手的入侵最初看起来像是一种神秘的暴力行为。参见 'Some Medical Men.'。

③ 在舞台剧中，这一高潮时刻将以视觉形式固定在一个戏剧性的场景中。

④ 'Mrs. Georgina Weldon.'

⑤ *Spiritualist*, 4 July 1879. 由于这次采访，韦尔登先生坚称从未想过要娶德·巴斯的女儿，并成功起诉《费加罗报》的出版商莫蒂默先生诽谤。对于我们来说，她的指控是否属实并不重要，重要的是她是否忠实于性危险的阴谋表述。

⑥ Gayle Rubin, 'The Traffic in Women: Notes on the "Political Economy" of Sex,' in Rayna Reiter, ed., *Toward an Anthropology of Women* (New York: Monthly Review Press, 1975), pp. 157–210.

的抵抗定义为疯癫，与男性的私人性欲设计勾结。[①] 当代观察家对她的故事进行评论时，进一步放大和延伸了性危险的主题。灵媒将"疯狂医生"的行为比作狩猎的残忍快感；即使是不常使用哥特式暗示的《英国医学杂志》也引用了罗切斯特和简·爱的例子，以说明男性如何利用疯癫监禁来促进他们的性私欲。[②]

---

① 这种三角关系与弗洛伊德著名的朵拉案例不谋而合。参见 Charles Bernheimer and Claire Kahane, eds. *In Dora's Case: Freud-Hysteria-Feminism* (New York: Columbia University Press, 1985)。

② "疯狂医生"伤害猎物的方法令人兴奋，真正像个运动员，《灵媒与破晓》讽刺地说道（"韦尔登夫人"）。关于医学媒体的反应，参见 'Lunacy Law Reform: The Power of the Keys,' *BMJ* 1 (1879): 245. 请注意，灵媒主义者关注的是医生的性变态，而医学媒体关注的是丈夫。

第十二章　后殖民主义视角

在本章中，我们探讨后殖民史领域历史学家的工作和观点。第二次世界大战后的几十年经常被描述为"去殖民化的时代"。20世纪下半叶，欧洲列强让过去四个世纪获得的殖民地独立，或被迫退出殖民地。[1] 欧洲帝国扩张的规模既可以通过其前所未有的地理范围来衡量，也可以通过数以百万计的人们的生活和文化不可逆的巨变来衡量。据估计，"如今世界上超过四分之三的人的生活都受到殖民主义经历的影响"。[2] 帝国主义破坏（或操纵）了土著文化内部的传统权力模式，建立了民族国家，并将殖民地纳入全球资本主义生产体系，主要作为帝国主义的原材料和劳动力来源。几乎所有前欧洲殖民地都获得了政治独立，但在经济方面，殖民地人民仍然是世界上最贫困的人群之一。

殖民主义在经济和文化两方面支持欧洲人在全球范围内的扩张。帝国主义列强以各种理由将自己的移民合法化地迁入其控制地：战略贸易路线或资源的安全、宗教信仰或人口过剩——驱逐不受欢迎的人。对现有文化和人民的征服也得到了19世纪和20世纪初进化论思想的支持。在查尔斯·达尔文的《物种起源》（1859）的基础上，各学科的学者们将自然界中"适者生存"的发展阶段和人类社会进

---

① Muriel E. Chamberlain, *European Decolonisation in the Twentieth Century* (London, 1998).

② Bill Ashcroft, Gareth Griffiths, and Helen Tiffin, *The Empire Writes Back: Theory and Practice in Post-Colonial Literatures* (London, 1989), p. 1.

行了类比。在美国、加拿大、拉丁美洲、澳大利亚和新西兰等白人殖民地，移民排挤了土著人口，经常声称他们发现的土地是空地或未被使用的。[1] 下面这段铭文来自新西兰大巴里尔岛上一座纪念碑，正说明了上述观念，纪念的是一个康沃尔农场："先驱梅德兰家族（Medland family）热爱这个地区，他们在这里找到了废弃之地，创造了价值。"[2]

后殖民历史书写始于对帝国主义和殖民主义经历的质疑，这个过程必然涉及修订或拒绝先前将欧洲扩张描述为基本无问题的历史叙述。后殖民史学包括被殖民者的观点，修正了对他们经历的理解，并将他们置于历史进程的中心。后殖民史还关注独立后帝国主义和殖民主义的持续影响。从 20 世纪 80 年代开始受到文学和文化研究中后结构主义批评的影响，许多后殖民史学家拒绝了被认为是"欧洲中心主义"的历史叙述，例如那些围绕现代化、建立民族国家和在全球资本主义轨迹下的经济发展等主题构建的叙述。[3] 虽然许多人继续在西方理论和认识论框架内工作，但其他人呼吁建立本土知识框架，通过这些知识框架来解释殖民历史以及殖民主义在独立后的今天所产生的持续影响。

---

[1] See Donald Denoon, *Settler Capitalism: The Dynamics of Dependent Development in the Southern Hemisphere* (Oxford, 1983). 包括美国在内的讨论参见 Amy Kaplan, 'Left Alone with America: The Absence of Empire in the Study of American Culture', in Amy Kaplan and Donald Pease (eds), *Cultures of United States Imperialism* (Durham, 1993), pp. 3–21; Gesa Mackenthun, 'Adding Empire to the Study of American Culture', *Journal of American Studies*, 30 (1996), pp. 263–269。

[2] Grace M. Medland, *Great Barrier Calls* (Auckland, 1969), p. 119.

[3] 关于发展后殖民主义理论的关键人物，参见：Stuart Hall, 'When was the "Post-Colonial"? Thinking at the Limit', in Iain Chambers and Lidia Curti (eds), *The Post-Colonial Question: Common Skies, Divided Horizons* (New York, 1996), pp. 242–260; Gayatri Spivak, 'Can the Subaltern Speak?', in Cary Nelson and Lawrence Grosberg (eds), *Marxism and the Interpretation of Culture* (Urbana, 1988), pp. 271–313; Homi Bhaba, *The Location of Culture* (London, 1993).

后殖民这个术语相对较新，但并非没有批评者。[①] 是否可能用一个标签来概括如此多不同民族的历史经历？澳大利亚土著作家鲍比·赛克斯（Bobbi Sykes）指出了一个区别：

> 后殖民……？什么！
>
> 我错过了什么吗？
>
> 他们走了吗？[②]

在白人殖民地，欧洲人从未回到家乡。这导致澳大利亚历史学家理查德·奈尔（Richard Nile）认为："许多白人殖民地在除了严格的独立前和独立后的分期之外，并没有以任何其他意义上的后殖民主义存在。在其他任何方面，他们仍然是持续殖民化的例子，原殖民者的后代仍然在殖民地的土著人民之上，占主导地位。"[③] 这可能意味着一种不变的局面，并忽视了殖民者与被殖民者之间的后续互动。例如，在澳大利亚、新西兰和加拿大，土著、毛利人和原住民正在与各自政府就土地和自然资源的归还进行复杂的谈判。这些国家的历史学家为重建过去的土地剥夺过程做出了贡献。

将后殖民主义这个术语限制在那些欧洲人已经离开的国家也存在另一个问题：帝国主义势力不必存在即可继续对其旧领土施加重大影响。实际上，殖民境遇可能在物理存在消失后长期作为压迫性

---

① 关于概念问题的讨论，参见 Anne McClintock, 'The Angel of Progress: Pitfalls of the Term "Postcolonialism"', in Francis Barker et al. (eds), *Colonial Discourse/Postcolonial Theory* (Manchester, 1994); Bart Moore-Gilbert, *Postcolonial Theory: Contexts, Practices, Politics* (London, 1997), pp. 5–33.

② Cited in Linda Tuhiwai Smith, Editorial, *Access: Contemporary Themes in Educational Inquiry*, 11, 2 (1992), p. i. 感谢 Joan Gibbons 为我提供的参考资料。

③ Richard Nile (ed.), *Australian Civilisation* (Melbourne, 1994), p. 223.

或动态的文化和经济力量继续存在。[1]政治独立的国家可能在经济上仍然依赖于离去的帝国势力，并在文化上受其支配。当英国离开印度时，他们留下了思想和物质痕迹，——既有思想轨迹，也有铁路轨道。迪佩什·查卡拉巴提（Dipesh Chakrabarty）认为，欧洲现代化叙事主导着第三世界的历史书写。[2]后殖民主义的视角现在远远超出了白人殖民地国家，包括在世界其他地区经历过欧洲殖民统治的文化和社会的历史：例如，在亨利·施瓦茨（Henry Schwarz）和桑吉塔·雷（Sangeeta Ray）的《后殖民研究》中，可以看到关于巴西、加勒比海、非洲、中东和爱尔兰的章节。[3]最后，一本关于后殖民研究的入门教材进一步扩充，将其定义为"挑战和质疑统治和从属的实践与后果"，这表明未来可能会发展出更广泛的时间和空间范畴。[4]

对帝国主义和殖民主义最有力的原创性批评之一来自法国医生弗朗茨·法农（Franz Fanon）。《黑皮肤，白面具》于1952年首次以法语出版，直面欧洲种族主义及其对被殖民民族的腐蚀性影响。法农在当时是法国殖民地的阿尔及利亚工作，他深深同情阿尔及利亚独立运动，并于1961年出版了《地球上的可怜人》，这是一本"去殖民化的革命宣言"。[5]这本书是对欧洲传教和暴力征服的激烈批判：

---

[1]　McClintock, 'The Angel of Progress', p. 259, 认为，"后殖民" 一词 "掩盖了美国权力在全球的连续性和不连续性"。

[2]　Dipesh Chakrabarty, 'Postcoloniality and the Artifice of History: Who Speaks for "Indian" Pasts?', *Representations*, 37 (1992), pp. 4–5. See also Jonathan White (ed.), *Recasting the World: Writing after Colonialism* (Baltimore, 1993), pp. 3–16.

[3]　Henry Schwarz and Sangeeta Ray (eds), *A Companion to Postcolonial Studies* (Oxford, 2005).

[4]　John McLeod (ed.), 'Introduction' to *The Routledge Companion to Postcolonial Studies* (London, 2007), p. 6.

[5]　Robert Young, *White Mythologies: Writing History and the West* (London, 1990), pp. 119–120.

离开这个欧洲吧，在这里，他们从未停止过对人的讨论，但却在他们发现的任何地方，在他们自己街道的每一个角落，以及在世界的每一个角落，谋杀人类。几个世纪以来，他们以所谓的精神体验的名义扼杀了几乎整个人类。[1]

法农希望在解放后，"民族意识将转化为一种新的社会意识"。[2]然而，他的希望没有实现：在许多新独立的国家中，独裁政权或新殖民政权掌握了权力。实际上，许多后殖民主义学者不得不在文化、思想和政治上与自己的统治者进行对抗。

17 年后，爱德华·萨义德（Edward Said）撰文，对法国和英国作家在政治、文学和历史方面对被欧洲人征服的不同民族的刻画方式，提出了有力的控诉。在《东方主义：西方对东方的构想》中，萨义德审视了欧洲学者对"东方"的认识。东方的精确地理边界各不相同，有的包括整个亚洲，有的则局限于那些靠近东西方"想象边界"的民族，即中东和北非。[3]萨义德将东方描述为"不仅与欧洲相邻，而且也是欧洲最大、最富有、最古老的殖民地之一……也是欧洲最深刻、最反复出现的他者形象之一。"[4]他对有关东方的学术著作进行了批判性审视，使"东方主义"这个词从"对'东方学问'的中性指称"转变为具有明显"贬义内涵"的术语。[5]

萨义德提出了两个基本观点。首先，他认为欧洲学者构建了非

---

[1] Frantz Fanon, *The Wretched of the Earth* (London, 1961), p. 251.

[2] Edward Said, foreword to Ranajit Guha and Gayatri Chakravorty Spivak (eds), *Selected Subaltern Studies* (Delhi, 1988), p. ix.

[3] Ulrike Freitag, 'The Critique of Orientalism', in Michael Bentley (ed.), *Companion to Historiography* (London, 1997), p. 621.

[4] Edward Said, *Orientalism: Western Conceptions of the Orient* (New York, 1978), p. 1. 东方的定义并不准确，但似乎包括印度和圣经之地：see p. 4。

[5] Freitag, 'The Critique of Orientalism', pp. 620–621.

欧洲人的本质化表征，他用"他者"这个术语来指代他们。萨义德所说的本质化是指将一系列不可或缺的特征归属于东方：例如，在政治上，被视为不变的／专制的；在社会上，被视为感性和残酷的。因此，在东方和西方之间建立了二元对立，其中劣势和对抗性特征被奉为东方概念的核心。这正是詹姆斯·克利福德（James Clifford）所描述的"东方主义引发的关键理论问题，涉及处理异域文化和传统的所有思想和表征形式的地位。一个人是否能够最终摆脱二分、重构和文本化的程序，以制定关于外国文化和传统的解释性陈述？"[1] 历史学家现在将"他者"的概念应用于欧洲，作为理解欧洲身份建构的一部分。[2] 萨义德提出的第二个重要论点涉及帝国主义与西方学者对东方的这些表征之间的关系。他认为东方主义的基本原则成了一种"帝国主义科学"，为欧洲列强的剥削和统治提供了正当性。在这个意义上，萨义德将"东方主义"视为后结构主义者所理解的话语，知识被创造出来，并在行使帝国权力的过程中被积极运用。随后，萨义德重申："在现代语言学史上，权力与知识之间最明显的平行关系莫过于东方学。殖民国家为了证明他们的殖民主义合理性所使用的关于伊斯兰和东方的大部分信息和知识都源自东方学……"[3]

当然，也有人批评萨义德对"东方主义"的定性，其中一些批评认为，欧洲关于东方的文学，比萨义德所允许的更加多样化和对立。[4] 罗伯特·杨还指出了萨义德整体论证的一个矛盾之处。萨义德将"东方主义"的话语定义为与任何现实关系甚微的表征，同

---

[1] J. Clifford, 'Orientalism', *History and Theory*, 19, 2 (1980), pp. 209–210.

[2] Bo Stråth, *Europe and the Other and Europe as the Other* (Brussels, 2010).

[3] Edward Said, 'East isn't East: The Impending End of the Age of Orientalism', *Times Literary Supplement*, 3 February 1995, p. 4.

[4] See Ernest Gellner, 'The Mightier Pen? Edward Said and the Double Standards of Inside-Out Colonialism', *Times Literary Supplement*, 19 February 1993, pp. 3–4; C.A. Bayly, 'The Indian Empire and the British Imagination', *Times Literary Supplement*, 12 July 1996, p. 29.

时又认为东方学者所产生的知识被殖民行政官员积极运用。换句话说："在某一时刻，东方主义作为表征确实不得不面对'实际'条件，它作为一种权力和控制形式，在物质层面上显示出其有效性。如果萨义德还想声称'东方主义'只是为实际的殖民征服提供了必要的知识，那么，他又怎么能主张'东方主义'只是一种表象呢？"[1]

在本章中，我们探讨两个后殖民历史的例子，这两个例子都受到了对早期殖民统治和话语批判的影响。第一个例子是印度有影响力的"庶民研究"（subaltern studies）历史学家。拉纳吉特·古哈（Ranajit Guha）描述了一代印度历史学家如何对 20 世纪 70 年代印度独立后的暴力运动感到沮丧和幻灭，试图挑战将"人民政治"排除在外的精英主义史学。[2] 这些"庶民研究"历史学家借鉴了马克思主义框架，特别是 E.P. 汤普森的"自下而上"的历史方法，他们试图回答一个问题："为什么印度人民在人数上占优势、事业正义、长期斗争的情况下，却是庶民的，为什么他们受到压制呢？"[3]

"庶民"这个定义概念源自 20 世纪有影响力的意大利马克思主义者安东尼奥·葛兰西（Antonio Gramsci）。[4] "庶民"是指那些地位较低的人，无论是阶级、种姓、年龄、性别还是其他特征。"庶民"概念的优势在于其广泛性；例如，19 世纪工业化背景下发展起来的马克思主义"无产阶级"概念，无法包括在印度和其他地方被忽视的各种抵抗和反抗群体。现在，"庶民"这个概念已经"成为当前任何被边缘化或剥夺权力的少数群体的同义词，尤其是基于性别

---

[1] Young, *White Mythologies*, p. 129.

[2] Ranajit Guha (ed.), *A Subaltern Studies Reader 1986–1995* (Delhi, 1998), pp. x–xi.

[3] Partha Chatterjee, *The Nation and its Fragments: Colonial and Postcolonial Histories* (Princeton, 1993), p. vii.

[4] Said *Selected Subaltern Studies*, pp. v–vi.

和种族的原因。"[1] 采用"庶民"方法研究非洲历史的例子可以在乔纳森·格拉斯曼的《盛宴与暴乱》中找到，这是关于1856年至1888年东非海岸斯瓦希里叛乱和抵抗的社会史。[2] 格拉斯曼认为，只有在斯瓦希里社会非精英阶层的文化信仰和动机的背景下，人们才能理解这些事件。[3]

通过对农民起义的深入研究，拉纳吉特·古哈探讨了印度庞大的"庶民"群体的行动和压制。[4] 在英国不到一个世纪的统治中爆发了117次起义，他试图通过对起义的描述，重建印度农民的意识。在这个意义上，古哈与"自下而上"的历史学家有很多共同关注点，但他的分析也基于对殖民话语的语言分析。从大量的殖民记录中，古哈提出，精英和庶民的"相互矛盾的观念"是如此根深蒂固，以至于"通过颠倒它们的价值，应该能够推导出对方的隐含条件。因此，当一份官方文件将恶棍描述为农村骚乱的参与者时，这并不意味着（按照乌尔都语词汇的正常意义）一群普通的恶棍，而是参与激进农业斗争的农民。"[5] 古哈提出，农民起义是对英国统治持续不断的抵抗的主要来源，他认为"印度民族主义……从庶民传统中获得了很大的力量"。[6] 这个结论挑战了那些将农民起义归为自发起义、视其为民族主义或社会主义/共产主义运动之前史的印度史解释。

---

[1] Robert J.C. Young, *Postcolonialism: An Historical Introduction* (Malden, MA, 2001), pp. 354–355.

[2] Jonathan Glassman, *Feasts and Riot: Revelry, Rebellion, and Popular Consciousness on the Swahili Coast, 1856–1888* (London, 1995).

[3] See also Eve M. Troutt Powell, 'Will That Subaltern Ever Speak? Finding African Slaves in the Historiography of the Middle East', in Israel Gershoni, Amy Singer and Y. Hakan Erdem (eds), *Middle East Historiographies: Narrating the Twentieth Century* (Seattle, 2006), pp. 242–261.

[4] Ranajit Guha, *Elementary Aspects of Peasant Insurgency in Colonial India* (Delhi, 1983).

[5] Guha, *Elementary Aspects of Peasant Insurgency*, p. 16

[6] Guha, *Elementary Aspects of Peasant Insurgency*, p. 335.

早期的庶民研究忽视了妇女的历史，女性主义文学批评家盖特丽·查克拉沃蒂·斯皮瓦克（Gayatri Chakravorty Spivak）介入进来。[1] 这篇内容翔实的文章借鉴了精神分析和解构主义的方法，展示了在面对西方认识论、意识形态和历史学时，恢复"萨蒂"（即寡妇殉葬）的声音或作为主体的困难。斯皮瓦克的批评可以通过参考古哈的另一篇文章《反叛的散文》来说明。在这篇文章中，古哈探讨了 1855 年桑塔尔人的叛乱，并在这个过程中遇到了"超自然存在的行动力"。[2] 那些领导农民的人解释这次叛乱"是在桑塔尔神塔库尔的命令下展开的行动"。查卡拉巴提认为，这揭示了在寻求将底层阶级引入正统经验主义或马克思主义历史话语中的底层能动性时存在的矛盾。如果"底层将他们的叛乱行动归因于某个神"，历史学家就不得不"人类学化"，因为"与桑塔尔人不同，[他/她]不能在解释/描述事件时援引超自然力量"。[3] 然而，大卫·戈登（David Gordon）认为，认真对待对灵魂存在的信仰是必不可少的。例如，在他对赞比亚的历史研究中，传教士和非洲人都认为邪恶存在，但传教士将邪恶归因于基督教的罪恶观念，而非洲人将邪恶归因于巫术或活跃于世界中的灵魂。[4] 历史认识论中世俗与精神之间的不协调正是亨丽埃塔·怀特曼（Henrietta Whiteman）在本章末尾的阅读的核心，并将我们带入第二类后殖民历史学家。

广义上属于后殖民学派的第二类历史学家是那些撰写土著人民历史的人。当代后殖民历史的核心问题涉及文化身份、种族和土著

---

① Gayatri Chakravorty Spivak, 'Can the Subaltern Speak? Speculations on Widow Sacrifice', *Wedge*, 7/8 (Winter/Spring 1985), pp. 120–130. See also Rosalind Morris (ed.), *Can the Subaltern Speak? Reflections on the History of an Idea* (New York, 2010).

② 下面的讨论来自 Dipesh Chakrabarty, 'Minority Histories, Subaltern Pasts', in Saurabh Dube (ed.), *Postcolonial Passages: Contemporary History-Writing on India* (New Delhi, 2004), pp. 229–242。

③ Chakrabarty, 'Minority Histories, Subaltern Pasts', p. 235.

④ David M. Gordon, *Invisible Agents: Spirits in a Central African History* (Athens, OH, 2012).

性。尽管"土著性"这个术语被广泛使用，但却没有一个明确的定义，"它是后殖民研究中最具争议的概念之一"。① 土著学者如何定义土著性，是否可能在不诉诸某种本质主义的情况下进行定义？毛利族教育家琳达·图希瓦伊·史密斯（Linda Tuhiwai Smith）强调土著身份的超越宇宙观，她描述道：

> 人的本质可以追溯到大地的父母，通常被称为大地之母。一个人不是独立存在的，而是与其他有生命的和在西方意义上的"无生命"的存在分享着一种基于共同的"生命本质"的关系。地方、土地、景观以及宇宙中的其他事物对于定义人的本质具有重要意义，这使得土著人民对本质主义这个术语的解释与西方人的解释有很大不同。②

许多对土著性的定义也借鉴了种族主义的概念。③"种族纯洁论"可能通过可衡量的生物或"血统"继承来定义土著身份。④ 本质论挑战了当代学者的论点，即身份是历史上偶然的、情景中的构建，

---

① Jace Weaver, 'Indigenousness and Indigeneity', in Schwarz and Ray, *A Companion to Postcolonial Studies*, p. 221.

② Linda Tuhiwai Smith, *Decolonizing Methodologies: Research and Indigenous Peoples* (London, 1999), p. 74; 该定义篇幅较长，侧重于地方感以及殖民主义产生的不平等政治权力关系，参见 Ken S. Coates, *A Global History of Indigenous Peoples: Struggle and Survival* (Basingstoke, 2004), pp. 13–14。

③ 例如：Liza Black, 'The Predicament of Identity', *Ethnohistory*, 48, 2 (Winter/Spring 2001), p. 338; Yin C. Paradies, 'Beyond Black and White: Essentialism, Hybridity and Indigeneity', *Journal of Sociology*, 42 (2006), pp. 355–367; Libby R. Tronnes, 'Mr. Indigenous Goes to Washington: Making Indian Law and Policy in the Twentieth Century', *American Quarterly*, 64 (March 2012), 153–161. See also: United Nations Declaration on the Rights of Indigenous Peoples (2007): www.un.org/esa/socdev/unpfii/documents/DRIPS_en.pdf; and the United Nations Development Group Guidelines on Indigenous Peoples' Issues (February, 2008): www2.ohchr.org/english/issues/indigenous/docs/guidelines.pdf, accessed 24 March 2015。

④ J. Kēhaulani Kauanui, *Hawaiian Blood: Colonialism and the Politics of Sovereignty and Indigeneity* (Durham, 2008).

可能与多种形式的统治或压迫相交织，并且随着时间的推移而改变。例如，人类学家在这个问题上似乎存在分歧：他们大多反对土著性的概念中的本质论，但接受这个概念对于那些寻求过去土地剥夺或文化压迫赔偿的人来说具有战略上的实用性。[①] 土著学者，包括上述的史密斯，也注意到了出于政治目的"战略性"使用"土著性"这一本质论概念的情况，并认为国家法律、政策和程序导致了这种"殖民引发的泥潭"。[②]

澳大利亚历史学家帕特里克·沃尔夫（Patrick Wolfe）提出了解决土著居民权益的认识论和政治维度之间冲突的方案。沃尔夫指出，对土著居民权益和种族定义的冲突也与民族主义的兴起和传播有关。他认为，土著居民即原住民权益是一个关于"领土剥夺政治"的话语领域，在各种全球背景下存在相互对立的版本：

> 在博茨瓦纳/卡拉哈里案例中……博茨瓦纳政府致力于包容性地宣称所有博茨瓦纳人都是土著。相比之下，在新加坡，官方立场是没有人是原住民。在以色列/巴勒斯坦问题上，名称造成巨大误解的《回归法》将从未到过该国的人视为原住民。[③]

通过"国家、非政府组织（NGO）、学者、活动家和当然还有土著人自己都在构建和延续土著权益概念"，将这一概念理解为有争议又相互关联的，同时与领土扩张和殖民历史密不可分，可能是一个

---

① See the diverse perspectives on 'The Concept of Indigeneity', published in the *journal Social Anthropology*, 14 (2006), pp. 17–32.

② Chris Anderson, 'Mixed Ancestry or Métis?', in Brendan Hokowhitu et al. (eds), *Indigenous Identity and Resistance: Researching the Diversity of Knowledge* (Dunedin, 2010), p. 36; see also B. Ashcroft et al., *Key Concepts in Post-Colonial Studies* (London, 1998) pp. 159–160.

③ Patrick Wolfe, on 'The Concept of Indigeneity', *Social Anthropology*, 14 (2006), p. 26.

富有成效的推进方式。[1]

原住民历史可能采用与正统西方历史学不同的文化框架。在多大程度上，这些挑战了彼得·伯克在第一章讨论的关于全球历史实践"趋同"的论点？在西方历史研究和分析模式普遍化的结果下，本土知识和范式是否被搁置一旁？[2] 让我们看看新西兰和印度在这方面的两个论点。在第一个论点中，史密斯认为应用西方研究的"知识和系统、规则和价值观"带来了不同的"对时间、空间和主观性等事物的概念化，不同且相互竞争的知识理论，高度专业化的语言形式和权力结构。"[3] 然而，史密斯并没有完全拒绝西方的方法论；相反，她试图将它们与原住民的目标和观点相一致，将研究问题、优先事项和记录交由被研究对象掌握。毛利研究方法的框架"交织着毛利文化信仰和价值观、西方知识方式、毛利历史和殖民主义经历、西方教育形式、毛利人的愿望和社会经济需求以及西方的经济学和全球政治。"[4] 这种方法的一个范例可以在乔-安·阿奇博尔德（Jo-Ann Archibald）的研究工作中找到，她研究了不列颠哥伦比亚省的家族，采用的是史密斯进行土著研究的模型。作者通过基于土著讲故事的记录和目标的整体方法，将殖民主义对斯托洛人（Stó:lô）口头传统带来的影响进行了历史化。[5]

在第二个例子中，印度历史学家维纳伊·拉尔（Vinay Lal）也对从西方引入的知识体系的全球化表示遗憾，并在印度历史的背景

[1]　Carey, 'Elusive Identities', pp. 547–554.

[2]　See Gurminder K. Bhambra, Robbie Shilliam, and Daniel Orells, 'Contesting Imperial Epistemologies: Introduction', *Journal of Historical Sociology*, 27, 3 (2014), pp. 293–301.

[3]　Smith, *Decolonizing Methodologies*, p. 42.

[4]　Smith, *Decolonizing Methodologies*, pp. 190–191.

[5]　Jo-Ann Archibald, *Indigenous Storywork: Educating the Heart, Mind, Body, and Spirit* (Vancouver, 2008).

下进一步阐述了这一观点。[1] 拉尔认为历史是"晚期现代性的主话语"。相比之下，他认为印度文明的一个定义特征是非历史性，或者对过去没有过多关注，这一观点与印度独立运动领袖圣雄甘地所持有的观点相同。[2] 拉尔认为，这种非历史性是积极的，因为与民族国家发展相关的历史性的崛起：

> 危险地限制我们这个时代持不同政见的可能性……迫在眉睫的历史霸权也意味着印度作为一个文明的失败和作为民族国家的可耻胜利……历史学家（尤其是印度的历史学家）……如果要致力于知识的生态多样性，将不得不与神话、非历史和民间传说打交道。[3]

并非所有印度历史学家都会接受拉尔关于印度文明非历史性的主张。例如，古印度历史学家罗米拉·塔帕尔（Romila Thapar）认为，印度社会一直对自己的过去感兴趣，即使这种兴趣的表达与当代历史感知很少有共同之处。[4] 但许多人可能同意拉尔的观点，即民族国家的现代化叙事已经十分普及而且具有压迫性，否认替代的合法性和异质版本的存在。迪佩什·查卡拉巴提认为，后殖民历史学家的前进道路不在于文化相对主义、本土史或对现代性的否定，而在于批判性地参与支撑民族国家并使之合法化的概念和思想：

---

[1] Vinay Lal, T*he Empire of Knowledge: Culture and Plurality in the Global Economy* (London, 2002).

[2] Vinay Lal, *The History of History: Politics and Scholarship in Modern India* (Oxford, 2002), pp. 20–22.

[3] Lal, *The History of History*, p. 22.

[4] Romila Thapar, *The Past before Us: Historical Traditions of Early North India* (Cambridge, Mass., 2013).

我要求历史学在其叙事形式的结构中，有意识地让人们看到其自身的压制策略和实践，揭示其与公民身份叙事的合谋，将人类团结的所有其他可能性同化到现代国家项目中。[1]

"庶民研究"集体的另一位创始成员，苏米特·萨卡尔（Sumit Sarkar）也反对文化相对主义和本土主义历史，认为这些会导致对"土著社区价值观"的概念化，并忽视"前殖民时期的等级制度和压迫形式"，从而导致对过去的浪漫化观点。[2]

接下来的文章由亨丽埃塔·怀特曼撰写，她研究了通过教育系统对夏安–阿拉帕霍人（Cheyenne-Arapaho）进行的"强制同化"。[3] 在这篇文章中，怀特曼描述了一种基于夏安宇宙观和她的曾祖母白水牛女（普特珊维，美国印第安人神话中的女神）的故事，描述了另一种历史。你能辨别出主流经验主义历史与夏安历史之间的差异吗？夏安历史的动态变化因素是什么，与经验主义历史学家通常所主张的有何不同？怀特曼在她的历史解释中包含了主位和客位的观点；你认为她能成功地将它们结合起来吗？她得出结论称，"夏安对历史的感知是权力、威严、神秘和敬畏"。这与"西方"历史叙事有何不同，如果有的话，在哪些方面存在不同？最后，你对她的挑战有何回应：夏安人对过去的描述是否是"真实的历史"？

---

① Dipesh Chakrabarty, 'Postcoloniality and the Artifice of History: Who Speaks for "Indian" Pasts?', *Representations*, 37 (1992), p. 23.

② Sumit Sarkar, *Writing Social History* (Delhi, 1997), p. 14, cited in Vinay Lal, 'Subaltern Studies and its Critics: Debates over Indian History', *History and Theory*, 40 (2001), p. 140. 关于非洲社会行使"权力"的有影响力的文选，参见 W. Arens and Ivan Karp (eds), *Creativity of Power: Cosmology and Action in African Societies* (Washington, 1989)。

③ Colin G. Calloway, *New Directions in American Indian History* (Oklahoma, 1988), p. 89.

进一步阅读

Ashcroft, Bill, Gareth Griffiths and Helen Tiffin (eds), *Postcolonial Studies: The Key Concepts* (Abingdon, Oxon, 2013).

Byrd, Jodi A., *The Transit of Empire: Indigenous Critiques of Colonialism* (Minneapolis, 2011).

Chakrabarty, Dipesh. *Provincializing Europe: Postcolonial Thought and Historical Difference* (Princeton, 2000).

Chibber, Vivek, *Postcolonial Theory and the Specter of Capital* (London, 2012).

Dirlik, Arif, *Postmodernity's Histories: The Past as Legacy and Project* (Lanham, 2000).

Dube, Saurabh (ed.), *Postcolonial Passages: Contemporary History-Writing on India* (Oxford, 2004).

Iggers, George G. and Q. Edward Wang, *A Global History of Modern Historiography* (Harlow, 2008).

Loomba, Ania, *Colonialism/Postcolonialism* (2nd edn, London, 2005).

McLeod, John (ed.), *The Routledge Companion to Postcolonial Studies* (London, 2007).

Schwarz, Henry and Sangeeta Ray (eds), *A Companion to Postcolonial Studies* (Malden, MA, 2000).

Young, Robert J.C., *Postcolonialism: An Historical Introduction* (Oxford, 2001).

期　刊

Interventions: International Journal of Postcolonial Studies
Journal of Colonialism and Colonial History
Postcolonial Studies

白水牛女

亨丽埃塔·怀特曼

万祖之祖遍存于所有时空之中。他缔造了一个生机勃勃的宇宙，其创造尽显美好、和谐、平衡及相互依赖之特点。他认为地球女神是自己最为优美的作品，他深爱着人类。他构建了一个美好世界，期望其心爱的子民，即人类，能在其中以神圣的方式生活。

夏安人的知识守护者秉持着严谨的态度，口头传承着这个创世故事的完整形式，其中包括知识、传统、语言以及精神层面的内涵。他们将自己神圣的起源故事，一代又一代地传授给了后人。美洲印第安部落的历史，起源于创世神话。他们独特的部落起源，深深植根于土地和远古的创世传说。然而，这些拥有不同文化背景的民族的古老口述历史，长期以来却被排除在美国历史之外。

为了修正严重的历史失真，白水牛女及她的曾孙女将共同阐述口述历史与夏安人的历史观念。她们的故事将涵盖夏安人在这个岛屿世界上生活的重要历史事件，追溯至数千年前的历史长河。

我的曾祖母，白水牛女，以口头传统的方式接受教育，这与她的母亲和祖母并无二致。尽管她自 1852 年起才开始融入族群，但对族群自创世以来的集体经历，她有着深刻的理解。通过族人的视角，她对夏安人历史中的过往有了认知。她知晓了两位伟大的慈悲先知——甜药（Sweet Medicine）和直角（Erect Horns）。他们带来了具有神奇力量的圣箭和神牛帽，以及与之相伴的仪式，"续箭仪式"（Arrow Renewal）和"太阳舞仪式"（梅迪辛洛奇仪式），这都是祖父的祝福。

她被告知，世界的精神核心位于熊山（Bear Butte），这座孤峰位于南达科他州斯特吉斯（Sturgis）附近，为黑山的一部分。夏安人将他们对熊山的称呼翻译成英语为"赠予之山"。此名之所以被赋予，是因为他们相信甜药从这座圣山赋予了他们神圣之箭与生活方式。长久以来，无数人在此进行斋戒或朝圣，只为体验其神圣氛围或接受祝福。

夏安人生活的方方面面受其神圣历史的支配。创世神话在他们的两大主要仪式——续箭仪式和太阳之舞仪式中得以传承。先知们的教诲在这些仪式中得到精神化体现。作为代表甜药神圣之箭的守护者，也是部落最高精神领袖，他表示夏安人通过他们的仪式使地球保持活力。

夏安人的部落历史被划分为四个阶段，各阶段以重大事件而非具体时间点为标志。最早的阶段被称为远古时代，当时部落居民生活在遥远的东北部。他们坚信，自己的祖先曾在加拿大境内，位于五大湖南部与哈德逊湾以北之间的地带。据长辈历史学家所述，他们在那里度过了漫长的岁月，然而，一场恐怖的瘟疫席卷而来，导致许多人丧生，许多幸存者成为孤儿。

悲痛的幸存者向南迁徙，进入了所谓的狗的时代。在这个阶段，他们驯化了庞大的狼狗，与之共同生活。随后，他们步入了第三个阶段，即年长智者所称的水牛时代。相较于前一个时期，这是一个富饶的时期，水牛成为部落民众的生活支柱。他们深入内陆平原，猎捕这种动物。

最终，夏安人来到了广阔的北部平原，进入了马的时代，这也是历史的最后一个阶段。据传说，很久以前，甜药就向他们描述了一种马。他预言，他们将会遇到一种眼睛闪烁、尾巴修长的动物。它会载着他们和他们的箭矢远行，而他们，部落的族人，将会如同他们骑乘的动物一般，充满活力。在仅仅四分之一世纪的时光里，夏安人便成为美国历史上典型的骑马猎人。马和水牛对他们的生活产生了深远的影响。

甜药曾预示，白皮肤的陌生人将给他们的生活方式带来深远的影响。他指出，他们将在日出方向遇到这些陌生人，并描述了文化适应的负面影响，尤其是教育方面。他警告，这些人会带来诸多美好和奇妙的物品，如枪支和其他钢铁制品，使生活更为便捷。然而，令人遗憾的是，这些陌生人试图将他们的侵略性、物质主义、贪婪及利己主义价值观强加于人，这将导致许多夏安青年的文化混乱。

先知告诫他们在与这些人的交往中保持谨慎，他们称这些人为ve?ho?e。因此，白人最终以甜药赋予的名字被称呼，这个词语在夏安语中意为"蜘蛛"。一些长者称他们的名字是部落语中表示被包裹或限制在某一事物中的一种形式，这是基于这些陌生白人穿着紧身的服装。从夏安人的视角来看，这个词的含义颇值得关注。如果白人被包裹起来，他们往往是狭隘、孤立和不自由的。若他们不自由，他们常常表现出偏见、偏执与不宽容。当他们不宽容时，他们会限制其他人的自由。ve?ho?e的言行举止表明，白人通常对夏安人或其他不同事物缺乏包容，这可从美国历史中印第安人的缺席得以印证。白人的利己主义已经超越了对真实印第安历史的呈现。

夏安人最初的与白人接触仅存于部落口述史的一些片段，这或许是因为他们的生活受到了创伤与破坏。夏安人分为十个部落，仅在举行仪式时才会聚集一堂。因此，各个部落很可能在不同的时间、环境下与白人进行接触。白水牛女提及，许多夏安人会避讳白人及其身上所散发出的奇特气味。这种气味在实用主义视角下，与杀人犯的恶臭具有相同的效果，使得夏安人得以避开对民族生存构成威胁的人群。然而，更深层次的是文化原因，他们铭记着甜药的警示，希望避免与白人交往所带来的不幸。

白水牛女的女儿歪鼻女出生于 1887 年，她对夏安人与白人的初次接触的详情不得而知。她提到，当部分夏安人遇见第一批白人时，一位夏安人带着友好的态度走向其中一人，握住他的手，并以男性间的问候方式说："Haahe！英国人。"她还观察到，这次相遇发生在遥远的东方，大河的对岸，夏安人需乘坐圆船，用木棍作桨划过河。这可能是指密西西比河，他们称之为"大河"。白人历史学家普遍认为，夏安人与白人的首次接触发生在 1680 年，地点位于现今伊利诺伊州皮奥里亚附近，密西西比河附近拉萨尔的驻地克里夫库尔堡。

口述历史是一种生动的历史，学习者与历史学家在个人层面上进行互动。他们倾听、铭记并以自己的语言柔和地表达出的事件，描述了人们的集体经历，如同这些事件刚刚发生。他们的历史并非冷漠、无情的纸面文字。即便历经四代，我依然熟知曾祖母白水牛女所知的许多事情。然而，我也学习了美国白人历史，以丰富我的口述历史背景。

关于白水牛女出生地的具体信息，部落历史并未有记载。我们仅知她出生于 1852 年，就在若干北部平原部落，如夏安人签署《拉拉米要塞条约》（Fort Laramie Treaty）的一年之后。她出生时便拥有浅棕色的天然卷发，长大后更成为一位美丽动人的女士。然而，令人遗憾的是，她的众多后代并未遗传到她那令人惊叹的美貌。

白水牛女诞生于一个关键时期。在那时，白人移民不断侵入夏安人的狩猎区，他们向西行进，带来了各种陌生的疾病，而夏安人对此并无天然免疫力。在白人急于寻找黄金的过程中，传播了"大腹痛"这种疾病，给夏安人带来了毁灭性的打击，几乎摧毁了他们的部落结构。据称，1849 年时，部落中有一半的人因霍乱而丧生。

然而，疾病并非夏安人与白人接触所带来的致命和混乱后果的唯一体现。ve?ho?e 像甜药预言的那样行事，白水牛女目睹了他们毁灭的攻击性。白人的贪婪行为迅速侵蚀了夏安人曾经广阔的土地，每次签订条约后，他们的土地都变得越来越小。1861 年 2 月 28 日，夏安人和阿拉帕霍人的南部部落在签署《威斯堡条约》（Treaty of Fort Wise）后，同意在科罗拉多领地的西南部定居于一个较小的保留地。

黑壶领导的是白水牛女所属的部落，这个部落主要由夏安人和拉科塔人的混血后裔组成。为了回应埃文斯州长的公告，他们在科罗拉多领地的弗特里昂斯投降，并表示友好。黑壶的夏安人和左手率领的阿拉帕霍人在沙溪河畔设立营地，认为在那里可以得到军事庇护。

然而，科罗拉多居民持有不同观点。他们期望成立州政府，希望通过迫使所有印第安人离开领土，从而消除印第安人对科罗拉多土地的所有权。他们还担忧印第安人可能发动起义。像约翰·米尔顿·奇文顿（John Milton Chivington）这样的人具有政治野心。他曾是卫理公会牧师，后来成为军官。在 1864 年 11 月 29 日的清晨，他率领部队突袭了在沙溪河畔熟睡的夏安人和阿拉帕霍人。黑壶将一面美国国旗和一面白旗绑在一棵高高的杉树上，试图阻止士兵的进攻。

然而，残酷的屠杀以及对遗体的野蛮分割仍旧层出不穷。当一切落幕时，共计 137 名夏安人和阿拉帕霍人不幸丧生，其中仅有 28 人为男性，余者均为妇女和儿童。白水牛女得以奇迹般地逃脱。国会和军方对此进行了调查，尽管奇文顿及其他军官被判定有罪，但最终无人受到惩处。

历经沙溪河惨案之后，黑壶首领引领部族南下，以期避免冲突，谋求和平。白水牛女及其家人作为约 400 名随同和平领袖南下的夏安人之一，代表着 80 余个部落。

和平协商进而得以推进。1865 年 10 月 14 日，南夏安人与阿拉帕霍人在《小阿肯色条约》(Treaty of Little Arkansas) 上签字，同意在堪萨斯州及印第安领地（现俄克拉何马州）设立保留地居住。三年后，1867 年 10 月 28 日，这些部落通过谈判达成了《梅迪辛洛奇条约（Treaty of Meicine Lodge)》，这是他们与美国政府签订的最后一份条约。他们再次确认和平共处，出让更多土地，并同意在印第安领地的一个保留地居住。黑壶首领签署了这两份条约。

他们确信已经达成最终的和平，黑壶部落开始在现今俄克拉何马州西南部的沃希塔河沿岸设立营地。1868 年 11 月 27 日清晨，沙溪的噩梦再度降临。乔治·阿姆斯特朗·卡斯特中校 (Lieutenant-Colonel George Armstrong Custer) 及其部队在军乐队演奏《加里·欧文》之际，突袭了熟睡中的营地。尽管卡斯特推测有 103 名夏安人丧生，但后续数据显示，实际死亡人数为 27 至 60 人，大部分为妇女和儿童。黑壶亦在死者之中。他生前仅渴望与白人和平共处，然而白人却夺走了他的生命。

白水牛女再度幸存下来。在她有生之年，她目睹了自己族人曾经的大岛家园变得日渐渺小。1869 年 8 月 10 日，美国总统尤利塞斯·格兰特 (Ulysses S. Grant) 颁布行政命令，为南夏安人和阿拉帕霍族设立新的保留地。正是在这片土地上，白水牛女与她的丈夫大白人 (Big White Man) 共同养育了他们的子女。其中一个孩子，斑马弗雷德·曼恩 (Spotted Horse Fred Mann)，于 1890 年出生。后来，他与露西·怀特贝尔结婚，两人共有两个孩子，最小的一个是 1915年出生的儿子圣鸟亨利·曼恩 (Holy Bird Henry Mann)。亨利母亲在他七至九个月大时离世，白水牛女肩负起抚养他和姐姐玛丽安的责任。后来，亨利与另一位夏安人女子白日女雷诺拉·狼舌 (Day Woman Lenora Wolftongue) 成婚。1934 年，我成为他们的第一个孩子。

　　祖母白水牛女向她的孙子亨利透露，她的祈祷已得到回应，她有幸亲眼见到了她的曾孙，我，由此可以愉快地完成她在人间的旅程，因为我已融入夏安人的生活体系。据传，就像她对众多其他婴儿一样，我年迈的曾祖母满怀爱意地将我幼小的身躯捧在手中，将我的头部朝向宇宙的 6 个神圣方向。她以此方式向我揭示世界的神圣力量，将我纳入族人的一员，为我祈祷，并与夏安人一同在生活之路上追寻他们的人生轨迹。

　　通过这个庄重的仪式，我的曾祖母认可了我的生命，并敦促我为族人的幸福贡献力量。尽管我们生活在不同的时代，但我们的文化根基相同，我们都是夏安人。然而，我们的经历各有不同。白水牛女坚守传统，她所生活的时代，夏安人与白人之间的关系颇为悲惨，但夏安人凭借坚定的精神力量支撑着自己。我则拥有双重文化背景，在我所处的时代，部落历史往往被美国白人忽略。夏安人以及印第安人的历史，一直是一个关于同化的故事，他们被迫接受"文明"、宗教和教育，但始终未曾完全融入。

　　1936 年，白水牛女完成了其在地球上的使命。她教导我们，理解是一件美妙的事，她深入理解了白人的动机。她并非愤世嫉俗，而是致力于在人们、她周围的世界以及所有生命中发现美好。曾祖母和我与族人共度了两年愉快的时光。直到近半个世纪后，我才领悟到曾祖母的丧歌中所言："无一事物为难，唯有死亡，因为爱与回忆常伴心间。"

　　南夏安人保留地的历史，是一部压迫、饥饿、背信弃义以及环境急剧恶化的历史。他们的生存依赖于强烈的求生意志。他们曾生活在充满尊严和完全自给自足的世界中，然而随着白水牛女的离去，这个世界也渐行渐远。正如甜药所预言的，由于领导人在条约中的承诺，1876 年，夏安人作为一个部落，同意将他们的孩子送入白人学校。

　　自那时起，夏安人受到了多元教育体系的影响。初期，联邦资助的学校由贵格会创办。1874 年至 1875 年红河战争期间，在佛罗里达州圣奥古斯丁的西班牙旧堡垒马里恩堡中被囚禁的流亡者，构成了夏安人成人教育班的首批成员。理查德·亨利·普拉特中尉担任他们的监管，1879 年，他在宾夕法尼亚州卡莱尔创办了第一所离开保留地的寄宿学校，其中部分人成为他的学生。门诺会传教学校在保留地内运营，联邦寄宿学校亦然。课程涵盖工业培训、宗教及学术方面。1934 年的《约翰逊-奥马利法案》（Johnson-O'Malley Act）赋予内政部长权力，得以与各州签订合同，为印第安儿童提供教育，从而使夏安儿童得以进入公立学校体系。

　　依据 1887 年的《印第安人分配法》（Indian Allotment Act），夏安和阿拉帕霍保留地在 1891 年进行分配，并于 1892 年向白人农场拨地。夏安人的岛屿家园因此缩减为分布在俄克拉何马州西南部 7 个县的 160 英亩的单一分配区。部落的传统治理形式被白人政府所替代，1937 年成立了俄克拉何马州夏安-阿拉帕霍部落，依据 1936 年的《俄克拉荷马印第安人福利法》的规定组建，该法案与 1934 年的《印第安人重组法》相似，允许他们实现部落自治。

　　在举世瞩目的环境、社会、政治及教育巨变中，夏安民族的精神特质与传统仪式为其提供了保持民族独特性的稳定基石。时至今日，夏安民族的守护者们依然虔诚地守护着圣箭和神牛帽。续箭仪式及太阳之舞等传统活动依然如故地进行，使得他们民族的源起与夏安民族的精神本质在这些仪式中得以传承与保留。

　　这种独特而强大的仪式传统赋予了夏安人鲜明的民族特色，塑造了他们独特的精神历程。虽然其历史源起可追溯至数千年前，但其历史内涵却被凝练至两大主要仪式之中。甜药与直角是他们习得这些仪式的导师，当他们将寓意超凡圣洁的部落象征，作为造物主的恩赐传播于众时。先知的明智教诲为部落的发展定向，从加拿大东北部的林地至南部与北部平原，部族民众在历史的长河中踏上了他们的人生旅程，朝着永恒的朝圣之路迈进。

总的来说，夏安人的历史与他们所居住的美国景观密切相关，其中，熊山被视为他们最神圣且最具力量的地方。作为一个民族的连续性要求，他们需维护自身的生活方式。具体来说，他们需保持传统、信仰及精神生活，并通过仪式，践行他们的神圣使命，以维系地球的生机勃勃。

夏安人对历史的认知充满了力量、威严、神秘与敬畏。这是一部神圣的历史，在口述传统中得以完好保存。民族历史与个人历史在经历中交织，白水牛女的个人经历融入了夏安人的历史。生活与她紧密相连，历史亦然。她在沙溪、瓦希塔和小大角的经历均成为直接的、个性化的历史。更重要的是，这是一部真实的历史，既反映了她的个人经历，也展现了夏安人的神圣经历。

夏安人的历史只是一个部落的视角。还有许多其他视角，它们都构成了真实的美国历史。印第安人的历史反映了一种独特的人类、精神和永恒的宇宙观。它与科学的、世俗的、非人性化的盎格鲁-美国历史形成鲜明对比。印第安人和白人的经历反映了两种不同的宇宙观和不同的使命。举个例子，白水牛女亲身经历了美国历史上一个民族不得不忍受的最悲惨的经历。然而，她保持了自己的精神信仰，没有放弃她的历史观和神圣使命。在她生命的晚年，她将这种独特的历史观传给了年幼的我，并嘱咐我为尚未出生的夏安人，世世代代传承下去。

夏安人的历史，以及印第安人的历史，很可能永远不会被纳入美国历史，因为它是整体的、人性化的、个人的和神圣的。尽管它与盎格鲁-美国历史一样是确凿的，但它注定要作为世俗美国白人历史的补充。在短短的 5 个世纪里，盎格鲁-美国人的经历已经成为一个没有灵魂和方向的世俗的、科学的历史。美洲印第安部落经历的集体流动已经成为一部精神史，肩负着让大地祖母存续的神圣使命。美洲印第安人的历史在这片神圣土地上有着 2.5 万到 4 万年的根基。它不能突然同化进美国历史。每个印第安人今天的个人经历构成了 21 世纪的美洲印第安人历史，就像白水牛女的历史被永远保留一样。

我的曾祖母是一位非凡的人物，她的生活是历史，历史是生活。我俩的生命一起跨越了 130 年的时光，作为夏安人的一员，塑造了我独特的非西方历史观。作为美国印第安人，我们的历史是美丽、丰富、真实和神圣的。挑战在于如何将其作为真实的历史来理解和欣赏，这个挑战就交给你们了。

第十三章　公共史学

在本章中，我们将摒弃前几章采取的方法。前几章是通过概念或理论的使用来理解过去的变化，并在历史来源中寻找模式或解释，而本章探讨历史在当代公共领域中的使用。换句话说，讨论的焦点从历史行为者的主观性转移到我们自己以及我们与过去的集体关系。我们将简要概述公共史学和遗产的范围，并探讨"想象的共同体"、"集体记忆"、"历史意识"和"表演性"等概念如何帮助我们理解公众对过去的参与。

20 世纪末和 21 世纪初，人们对过去的记忆展现了前所未有的兴趣。在欧洲语境下，德国文化批评家安德烈亚斯·哈伊森（Andreas Huyssen）认为，"对记忆的痴迷"广泛体现在博物馆的扩展、新纪念碑和纪念物的建造、历史街区的修复以及复古时尚、电影和电视中。[①] 他得出结论："博物馆的感性似乎正占据日常文化和体验越来越大的部分。"[②] 为什么会这样呢？法国历史学家皮埃尔·诺拉（Pierre Nora）认为，这种纪念感性代表了过去与现在之间的深刻断裂。例如，大教堂成为法国的"国家遗产"恰恰在于它们不再是

---

① Andreas Huyssen, *Twilight Memories: Marking Time in a Culture of Amnesia* (New York, 1995), p. 5.

② Huyssen, *Twilight Memories*, p. 14.

"活的文化"的一部分。①

公共史学的首要问题在于术语：例如，在美国，公共史学是被广泛接纳的成熟领域，而在英国，一系列重叠的活动被囊括在遗产研究的名目之下。② 本章将同时使用这两个术语，与它们在批评文献中的用法相对应。公共史学和遗产的讨论范围从保护国家历史重要地点到通过纪念碑、纪念活动、博物馆展览、电视节目和电影为更广泛的公众生产和传播关于过去的知识。因此，公共史学即大众史学，被大量民众所看到或阅读。其次，它呈现出多种形式，包括对物质文化和景观的解释以及讲述。然而，并非所有从事这些活动的人都会将自己描述为公共史学家：例如，媒体从业人员，如记者或纪录片制片人，或者历史剧制片人都不太可能这样做。

公共史学之所以重要，是因为它扮演了一些重要角色。首先，最积极的作用在于，它协助历史学家履行了让社会理解过去的责任，③ 但这也伴随着一些风险。对遗产的处理往往更多是庆祝性的而不是调查性的，国家遗址可能成为炫耀性爱国主义的焦点。公共资金可能附带着"特定社会和谐愿景"或过去形象的理想化，排除了那些暴力或压迫方面的内容。④ 遗产可能是城市重建的一部分，目标是吸引游客而不是忠于史实，是当下的一种消费和娱乐形式。⑤

---

① Pierre Nora, 'Between Memory and History: Les Lieux de Mémoire', *Representations*, 26 (1989), pp. 7–24; *Lieux de Mémoire*, translated as Realms of Memory, trans. Arthur Goldhammer, 3 vols (New York, [1984–1986] 1996–1998).

② 关于公共史学的定义，参见 The National Council on Public History: www.ncph.org/cms/what-is-public-history, accessed 30 March 2015; 关于遗产研究的定义，参见 Ben Cowell, *The Heritage Obsession* (Stroud, 2008), pp. 9–10, 13, 20, 126。

③ 参见 Jorma Kalela, Making History: The Historian and Uses of the Past (Basingstoke, 2012); Justin Champion, 'What are Historians For?', *Historical Research*, 81 (2008), pp. 67–188。

④ Madge Dresser, 'Politics, Populism, and Professionalism: Reflections on the Role of the Academic Historian in the Production of Public History', *The Public Historian*, 32, 3 (2010), p. 44; Robert Hewison, *The Heritage Industry: Britain in a Climate of Decline* (London, 1987), p. 135.

⑤ Jerome de Groot, *Consuming History: Historians and Heritage in Contemporary Popular Culture* (London, 2009).

正如大卫·罗温塔尔（David Lowenthal）指出的那样，"往昔犹如由今天的偏好塑造的异乡，它的陌生感因我们对遗迹的保护而被驯化。"[①] 约翰·博德纳（John Bodnar）得出结论：

> 　　民众不太可能获得能够唤起由传统调和的民主社会需求的过去再现，而更有可能遇到的情况要么是对过去怀旧的渲染，比如迪斯尼乐园的主街，它抹除了社会动荡和个人痛苦的认知；要么是城市复兴项目，给中上阶层和开发商带来愉悦……我怀疑，其目的不是重申传统或民主，而是想象一个没有政治和不平等的神话般的国家。[②]

　　博德纳对想象和神话国家的提及引出了我们的第一个概念，即"想象的共同体"。民族归属是当代最强大的身份形式之一。"身份"的概念最早由精神分析师和历史学家埃里克·埃里克森在 20 世纪 50 年代提出。他认为人们开始将自我意识视为可以塑造和构建的东西，而不是源自继承而被固定。[③] 到了 20 世纪 70 年代末又经由心理学中社会认同理论的发展，成为社会科学领域持续研究的重点。[④] 这一理论认为，个体具有多个社会身份，其中之一就是民族身份。民族身份是如何形成和维持的呢？

　　对于这个问题，最有影响力的答案出现在 1983 年本尼迪克特·安德森（Benedict Anderson）的《想象的共同体》一书中。他认为，民族是一个"想象的政治共同体"，由三个维度组成。首先，它

① David Lowenthal, *The Past is a Foreign Country* (Cambridge, 1985), p. xvii.
② John Bodnar, 'Pierre Nora, National Memory, and Democracy: A Review', *The Journal of American History*, 87, 3 (2000), p. 957.
③ Erik Erikson, *Identity and the Life Cycle* (New York, 1959).
④ Henri Tajfel and John Turner, 'An Integrative Theory of Intergroup Conflict', in W.G.Austin and S. Worchel (eds), *The Social Psychology of Intergroup Relations* (Monterey, 1979), pp. 33–47.

是想象的，因为成员们不可能认识大部分其他成员。其次，它是有限的，因为没有一个民族认为自己代表着全人类。最后，它是一个共同体，因为无论不平等或社会 / 文化差异的等级如何，民族"总是被设想为一种深刻的、平等的同志关系"。[①] 安德森认为民族主义的起源始于 18 世纪末的欧洲和美洲，当时"将民族主义从*谱系的*角度进行阅读——作为连续性的历史传统的表达"的过程开始了。[②] 安德森认为，语言、人口普查、地图、小说和博物馆是这一文化民族的核心。正如诺拉在法国语境下所证明的那样，物质文化在民族记忆中也可能获得象征意义，正如芬兰民族记忆中的民间传说一样（见第十四章）。

关于符号和"想象的共同体"之间的关系，休·特雷弗-罗珀关于苏格兰短裙的文章——苏格兰古代身份象征——非常具有启发性。在一个有趣而讽刺的揭露文章中，他认为苏格兰短裙在 18 世纪主要是由一位英国贵格会商人发明的。后来，随着英国政府组建高地军团参加海外帝国战争，独特的民族格子呢也随之发展起来。[③] 苏格兰短裙作为身份象征的例子提醒我们，"历史学家的历史"和民族或国家记忆可能不一致，并且对过去的普遍认知和解释都会产生影响。

这两个概念经常被用来描述和解释对过去的普遍理解：历史意识和集体记忆。历史意识的概念在 20 世纪 70 年代欧洲教育界获得了重要意义。在这个时期，专业历史学家主要采取了历史主义的立场，强调过去和现在之间的差异，并避免从历史中得出教训。但教

---

① Benedict Anderson, *Imagined Communities: Reflections on the Origin and Spread of Nationalism* (London, [1983] 1991), pp. 6–7.

② Anderson, *Imagined Communities*, p. 195. 斜体来自原文。

③ Hugh Trevor-Roper, 'The Invention of Tradition: The Highland Tradition of Scotland', in Eric Hobsbawm and Terence Ranger (eds), *The Invention of Tradition* (Cambridge, 1983), pp. 15–41.

授历史的人意识到，对过去的普遍理解并不完全基于相同的理论基础。历史不仅是一种"社会形式的知识"，用拉斐尔·塞缪尔的话来说，个体要寻求一个可用的过去，一个在思考当前挑战时有价值的过去。① 因此，对于普遍历史意识的定义包括时间和认知两个维度。最初的定义强调了时间性："历史意识包括对过去的解释、对现在的理解和对未来的展望之间的相互联系"。② 后续对该概念的完善强调了历史意识在定位个体方面的作用，无论是以认知还是道德的方式。历史意识的这一方面反映了"在时态变化的海峡和漩涡中找到一条路径的实际需求"，通过叙事来综合诸多事物，包括对连续性和变化的感知。③

20 世纪 90 年代中期，美国进行了一项大型调查，探索美国人与过去的链接方式，揭示了历史意识的这些维度。④ 其中一章专门讨论了"利用过去在当下生活"。罗伊·罗森茨威格（Roy Rosenzweig）和大卫·泰伦（David Thelen）发现，"经验"在受访者对待过去的方式中起到了重要作用。参与者最感兴趣的是历史人物在他们的生活中经历和应对挑战的方式，并且"借鉴过去来塑造他们的生活轨迹。通过将过去视为经验的储备，他们可以在自己的生活中使用它，并理解他人的生活。"受访者还将自己视为"独立的行动者，具

① Raphael Samuel, *Theatres of Memory: Past and Present in Contemporary Culture* (London, 1994), p. 8; see also Peter Seixas (ed.), *Theorizing Historical Consciousness* (Toronto, 2004).

② Bernard Eric Jensen, 'Usable Pasts: Comparing Approaches to Popular and Public History', in Paul Ashton and Hilda Kean (eds), *People and Their Pasts: Public History Today* (Basingstoke, 2009), pp. 42–56.

③ Jörn Rüsen, 'Historical Consciousness: Narrative Structure, Moral Function, and Ontogenetic Development', in Seixas, *Theorizing Historical Consciousness*, p. 81; Jürgen Straub, 'Telling Stories, Making History: Toward a Narrative Psychology of the Historical Construction of Meaning', in Straub (ed.), *Narration, Identity, and Historical Consciousness* (New York, 2005), pp. 44–98.

④ Roy Rosenzweig and David Thelen, *The Presence of the Past: Popular Uses of History in American Life* (New York, 1998).

有影响和受到更大发展影响的能力。与将个体视为大趋势的典型不同——我们的知情人……认为自己能够抵抗、反思或改变来自更大世界的压力。"[1] 受访者对"经验"和个人行动的强调既不符合正统历史学派对历史的处理方式，后者强调过去与现在之间的不可比较性，也不符合后结构主义／后现代主义的处理方式，后者强调文化和政治话语在人类意识中的决定性作用。

美国调查揭示的历史意识的另一个维度是家庭记忆在构建可用的过去中的力量。此外，非裔美国人和美洲原住民也利用集体记忆来构建"更广泛的可用过去"。[2] 这将我们带到了本章的第三个概念，即"集体记忆"。这个概念在 20 世纪 90 年代开始在人文和社会科学中广泛使用，但没有形成被普遍接受的定义。[3] 部分原因在于 20 世纪 20 年代社会学家莫里斯·哈布瓦赫的最初构想。哈布瓦赫认为，所有记忆都是集体记忆，因为记忆无疑是一种社会过程，表达依赖于社会环境。个人或个人记忆不会塑造集体记忆，而是相反。社会环境将个人记忆塑造成一个连贯的集体记忆：

> 集体记忆的框架不是通过个体回忆的组合构建起来的……相反，集体框架就是一些工具，集体记忆用来重建过去的意象，这个意象在每个时代都与社会的主导思想一致。[4]

哈布瓦赫将这种记忆的社会模型应用于像家庭、宗教社团和社

---

[1] Rosenzweig and Thelen, *The Presence of the Past*, pp. 37–38.

[2] Rosenzweig and Thelen, *The Presence of the Past*, p. 13.

[3] Marie-Claire Lavabre, 'Circulation, Internationalization, Globalization of the Question of Memory', *Journal of Historical Sociology*, 25, 2 (2012), pp. 261–274.

[4] Maurice Halbwachs, *On Collective Memory*, ed. and trans. Lewis A. Coser (Chicago, [1925] 1992), p. 40.

会阶级这样的凝聚群体。因此，任何个体都可以拥有多个由不同群体塑造的集体记忆。最后，哈布瓦赫提出这些集体记忆并没有定格在时间中，而是在不断适应现实情况的过程中持续变化。

哈布瓦赫对集体记忆的概念化引起了历史学家的两个关注。第一个关注是：在这个构想中，思考、记忆、反思的个体在哪里？[①]像哈布瓦赫所说的那样，社会群体中的主导记忆话语是否会压制或删除相反的记忆？接受这一点将需要拒绝我们对个人记忆的编码和保留所了解的内容，下面的第十四章将会讨论。正如山姆·温伯格（Sam Wineburg）所争论的那样，"试图得出一个绕过个体的集体记忆概念（一个奇怪的没有任何特定个体持有的集体记忆）的企图将在还原主义和本质主义的岸边搁浅。"[②] 因此，一些历史学家用替代术语取而代之：例如，在纪念大屠杀的语境中，詹姆斯·杨（James Young）更喜欢使用术语"收集的记忆"：

> 因为即使群体共享社会构建的假设和价值观，将记忆组织成大致相似的模式，个体也不能分享另一个人的记忆，就像他们不能分享另一个人的大脑皮层一样……通过保持对收集的记忆的感知，我们意识到它们不同的来源，每个个体与生活的独特关系，以及我们的传统和文化形式如何不断赋予不同记忆以共同的意义。[③]

第二个关注是：哈布瓦赫对集体记忆的实体化以及忽视了不可避免地伴随着群体记忆活动的协商和争议过程。因此，人们常常使

① Anna Green, 'Can Memory Be Collective?', in Donald A. Ritchie (ed.), *The Oxford Handbook of Oral History* (Oxford, 2011), pp. 96–111.
② Sam Wineburg, *Historical Thinking and Other Unnatural Acts* (Philadelphia, 2001), p. 250.
③ James Young, *The Texture of Memory: Holocaust Memorials and Meaning* (New Haven, CT, 1993), p. xi.

用其他术语来代替"集体记忆"，你可能会遇到"记忆实践"、"文化记忆"、"记忆剧场"、"记忆场所"、"社会记忆"、"集体纪念"或"公共记忆"。术语的多样性支持了阿莱达·阿斯曼（Aleida Assman）的观点，即记忆有四个层次或"格式"：个体、社会、政治和文化。①所有这些术语都以特定的方式肯定了哈布瓦赫对"集体记忆"的表述，并引起了我们在集体记忆过去的方式中对过程、权力、行动和传播媒介的关注。

哈布瓦赫还强调了地理位置作为一种记忆装置的重要性。在一篇名为《圣地福音书的传奇地理》的文章中，哈布瓦赫认为，欧洲朝圣者将他们的圣地强加于巴勒斯坦的景观之上。这些圣地反映了"基督教崛起的力量将其活生生的记忆强加于异教文化的空间"。②哈布瓦赫的这篇文章引起了后来关于记忆与地方之间关系的讨论，以及纪念碑和纪念馆的记忆功能的兴趣。在本章的下一部分，我们将用几个案例展开进一步探讨，包括以色列的一个古堡、南非的博物馆和英国的乡村庄园。这些案例研究将展示公共史学中想象的国家社群、集体记忆过程和历史意识之间的联系。

第一个案例是雅埃尔·泽鲁巴维尔（Yael Zerubavel）对以色列"集体记忆"的探索，桑德·吉尔曼（Sander Gilman）将其描述为"一个大型的'想象共同体'的故事"。③这部书中丰富的证据和分析只能在此简要概述。泽鲁巴维尔调查了"构建新希伯来文化的动力如何源于对犹太人的过去的某些解读"。特别是，她对探索历史事件如何在以色列文化中被转化为英雄象征感兴趣。在这里，我们将

---

① Aleida Assman, 'Memory, Individual and Collective', in Robert E. Goodin and Charles Tilly, *The Oxford Handbook of Contextual Political Analysis* (Oxford, 2006), p. 211.

② Patrick Hutton, 'Collective Memory and Collective Mentalities: The Halbwachs-Ariès Connection', *Historical Reflections/Réflexions Historiques*, 15, 2 (1988), pp. 314–315; Halbwachs, *On Collective Memory*, pp. 193–235.

③ Yael Zerubavel, *Recovered Roots: Collective Memory and the Making of Israeli National Tradition* (Chicago, 1995).

重点关注书中的一个例子，即公元 73 年马萨达的陷落。[①] 马萨达是一个位于高原上俯瞰死海和犹太沙漠的古堡遗址。公元 70 年犹太人为对抗罗马人而起义后，叛军在这座堡垒中寻求庇护。关于马萨达的陷落，唯一的记载来自约瑟夫斯（Josephus），根据他的记载，叛军决定集体自杀，而不愿被罗马人奴役。男人杀死了妇女和儿童，然后相互杀害，直到最后一个人自杀。当罗马人进入堡垒时，他们发现了 960 具男人、妇女和儿童的尸体。[②]

泽鲁巴维尔仔细研究了历史背景和现存的希腊文翻译文本，但遗憾的是，"以色列的大众文化并不质疑这个故事的真实性和事件的历史性。"她追溯了关于马萨达陷落的不同解释后得出结论，马萨达的当代意义取决于对约瑟夫斯历史记录的"选择性再现"。与现代犹太复国主义和古代之间的历史连续感相结合，马萨达展现了"积极英雄主义、自由之爱和民族尊严"的本质，以及"准备以牺牲自己的方式表达他们的爱国奉献精神"。马萨达成为一个关键的象征性纪念叙事，为"现代以色列社会提供了过去的合法性来源和未来的模式"。参观这个地点，艰难攀登陡峭的山路，也成为许多年轻以色列人的成人礼。马萨达纪念叙事在学术、考古和法律背景下受到质疑，一些以色列人认为这个强调独自站立、战斗到死、永不妥协的神话，在现实中鼓励了以色列对安全问题的"不妥协态度"。[③]

第二个案例是安妮·库姆斯（Annie Coombes）对南非的两个博物馆的比较：罗本岛博物馆，许多反种族隔离领导人（包括纳尔逊·曼德拉）被关押在这里，以及开普敦的第六区博物馆。这项研究展示了公共史学 / 遗产与民族主义之间的联系。第一个博物馆在国际上非常有名，而后者在南非获得了"标志性地位"，成为 20 世纪

---

① Zerubavel, *Recovered Roots*, p. xiv.

② Zerubavel, *Recovered Roots*, pp. 60–61. 以下引用都来自该书第 60–76 页。

③ Zerubavel, *Recovered Roots*, p. 210–212.

60 年代至 80 年代种族隔离政权下的破坏和强制迁移的地点。[①] 库姆斯的研究既展示了政治精英认为代表首选国家叙事的博物馆优先级，也展示了"想象的共同体"在多个层面上的运作。

第六区是一个拥有多元文化和种族多样性的社区，"代表了非种族宇宙主义生活，这是种族隔离政权所害怕的——而且它是一块值得掠夺的重要土地"。[②] 安妮·库姆斯指出了这个特定社区与后种族隔离南非国家记忆之间的矛盾。这个矛盾涉及阶级和肤色。作为一个国际化的社区，具备多样化和多元文化，许多居住在那里的人"超越了他们的起源限制，成为文学、戏剧、音乐和艺术的重要贡献者。"这意味着第六区的记忆，库姆斯得出结论，"在'新南非'中并不容易被容纳。"[③] 而罗本岛（政治和刑事犯都被关押在那里）被允许代表"国家"，并被描绘为一个具有共同价值观和政治的凝聚社区，即非洲人国民大会（ANC）的价值观和政治。第六区仍然具有"难以解决的地方性"。因此，罗本岛（以及布尔共和国战争博物馆、南非语言博物馆和开拓者纪念碑博物馆）在政府认可和拨款方面得到了更大的支持。

库姆斯指出，两个博物馆都借鉴但以不同的方式解释了共同体的语言。第六区博物馆的叙事基于残存的碎片化文物和口头历史，对第六区丰富多样性中的"想象的一致性"的怀旧回忆，这些回忆发生在被迫迁移和社区的物理破坏之前。库姆斯认为，这个记忆与曼德拉政府的"彩虹国家"相一致，与罗本岛所体现的英雄主义、男性主义、解放叙事截然不同。博物馆设法在"过去的想象共同体"和"它实际上代表的多样化和有时对立的政体"之间"走

---

① Annie E. Coombes, *History After Apartheid: Visual Culture and Public Memory in a Democratic South Africa* (Durham, 2003); see also Sean Field, *Renate Meyer, and Felicity Swanson, Imagining the City: Memories and Cultures in Cape Town* (Cape Town, 2010).

② 语出 Vincent Kolbe，第六区博物馆的创建者，引自 Coombes, *History After Apartheid*, p. 117。

③ Coombes, *History After Apartheid*, p. 118. 随后的引用皆来自本书第 120, 121, 123 页。

钢丝"。①

公共史学／遗产的第三个也是最后一个案例是英国乡村庄园。劳拉简·史密斯（Laurajane Smith）在文章的开头就转述了简·奥斯汀（Jane Austin）的一段佳话："没落的乡村庄园必定需要遗产游客，这是一条举世公认的真理。"②英国乡村庄园是过去 500 年来由贵族或"地主贵族"建造的大型房屋或豪宅，通常附带相当大的农业庄园。这些庄园的主人是富有的个人，他们通常在国家和地方层面上行使着相当大的政治权力。在 20 世纪，许多庄园进入了公共领域，大约有 500 所对公众开放，主要由英国文化遗产或国家信托所有和管理，国家信托是一个独立的慈善机构。

劳拉简·史密斯对乡村庄园中遗产叙事的接受情况特别感兴趣。她问道："参观遗产的游客只是被动地接受所要传达的信息，还是也有更积极、更有意识的主动思考？"③换句话说，就我们在本章开始时提到的概念而言，这样的遗产地如何在"想象的共同体"与英格兰的国家历史意识的建构中发生联系？

史密斯认为，乡村庄园很少提供解释材料或更广泛的社会历史，并假设"游客应该能够'阅读'庄园及其收藏品的内在意义"。④尽管国家信托已经试图纠正这一点，但大多数房屋仍然使那些在庄园中工作的人——妇女、仆人或庄园工人——变得无形。建造这些庄园的财富起源可能会被简单提及，但如果来源于奴隶贸易，则根本不会提及。正如史密斯所指出的，这些庄园"高度象征着精英特权"，同时也"深刻体现出英格兰国家遗产的意义。"⑤她问道，国家

---

① Coombes, *History After Apartheid*, p. 142.

② Laurajane Smith, *Uses of Heritage* (New York, 2006).

③ Smith, *Uses of Heritage*, p. 116.

④ Smith, *Uses of Heritage*, p. 126.

⑤ Smith, *Uses of Heritage*, p. 119. 另见 Peter Mandler, *The Fall and Rise of the Stately Home* (New Haven, 1999)。

信托的大量游客和会员是否在从事"保守的怀旧"，从而"加强和合法化了当今贵族阶层的社会价值观？"①

2004 年，在其中 6 个庄园进行的一项调查询问了"13 个开放性问题，旨在对中产阶级游客的'身份认同工作'类型进行探索"。史密斯发现，许多人无法轻松地表达他们为什么从参观乡村庄园中获得如此多的乐趣和满足感。尽管这些房屋没有与他们个人身份建立联系，但从许多访谈中仍然出现了一种"无问题的国家认同感"，这种认同感融入了舒适、安全和文化资本的感觉。只有少数受访者报告了由于无归属感和阶级不平等的认识而产生的"不和谐"或不适感。

史密斯得出结论，参观乡村庄园是中产阶级身份的一种表演行为，被定义为"关于社会价值观、品味、顺从和保护主义价值的集体记忆，构成了一种特定的中产阶级愿景"。这个结论与法国社会学家皮埃尔·布迪厄提出的基于审美品味的社会阶级理论一致。《区别：对品味判断的社会批判》于 1979 年首次出版，认为文化资本和审美倾向意味着地位。② 布迪厄的理论在对 18 世纪和 19 世纪英国博物馆起源的研究中引起了轰动，这些研究揭示了同时期的信念，即公众进入博物馆将有助于建立社会秩序。③ 库姆斯认为，乡村庄园成为中产阶级的"'记忆剧场'，在这里，记忆的展演不仅关乎过去，还特别关乎创造新的记忆，这些新的记忆可以在场外重现并被记住"。④ 她得出结论，参观者在对他们参观的房屋的意义进行某种形式的"协商"，但"当然，令人不安的是，被保守和优雅包

① Smith, *Uses of Heritage*, p. 121, 引自 Robert Hewison, *The Heritage Industry: Britain in a Climate of Decline* (London, 1987), p. 53。

② Pierre Bourdieu, *Distinction: A Social Critique of the Judgment of Taste*, trans. Richard Nice (Cambridge, Mass., [1979] 1984).

③ Tony Bennett, *The Birth of the Museum: History, Theory, Politics* (London, 1995).

④ Smith, *Uses of Heritage*, p. 154.

装过的阶级和国家信息，似乎已经被舒适而平庸地接受到了明显的程度"。①

这三个例子展示了想象的共同体、集体记忆、表演性和历史意识的概念以不同方式揭示了公众与过去积极互动的过程。案例研究还展示了公共史学／遗产与国家之间的密切关系。在这种情况下，公共史学／遗产叙事是权力的话语吗？是否可能避免迈克尔·比利格（Michael Billig）在他广受影响的著作中提到的符号化的"平庸"民族主义？② 虽然许多历史学家呼吁在历史书写时重新树立道德目的，但我们如何才能避免在构建个人和国家的可用过去时落入陷阱？

当焦点转向帝国历史的背景时会发生什么：全球视角是否挑战了国家遗产的排他性和排斥性维度？③ 是否可能超越民族国家的维度？在接下来的阅读材料中，杜尔巴·戈什（Durba Ghosh）考察了2002年在大英图书馆举办的名为"贸易地点"的展览。该展览侧重于1840年之前的亚洲，特别是贸易活动和英属东印度公司。该公司最初于1600年成立，旨在与东印度进行贸易，后来与印度和中国清朝进行贸易，逐步扩展到印度的大部分区域，直到1858年英国政府开始直接统治印度。这个展览所选择的时间框架有什么意义？是否可能将过去海外大公司的活动与当时帝国政府的政策和行动分开？在评估展览内容时，为什么赞助和资金安排很重要？这个展览的内容选择背后的原因是什么？有什么遗漏吗？你能从展览的叙事中找出历史变革的驱动因素吗？"贸易之地"展览是一个为了追求可用的国家历史而构建想象中的全球共同体的例子吗？

---

① Smith, *Uses of Heritage*, p. 158.

② Michael Billig, *Banal Nationalism* (London, 1995).

③ Mads Daugbjerg and Thomas Fibiger, 'Introduction: Heritage Gone Global. Investigating the Production and Problematics of Globalized Pasts', *History and Anthropology*, 22, 2 (2011), pp. 135–147.

进一步阅读

Ashton, Paul and Hilda Kean (eds), *People and Their Pasts: Public History Today* (Basingstoke, 2009).

Connerton, Paul, *How Societies Remember* (Cambridge, 1989) and *How Modernity Forgets* (Cambridge, 2009).

Crane, Susan A., *Museums and Memory* (Stanford, 2000).

Gillis, John R. (ed.), *Commemorations: The Politics of National Identity* (Princeton, 1994).

Hamilton, Paula and Linda Shopes (eds), *Oral History and Public Memories* (Philadelphia, 2008).

Hodgkin, Katharine and Susannah Radstone (eds), *Memory, History, Nation: Contested Pasts* (New Brunswick, 2003).

Isar, Yudhishthir Raj and Helmut K. Anheier, *Cultures and Globalization: Heritage, Memory and Identity* (Thousand Oaks, 2011)

Journal of Historical Sociology, Special Issue: Social Memory/Global Memory, 25, 2 (2012).

Kansteiner, Wolf, 'Finding Meaning in Memory: A Methodological Critique of Collective Memory Studies', *History and Theory*, 41, 2 (2002), pp. 179–197.

Lumley, Robert, 'The Debate on Heritage Reviewed', in Gerard Corsane (ed.), *Issues in Heritage, Museums and Galleries: An Introductory Reader* (London, 2005)

Spiegel, Gabrielle, 'The Future of the Past: History, Memory and the Ethical Imperatives of Writing History', *Journal of the Philosophy of History*, 8 (2014), pp. 149–179.

Walkowitz, Daniel J. and Lisa Maya Knauer (eds), *Contested Histories in Public Space: Memory, Race, and Nation* (Durham, 2009).

期　刊

International Journal of Heritage Studies
Museum Worlds
The Public Historian

摘　录

在英国展示亚洲：商业、消费和全球化

杜尔巴·戈什

2002 年的夏天，伦敦迎来了英国人和游客的繁忙季节。圣潘克拉斯（St. Pancras）的大英图书馆举办了一场名为"贸易之地：东印度公司与亚洲，1600—1834"的展览（以下简称"贸易之地"展览），纪念东印度公司在将茶叶、纺织品和香料从中国、印度和印度尼西亚群岛带到英国消费方面的作用。[①] 在城市的另一边，维多利亚和阿尔伯特博物馆举办了一场关于宝莱坞电影海报的展览。[②] 对于那些希望避开博物馆喧嚣的人士，位于牛津街的高档百货商店塞尔弗里奇（Selfridges）开设了一家备受关注的印度精品店，吸引了众多宝莱坞电影明星的光顾。安德鲁·劳埃德·韦伯（Andrew Lloyd Webber）制作了一部以宝莱坞电影为灵感的西区音乐剧《孟买之梦》，音乐由南亚裔作曲家拉赫曼（A. H. Rah-man）编曲，剧本则出自南亚裔喜剧演员兼小说家米拉·谢尔（Meera Syal）之手。对于那些想要在家中体验英国的多元文化而又不愿离开舒适家园的观众来说，Channel 4 播出了一系列节目，作为庆祝"印度之夏"活动的一部分，同时也是为了宣传即将到来的印度和英国之间的板球比赛。

这个夏天并不特别；纪念英国不同族群、宗教和种族的活动已经成为伦敦的热门景点，吸引了众多希望一睹英国多元文化风貌的游客。有些人甚至将伦敦誉为"博物馆之城"，因为它是一个全球城

---

① "贸易之地"展览于 2002 年 5 月 24 日至 9 月 22 日在大英图书馆举行。

② Cinema India: The Art of Bollywood, at the Victoria and Albert Museum, June 26–Oct. 6, 2002.

市，到处都是博物馆，而且伦敦本身就是展示英国世界性和帝国性遗产的露天博物馆。① 然而，值得注意的是，在公共活动中展现英国在亚洲殖民地和后殖民地利益的活动占据了显著位置。本文旨在探讨亚洲在当代英国公众想象中的特殊回响，以及公共展览在塑造英国国家和帝国历史叙事中的作用。

"贸易之地"展览便是这些趋势的集中体现。通过关注 1840 年之前的亚洲，这个展览巧妙地回避了后来出现的奴隶制、殖民地叛乱以及土著和美洲原住民土地权益等棘手问题。与 1850 年后维多利亚时代的"高度帝国主义"时期相比，这一时期的英国殖民主义往往被认为更具合作性、更少剥削性。英国华人社区成员对这个展览提出了抗议，认为它忽视了英国在鸦片战争中的角色，这场战争迫使中国割让了多个港口，以便英国能够继续进行鸦片贸易，以换取中国的茶叶和丝绸等商品。作为回应，图书馆对展览内容进行了调整，并同意放映一部与此话题相关的电影。然而，图书馆同时指出，发生在 1840 年的鸦片战争并不在展览涉及的时间范围内，而且"鸦片战争不是由东印度公司而是由英国政府发动的，这段历史值得深入讨论，但超出了当前展览的范围。"② 通过聚焦东印度公司和贸易，而不是征服或军事强迫，组织者得以避免触及英帝国主义者的一些不体面行为，比如毒品贸易，并强调英国人和亚洲人之间的合作与交流。

在展览及其附带的目录、传单和网站中，英国在亚洲的 18 世纪历史被重新塑造，与 21 世纪全球化的主要概念——资本、消费、商

---

① Kirshenblatt-Gimlett, *Destination Culture*, 131. 朱利安·巴恩斯（Julian Barnes）的小说《英格兰，英格兰》（*England, England*）滑稽地模仿了英国遗产地在主题公园中的出现。关于作为全球城市的伦敦，参见 Gilbert, ed., *Imagined Londons*; Sassen, *The Global City*; and Schneer, *London 1900*。

② Ian Gledhill, "Protests from Chinese lead the British Library to show damage caused by trade in opium," *Independent*, May 27, 2002. 关于图书馆的回应，参见大英图书馆的主页 www.bl.uk(accessed May 28, 2006)。

业和全球性——遥相呼应。[①] 这个展览的主要赞助商之一是总部位于伦敦的渣打银行，该银行深度参与了英国在亚洲、非洲和澳大利亚的商业活动，历史悠久。这为 21 世纪跨国资本主义与其近代早期的对应物之间提供了一个鲜明的联系。[②] 通过将英国和印度之间的殖民商业关系描绘为早期全球化或"伙伴关系时代"的典范，展览聚焦于一个时代，这个时代以多语言的全球性、亚洲和欧洲贸易商、银行家和商人之间的合作为特点，将亚洲商品（如茶叶、纺织品和香料）带到欧洲市场和欧洲人的"家园"空间。[③] 事实上，展览的标题"贸易之地"展览暗示了东印度公司和亚洲之间的多重互惠和交流概念：亚洲的贸易地点（港口和市场）以及将亚洲商品在欧洲各地交易。英-印"合作"形象在广告、旗帜和海报中得到了最好体现，在这些形象中，一个穿红衣制服的英国人用右手勾住一个土著王子的左臂。

由于位于新建的大英图书馆，这个展览也充当了图书馆的广告。该图书馆在其网站上自称为"世界知识的宝库"。[④] 大英图书馆始建于 1973 年，其宗旨是将分散各处的不同藏品聚拢在国家机构群的框架下。图书馆最初的书籍存放在大英博物馆和约克郡的波士顿温泉。位于圣潘克拉斯的大楼于 1997 年开放，毗邻圣潘克拉斯和国王十字车站，是英国政府在 20 世纪建造的最大公共建筑。这座由科林·圣约翰·威尔逊爵士（Sir Colin St John Wilson）设计的建筑大胆创新，

---

① 全球化一词有很多种说法，我采用的是阿帕杜赖（Appadurai）的说法，参见 Appadurai, *Modernity at Large*. See also Cheah and Robbins, eds., *Cosmopolitics*, 特别是第三部分的论文。

② 英国《卫报》批评了渣打银行赞助行为的这种关联性，参见 *Guardian*, May 24, 2002; and the *Financial Times*, June 1, 2002. 另一个赞助人是政治上相对保守的报纸《每日电讯报》（*The Daily Telegraph*）。

③ Kling and Pearson, *The Age of Partnership*. 近期有学者对这个概念进行了批评，参见 Subramanyam, "Frank Submissions," 作者倾向于用 "可控冲突"（contained conflict）取代 "伙伴关系时代（age of partnership）"。

④ 参见大英图书馆的主页 (accessed May 28, 2006)。

（一些人认为）代表着英国最佳设计。广场的宽敞开放空间，设有咖啡摊位，三个展厅对公众开放；主要研究室则供使用图书馆藏品的学者使用。

图书馆中最著名的收藏品包括东方和印度事务部的档案，其中包含东印度公司的通信和议事记录，以及 1858 年取代它的英国政府文件。尽管图书馆辩称在讨论鸦片战争时应该区分公司和政府的角色，但东印度公司的纹章悬挂在东方和印度办公室档案阅览室的前面，象征着这家股份制贸易公司与国家图书馆和档案馆之间存在重要关联。

作为博物馆和档案馆，大英图书馆代表了国家的多个层面。它是国家纪念碑，是英国珍宝的存放地，包括《大宪章》、莎士比亚的作品集、《爱丽丝梦游仙境》的原始绘图、披头士乐队的纪念品，以及帝国的遗产，如英国殖民档案和许多阿拉伯文、梵文和中文手稿。图书馆还定期举办展览，展示其丰富藏品，近年来的展览主题包括毛里求斯的邮票收藏和《林迪斯法恩福音书》。将英国的国家和帝国历史的文物收藏于伦敦市中心的一个建筑物中，新的大英图书馆成为新千年的国家象征。

18 世纪最初的图书馆位于罗素广场，是英国第一个向"所有好奇和好学的人士"开放的公共图书馆。[1] 作为国家的"展示复合体"，博物馆及其图书馆是知识的宝库，教育和培养了一代又一代的英国人，使他们成长为适应现代国家的公民。正如托尼·贝内特（Tony Bennett）指出的那样，"博物馆、画廊，以及不定期的展览……在吸引公民的兴趣和参与方面，证明了其非凡的文化技术。"[2] 在大英博物馆的早期历史中（始建于 1753 年），受托人害怕"暴民"观看他们的收藏品。然而，在 1851 年的大展览之后，改革者呼吁实行开放政策，

---

[1] *The British Library Souvenir Guide*, 7.

[2] Bennett, "The Exhibitionary Complex," 129.

允许劳动阶级参观国家的珍宝。人们认为，参观博物馆可能会使工人阶级培养出品味、艺术鉴赏力，并具备参观博物馆的礼仪。①

虽然将21世纪新的大英图书馆的目标和展演策略与旧的大英博物馆联系在一起的暗示很诱人，但新图书馆面临着完全不同的挑战。②与18和19世纪的博物馆观众相比，21世纪的英国公民在种族、民族和宗教等方面的认同方式完全不同；此外，英国政府以种族、阶级、地理位置和地区来识别英伦三岛的居民。③图书馆于1997年对外开放，正值托尼·布莱尔（Tony Blair）首相领导下的新工党提出"酷不列颠"（Cool Britannia）口号，成为流行语，代表着英国在第三个千年的艺术潮流、多元文化、国际化和高精技术方面的进步。"酷不列颠"成为政府推广旅游的标志，重新塑造了英国在全球游客中的形象。④因此，新的大英图书馆面向的群体是自觉地试图整合那些从种族或者社会地位上并非白人的族群，而是前英帝国的后裔，他们的饮食、信仰和生活方式与传统定义的英国人大相径庭。这种历史性转变要求大英图书馆采用新技术和不同的知识类型，通过一系列转变后的展览实践，将这些新构成的公民和国家主体吸引到国家的权力结构中。

21世纪的展览不能像19世纪高度性感化的"霍屯都的维纳斯"（Hottentot Venus）那样，依赖标榜种族间差异的分类做法来营造（白人）英国人的优越感和团结感。⑤相反，英国的当代展览必须找

---

① Ibid., 133–139; see also Inderpal Grewal, *Home and Harem*, 122–124.
② Macgregor, "The Best of Britishness," 15–16. 麦克格雷格（Macgregor）是大英博物馆的馆长。
③ See *The Future of Multi-ethnic Britain*, part 1; also Gilroy, *There Ain't No Black in the Union Jack and Against Race*.
④ "酷不列颠"由马克·莱昂纳德（Mark Leonard）提出，参见 Mark Leonard, *Britain TM*。
⑤ Bennett, "The Exhibitionary Complex," 146; Gilman, "Black Bodies, White Bodies."〔译者注：1815年一位名叫巴特曼的非洲女性被欧洲殖民者贩卖到欧洲，被用作展示品来显示非洲人种的落后，方式极为屈辱。"霍屯都"是欧洲白人对非洲黑人的蔑称。〕

到新的方式，将亚洲、非洲和加勒比海地区的新英国人吸引进入博物馆文化，并将他们纳入由多元文化和全球性主体组成的新国家阵营中；这些展览还肩负着教育白人英国人了解英国多元文化的任务。对现代人来说，参观展览并不必像前一代的博物馆观众那样，是"旅行替代品"；[1] 事实上，许多人很可能已经在世界各地出生或旅行过，这些地区正是大英图书馆的展览所呈现的对象。

"贸易之地"展览在民族主义和多元文化的角度下，特别有效地展现了英国性。通过这种方式，展览既淡化又凸显了被认为是英国人的群体之间的种族、文化和时间差异。尽管展览叙述了东印度公司的历史，但它折叠了时间，将英国的殖民过往和后殖民、多元文化的现在并置，创造了一个无时间感的场景，其中来自英国殖民地的公民被无缝融入多元文化的英国想象中。[2] 在对"异国情调"的商品如茶叶等对象的展示，以及旅行叙事的结构中，现代参观者被邀请消费展览，就像 18 世纪的英国人被邀请消费东印度公司的商品一样。最近，复刻东印度公司包装的茶叶在大英图书馆的礼品店出售。[3] 这些带有海上船只图案的漂亮包装，吸引了具有全球化思维的消费者和博物馆观众，却没有揭示背后不太美好的历史，如种植园里的劳工，美国因过高额进口税而爆发的起义，或者茶与强制奴隶生产的糖之间的关系。购买东印度公司包装的茶，让 21 世纪的英国人可以想象自己是 18 世纪的市民，拿着精美的中国瓷杯主持优雅的茶会，这些茶杯也在展览中得到了精心展示。在这些消费行为中，英国性被作为 18 世纪（女性）饮茶行为，与 21 世纪的

---

[1] 这个表述引自 Kirshenblatt-Gimlett, *Destination Culture*, 132. 关于世界性主体和旅行的研究，参见 C. Kaplan, "Hillary Rodham Clinton's Orient。"

[2] 时间的坍塌是"书写国家"的重要形式；参见 Bhabha, "DissemiNation: Time, Narrative, and the Margins of the Modern Nation," in Bhabha, *The Location of Culture*, 145–146。

[3] 展览的网站有一个链接导向东印度公司的网址：www.theeastindiacompany.com (accessed May 28, 2006)。

饮茶者相连，消除了不同消费主体之间的种族、阶级、性别和历史
差异。

　　事实上，展览的欢迎牌展示了英国人如何被认定为亚洲商品的
消费者："想象一下，如果没有茶和瓷杯，没有胡椒、印花布或酸辣
酱，英国将会怎样；回到 400 年前的时光……发现我们现在理所当然
的日常用品曾经是多么的异国情调和令人兴奋；并了解如今英国的亚
洲社区是如何起步的……这个展览展示了亚洲和英国之间已经存在
400 年的文化交流。"所谓"异国情调和令人兴奋"的亚洲商品有很
多种：中国的瓷器和茶叶、印度尼西亚群岛的胡椒、印度次大陆的印
花布和酸辣酱。英国在亚洲的贸易以本土商品和归化人群的形式登
上（餐桌）。在长达几个世纪的"文化交流"中，这些人使用着这些
商品。因此，"英国"的现代性与一个定义谁可以称自己为"英国"
主体的消费文化相一致。[1] 展览的一个部分名为"英国—亚洲 / 亚
洲—英国"，解释了在英国常见的商品和行为，如咖啡店和洗发水，
是如何由海外移民和贸易引入的。在 21 世纪，将亚洲社区移植到英
国的想象进一步公开阐述了英国历史的重构，以囊括种族多样化的
人口。[2]

　　就像 19 世纪的展览一样，参观者被邀请在展览大厅内消费商
品，展览和商品之间存在着密切的关系。正如彼得·霍芬伯格（Peter
Hoffenberg）所建议的，"市场文化——即消费和生产的实践和语
言——为这些对立面提供了一个看似中立和自然的表现……帝国即
市场，市场即帝国。"[3] 在这个意义上，"贸易之地"展览有多个贸易

---

[1]　Brewer and Porter, eds., *Consumption and the World of Goods*; McKendrick, Brewer, and Plumb, eds., *The Birth of a Consumer Society*.

[2]　过去几年的历史让人们注意到亚裔在英国的长期存在，参见 Burton, *At the Heart of Empire*; M. Fisher, ed., *The Travels of Dean Mahomet*; M. Fisher, *Counterflows to Colonialism*; Visram, *Asians in Britain*。

[3]　Hoffenberg, *An Empire on Display*, 23.

区域：万丹（Bantam）市场，这是展览的第一个全景视图，以及大英图书馆礼品店的市场。[1]"消费者的同质化"提供了民主化的可能性，尽管正如霍芬伯格指出的那样，"展览暗示了一种文化和经济参与感，但并不意味着政治平等。"[2]

　　表面上看，消费的平行叙述似乎拉近了消费者与生产者之间的距离，营造了一个看起来没有边界、种族、国家差异或经济差距的世界观。然而，正如卡伦·卡普兰（Caren Kaplan）所警告的那样，跨国资本主义之所以繁荣，正是因为它高度依赖于种族、国家和经济的差异：消费者渴望那些被标记为不同或异国情调的商品，实际上巩固了一个存在国家、种族、阶级和性别界限的世界。[3]尽管"贸易之地"展览的目标是提醒英国人，他们所珍爱的许多家居用品源自亚洲，以减少亚洲的过程、产品和人民对英国的博物馆参观者的陌生感，但展览重新创造了地理和文化距离，将"亚洲"和"英国"置于文化和物质交流的两端。在这个叙述中，英国人购买，亚洲人生产。无论是在 17 世纪 60 年代的万丹市场上为欧洲市场购买胡椒的商人，还是在 2002 年的书店里希望购买在印度制造的小珠宝袋、钱包和笔记本的博物馆参观者，这一点似乎都未改变。

　　19 世纪 50 年代一位克什米尔艺术家的画作是展览中最吸引人的物品之一，因为它为观众提供了南亚纺织品生产过程的直观理解。这幅画作展示了两个技艺高超的工匠正在制作一块染色布料。画面上半部分用波斯语标注，描绘了一个戴着头巾的男人正将一块布料浸入靛蓝染料中，而他的助手坐在地上搅拌白色染料。下半部分展示了生产过程中的一系列工序：浸泡、混合染料、染布、晾干。尽

---

[1]　理查兹（Richards）提出了展览、广告和百货公司之间的关系，Richards, *The Commodity Culture of Victorian England*; see esp. 30–33。

[2]　Hoffenberg, 240. 关于"消费者的同质化"，参见 Grewal, *Home and Harem*, 125; Richards, *The Commodity Culture of Victorian England*, 19。

[3]　C. Kaplan, "'A World Without Boundaries.'"

管英国工业生产的纺织品的涌入大大减少了本土纺织品的生产，但这幅画作提供了一个机会，让消费者在视觉上进入印度织工和染工的工作室。通过观察这个过程，消费者可以更接近那些制作衣物的人。然而，可以想象，不同观众对这幅图画的特定元素可能会有非常不同的反应：一些观众可能觉得这幅画作代表了他们与祖先在服装时尚上的联系，而另一些人则可能与画中的劳动者或大英图书馆中展示其劳动的画家有着祖先般的纽带关系。无论是购买还是观看，任何一种解释都体现了劳动在消费行为中的异化。①

这个展览并非强调"贸易之地"，而是还恢复了消费者与劳动者和生产者之间的空间和关系。从历史的维度看，现在可能存在的独特性在于，新形成的全球商品消费者可能来自亚洲、非洲、加勒比或中东，标志着英国国家领土内人口的多样化。然而，这个新的多元文化消费者的身体仍然带有英国殖民历史的痕迹，在这段历史中，并不是所有的英国公民都能在法律制度、政治形态或者文化习俗上完全认同所谓的英国情感，无论他们是在英伦三岛上还是在英帝国的海外殖民地。② 通过展板的文字，"贸易之地"展览试图通过共同的消费来培养国家归属感和公民身份；然而，参与消费和生产过程所产生的距离不禁让观众想起他们作为公民、消费者和劳动者的地位，以及各自历史中所蕴含的种族和民族区别。正如凯瑟琳·威尔逊（Kathleen Wilson）所言，"如果国籍的话语试图构建同质性……，它们也试图识别和主张差异，而这些差异，无论多么人为和脆弱，……都在其自身边界内分裂了公民。"③

通过主要关注商品的历史以及它们的使用和生产方式，"贸易之

---

① Stewart, *On Longing*, 156–66; cited in Grewal, *Home and Harem*, 120–130.

② See, for instance, Talal Asad, "Multiculturalism and British Identity in the Wake of the Rushdie Affair," in Asad, ed., *Genealogies of Religion*, 239–268.

③ Wilson, *The Island Race*, 49.

地"展览展示了资本、商业和消费发挥通用语的角色，促进亚洲进入现代化的历程。展览的内容和信息将英国从第一个实现工业化国家重新塑造为第一个通过金融和商业实现全球化的国家。[1] 英国不是通过工业化，而是通过资本、商业和消费的全球化进入现代化，新的英国及其殖民地的经济史表明，殖民地产业被纳入了全球经济网络；工业化及其相应的去工业化和欠发达的历史范式被推迟或淡化。[2] 事实上，该展览的网站上写道："东印度公司贸易的继任者可能是在它协助下创建的伟大工业和金融综合体——孟买、加尔各答和新加坡——它们象征着亚洲在当今全球经济中的持续成功。亚洲再次成为一个主要的制造业力量，将西方的进口商品和思想与东方的传统相平衡。"

展览展示了东印度公司离开后，亚洲参与商业活动的情况，依靠一种渐进的全球化叙事来解释为什么亚洲"再次成为一个主要的制造业力量"。结尾的展板更加明确地重申了这一点：

> 英国对亚洲的海上贸易证明是创造现代"全球化"世界的重要历史力量之一。……贸易导致了帝国和对亚洲的强制殖民统治。从经济角度来看，印度的许多传统出口产品，如纺织品，被故意淘汰，取而代之的是英国工业化的产出。具有讽刺意味的是，在英帝国消亡之后，强大的新兴亚洲经济体再次崛起，向世界其他地区出口精密制造品。全球化走过了完整的轮回。

---

[1] Cain and Hopkins, *British Imperialism*, 1688–2000.

[2] 关于去工业化和纺织品问题的早期争议，参见 Morris, "Towards a Reinterpretation of Nineteenth Century Indian Economic History"; and critical responses in *Indian Economic and Social History Review* 5 (March 1968): 1–100. 最近关于这个问题的讨论，参见 Parthasarathi, "The Great Divergence."

因此，展览提出了一种吸引人的全球化愿景，其中"殖民统治"和印度纺织制造业的去工业化被描绘为英国与亚洲贸易过程中的一个中转站，最终让位于现代性的崛起。

在回到"轮回"的过程中，这个展览是伦纳托·罗萨尔多（Renato Rosaldo）所称的"帝国主义怀旧"的一部分，其中殖民者重新创造了被他们摧毁的社会的呈现和形象。[1] 全球化并不是一个新概念，它的文化对应物——世界主义也是如此。[2] 正如亚洲学家和其他人长期主张的那样，欧洲之前的亚洲是一个充满活力的贸易区域，亚美尼亚人、犹太人、班贾拉人、阿拉伯人、中国人和其他移动和移民群体基于复杂的银行和货币交换网络从事高利润的贸易。[3] 在 1700 年之前，苏拉特和阿勒颇等城市是充满活力的中心，可能是比同时期的伦敦更先进的全球交流场所。正如展览所暗示的，欧洲人之所以被这些地区吸引，正是因为贸易和商业发展得如此良好和有利可图。但是，欧洲贸易公司进入亚洲却创造了与全球化相反的局面，荷兰、法国和英国将地区和市场进行了分割。展览呈现的景象是一个近代早期的世界，大约 1600 年至 1800 年，高度世界主义和全球化水平，却被欧洲商人的狭隘贪婪以及无法维持其政治权威的莫卧儿王朝所打破。展览的叙事结构平衡了英—印贸易的好处与其负面后果，但垄断贸易的东印度公司于 1834 年解散，展览由此结束，观众们没有听到更多关于英国殖民政府在印度的扩张、鸦片战争、印度民族大起义等内容。

这个展览并不是唯一探讨英国在亚洲的帝国历史与国内历史之间联系的展览。例如，2004 年在维多利亚和阿尔伯特博物馆举办的"相遇：亚洲和欧洲的交汇，1500—1800 年"展览（以下简称"相

---

[1] Rosaldo, *Culture and Truth*, 68–87.

[2] See Pollock, Bhabha, Breckenridge, and Chakrabarty, "Cosmopolitanisms."

[3] K. N. Chaudhuri, *Asia Before Europe*.

遇"展览）重新审视了"贸易之地"展览中的一些主题，强调了基于亚洲人和欧洲人之间相互合作的奢侈品交流。正如这个展览的展板在欢迎游客时指出的那样，"亚洲和欧洲的相遇不仅标志着全球市场的开始，也标志着一种深刻的品味和生活方式的变化，这种变化至今仍然影响着我们的生活。"① 这个展览分为三个部分：发现、相遇和交流，重点关注商业和商品消费（如香料和茶叶）如何在欧洲和亚洲之间、欧洲人和亚洲人之间创造了一个合作和文化同化的区域。正如作家潘卡吉·米什拉（Pankaj Mishra）在对这个展览的评论中指出的那样，"流动性和混杂性的概念在我们今天的全球化、多元文化社会中非常受珍视；维多利亚和阿尔伯特博物馆在亚洲和欧洲早期相遇上做了一个当代的尝试。但是，就像当今的全球化一样，很难对各种商品和文物的自由流动和消费感到惊叹，而不去思考它们是否同时促进了国家和文化之间的理解和同情。"②

就像大英图书馆的"贸易之地"展览一样，维多利亚和阿尔伯特博物馆的"相遇"展览在结束时也指出，1800 年是这个时期的末代，因为欧洲对印度的军事统治和莫卧儿王朝权威的衰落，这种文化理解也随之衰退。尽管如此，展览的时间限制保留了这样一个观点，即 1500 至 1800 年的近代早期标志着全球化历史的早期时刻，这个时期的商业使得所有国家和人民都能平等参与。博物馆选择专注于近代早期的亚洲，使策展人和参观者可以避免考虑米什拉提到的问题，即这种交流项目是否成功，或者更重要的是，暴力或强制对这些相遇产生了多大的影响。"贸易之地"和"相遇"两个展览都专注于商业和消费的变革价值，这些活动创造了世界性和多元文化的主体，这对近代早期的人们以及 21 世纪参观展览的当代人而言都

① See the website for the Victoria and Albert Museum, www.vam.ac.uk (accessed May 28, 2006).

② Pankaj Mishra, "The Barbarian Invasion," *Guardian*, Sept. 11, 1999.

是如此。这种叙事方式使博物馆参观者能够从全球化的早期阶段跳转到现在的全球化世纪，绕过了殖民活动在此期间引发的破坏性过程的记忆，如奴隶制、饥荒、经济欠发达等。

在第三个千年的历史背景下，如何将英帝国的研究融入当代英国生活的兴趣蓬勃发展，而且人们意识到帝国历史极具卖点，这些展览正是在这样的背景下获得发展。在推销产品时，英国的博物馆、图书馆、电视节目、出版商和学者都依赖于帝国文化来吸引观众。销售帝国文化已成为一种将帝国融入国家的方式，依靠全球化和消费等概念和语法，这些概念和语法对不同种族、民族和宗教背景的消费者、观众和主体都是可接受的。

在过去的几年里，有许多博物馆展览、电视节目和畅销书为英国提供了既是国家又是帝国的公共史学。仅举几个博物馆展览为例：1999 年，格林尼治的英国海事博物馆在沃尔夫森画廊（Wolfson Gallery）永久展出了名为《贸易与帝国》的展览，展示了英国海事和海军技术的发展及其在促进贸易中的作用。[①] 2001 年，维多利亚和阿尔伯特博物馆组织了名为《维多利亚的视野：发明新的英国》的展览，通过一种时光旅行的体验，帮助参观者想象维多利亚时代的英国和海外的情景。[②] 除了伦敦主要博物馆的展览外，英帝国和英联邦博物馆于 2002 年秋季在布里斯托尔开放。[③] BBC 于 2002 年 5 月和 6 月播出了西蒙·沙玛（Simon Schama）的《英国历史》第三卷，副标题为"帝国的命运"。Channel 4 同样不甘示弱，于 2003 年 1 月和 2 月播出了尼尔·弗格森（Niall Ferguson）的四集电视系列片

① See reviews in the *Independent on Sunday*, May 16, 1999; *Guardian*, Aug. 23, 1999. 画廊重新开放时，英国海事博物馆发布了一份新闻稿，可在其网站上查阅，www.nmm.ac.uk (accessed May 28, 2006). 2000 年，博物馆举行了一次会议，纪念东印度公司成立 400 周年，并出版了一部论文集：Bowen et al., eds., *The Worlds of the East India Company*。

② 关于"维多利亚的视野"的展览简介，参见 Burton, "Déjà vu All Over Again." Mackenzie 出版了与展览配套的论文集：Mackenzie, ed. *The Victorian Vision*。

③ 英帝国和英联邦博物馆的主页 www.empiremuseum.co.uk (accessed May 28, 2006)。

《帝国》。出版商也忙着将英帝国推销给读者：大卫·坎纳丁（David Cannadine）的《装饰主义：英国如何看待他们的帝国》，琳达·科利（Linda Colley）的《俘虏：英国、帝国和世界》，威廉·达尔林普尔（William Dalrymple）的《白莫卧儿人：18 世纪印度的爱情与背叛》只是过去几年在英国畅销的书籍之一，此外还有沙玛的《英国历史》和弗格森的《帝国》的书籍版本。[1] 换句话说，帝国已经成为英国的一系列多媒体活动，为一个以越来越复杂的方式定义的公众提供了各种消费活动。除了博物馆展览、电视节目和书籍外，还有网站和虚拟旅游、礼品店的商品，如包装纸和明信片，以及百货公司提供的购物体验，比如塞尔弗里奇，或许是模仿一个世纪前自由的东方集市。[2]

这些事件在英国媒体上的反响备受争议，反映了英国性的构建并不稳定，仍然是从多个来源进行想象和创造。[3] 在那些认为英国应该承认并为其殖民错误（如奴隶制和饥荒）道歉的人，与那些认为英国应该因其对其他文化的欣赏以及对其帝国的良好管理而被铭记的人之间存在着基本的分歧。其中一些公共事件，如"贸易之地"展览，为一个可行的历史叙述做出了贡献，调和了两个方面的关系，一方面是英国作为亚洲人、非洲人、加勒比人和阿拉伯人等多元族群的"家园"，另一方面英国曾经是世界上最大的殖民国家之一，而其他人则回避承认英国的过去与其殖民和后殖民对象的现有关系之间存在任何冲突。

尼尔·弗格森的《帝国》系列电视片和书籍引发的公众辩论，对于如何以最佳方式向 21 世纪的英国人展示帝国历史的问

---

[1]　See Schama, *A History of Britain*, vol. 3. *The Fate of Empire*, 1776–2001 (2002). 前两卷已于前几年出版并展出：vol. 1, *At the Edge of the World? 3000 B.C.–A.D. 1603* (2000); and vol. 2, *1603–1776* (2001)。

[2]　N. Chaudhuri, "Shawls, Jewelry, Curry and Rice in Victorian Britain," 236.

[3]　Gikandi, *Maps of Englishness*.

题，具有诊断性意义。《帝国》既是对英帝国通过"盎格鲁全球化"（Anglobalization）过程为世界提供经济利益的历史叙述，也是未来全球帝国建设者的政策文件。[①] 弗格森强调，英国的经济投资引发了重要的政治、社会和文化变革，这对于将许多非洲和亚洲经济和社会引入"现代世界"是非常必要的。

当弗格森宣称"盎格鲁全球化"是一件"好事"时，评论家们的回应两极分化。[②] 一位评论家将弗格森比作莱妮·里芬斯塔尔（Leni Riefenstahl），美化了乔治·布什和托尼·布莱尔的"新帝国秩序"，而其他人则赞扬弗格森在描绘帝国的经济利益方面的敏锐。[③] 与此同时，历史研究所所长大卫·坎纳丁评论道："帝国好坏的概念于事无补。将帝国主义者标记为坏人，殖民地人民标记为好人太过简单化。我们现在正朝着将帝国解读为管理多元文化的手段的不同阶段迈进。"[④]

关于英国和其帝国的公共史学可能是"管理多元文化"的一种方式，这让人想起托尼·贝内特关于现代国家的展览复合体在教育公民适当的社交和文明形式方面的论点。坎纳丁认为这种教育"现在"需要复杂的历史知识是非常有启发性的，但也引发了如何管理公共史学以及为谁的利益服务的问题。

在 1999 年英国海事博物馆举办的"贸易与帝国"展览所激起的激烈辩论中，"驯化"这一概念得到了格外强烈的回响，其中包括一

---

① 该书在美国发行时，副标题改为《英国世界秩序的兴衰及对全球力量的启示》，参见 Ferguson, "The Empire Slinks Back: Why Americans Don't Really Have What It Takes to Rule the World."。

② "Battling for the heart of the empire," *Guardian Book Review*, Jan. 11, 2003, and see Ferguson, *Empire*, xx.

③ Jon Wilson, "False and dangerous," *Guardian*, Feb. 8, 2003; Max Hastings, "The Right Way to Run an Empire," *Daily Telegraph*, Feb. 27, 2003.

④ Cannadine quoted in John Crace, "The Empire Strikes Back," *Guardian, Education Weekly*, Jan. 14, 2003.

幅有争议的画面：一位英国女性在一艘横渡大西洋的轮船的头等舱甲板上喝茶，而一只带着链条的奴隶手臂从下面的格栅中伸出。展厅暂时关闭，后来重新开放，给游客一个评判展览的机会。批评者指责该展览过于耸动，不足以庆祝英国的海上力量，并迎合"多元文化和环境意识"。[1] 博物馆馆长理查德·奥蒙德（Richard Ormond）回应称，博物馆"有信心吸引比传统的'航海'展览更广泛和年轻的目标观众……我们已经收到了一个希望使用有关帝国形象的电影进行警察培训的请求，因为它涉及现代种族关系的核心问题。"[2]

在英国，关于博物馆和遗产产业如何纪念 1807 年议会废除奴隶贸易 200 周年的公众讨论，也反映了当代英国在处理殖民主义和奴隶制遗产方面的深层次和持续的紧张关系，特别是在解决种族和民族多样性人口的关切方面。遗产彩票基金对从国家彩票拨付的资金进行分配，2006 年 1 月从议会获得额外的 1600 万英镑，用于在英国进行关于奴隶制和反奴隶制的公共项目，包括当地团体和协会、学校、历史古迹和博物馆。[3] 为了协调政府所称的"奴隶制 2007"纪念活动，成立了一个议会咨询组，由副首相约翰·普雷斯科特（John Prescott）担任主席。普雷斯科特的任命部分是为了表彰他在 19 世纪的前任之一威廉·威尔伯福斯（William Wilberforce）的功绩，威尔伯福斯是来自赫尔的议会议员，是英国废奴运动的关键人物。[4] 在政府宣布"奴隶制 2007"后不久，财政大臣戈登·布朗（Gordon Brown）在费边社（Fabian Society）会议的主旨演讲中说："在 19 世纪，英国以自由的名义废除奴隶贸易领导世界，我们在 2007 年庆祝这一事件，同样在 20 世纪 40 年代，英国以自由的名义坚决抵制法

---

① David Lister, "Revising Maritime History," Independent, May 3, 1999.

② Richard Ormond, Letter to the editor, *Daily Telegraph*, Aug. 20, 1999.

③ 如何申请这些资金的小册子载于《2007 年铭记奴隶制：遗产项目资源指南》中，可在遗产彩票基金主页查阅，www.hlf.org.uk (accessed May 28, 2006)。

④ Press release from the Home Office, http:/press.homeoffice.gov.uk (accessed May 28, 2006).

西斯主义。"[1]

新工党支持"奴隶制 2007"，鼓励将废除奴隶贸易作为英国历史的一部分进行纪念，以彰显对人权和平等的承诺。批评者指出，这种辉格式的历史构建不足以认识到英国在全球和工业的主导地位是建立在奴隶贸易基础上的。[2] 2005 年 8 月，Channel 4 播出的纪录片《帝国偿还》指出，英国的财富、建筑和文化——如布里斯托尔、利兹、利物浦、伯明翰等主要港口和工业城市，以及历史古迹——都是建立在奴隶贸易的利润基础上的，在规划"奴隶制 2007"的过程中不应忽视这一点。剑桥大学历史学家理查德·德雷顿（Richard Drayton）在对这部纪录片的评论中指出，大西洋和加勒比海的奴隶制并不能与英国的其他帝国活动隔离开来：几个世纪以来，在奴隶制被废除之前，亚洲的纺织品和其他奢侈品一直被用来购买非洲的奴隶。[3] 当德雷顿提醒我们英帝国依赖与亚洲的贸易以支撑非洲的奴隶贸易时，我们开始明白为什么殖民恐怖（奴隶制恐怖以及其他恐怖形式）不能和其他历史分开，就像"贸易之地"展览那样，它强调了家庭商品的消费，而没有涉及获得这些商品的成本和利润以及对生产这些商品的劳动人口的影响。

这场关于公共机构如何以最佳方式展现奴隶制的遗留影响，以服务于英国多样化的人口的讨论，通过"奴隶制 2007"展示了知识分子、历史学家和博物馆遗产产业的成员如何继续努力代表英国的殖民遗产。[4] 在这个有争议的领域，大家都同意一个观点：帝国的遗产被认为是多元文化的英国需要克服的问题，但也可以作为未来

---

① Gordon Brown, "The Future of Britishness," speech given on January 14, 2006, 在伦敦帝国大学召开的英国费边社的未来学术会议上的讲话。

② Tristram Hunt, "Easy on the Euphoria," *Guardian*, March 25, 2006.

③ Richard Drayton, "The wealth of the West was built on Africa's exploitation," *Guardian*, Aug. 20, 2005.

④ Heywood, "Breaking the Chains."

种族宽容和理解的实践场所。[1]

正如最近有关英国历史及其在展览和博物馆中的表达所暗示的那样，广义上讲，帝国已成为在 21 世纪初代表英国性的重要领域。尽管英国不再是一个大帝国，但其作为帝国的历史部分解释了英格兰如何成为现代英国，以及现代英国如何经历殖民和后殖民阶段的。当大量的苏格兰人、威尔士人和一些爱尔兰人加入英国东印度公司并参与其他帝国活动时，帝国为构建一个新的综合性英国身份提供了场所。[2] 当英国明确被定义为一个多元文化国家时，这在很大程度上是由于亚洲人、非洲人和加勒比人在殖民地解放后在英伦三岛上的劳动、移民和政治参与。无论是我们提到移民、领土征服还是创造自称为"英国人"的新主体，帝国都深刻地塑造了大不列颠的历史和文化。

尽管帝国在重新构想英国和英国性方面具有广泛和普遍的地位，在 21 世纪初的英国公共史学背景下，帝国也可以成为一个限制性的术语，通过恢复帝国活动所产生的物质和文化"进步"，重塑和巩固英国性和英国。尽管"贸易之地"这样的展览试图通过将其描述为合作或交流来对英—亚贸易关系进行正面解读，但它也重新构建和巩固了在之前几个世纪中被刻板化为英国人的含义：喝茶、时尚着装的白人妇女和勇敢航行于海洋的白人男子，他们从亚洲旅行中收集和分类了许多宝藏和文物。这种对近代早期的描述，实则是为当下构建一种叙事脚本，它粉饰了英国帝国历史上的一些坎坷之处，以服务于多元文化主义的治理。奴隶制、鸦片贸易和饥荒被视为特殊或罕见的事件而被搁置一旁，在英国殖民主义叙事中，这些被视为不连续的片段，而该叙事大体上被认为是仁慈、自由且具家长式

---

[1]　感谢罗伯特·特拉弗斯（Robert Travers）让我更清楚地认识到这一点。

[2]　Colley, *Britons*, 117–132; Ferguson, *Empire*, introduction; Gikandi, *Maps of Englishness*, chaps. 1 and 6.

作风的，认为英国通过饮茶和咖喱让世界联系得更为紧密。从近代早期到 21 世纪，以商业和跨国资本形式存在的消费、世界主义和全球化看似持续不断，这掩盖了英国从殖民时期过渡到后殖民时期过程中的任何暴力断裂，同时英国将亚洲商品纳入其中，并将亚洲人民纳入其国家治理范畴。因此，"不列颠的统治"与"酷不列颠"融为一体，而印度纺织工人的形象以及甲板下非洲奴隶的回声则被小心翼翼地掩盖。

第十四章 口述历史

　　口述历史通常被认为是一种方法论，而不是一种理论。但自20世纪80年代以来，口述历史学家已经发展出了许多解释性方法，广泛借鉴了来自相关学科的当代理论和概念。这些理论和概念已经形成了一个普遍的共享认识：记忆包含有关过去的客观和主观证据，并且对口述历史采访的分析需要多方面的方法。在本章中，我们将简要概述关于记忆和回忆性质的当前理解，并研究口述历史和口头传统分析、解释的关键发展。

　　记忆是什么？荷兰心理学家和历史学家道维·德拉伊斯马（Douwe Draaisma）指出，记忆在西方思想中通过各种隐喻来表示："记忆曾经是一个蜡板、手抄本或魔法板，然后又是一个修道院或剧院，有时是一个森林，或者在其他场合是一个宝箱、鸟舍或仓库"。最近，新技术提供了更多新的隐喻，从摄影和电影到计算机。[①] 理解记忆的编码、存储和检索过程是分子生物学和认知神经科学的领域，新的研究不断完善和重新构建我们对记忆过程的认识。[②] 首先，个体记忆不是驻留在一个地方，而是利用大脑不同部分的多个记忆

---

① Douwe Draaisma, *Metaphors of Memory: A History of Ideas about the Mind* (Cambridge, 2000), p. 230.

② Valerie Raleigh Yow, *Recording Oral History: A Guide for the Humanities and Social Sciences* (Walnut Creek, CA: 2005), pp. 35–67; Larry S. Squires and Eric R. Kandel, *Memory: From Mind to Molecules* (New York, 2000), p. 215; Daniel L. Schacter, *Searching for Memory: The Brain, the Mind, and the Past* (New York, 1996); Steven Rose, *The Making of Memory: From Molecules to Mind* (London, 1992).

系统。广义上说，记忆有三个子集：感觉记忆、短期记忆和长期记忆（持续一生）。对于口述历史学家来说，最重要的当然是最后一个，即长期记忆。

但历史学家一直关注长期记忆的可靠性：它有多可靠？[①] 心理学家丹尼尔·舍克特（Daniel Schacter）认为，我们以最大强度经历的事件将被更加详细地编码，确保我们能回忆起对我们最重要的事情，"否则我们作为一个物种就无法进化"。[②] 因此，遗忘是记忆的一个重要组成部分。然而，被认为是重要的记忆内容因个体而异。英国口述历史学家保罗·汤普森（Paul Thompson）引用了一个有趣的例子，一名威尔士老人被要求回忆 1900 年他所在地区 108 个农场主的名字。与教区选民名单核对后，有 106 个答案是正确的。汤普森得出结论，记忆的可靠性在一定程度上取决于问题是否引起了被访者的兴趣。[③] 关键经历的记忆可能会在整个生活中重新评估和重新置于背景中，但它们仍然是个人记忆和自我认同的基础。[④]

口述历史长期是历史学传统的一部分，甚至早于 19 世纪历史经验主义的出现。在建立经验主义研究方法论的过程中，书面档案成为定义历史学科属性的来源，而口述历史则不再受青睐。然而，记录口头传统和习俗在人类学家和民俗学研究中仍然持续进行。例如，在芬兰，有人认为为了反对瑞典王国（直到 1809 年）和俄罗斯（1809 年至 1917 年）的控制，"芬兰民族在民间传说中构思和诞生"。[⑤] 20 世纪传统历史学家对口述历史兴趣的复苏源于一些新的

---

① Eric Hobsbawm, *On History* (London, 1997), pp. 206–207.

② Schacter, *Searching for Memory*, pp. 45–46, 308.

③ Paul Thompson, *The Voice of the Past* (3rd edn, Oxford, 2000), p. 132.

④ 有关长期记忆各方面的精彩介绍，参见 Douwe Draaisma, *Why Life Speeds Up As You Get Older: How Memory Shapes Our Past* (Cambridge, 2005)。

⑤ W. Edson Richmond, 'The Study of Folklore in Finland', *Journal of American Folklore*, 74, 294 (1961), pp. 325–335.

发展。在美国，口述历史与艾伦·内文斯（Allan Nevins）在 20 世纪 40 年代的工作相关联，记录"重要事件中的主要参与者、政治家、法官、商业高管和军官的回忆"。[1] 这种精英主义或自上而下的方法与欧洲口述历史形成了鲜明对比，欧洲口述历史在文化史和民俗学研究方面有着悠久的根基，因此更加关注日常生活。20 世纪 60 年代，新左派、民权运动和女权主义的历史学家加强了"自下而上"的历史研究方法，他们试图将被边缘化或被忽视的社会群体的经历纳入历史记录中。口述历史被视为赋予妇女、工人阶级和少数民族发声的手段。最后，在 1961 年，历史学家兼人类学家扬·范西纳（Jan Vansina）出版了一本广受影响的著作，提出了一个理论框架，用于理解非洲口头传统的结构和传播。[2]

直到 20 世纪 70 年代，许多历史学家将自传式口述历史作为文献来源之一，作为事实证据的来源。迈克尔·罗珀将这一时期描述为"重建模式下的口述历史"。[3] 大量有价值的历史信息被记录和保存下来，例如有关工作生活的信息。在这个时期，汤普森对爱德华时代英国的研究是英国最大的口述历史项目之一，他应用社会科学方法论来获得一个代表性样本。他们对英国社会进行了横断面的 500 次采访，探讨了不平等和社会结构的维度。采访围绕着一个大约有 20 页的采访议程安排进行，旨在产生可比较的材料。汤普森明确指出，口述历史的主要优势在于"特定事实和日常事件的详细描述"。[4]

尽管有汤普森的努力，口述历史在专业历史学家中建立起经

① Donald A. Ritchie (ed.), *The Oxford Handbook of Oral History* (Oxford and New York, 2011), pp. 3–4.

② Jan Vansina, *Oral Tradition: A Study in Historical Methodology*, trans. H.M. Wright (Rev. edn, New Brunswick, [1961] 2006).

③ Michael Roper, 'Oral History', in Brian Brivati, Julia Buxton and Anthony Seldon (eds), *The Contemporary History Handbook* (Manchester, 1996), p. 346.

④ Paul Thompson, *The Edwardians* (St Albans, 1977), pp. 13–18.

验上的合法性仍然不受待见。20 世纪 70 年代末，两位意大利历史学家路易莎·帕塞里尼（Luisa Passerini）和亚历山德罗·波特利（Alessandro Portelli）试图将口述历史引向新的方向，将被认为具有主观性劣势的个人记忆转化为优势。罗珀将这个转折点描述为"解释模式下的口述历史"。[①] 1979 年，帕塞里尼发表了一篇对口述历史理论影响最大的文章之一。她探讨了法西斯主义对都灵工人阶级的影响，并得出结论，对口述证词的分析需要更加复杂的概念方法，特别是关于文化和心理对记忆的影响方式。她认为，口述历史学家"不应忽视口述历史的原始材料不仅仅是事实陈述，而是文化的表达和再现，因此不仅包括文字叙述，还包括记忆、意识形态和潜意识欲望的维度"。[②]

在帕塞里尼对女性自我表达的口述历史分析中，女性文化规范和潜意识抵抗的角色至关重要。以下例子说明了帕塞里尼如何将个人故事定位于文化规范的矩阵中。玛达莲娜·贝尔塔尼亚（Maddalena Bertagna）讲述了她参加示威活动并遭到士兵开枪射击的经历（实际事件发生在 1920 年）。玛达莲娜和一些妇女以及她的小女儿一起参加了示威活动。当士兵开始射击时，玛达莲娜拉着孩子逃跑。以下描述包括玛达莲娜的一些话（用斜体表示）和帕塞里尼随后的分析：

我拉着她的手一起跑。她抓住了詹邦的姐姐，詹邦后来在马丁内托被杀了。好吧，她的一边是詹邦的姐姐拉着她的手，另一边是我拉着她的手，我们一起跑着逃离。

当我们停下来时，在那个地方的拱廊旁边，她的帽子

① Roper, 'Oral History', p. 347.
② Luisa Passerini, 'Work Ideology and Consensus Under Italian Fascism', *History Workshop Journal*, 8 (1979), p. 84.

从她的头上飞了出去，为了拿帽子，我松开了她（女儿），她摔倒了。我也摔倒了，下一刻我们堆在一起。

这是一个事件混乱的序列的开始，以高声、尖锐的声音回忆起来，伴随着笑声。玛达莲娜站起来，头发散乱，脸脏了，她的孩子手臂受伤。她们捡起发夹，躲进一个已经挤满人的看门人小屋里。这个故事强调了违反日常规范的事情——女人们喝着冷藏萝卜的水觉得很清爽，她们回家很晚，发现——在角色颠倒的情况下——玛达莲娜的丈夫已经等了一段时间，正在努力煮她离开前放在炉子上的汤。①

帕塞里尼引起了我们对"松散头发的强烈性暗示"的注意，并提出玛达莲娜的自我表述最好被理解为无意识的表现，即旧时文化中混乱的女性形象，超越了性别界限。这种解释可能受到帕塞里尼在这个时期精神分析实践的影响。②

对这个叙述的另一种解读可能会侧重于故事讲述的修辞和表演方面，其中幽默发挥着核心作用。事实上，人类学家伊丽莎白·汤金（Elizabeth Tonkin）认为，故事被讲述的背景尤为重要，因为"好的故事讲述者受到钦佩，他们的类型得到了批判和知情者的支持……但是普通演讲者的修辞技巧很少受到学术上的关注。"③ 故事

---

① Luisa Passerini, *Fascism in Popular Memory*, trans. Robert Lumley and Jude Bloomfield (Cambridge, [1984] 1987), pp. 17–31.

② Susan A. Crane, 'Writing the Individual Back into Collective Memory', *The American Historical Review*, 102, 5 (December 1997), p. 1384.

③ Elizabeth Tonkin, *Narrating our Pasts: The Social Construction of Oral History* (Cambridge, 1992), pp. 53–54. 关于非洲历史背景下的表演，参见 Karin Barber, *I Could Speak Until Tomorrow: Oriki, Women and the Past in a Yoruba Town* (Edinburgh, 1991); and Isabel Hofmeyr, 'We Spend Our Years as a Tale That Is Told': *Oral Historical Narrative in a South African Chiefdom* (Portsmouth, NH, 1994)。

可能是为特定的观众而塑造的，而项目采访者可能并非预期观众。例如，士兵关于他们在第二次世界大战期间经历的故事可能是为了（看不见的）更广泛的战争退伍军人观众而讲述的。换句话说，记忆的复杂性"源于社会和心理过程的相互作用"，口述历史学家需要意识到这两个维度。①

帕塞里尼的工作还强调记忆的其他心理维度，"包括未说出的、隐含的、想象的……与意识并不一致的东西。"② 最为人所知的是，她的研究引起我们对口述证词中沉默的重要性的关注。她在都灵研究中最引人注目的特点之一是，工人阶级男女的记忆中明显删除了法西斯主义的内容。整个生活历史都没有提到 1925 年到第二次世界大战爆发之间的岁月。帕塞里尼将这样的沉默视为"一道伤疤，人们生活中多年的暴力毁灭，日常经历中的深刻伤口"。③

帕塞里尼对在法西斯主义下生活记忆中"伤痕"的辨识，引发了我们的警觉，那些遭受难以想象的暴力的人的记忆是否存在问题。也许 20 世纪晚期口述历史中最大的单一档案就是大屠杀幸存者的档案。这些记忆直接涉及本章的阅读内容，因为许多大屠杀幸存者无法"构建"一个完整的生活叙述。大屠杀的个人叙述将创伤和记忆问题置于口述历史的前沿。创伤可以定义为个体内部世界和外部世界之间的断裂，使其无法调和过去和现在。④ 正如劳伦斯·兰

---

① Jennifer Cole's introduction to *Forget Colonialism? Sacrifice and the Art of Memory in Madagascar* (Berkeley, 2001), p. 2.

② Cited in Karl Figlio, 'Oral History and the Unconscious', *History Workshop Journal*, 26 (1988), p. 128.

③ Passerini, 'Work Ideology and Consensus Under Italian Fascism', p. 92.

④ Sean Field, 'Beyond "Healing": Trauma, Oral History and Regeneration', *Oral History*, 34, 1 (2006), p. 31. See also Kim Lacy Rogers and Selma Leydesdorff with Graham Dawson (eds), *Trauma: Life Stories of Survivors* (New York, 1999); Annette Wieviorka, 'From Survivor to Witness: Voices from the Shoah', in Jay Winter and Emmanuel Sivan (eds), *War and Remembrance in the Twentieth Century* (Cambridge, 1999); Cathy Caruth, *Unclaimed Experience: Trauma, Narrative, and History* (Baltimore, 1996).

格（Lawrence Langer）的《大屠杀证言》所示，无法行使控制权或道德行为能力，或阻止家庭和社区的丧失，是幸存者记忆的内容和形式的核心。[1] 兰格警告我们不要假设这些对道德身份的挑战仅限于大屠杀，近年来，口述历史学家已经开始记录内战、暴力镇压和全球冲突的幸存者的记忆。关于记录当前或最近的暴力事件的记忆是否是"治愈之旅的一步"，还是可能带来更多伤害的问题，专业观点存在分歧。[2] 人类学家埃琳·杰西（Erin Jessee）在卢旺达和波斯尼亚与种族灭绝幸存者合作后，对在冲突环境中使用口述历史表示怀疑。[3]

口述历史学家还试图理解口述历史中的叙述形式。在美国，罗恩·格雷尔（Ron Grele）引起了人们对"统治和指导口述历史访谈的意识结构"的关注。[4] 格雷尔最初的贡献是对纽约一项更大项目中进行的两次口述历史访谈的深入分析。他认为，这两个叙述采用了两种不同的语言框架：第一个是进步和衰退的循环故事，第二个是两个永远对立力量的二元对立。[5] 格雷尔认为，历史学家需要理解个体如何构建他们的生活史，以创造一个"可用的过去"。[6] 构建一个连贯的生活史叙述的愿望与阿利斯泰尔·汤姆森（Alistair Thomson）在本文引言中提到的"镇定感"概念密切相关。

---

[1] Lawrence L. Langer, *Holocaust Testimonies: The Ruins of Memory* (New Haven, 1991), p. 201.

[2] For contrasting views see Ghislaine Boulanger, 'The Continuing and Unfinished Present: Oral History and Psychoanalysis in the Aftermath of Terror', in Mark Cave and Stephen M. Sloan (eds), *Listening on the Edge: Oral History in the Aftermath of Crisis* (Oxford, 2014), and Susan Pinker, 'When Counseling is Dangerous', *Psychology Today*, 19 January 2010: www.psychologytoday.com/blog/the-village-effect/201001/ when-counseling-is-dangerous-0, accessed 1 March 2015.

[3] Troy Reeves and Caitlin Tyler-Richards, '"Confessing Animals", Redux: A Conversation Between Alexander Freund and Erin Jessee', *Oral History Review*, 41, 2 (2014), p. 322.

[4] Ron Grele, 'Listen To Their Voices', *Oral History*, 7 (1979), p. 33.

[5] Grele, 'Listen To Their Voices', p. 40.

[6] Grele, 'Listen To Their Voices', p. 41.

意大利口述历史学家亚历山德罗·波特利也引起了人们对口述历史中叙述形式的关注，反映了他在文学领域的专业知识。首先，他强调了口头语言和书面语言之间的差异。他认为，口头语言包含一系列同属于"意义的载体"的特征，包括语调、音量、速度和停顿。① 他认为，这些是"基本的叙述功能：它们揭示了叙述者的情感、他们对故事的参与以及故事对他们的影响。"② 其次，他在整个著作中强调了文化叙事类型和话语在口述历史中的作用。他断言，"没有专门用于传递历史信息的正式口头类型"，因此叙述者借鉴了"历史、诗歌和传说"中的类型和叙述，其中"个人的'真实'可能与共享的'想象'相一致"。在一个有趣的结论中，他指出正式和方言表达方式之间的转变也可能标志着个人和群体之间的界限，或者在一定程度上对群体集体记忆有意识的疏离。③

总结起来，波特利提出了两个重要观点。第一个观点是口述历史关注事件的意义。这并不是说口述历史不能包含事实信息，而是说它们最"珍贵"的维度是叙述者的主观性："口述资料告诉我们的不仅仅是人们做了什么，而是他们想要做什么，他们相信自己在做什么，以及他们现在认为自己做了什么。"④ 作为实践的例子，波特利讲述了 1949 年在意大利特尔尼（Terni）参加抗议签署北大西洋公约时，路易吉·特拉斯图利（Luigi Trastulli）的死亡。然而，在大众记忆中，他的死亡日期已经变成了 1953 年，与当地钢铁厂裁员引发的冲突有关。⑤ 波特利将这个事实失真的记载解释为不是记忆错误的产物，而是一种主动创造，使我们了解经验如何被符号化和心

① Alessandro Portelli, *The Death of Luigi Trastulli and Other Stories: Form and Meaning in Oral History* (New York, 1991), pp. 47–48.

② Portelli, *The Death of Luigi Trastulli,* p. 48.

③ Portelli, *The Death of Luigi Trastulli,* pp. 49-50.

④ Portelli, *The Death of Luigi Trastulli,* p. 50.

⑤ Portelli, *The Death of Luigi Trastulli,* pp. 1-28.

理化地融入记忆之中。波特利对特拉斯图利的记忆的分析也证明了他的最后一个观点，即口述历史并不是工人阶级为自己发声的地方。他总结道："对历史话语的控制仍然牢牢掌握在历史学家手中。"[①] 波特利在口述历史学家中起到了引导注意力转向口述叙述中形式分析的重要作用。

越来越多的口述历史学家也开始关注故事讲述中想象力和神话的作用。在 1987 年的一次关于"神话与历史"的会议上，学者们探讨了想象范式对记忆过程的重要性。在这个背景下，神话被定义为：

> 象征秩序或想象与现实之间关系的隐喻。我们希望打破想象与现实之间的对立，并展示个人生活叙述与其他任何地方一样，没有任何关于个人过去的陈述是单纯的，它们都带有意识形态或想象复合体的痕迹。[②]

神话可以在所有社会和文化中找到。在以下例子中，加拿大人类学家朱莉·克鲁克山克（Julie Cruikshank）探讨了神话在口述传统中继续发挥关键作用的方式，即代代相传的故事传承。她采访了 8 位阿萨帕斯坎（Athapaskan）妇女，她们在 1896—1898 年的克朗代克淘金热期间或之后出生。[③] 克鲁克山克最初对采访内容的期望是基于她对与淘金者、传教士、商人和矿工接触的破坏性影响的了解，但这些妇女坚决要讲传统故事，这使她的期望转变了。最后，克鲁克山克记录了 100 多个故事，其中许多与 19 世纪末早期民族学家描述的故事几乎完全相同。为什么这些故事作为解释生活经历的方式

---

① Portelli, *The Death of Luigi Trastulli,* pp. 55-56.

② Raphael Samuel, 'Myth and History: A First Reading', *Oral History,* 16 (1988), p. 15.

③ Julie Cruikshank, 'Myth as a Framework For Life Stories: Athapaskan Women Making Sense of Social Change in Northern Canada', in Raphael Samuel and Paul Thompson (eds), *The Myths We Live By* (London, 1990), pp. 174–183.

一直存在？尽管克鲁克山克承认跨文化解释口述传统所带来的隐含问题，但她认为这些叙述被用来向下一代年轻女性传达有关社会变革的思想。神话被用作过去和现在之间的桥梁，并探索在经历痛苦错位的文化中妇女的角色。

这引发了关于口头传统对传统历史实践价值的更广泛认识论辩论。口头传统和口述历史在形式和内容上通常被认为是不同的。与基于直接生活经验的个人记忆不同，民间人士关于过去事件的公共表演和"叙事手法"被认为使口头传统作为历史来源的价值大大降低。[①] 目前，口述历史和口头传统之间的界限很容易相互渗透，部分原因是人们越来越认识到，所有关于过去的故事都有其内在的类型、神话和社会想象。路易斯·怀特（Luise White）提出了一个与上述克鲁克山克的观点相似的论点，即口头传统的社会想象力可以为殖民经验提供有价值的洞察力。她认为，非洲的吸血鬼故事"比其他来源更好、更清晰、更具分析性地描绘了殖民经验"。[②]

怀特关于口头传统的研究是与范西纳完全不同的研究范式的例子。尼尔·科德什（Neil Kodesh）探讨了这些差异，并引起了对口头传统的理解的转变，不再将其视为范西纳所概述的公式、列表或评论等标题下的独特文化形式。相反，解释实践已经转向强调"口述历史在实践中流转的个人的、主观的、模糊的和矛盾的语调。"[③] 它敦促我们"面对其他对真理和现实的追求"，并"将所有这些对现

---

① Luise White, *Speaking with Vampires: Rumor and History in Colonial Africa* (University of California Press, 2008), p. 10; Jan Vansina, *Oral Tradition: A Study in Historical Methodology* (New Brunswick, [1961] 2006).

② White, *Speaking with Vampires*, p. 307.

③ Neil Kodesh, 'History from the Healer's Shrine: Genre, Historical Imagination, and Early Ganda History', *Comparative Studies in Society and History*, 49, 3 (2007), pp. 527–552.

实的呈现形式视为*现实*"。① 例如，怀特解释说，她对吸血鬼的兴趣源于对"乌干达或肯尼亚已经发生的事情并不感兴趣，而是对从未发生的事情感兴趣。"② 在这种情况下，"观点和表演"成为口述历史分析的重点，与之前讨论过的帕塞里尼、波特利和汤金的方法相呼应。但对于研究前殖民时期的人来说，科德什认为两种方法的结合或综合是必不可少的，这种结合需要密切关注口头传统的结构，以及产生和接受的场所。

最后，在当代后殖民语境中，口头传统也能发挥重要作用。我们可以回到历史人类学的章节中讨论的主题，口头叙述可能在公共政策或与殖民不公和赔偿有关的其他司法程序中发挥重要作用。例如，新西兰怀唐基部落法庭在 2014 年的决定中，基于对书面证据和口头传统的批判性分析，认为毛利领袖（rangatira）"在 1840 年 2 月并未放弃他们的主权"。③

关于口述历史解释理论的最新发展借鉴了第十一章讨论的后结构主义思想。在这种方法中，口述历史叙述被视为一个"文本"，其中集体文化话语或脚本决定了叙述的形式。焦点从个体转向社会和文化背景，以及话语对个体记忆的权力。这种方法的例子可以在彭尼·萨默菲尔德（Penny Summerfield）对妇女在第二次世界大战期间的口头叙述的分析中找到。萨默菲尔德将口述历史置于关于这一

① Kodesh, 'History from the Healer's Shrine', p. 529. Kodesh is citing Johannes Fabian, *Remembering the Present: Painting and Popular History in Zaire* (Berkeley, 1997), pp. 297–298.

② Kodesh, 'History from the Healer's Shrine, p. 529. Kodesh is citing Luise White, 'True Stories: Narrative, Event, History, and Blood in the Lake Victoria Basin', in White et al. (eds), *African Words, African Voices: Critical Practices in Oral History* (Bloomington, 2001), p. 281.

③ He Whakaputanga me te Tiriti The Declaration and the Treaty: The Report on Stage 1 of the Te Paparahi o Te Raki Inquiry, 1.3.3 'Oral tradition and written evidence': www.justice.govt.nz/tribunals/waitangi-tribunal/Reports/he-whakaputanga-me-te-tiritithe-declaration-and-the-treaty-the-report-on-stage-1-of-the-te-paparahi-o-te-raki-inquiry,accessed 14 April 2015.

时期妇女生活的公开表述和话语的矩阵中。[1] 后结构主义者还强调研究者主观性在创建和分析口述历史访谈过程中的作用。这并不是一个新观点：波特利早先指出，"口头资料的内容……在很大程度上取决于采访者在问题、对话和个人关系方面的投入。"[2] 例如，采访者和受访者的性别可能会影响哪些内容被披露或不被披露，一项关于男性护士的研究项目得出结论，"人们将采访者的性别作为判断采访者取向和观点的线索，……并在这种性别背景下发展他们的回答。"[3] 然而，评估动态的人际关系以及这些动态如何影响访谈内容可能非常困难。[4]

对口述证词中主观性价值的强调所带来的一个结果是，从旧的采访方法转向以主体为中心的方法。[5] 换句话说，口述历史学家对记忆概念的变化开始改变记忆产生和保留的方法。某种维度上看，以主体为中心的采访形式与本书引言中提出的时间框架有关。正如捷克口述历史学家米洛斯拉夫·瓦内克（Miroslav Vaněk）在记录下1989 年 11 月革命相关记忆的几十年后发现的那样：

我们的采访反复告诉我们一个事实，历史上的重大事

[1] Penny Summerfield, *Reconstructing Women's Wartime Lives* (Manchester, 1998).

[2] Portelli, *The Death of Luigi Trastulli*, p. 54; see also Lynn Abrams, *Oral History Theory* (London, 2010), ch. 4; and Allan W. Futrell and Charles A. Willard, 'Intersubjectivity and Interviewing', in Eva M. McMahan and Kim Lacy Rogers (eds), *Interactive Oral History Interviewing* (London, 1994), ch. 6.

[3] Christine L. Williams and E. Joel Heikes, 'The Importance of Researcher's Gender in the In-Depth Interview', *Gender and Society*, 7, 2 (1993), p. 288; see also Mahua Sarkar, 'Between Craft and Method: Meaning and Inter-subjectivity in Oral History Analysis', *Journal of Historical Sociology*, 25, 4 (2012), pp. 578–600.

[4] Celia Hughes, 'Negotiating Ungovernable Spaces Between the Personal and the Political: Oral History and the Left in Post-War Britain', *Memory Studies*, 6, 1 (2013), pp. 70–90.

[5] Kathryn Anderson and Dana Jack, 'Learning to Listen: Interview Techniques and Analyses', in Sherna Berger Gluck and Daphne Patai (eds), *Women's Words: The Feminist Practice of Oral History* (London, 1991), pp. 11–26; McMahan and Rogers, *Interactive Oral History Interviewing*.

件并不是我们大多数人生活的主轴。从重要的、主要是政治事件中得出的历史时期划分似乎对普通人来说完全不重要。个人生活的结构呈现出完全不同的现象。[①]

这种时间上的不协调有何深意尚未得到充分探索，有人提出在某个阶段，时间性理论将不得不"正视记忆，作为时间本身的主观维度"。[②]

除了以主体为中心的采访方法得到了发展，我们还可以认为，对记忆的无意识心理、文化和社会维度的关注，挑战了口述历史学家早期对民主和赋权的意图。最初的概念，诸如经验、行动、意图和反思，被文化和叙事形式、神话、观众和表演以及话语所取代。尽管精神分析方法影响了口述历史学家，特别是那些研究性别和记忆问题的人，但有趣的是，被认为对长期记忆的形成至关重要的情感至今仍然受到相对较少的关注。

对观众、叙事和话语等的关注强调了生活故事如何利用手头的文化资源进行"构建"。然而，在实践中，大多数口述历史学家对口述材料同时进行"重建性"和"解释性"分析：例如，琳达·肖普斯（Linda Shopes）认为"经验的'事实'和经验的主观表达都是证据的类型"。[③] 伊丽莎白·拉波夫斯基·肯尼迪（Elizabeth Lapovsky Kennedy）同样写道："'经验'和'主观'不应被错误地对立起来。它

---

① Miroslav Vaněk, 'Those Who Prevailed and Those Who Were Replaced: Interviewing on Both Sides of a Conflict', in Ritchie (ed.), *The Oxford Handbook of Oral History*, p. 49.

② Bill Schwarz, '"Already the Past": Memory and Historical Time', in Susannah Radstone and Katharine Hodgkin (eds), *Memory Cultures: Memory, Subjectivity and Recognition* (New Brunswick, 2006), p. 140.

③ Linda Shopes, '"Insights and Oversights": Reflections on the Documentary Tradition and the Theoretical Turn in Oral History', *Oral History Review*, 41, 2 (2014), p. 267.

们完全可以互补。"[1] 这些观点也反映了路易莎·帕塞里尼多年前的结论，即"指导原则应该是所有自传式记忆都是真实的；解释者需要发现它们在哪个意义上、在哪里、为了什么目的"。[2] 这意味着每个生活史都"不可分割地交织着客观和主观证据——不同但价值均等"。[3]

以下由阿利斯泰尔·汤姆森撰写的文章探讨了一位澳新军团士兵弗雷德·法拉尔（Fred Farrall）的个人记忆和公共记忆之间的联系。汤姆森于墨尔本出生并接受教育，他对澳新军团的兴趣源于其家族历史，以及澳新军团神话在澳大利亚文化中占据的主导地位。汤姆森试图理解澳新军团神话在多大程度上影响了法拉尔的记忆，以及他如何理解自己在第一次世界大战期间的经历。请思考汤姆森关于"镇定感"理论（theory of composure）的特点，并将其与法拉尔的记忆进行比较。在这种情况下，个人的记忆是否会按照神话进行调整；法拉尔是否"重塑"了他的记忆以实现"镇定感"？你认为在强大的文化神话或话语的背景下，个人是否可能保留对立的记忆？口述历史的当前方向，在构建我们对过去的记忆中，强调无意识的文化规范、话语和想象复合体的作用，这对个体的积极行动力意味着什么？

进一步阅读

Chamberlain, Mary and Paul Thompson (eds), *Narrative and Genre* (New Brunswick, 2004).

Gluck, Sherna Berger and Daphne Patai (eds), *Women's Words: The Feminist Practice of Oral History* (Routledge, 1991).

---

[1]　Elizabeth Lapovsky Kennedy and Madeline D. Davis, *Boots of Leather, Slippers of Gold: The History of a Lesbian Community* (New York, 1993), p. xv, cited in Shopes, '"Insights and Oversights"', p. 267.

[2]　Personal Narratives Group, *Interpreting Women's Lives: Feminist Theory and Personal Narratives* (Bloomington, 1989), p. 197.

[3]　Alistair Thomson, Michael Frisch and Paula Hamilton, 'The Memory and History Debates: Some International Perspectives', *Oral History*, 25 (1994), p. 34.

Hamilton, Paula and Linda Shopes (eds), *Oral History and Public Memories* (Philadelphia, 2008).

Leydesdorff, Selma, Luisa Passerini and Paul Thompson (eds), *Gender and Memory* (New Brunswick: 2005).

Perks, Robert and Alistair Thomson (eds), *The Oral History Reader* (2nd edn, London, 2006).

Portelli, Alessandro, *The Death of Luigi Trastulli and Other Stories: Form and Meaning in Oral History* (Albany, 1991).

Ritchie, Donald A. (ed.), *The Oxford Handbook of Oral History* (Oxford, 2011).

Samuel, Raphael and Paul Thompson (eds), *The Myths We Live By* (London, 1990).

Thompson, Paul, *The Voice of the Past* (3rd edn, Oxford, 2000).

Yow, Valerie Raleigh, *Recording Oral History: A Guide for the Humanities and Social Sciences* (Walnut Creek, CA: 2005).

期 刊

Memory Studies
Oral History
Oral History Review

澳新军团的回忆：在澳大利亚将流行记忆理论付诸实践

阿利斯泰尔·汤姆森

近年来，1914 年至 1918 年第一次世界大战中的澳大利亚士兵在英国电视和电影中频繁出现。澳新军团（Anzacs，以澳大利亚和新西兰军团命名，新西兰人往往被澳大利亚电影排除在外）的形象在《加利波利》《澳新军团》《轻骑兵》等影片中昂首阔步，甚至在备受争议的英国系列剧《戴单眼镜的反叛者》（*The Monocled Mutineer*）中也有光荣的出场。这些电影的特点是它们对澳大利亚士兵和澳大利亚男子气概的刻画，可以总结如下：他们往往有挖掘者这样的绰号，通常是来自殖民地边疆的丛林人，体格强壮、皮肤黝黑、足智多谋。他们通常是小伙子的形象，在澳大利亚俚语中被称为"拉里金"（larrikin），喜欢喝酒赌博，对军人的仪表和军事纪律不太关心，鄙视英国军队的军纪和英国军官的势利。当然，在澳大利亚帝国军队（AIF）内部不存在这种紧张关系，因为"兄弟情谊"包括澳大利亚军官，是其统治信条的一部分，他们来自同样的社会背景和军衔。尊重才能而非地位，鼓励个人主动性，与英国军事和种姓传统形成鲜明对比，使得这些士兵成为战争中最出色的战士，AIF 成为最有效的军队。①

澳大利亚战争电影是"澳新军团传奇"在最近复兴的产物。根

---

① Amanda Lohrey, 'Australian mythologies: Gallipoli: male innocence, as a marketable commodity', *Island*, nos. 9 and 10, 1982, pp. 29–34.

据这个传奇，第一次世界大战期间，澳大利亚士兵向自己和世界证明，来自南方的新一代盎格鲁−凯尔特男子汉能与世界各国相提并论。加利波利，澳大利亚士兵于 1915 年 4 月 25 日首次参战的地方，被视为新成立的澳大利亚联邦的火热洗礼，每年 4 月 25 日的澳新军团日纪念成为澳大利亚版的美国独立日或法国国庆日（没有革命色彩）。像所有的纪念活动一样，澳新军团传奇的意义和形式自诞生以来就备受争议，有许多变体。最近的澳新军团电影只是对今天澳大利亚澳新军团意义最有力和最受欢迎的表达。对于欧洲观众来说，它们可能有不同的意义，特别是因为澳新军团的男子气概和军事能力与欧洲人通常将西线士兵视为现代战争和军事无能的被动受害者的想象形成了鲜明对比。[1]

本文重点关注弗雷德·法拉尔的生活和回忆，他是我在过去 6 年采访过的大约 20 位墨尔本工人阶级的一战老兵之一。[2] 我并不认为弗雷德·法拉尔是一个典型的士兵，恰恰相反。寻找民族特征一直是澳大利亚历史书写中令人痴迷的死胡同之一，在本文中，我不会分析澳新军团传奇在多大程度上准确地代表了"典型"的澳大利亚士兵。[3] 我更感兴趣的是澳新军团传奇刻板印象与个体士兵身份认同之间的互动、差异和一致性的体验，以及"典型"可能带来的压迫感。我想评估弗雷德·法拉尔对战争的记忆与公众定义他作为士兵经历的国家神话之间的关系，并利用他的案例研究来理解个体

① Robin Gerster, *Big-noting: The Heroic Theme in Australian War Writing*, Melbourne University Press, Melbourne 1987.

② 我要感谢弗雷德·法拉尔的协助与合作，感谢他与我分享他的回忆。与弗雷德的访谈分别于 1983 年 7 月和 1987 年 4 月录制，访谈录音带和文字转录以及该项目的其他资料可在澳大利亚战争纪念馆图书馆的"澳大利亚一战退伍军人：口述历史项目"藏品中查阅。我非常感谢澳大利亚战争纪念馆提供的研究补助金，该补助金用于支付录音带的转录费用。

③ 相关分析可参见，'Passing Shots at the Anzac Legend', in Verity Burgmann and Jenny Lee (eds), *A Most Valuable Acquisition: A People's History of Australia since 1788*, McPhee Gribble/Penguin, Melbourne 1988。

记忆与集体神话之间的一般关系。

这篇文章所阐述的记忆理论（以及民族神话）是由伯明翰当代文化研究中心的大众记忆小组提出的。该小组关注"私人"和"公共"记忆之间的互动，并采用以下方法来研究个体记忆。我们通过组织我们的记忆来理解过去和现在的生活。大众记忆小组用"镇定感"（Composure）这个恰如其分的模糊术语来描述记忆制造的过程。一方面，我们使用公共语言和文化意义来"组织"或构建记忆。另一方面，我们"组织"记忆是为了让我们对生活感到相对舒适，给我们一种镇定感。我们重新制作或压抑那些仍然痛苦和"不安全"经历的记忆，因为它们与我们现在的身份不容易协调，或者因为它们固有的创伤或紧张从未得到解决。我们寻求镇定感，让过去、现在和未来生活的相互协调。一个关键的理论联系，以及两种意义上的镇定感之间的关联在于，组织安全记忆这个看似私密的过程实际上具有很多公共性。如果我们的记忆与公众对过去的规范或版本不符合，那么我们的记忆就是冒险和痛苦的。我们组织我们的记忆，使它们成为符合公众可接受的内容，或者如果我们被排除在一般公众的接受范围之外，我们就会寻求特定的公众，来肯定我们的身份和我们希望记住的生活方式。[①]

一些口述历史批评家声称，我们组织的记忆使得历史学家无法有效使用记忆。对于试图将记忆作为过去发生的文字来源的口述历史学家来说，这可能是真的。但是，如果我们也对过去如何在我们今天的生活中产生共鸣感兴趣，那么口述证词是分析过去和现在之间的互动以及记忆和神话之间关系的重要证据。

---

① 遗憾的是，现已解散的"大众记忆小组"并未出版其对神话、记忆和身份的最先锋探索，不过我要感谢理查德·约翰逊（Richard Johnson）和格雷厄姆·道森（Graham Dawson）让我阅读了各种草稿。关于这个方法的一个相对粗略的初步轮廓可参见，'Popular Memory: theory politics, method', in Richard Johnson, et al. (eds), *Making Histories: Studies in history writing and politics*, Hutchinson, London 1982。

这种记忆的方法需要对采访技巧进行审查。在我与墨尔本战争老兵的最初采访中，我想看看工人阶级士兵的经历与澳新军团的传说有何不同，并以生活故事的时间顺序作为访谈问题的基础。这些采访确实揭示了他们的生活与传说之间的差异，但我也被记忆与神话纠缠在一起的程度所震撼；例如，一些人将电影《加里波利》中的场景描述得好像是他们自己的经历一样。因此，受到大众记忆小组的思想启发，我为其中一些参与第二轮采访的人设计了一种新的方法。在新的采访中，我想重点关注每个人如何组织和讲述他的记忆，通过探索四个关键的互动：公共和私人之间、过去和现在之间、记忆和身份之间以及采访者和被采访者之间。我在第一轮采访中已经获得的个人信息使我能够根据每个人特定的记忆和身份为他们量身定制问题。如果我没有进行过最初的采访，我将需要将生活故事方法与新方法结合起来。

为了调查公共记忆和私人记忆之间的关系，我以公共神话作为问题的起点：你对各种战争书籍和电影、过去和现在以及澳新军团日和战争纪念碑有何反应？它们是否真实地代表了你自己的经历？它们让你有什么感觉？我们还关注传说的特定特征：是否有典型的澳新军团人物形象？它对你自己的性格和经历来说有多真实？你和其他军队的士兵有很大的不同吗？我要求每个人用自己的话来定义某些关键词，比如"挖掘者""友谊""澳新军团精神"，并发现一些看似对传说没有批评意见的人对这个关键术语有相反甚至矛盾的理解。

讨论的另一个部分集中在经历和个人身份上：在关键时间节点（入伍、战斗、归来）你对自己和自己的行为有什么感受？你有什么焦虑和不安？你如何理解自己的经历，别人又如何定义你？你是如何被包容或排斥的，什么行为是可以接受的，什么行为是不"男子气概"的，为什么有些人会被排斥？当然，随着时间的推移（过

去 / 现在的互动），这些记忆以及记忆的相对稳定性也发生了变化，所以我们讨论了战后事件——如归国、大萧条和第二次世界大战、家庭变化和老年时期，以及 20 世纪 80 年代对澳新军团纪念的复兴——如何影响身份和记忆。新的采访方法向我展示了随着时间的推移，记忆和表达的可能性是如何改变的，以及这如何与公众认知的变化相关。

新采访的另一个相关且困难的焦点是记忆受到遏制策略的影响，受到处理挫折、失败、损失或痛苦的方式的影响。这需要在潜在的痛苦试探和读取记忆之间保持敏感的平衡。哪些内容是可能或不可能记住，甚至不能大声说出来？沉默和突然转换话题的隐藏含义是什么？一个"固定"的故事中包含了什么？深深压抑的经历或感受可能以不太有意识的表达形式释放出来，如过去和现在的梦境、错误和弗洛伊德式的口误、肢体语言甚至幽默，后者通常用于克服或掩饰尴尬和痛苦。对与战争相关的梦境所表达的象征内容和感受的讨论，提出了对战争个人影响的新理解，以及不能公开表达的内容。我在采访中注意到受访人的面部表情、身体动作和说话方式，揭示了记忆的情感意义，而这些内容在采访文字记录中是不明显的。

这种方法对我作为口述历史学家提出了伦理困境。这种采访方法类似治疗关系，可能会对受访者造成伤害，也可能让采访者获益。这需要极大的关心和敏感，并且一个基本原则是受访者的福祉始终优先于我的研究利益。有时候我不得不在采访中停止提问，或者被要求停止，因为它太痛苦了。与心理治疗师不同，作为一个口述历史学家，我不会在那里帮助整理不再安全的记忆碎片。

部分对策是使采访和采访关系成为一个更加开放的过程。我试图讨论有多少问题会影响记忆，以及哪些内容难以对*我*说出口。为了鼓励对话而不是独白，我谈论了自己的兴趣和角色。在某种程度上，这种角色的改变（前提是我从未放弃采访者的角色）会影响记忆。有时候它会鼓励人们向我敞开心扉，重新考虑他生活的方方面面，尽管其他人也会有抵触。明确将我的态度引入到采访中，可能会鼓励人们为了得到我的认可而讲故事，尽管我通常觉得这样做既促进了讨论，也引发了异议，而不仅仅是赞同。在弗雷德·法拉尔的案例中，这不是一个问题，因为当我们见面时，他对战争的记忆相对固定。虽然多年来我们建立了一种亲密和信任的关系，在这种关系中，我的兴趣积极地鼓励了弗雷德，但他似乎向各种听众，包括我，讲述同样的故事。我逐渐意识到，弗雷德的战争故事并不总是如此固定，他对战争的记忆和他作为一名士兵和退伍军人的身份经历了三个不同的阶段，这是由澳新军团的意义与他自己主观身份之间的关系变化所塑造的。

弗雷德·法拉尔于 1897 年出生在新南威尔士州偏远地区的一个小农场上。他不喜欢农活，并受到加利波利登陆后席卷全国的爱国热情的激励，很高兴参加澳大利亚帝国军队，加入了一个由农村新兵组成的"袋鼠行军队"。他入伍后加入了步兵营，并于 1916 年被派往法国索姆河。弗雷德承认自己并不是一个出色的士兵。他年轻、天真且缺乏自信，不擅长战斗和杀戮。像许多其他国籍的士兵一样，他在战斗中感到恐惧，在战壕中感到痛苦，并开始怀疑自己的价值和战争本身。他两个最好的朋友在他身边被杀害和残害，尽管弗雷德在战争中幸存下来，但他身心俱疲：

> 当我回家时，我被送进兰德威克医院，住了 6 个月，看看他们能为我在索姆河上感染的战壕脚病、风湿病和鼻病做些什么……当时我没有意识到这一点，但我早就该意识到了。但我有神经症，那时候还没有被确诊，所以我们只能忍受。这导致了自卑感，而且非常严重……嗯，我已

经达到了一个阶段，在那个阶段，当我想说话时，我会变
得无法说话。我会口吃，结巴，似乎我内心的一切都变成
了一团乱麻，这持续了多年。

作为一个克服了神经症的幸存者，弗雷德将他的战斗创伤归
因于索姆河上持续的轰炸。他承认自己在战斗期间和战后无法表达
自己的恐惧，并且受到了阻止：这不是男子气概，也不是澳大利亚
人的作风。弗雷德的许多故事都在对比他自己的不足与其他澳大利
亚人所谓的勇敢。澳大利亚士兵的传奇形象——战争中最勇敢的
战士——导致许多士兵压抑了自己的感情，并加剧了战争的心理
创伤。①

弗雷德的病情和他个人的无能感在回到澳大利亚后变得更加
严重。

我就像被放逐到丹登冈（墨尔本附近的山脉）的宠物
狗和猫……如果有人现在问我当时的样子，我会说在某些
方面，可以真实地说，我想这也适用于许多其他人，我们
不是完全正常的。换句话说，我们不再是我们离开时的样
子。我不知道你是否听过埃里克·博格尔（Eric Bogle）的
歌。嗯，他在谈到越南时提到了这一点……然后当我退役
后，这是一种新的感觉，某种程度上是令人恐惧的。你置
身于冷酷无情的世界中。没有人来照顾你了。你必须自己
找住处，自己解决饮食。简而言之，你必须自食其力。

---

① 从这些角度分析炮击的性质和影响，参见 Elaine Showalter, 'Rivers and Sassoon: The
Inscription of Male Gender Anxiety', in M.R. Higonnet, et al (eds), *Behind the Lines: Gender and
the Two World Wars*, Yale University Press, New Haven 1987, pp. 61–69.

对于像弗雷德这样在入伍时还是十几岁的人来说，回归社会的经历尤其令人恐惧。弗雷德很幸运。由于他的健康状况不佳，他无法回到家族农场工作，但是一个表妹和她开挖掘机的丈夫在悉尼的家中给了他一个房间，并帮助他重新开始。他参加了政府的职业培训计划，学习成为一个装潢工，但是这个计划组织得很糟糕，尽管政府补贴学员的工资，但是当补贴结束时，雇主对此不感兴趣。弗雷德找了将近两年的工作，才在一家汽车工厂找到了一份工作。我问他，他的战争服役徽章是否帮助他找到工作。并没有，而且他很多年都不愿意佩戴它：

> 嗯，我们并不珍视它。
>
> 为什么？
>
> 嗯，很难解释，首先，我们当然已经幻灭了。我们被告知战争的目的是什么，但事实并非如此。我们被告知战争结束后政府会为我们所做的事情做些什么，但事实也并非如此。
>
> 以什么方式？
>
> 嗯，你看，20 世纪 20 年代的抚恤金，除非你断了胳膊、腿或者手之类的，否则要得到抚恤金几乎和赢得澳大利亚彩票一样难。他们对神经症和其他残疾没有任何认可……而且，那个时代的医生，我想他们受过教育，知道他们应该如何行事，所以他们在面试和检查退伍军人时对待他们就像对待十等公民一样，就像我们对待土著人一样。退伍军人和复员官员之间存在着巨大的敌意。

弗雷德觉得退伍军人被视为"装病者"，直到 1926 年他崩溃了并别无选择才开始使用复员服务。

尽管存在这种敌意，战争对弗雷德来说仍然是一个令人难以忘怀的记忆。他选择在自己的战争受伤周年纪念日结婚，他以两位挚友的埋骨地点为自己的房子命名，他记得（并仍然能够背诵）他的许多朋友被杀的地点和日期。这些私人的纪念形式将可怕的经历转化为相对安全的清单和仪式，这是弗雷德应对过去的方式。他无法应对的经历和感受在潜意识中表达在他的梦中：

> 噢，我做过的梦都是被炮击的梦，你知道，躺在战壕里，或者躺在弹坑里，被炮弹射击。非常害怕，吓得要命。直到现在，我都不知道还有这么多像我一样的人，直到我读到了关于波泽尔（Pozieres）的这本书。[1] 他们大多数人都有这种恐惧，而且当你想起来的时候，他们怎么可能不这样呢……你不知道下一颗炮弹什么时候会把你炸成碎片，或者让你残疾到宁愿被炸成碎片……（在梦中）你会经历这种经历，你会害怕得要命，可能会被这种经历吓醒。

弗雷德无法接受自己在战争中的恐惧和自卑感，其中一个原因是他找不到适当的公众认可他作为一名士兵的经历。他发现自己无法谈论自己的战争经历：

> 嗯，嗯，在20世纪20年代和30年代初，氛围完全不同。首先，那些参战的人不愿意谈论战争，而那些没有参战的人，不去参战的人，以及妇女似乎也不想听。所以对于普通人来说，战争就变成了背景……我从来没有谈论过它。从来没有。好多年好多年。我不知道为什么会这样。

---

① Peter Charlton, *Pozieres; Australians on the Somme 1916*, Methuan Haynes, North Ryde 1980.

但是，总的来说，士兵对军队生活并不是很热衷，他们非
常高兴能够再次穿上平民服装……当我们回来时，很多人
对与战争有关的任何事情都持敌对态度……他们只想尽可
能地远离与军队、退伍军人或战争有关的一切。

弗雷德把他精美镌刻的退伍证书放在一个尘封的抽屉里，他拒
绝佩戴他的勋章，也不参加澳新军团日游行或营会联谊。澳新军团
日和其他公众纪念形式的性质，以及政府的忽视，是弗雷德无法表
达或解决他对战争经历的矛盾感的部分原因。这并不适用于所有老
兵。我采访的许多人描述了他们如何享受在澳新军团日上庆祝他们
作为老兵的身份，并对退伍军人重聚的幽默回忆感到满意。公众的
纪念和认可帮助这些人应对过去，过滤掉个人痛苦的记忆或与传奇
相矛盾的记忆。初生的澳新军团传奇之所以起作用，是因为许多退
伍军人希望并需要与之产生共鸣。

弗雷德最初在采访中解释他不参与的原因是澳新军团日是一个
酒醉的狂欢，而他不喝酒。他强调自己的清醒，并抱怨流行的"拉
里金"形象——酒鬼、赌徒和花花公子——没有准确地描绘出他自
己在澳大利亚军队的经历和观点。我没有预料到这个回答，但它显
示了"拉里金"形象的另一个方面——既是无赖又是战士——如何
误导一个人的经历，排除他参与公众认可仪式的机会，并让他对自
己的身份感到不舒服。其他几位老兵也对最近的澳新军团电影中突
出的无赖形象感到不安，并记得即使在战争期间，他们也因这种行
为和声誉而感到不舒服。其他人则沉浸在这种刻板形象中，这让他
们回忆起自己年轻时激动人心的时刻。

弗雷德刻意回避澳新军团日，因为它的爱国言辞与他对澳大
利亚参战价值的怀疑以及战后对士兵的不公待遇并不相称。但他
不参与澳新军团仪式的主要原因是，他对战争感到极度困惑和痛

苦。公众对澳新军团英雄的庆祝是对他自己作为士兵和男人的自卑感的痛苦提醒，弗雷德无法享受它为其他退伍军人提供的安慰和认可。

虽然弗雷德·法拉尔在 20 世纪 20 年代对他作为澳新军团士兵的记忆和身份感到创伤，但他逐渐在劳工运动中找到了另一种生活和身份，这反过来帮助他更容易地构建起对战争的感知。弗雷德回忆说，战后他在政治上感到困惑，但一位同事说服他在 1923 年加入了车辆制造工会："那是我积极参与政治的开始……也为我后来几年发展的社会主义播下了种子，而这个信念我一生都在坚持。"他积极参与工会活动，于 1926 年加入了工党；然后在 1930 年失业并对工党政府感到幻灭后，加入了共产党。在劳工运动中，弗雷德找到了支持他的同志，并逐渐恢复了自信。这个新的、有同情心的同辈群体——其中许多人都是退伍军人——以及对战争的激进文献的热切阅读，帮助他表达和定义了他在战争和战后的幻灭感。他认为这对许多其他老兵来说也是真实的，并且引用了他的朋友西德·诺里斯（Sid Norris）的例子：

> 在这方面，从政治上讲，西德只是成千上万的老兵之一，他们放弃了战前对上帝、国王和帝国值得任何牺牲的看法。战争的痛苦经历，即为某些人带来巨额利润，这是一个改变老兵从保守主义转向激进主义的教训。阿利斯泰尔，这是澳新军团传说中从未被一战作家涉及的一部分或一面。也许你可以思考一下这个问题。

虽然弗雷德在战争期间没有意识到这一点，但在 20 世纪 20 年代末，他的新政治理解帮助他强调作为士兵经历的特定感知。因此，弗雷德现在讽刺地强调了他父亲农场上一个爱尔兰工人的故事，后者曾警告他不要参加富人的战争，他将自己描绘成帝国主义战争的无意识受害者。他还强调澳大利亚军官与士兵之间的关系与和平时期澳大利亚雇主与工人之间的关系并没有太大不同，而老兵对权威往往持反叛态度（他回忆起一次他和两个伙伴计划杀死一个不受欢迎的军官的事件，但未能成功）。这些对战争的理解是劳工运动中一些活动家所倡导的更激进的澳新军团传统的一部分。[1] 作为这一传统的支持者，弗雷德还表达了他对回国安置的幻灭，并推断澳新军团纪念日是"一个巧妙的策略"，旨在重新团结士兵，并压制他们对养老金和失业的愤怒：

> 我可以说，如果没有澳新军团纪念日，第一次世界大战可能会遭遇与尤里卡斗争（19 世纪 50 年代金矿工武装反抗）相同的命运。也就是说，它不会被承认。而且，谁会想到庆祝澳新军团纪念日呢，从某种意义上说，它没有什么值得推荐的地方，首先，我们入侵了另一个国家，土耳其……其次，它以失败告终。那么，从这个角度看，有什么可庆祝的呢？所以他们庆祝它是出于另一个原因：培养社会上对战争的一种精神。对战争的钦佩、尊重或者荣誉之类的东西。这就是澳新军团纪念日的全部意义。但他们必须以某种方式来做，他们通过社交方式将他们聚集在一起。首先，他们游行和展示自己给公众看。然后，当这一切结束后，他们进入俱乐部或酒吧，做他们想做的事情。

弗雷德也开始怀疑控制着澳新军团日的退伍军人组织。他回忆起战壕中的士兵谈论到战后需要组织起来争取体面的条件，他在退

---

[1] L. F. Fox, *The Truth about Anzac*, Victorian Council Against War and Fascism, Melbourne 1936.

伍那天加入了澳大利亚退役水手和士兵帝国联盟（RSSILA，现在是强大的 RSL）。但是 RSSILA 是由公民和退伍军人保守派联盟创建和控制的，并且获得了政府的认可，成为退伍军人的官方代表，"作为捍卫当权者的回报"（他们对不满士兵的暴力和更激进的退伍军人团体的存在感到恐惧）。① 在 20 世纪 20 年代初，弗雷德的内心纷争和身体残疾让他选择远离 RSSILA 的集会，这种疏远现在被政治怀疑所证实：

> 换句话说，这些军官在民事生活中的地位与他们在军队中的地位相似。……它不是为了普通士兵的最佳利益而组织起来的。……它是一个极右翼的政治组织，对于任何拥有民主原则的人来说都没有位置。

到 20 世纪 20 年代末，弗雷德·法拉尔已经与 RSSILA 对立起来，并与共产党领导的失业工人运动的成员在街头与 RSSILA 俱乐部成员和原始法西斯主义的新卫队运动进行战斗。到 1937 年，他成为官方传说及其 RSSILA 组织者的自信对手，并因在澳新军团日游行中散发和平主义传单而被逮捕。

具有讽刺意味的是，当弗雷德巩固了他对战争的激进观点时，RSSILA 更保守的澳新军团传说，即庆祝澳大利亚男子气概的胜利和国家的洗礼，已经深入人心。激进分子确实对这个战争版本提出了异议——例如，在墨尔本，一些退伍军人抗议筹建中的纪念碑将美化战争，并为更实用的退伍军人医院的纪念活动进行了运动——但到 1930 年，激进分子已经在澳新军团传说的战斗中失败，"激进的士兵"这个标签成了一个自相矛盾的词。弗雷德·法拉尔逐

---

① Marilyn Lake, 'The Power of Anzac', in M. McKernan and M. Browne (eds), *Australia: Two Centuries of War and Peace*, Australian War Memorial/Allen and Unwin, Canberra 1988.

渐摆脱了作为退伍军人的身份，并逐渐融入"劳工运动士兵"的角色。

尽管劳工运动对战争的描述确实让弗雷德感到相对安全，因为它将战争分析为帝国和商业之间的竞争，而且他认为自己是一个天真的受害者，也是一个勉强的受害者，但它并没有（也许不能）帮助他表达或化解对战争创伤的个人感受。关于军火商的理论使他愤怒，但无法帮助他应对恐怖、内疚或无能的记忆。他也无法享受澳新军团日的广泛公众认可，这使其他退伍军人为他们的战争服务感到自豪。因此，多年来，弗雷德通常忽视他的军事过去，试图忘记他痛苦的回忆。

弗雷德·法拉尔的战争故事还有第三个阶段。20 世纪 60 年代或 20 世纪 70 年代初，他开始在劳工运动之外阅读和谈论他的战争经历。他参加了年度的澳新军团日仪式和自己所在旧营的团聚。他重新佩戴了战争服务徽章，从尘封之处取出了他的退伍证书，将其贴在客厅墙上（上面是他作为墨尔本普拉兰市市长的最新照片）。多年的沉默之后，他现在热切并且详细地向学生、电影制片人和口述历史采访者谈论战争。为什么？

弗雷德以多种方式解释了这种变化。部分原因是一位老人对自己的青春重拾兴趣："我想，随着年龄的增长，你对很久以前发生的事情会有一种感觉。"他也享受着仅存的一些一战老兵所受到的尊重，甚至崇敬，街上的人们注意到 AIF 徽章，退伍军人事务官员告诉他们这是一种"荣誉徽章"，并支付他们日益增加的医疗费用：

> 嗯，曾经有一段时间，这根本不符合那个画面……嗯，多年来我们从那件事情中没有得到多少价值，所以如果现在有什么，甚至到了得到一些尊重的程度，我认为这是值得的。

这些评论暗示了更一般的过程。在对澳新军团的兴趣复苏中，个别老兵的具体而常常矛盾的经历被一种概括性的、几乎怀旧的版本所掩盖，这种版本描述了战士和他们的战争。此外，在这个现代重塑的传奇中，曾经是禁忌的战争经历逐步被公众所接受。越战以及和平反战运动的影响已经改变了公众对战争的看法，以至于士兵作为受害者是一个更可接受的角色，尽管他仍然排在澳新军团英雄的后面。弗雷德现在可以更轻松地谈论他在战争中"地狱般的"经历，以及他作为一名士兵的自卑感，因为战争的这些方面在 20 世纪 80 年代的历史书籍和电影中得到了描绘。他对最近一些澳新军团历史学家和电视导演生动地描绘战壕战争的恐怖和堕落感到惊叹。在多年的疏远之后，他作为一名士兵的经历得到了承认和肯定，这种个人的快乐在我问及弗雷德参观堪培拉的澳大利亚战争纪念馆时表现得淋漓尽致（作为全国旅游景点仅次于悉尼歌剧院）：

> 差点儿在那里找到一份工作。你知道，大约一年半前我在那里，哦天哪，看到这里，我感到非常惊讶……我被当作一个久违的表亲对待（并被要求向其他游客谈谈西线战争）。我说："嗯，我不介意这样做，但是，"我说："我是为和平而工作，而不是为战争。"那个人说："哦，你知道这个地方是作为一个和平纪念馆建造的，所以你可以自由地表达你的观点。"……所以我继续讲解。嗯，我在那里待了两三天。看起来，我在 80 多岁的时候，好像要得到一份永久工作了。

毫无疑问，弗雷德通过自己关于战壕战争的痛苦故事将旧模型复活了——雨水、泥土、老鼠、虱子、炮火、爆炸、恐惧——他感到满意的是，他的战争故事终于被讲述出来了。他相信自己正在传达一种和平的信息。

然而，在他的个人记忆和澳新军团公众故事之间关于战时过去的极为深刻的和解中，弗雷德的政治批评被排挤了。战争纪念馆和战争电影承认，对于可怜的步兵来说，"战争是地狱"，但他们仍然推崇澳新军团英雄和澳新军团传奇。弗雷德对新的认可感到高兴，他没有看到自己的其他经历仍然被忽视。他没有考虑到关于AIF 中军官和其他军衔之间的紧张关系仍然缺乏描绘，或者许多澳新军团士兵战后的幻灭，或者对战争作为一种商业的分析，这些都是他与我讨论的重要主题。弗雷德认为，任何描绘西线战争恐怖的博物馆必须是一个"和平纪念馆"，但他没有意识到博物馆在政治立场上的模糊性，在博物馆里，小男孩爬上坦克，希望长大后成为士兵。

弗雷德的记忆仍然具有激进的切入点。他仍然谴责澳新军团日的人为爱国主义，并在棕榈主日和平集会上佩戴他的战争勋章，利用对澳新军团人的新兴兴趣来批评战争和澳大利亚社会。但他并没有将这种批评直接针对澳新军团作家和电影制片人，后者是我们这个时代最有影响力的神话创造者。20 世纪 80 年代澳新军团传奇的有效性在于，它使即便像弗雷德这样激进的战士相信他们的故事正在被讲述，同时巧妙地改编了保守派对战争、民族性格和澳大利亚历史的理解，使其适应了 20 世纪 80 年代的形式。这种"霸权"过程类似于 20 世纪 20 年代加入退伍军人协会和澳新军团日的战士所经历的过程。在每个场合，个人都被纳入，并通过公共仪式和纪念活动的意义有选择地肯定了他们的记忆。这种肯定对个人的内心平静是必不可少的，但在这个过程中，矛盾和具有挑战性的记忆被排斥或压抑。

弗雷德·法拉尔的案例研究突显了个人记忆与国家神话之间的动态关系，并提出了口述历史如何超越"过去之声"的可能性。口述历史可以帮助我们理解国家神话如何（或不如何）对个人以及我们的社会产生影响。它还可以揭示、发展和维持对立记忆的可能性和困难。这些理解可以使我们更有效地参与历史学家的工作以及集体斗争，为我们的过去和我们可以成为什么样的人而进行更民主、更激进的斗争。

第十五章　情感史

从 20 世纪末开始，历史学家试图结合理论视角来处理新的主题或重新审视旧的主题。其中一个这样的融合发生在情感史领域，历史学家在其中整合了心理学、社会学、人类学、语言学和文化研究的思想。

荷兰中世纪学家约翰·赫伊津哈（Johan Huizinga）、社会学家诺伯特·埃利亚斯（Norbert Elias）和年鉴学派的吕西安·费弗尔（Lucien Febvre）通常被认为是情感史的奠基人。费弗尔呼吁对情感生活进行历史探索，而赫伊津哈则在自己生活的时代和中世纪之间建立了对比，描述了一种感受更强烈、缺乏自我控制的中世纪，以及"不停在绝望和狂喜、残酷和虔诚温柔之间摇摆的中世纪生活"。埃利亚斯（稍后将更详细地讨论）像赫伊津哈一样，将中世纪视为更加愤怒和暴力的时期，并基于弗洛伊德的精神分析学发展了一种社会学理论，解释了羞耻感增加而导致更"文明"的现代化的转变。这种叙述深刻影响了随后的情感史研究。[1]

最近，彼得·盖伊（Peter Gay）采用了精神分析学的方法来研究维多利亚时期的情感景观，而心理学家则从人类学的角度研究情

---

[1] J. Huizinga, *The Waning of the Middle Ages*, trans. F. Hopman (Harmondsworth, [1919] 1976), p. 10; Norbert Elias, *The Civilizing Process*, trans. Edmund Jephcott (New York, [1939] 1978).

感社会。① 情感史，以及对情感的研究，正在蓬勃发展。情感史学家有三个主要任务：厘清"情感"和情感词汇的含义；探索过去的情感；分析过去对情感的不同处理方式如何帮助解释历史变迁。

历史学家采用了几种方法来考虑概念问题。让我们首先考虑术语。在英语口语中，"情感"一词通常被视为与"感觉"同义，尽管社会科学家更喜欢使用"情感"这个词，因为它听起来更客观。托马斯·迪克森（Thomas Dixon）报道称，英语中的"情感"一词可以追溯到 17 世纪，但直到 19 世纪中叶才以我们现代的意义使用，即作为一个科学范畴。在此之前，理论家谈论各种"激情"或"欲望"（与感官相关的强烈的、有问题的甚至邪恶的"内在运动"），与"情感"（更温和、知识性、积极和有道德的身体感觉）形成对比。② 从历史上看，情感往往与女性、身体、柔软、被动、反应性、原始性、失控等联系在一起，与男子气概的理性及其相关联的特质形成对比。③ 这些二元对立对历史学家来说是有益的，提醒我们注意文本中的细微差别。

心理学家威廉·詹姆斯（William James）在 1884 年提出了"情感是什么"这个著名的问题，这个词从 20 世纪开始在科学和口语中使用。④ 过去也使用了诸如"感性"和"情愫"等词语来描述过去

---

① For example, Peter Gay, *The Bourgeois Experience from Victoria to Freud, Vol. II, The Tender Passion* (New York, 1986); *Vol. III, The Cultivation of Hatred* (New York, 1993); see Peter Burke, 'Is there a Cultural History of the Emotions?', in Penelope Gouk and Helen Hills (eds), *Representing Emotions: New Connections in the Histories of Art, Music and Medicine* (Aldershot, 2005), pp. 35–37, for a broader background.

② Thomas Dixon, '"Emotion": The History of a Keyword in Crisis', *Emotion Review* 4 (2012), pp. 338–344. See also Thomas Dixon, *From Passions to Emotions: The Creation of a Secular Psychological Category* (Cambridge, 2003).

③ Sara Ahmed, *The Cultural Politics of Emotion* (2nd edn, Edinburgh, 2014), pp. 2–3.

④ W. James, 'What is an Emotion?', *Mind* 9 (1884), pp. 188–205.

的情感。① 语言学家安娜·维尔兹比卡（Anna Wierzbicka）目前的定义指出，"情感在其含义中结合了'感觉''思考'，关联着人的身体"，并指出，例如，我们不会谈论"饥饿的情感"，因为饥饿与思维无关。② 自 19 世纪末以来，心理学中一直使用"感受"（affect）一词来表示情感或心境，尽管最近它的含义已经被文化研究理论家重新激活。③ 这些词的含义在英语中很难区分，甚至在与英语相似的语言中甚至不存在。④ 这些语言问题突显了历史学家在研究过去和跨文化的情感问题时所面临的困难。

因此，处理不同情感的语言描述就更加棘手了。如果这些词语在今天就意义模糊（例如，羞耻和内疚两个词的含义有何不同），那么对于现代历史学家来说，理解另一个个体或社会在情感词汇上的意思就更加困难，因为这些词汇在时间、地点和文本之间存在变化。乌特·弗雷弗特（Ute Frevert）以 acedia 为例，讨论了情感词汇随时间变化的情况。在古希腊，它的意思是无精打采或懒散，而对于中世纪的修道士来说，这种感觉意味着恶魔的存在，因此导致内疚，而今天我们可能意指抑郁症。芭芭拉·罗森宛恩（Barbara Rosenwein）仔细考虑了西塞罗（Cicero）和教宗格里高利一世（Pope Gregory the Great）等作者使用的不同词汇，试图按照他们自己的术语而不是我们的术语来阅读这些历史作品。⑤ 情感也可以通过隐喻或对其具体化的引用来描述，通常出现在文学文本中。例如，"怒火中烧"，"吓得脸色惨白"，"恐惧如野兽，越是着急，越是狰

---

① See Eustace's discussion in her *Passion Is the Gale: Emotion, Power, and the Coming of the American Revolution* (Chapel Hill, 2008), pp. 481–486.

② Anna Wierzbicka, *Emotions Across Languages and Cultures: Diversity and Universals* (Cambridge, 1999), p. 2.

③ *Shorter Oxford English Dictionary* (5th edn, Oxford, 2002), vol. 1, p. 35; see Gregory J. Seigworth and Melissa Gregg (eds), *The Affect Theory Reader* (Durham, 2010), p. 1.

④ Wierzbicka, *Emotions*, p. 3.

⑤ Ute Frevert, *Emotions in History – Lost and Found* (Budapest, 2011), pp. 31–6; Barbara Rosenwein, *Emotional Communities in the Early Middle Ages* (Ithaca, 2006), pp. 40, 79–99.

狂",以及"他的心碎了"。①

除了这些语言问题,情感历史学家还转向心理学及其关于情感本质的辩论。心理学理论家一致认为情感具有多个组成部分。克里斯汀·林德奎斯特(Kristen Lindquist)提出,目前有三种主要的情感模型:自然类型、认知评估和心理建构主义。

"自然类型"模型认为:"情感是由神经系统的结构给出的心理状态,导致一致而特定的生理、面部肌肉运动、感受和行为模式。"②这个想法对历史学家来说很重要,因为我们的来源涉及情感在文本中所描述的言语化感受和行为的表达。1971年,保罗·埃克曼(Paul Ekman)和华莱士·弗里森(Wallace Friesen)有影响力地提出,特定的面部肌肉模式与基本情感普遍相关联;也就是说,触发情感的因素可能在不同文化之间有所不同,但它们的面部表情却没有。③他们的方法及其结果受到其他研究人员的质疑,而埃利娜·格茨曼(Elina Gertsman)在考虑哥特式雕塑时认为,表情和手势非常复杂,不应该进行简单的普遍化。④当前,神经科学领域涌现出大量的研究和辩论,旨在探究特定情感究竟是在大脑的何处产生,或与哪些神经递质相关联,这种探寻与寻求普世真理的过程颇为相似。⑤

---

① Zoltán Kövecses, *Metaphor and Emotion: Language, Culture and Body in Human Feeling* (Cambridge, 2003), ch. 2 for wide-ranging examples.

② Kristen A. Lindquist, 'Emotions Emerge from More Basic Psychological Ingredients: A Modern Psychological Constructionist Model', *Emotion Review* 5 (2013), pp. 356–368.

③ Paul Ekman and Wallace V. Friesen, 'Constants Across Cultures in the Face and Emotions', *Journal of Personality and Social Psychology* 17 (1971), pp. 124–129.

④ See Rosenwein's discussion in 'Problems and Methods in the History of Emotions', *Passions in Context: Journal of the History and Philosophy of the Emotions* 1 (2010), pp. 2–8; Elina Gertsman, 'The Facial Gesture: (Mis)reading Emotion in Gothic Art', *Journal of Medieval Religious Cultures* 36 (2010), pp. 28–46.

⑤ See 'AHR Conversation: The Historical Study of Emotions', *American Historical Review* 117 (2012), pp. 1504–1514; William M. Reddy, 'Humanists and the Experimental Study of Emotion', in Frank Biess and Daniel M. Gross (eds), *Science and Emotions after 1945: A Transatlantic Perspective* (Chicago, 2014), pp. 41–66.

情感的"因果评估"模型表明，刺激物触发了对刺激物的认知评估，从而赋予刺激物以意义。评估触发情感，然后导致一致的生理变化、面部运动、感受和行为。[①] 然而，这种方法与民族志研究发现的不同文化人群表达情感的方式相悖（见下文）。此外，考虑到文本产生背后的多重含义，历史学家经常对文本作者（以及心理学的实验对象）的自述持怀疑态度。

林德奎斯特描述的第三种模型，即"现代心理建构主义方法"，认为情感是由其他与情感无关的心理成分混合而成的。"当人们利用来自身体和世界的感官输入，并结合先前的经验知识（即记忆、知识）寻找意义的时候，情感就会产生。"[②] 这种知识与语言相关：举例来说，我们知道人们对面部表情的标记会根据他们对不同情绪词汇的使用情况而有所不同。[③] 这个定义对历史学家很有用：它为历史学家提供了在不同形式中发现情感的空间（语言、手势、面部表情和具体行动）；它使萌发的情感在表达的瞬间和文化背景中都能被语境化；它同时考虑了主体和观众；它为情感具有多重指涉和象征意义提供了空间，而不会预先确定意义；情感是历史世界的积极创造者，与政治意义、行动和权力有关。

人类学家也一直在努力将情感融入他们的实践中。凯瑟琳·卢茨（Catherine Lutz）和杰弗里·怀特（Geoffrey White）指出了那些对跨文化规律感兴趣的人类学家和那些关注情感的社会和文化构建的学者之间存在紧张关系。威廉·雷迪（William Reddy）指出，无论研究者的理论取向如何，"民族志数据通常包含了情感努力的集体塑造和情感理想的集体阐述的痕迹"，历史学家通常借鉴了建构主义

① Lindquist, 'Modern Psychological Constructionist Model', p. 358.
② Kristen A. Lindquist et al., 'The Brain Basis of Emotion: A Meta-Analytic Review', *Behavioral and Brain Sciences* 35 (2012), pp. 123–124.
③ Maria Gendron, Kristen A. Lindquist, Lawrence Barsalou and Lisa Feldman Barrett, 'Emotion Words Shape Emotion Percepts', *Emotion* 12 (2012), pp. 314–325.

的观点。[1]

自 20 世纪 80 年代以来，有三位历史学家在情感史的发展中卓有成就：彼得·斯特恩斯 (Peter Stearns)、雷迪和芭芭拉·罗森宛恩。[2] 在这里，我们打算讨论每个人引入的方法和术语，并分析其他历史学家如何拓展他们的工作。

1985 年，彼得·斯特恩斯和卡罗尔·斯特恩斯提出"情感研究可能成为社会历史中的热门新课题"，并在他们随后编辑的《情感与社会变革》一书的副标题中，明确与心理史学建立了联系。他们提出了"情感学"(emotionology) 这个术语——"一个社会或社会中可确定的群体对基本情感及其适当表达的态度或标准；机构如何反映和鼓励这些态度在人类行为中的体现，例如，求偶方式表达了对婚姻中情感的重视，或人事研讨会反映了对工作关系中愤怒的重视"——将其与实际情感体验区分开来。他们认为，大多数历史学家混淆了这些概念，如果我们意识到自己的情感价值观和标准（无论是隐含的还是明确的），就有更好的机会理解过去的情感体验，并避免将这些投射到过去的群体和个人身上。此外，他们还提出，心理史学过去没有很好地处理群体方面的问题，情感史为社会历史学家提供了一种使用心理学和社会理论的方式，并可能有助于与文化史建立联系。

斯特恩斯夫妇提出了一个研究议程：考虑个体情感的情感学背景；尝试探索情感表达在不同时间段的变化；调查历史人物在情感学和情感体验之间的调解努力，指出这些努力可能比情感体验本身

---

[1] Catherine Lutz and Geoffrey M. White, 'The Anthropology of Emotions', *American Review of Anthropology* 15 (1986), pp. 405–436; Reddy, *The Navigation of Feeling: A Framework for the History of Emotions* (Cambridge, 2001), p. 56; see also Richard A. Shweder and Robert A. LeVine, *Culture Theory: Essays on Mind, Self, and Emotion* (Cambridge, 1984).

[2] Susan J. Matt, 'Current Emotion Research in History: Or, Doing History from the Inside Out', *Emotion Review* 3 (2011), p. 118.

更容易接近。研究来源可以是日记、自传、关于情感的虚构讨论、育儿手册、咨询信件，以及社会历史学家开发的一些社会变革指标（如抗议率的追踪）。他们试图关注的是普通人而不是精英，尽管很难对"文盲"群体进行研究。[1]

斯特恩斯夫妇的《愤怒》一书兑现了这个议程。他们计划调查"美国人作为'一个愤怒民族'的神话"，却发现了警惕性的压抑和对愤怒控制的需求。他们发现，美国过去的愤怒情感学存在四个发展时期。在近代早期（18 世纪中叶之前），人们对愤怒大多不关心，尽管随着现代的临近，他们开始更清晰地定义愤怒。在 1750 年到 1920 年的两个时期中，人们关注的是创造和维持一个无愤怒的家庭，家庭被视为摆脱 1830 年后紧张的工业世界的避难所，强调对儿童进行社会化。矛盾情绪的出现表明，国家对愤怒的价值观正在成为现实，而不仅仅是理想。从 20 世纪 20 年代开始，对愤怒的控制努力从家庭扩展到工作场所，这反过来意味着家庭领域需要用作释放工作压力的情感。该书的一个重点是育儿和后来的工作。本书还讨论了体育等愤怒的发泄方式以及愤怒在政治舞台上的出现。[2]

像大多数开创新局面的书籍一样，《愤怒》既因其复杂性和理论意义而受到赞扬，也因各种原因受到批评。情感历史学家詹·刘易斯（Jan Lewis）将其描述为"未来研究的模型和蓝图"，指出"它为我们提供了最终将导致自身修订的方法"。其他人则认为需要更广泛的来源，例如包括面向大众市场的报纸，以扩大阶级分析并包括对变革的社会分析。虽然斯特恩斯夫妇采用了各种社会科学方法，但本可以更加用心地阐释思想和文化问题，并处理前现代时期的相关

---

[1]　Peter N. Stearns with Carol Z. Stearns, 'Emotionology: Clarifying the History of Emotions and Emotional Standards', *American Historical Review* 90 (1985), pp. 813–836; Stearns and Stearns (eds), *Emotion and Social Change: Toward a New Psychohistory* (New York, 1988).

[2]　Carol Zisowitz Stearns and Peter N. Stearns, *Anger: The Struggle for Emotional Control in America's History* (Chicago, 1986).

内容。①

对《愤怒》以及"情感学"概念的直接批评来自研究中世纪的学者罗森宛恩，这是在《愤怒》出版十多年后提出的。虽然她将斯特恩斯夫妇及其"受启发者"所产生的作品描述为"令人印象深刻"和"重要的"，但罗森宛恩对情感学关注现代时期有读写能力的中产阶级的情感标准提出了异议。因此，情感学作为一个概念和方法在这个范围之外是没有用处的，例如，关于情感的中世纪宫廷文学将被视为"高级文化"，因此是不合适的。使用"情感学"研究口头社会将更加棘手。罗森宛恩遵循赫伊津哈和埃利亚斯的观点，认为斯特恩斯夫妇的近代早期几乎没有情感控制，因此罗森宛恩认为"情感学"支持"宏大叙事"，即"西方历史是情感约束不断增加的历史"。②

罗森宛恩避免使用宏大叙事，而是提出历史学家应该研究"情感共同体"。她将其描述为类似于社会共同体，但可以探索"情感系统"：研究者考察"这些共同体（以及其中的个体）如何定义和评估对他们有价值或有害的事物；他们对他人情感的评价；他们承认的人际情感纽带的性质；以及他们期望、鼓励、容忍和谴责的情感表达方式"。她认为任何时候都存在多个共同体，人们在其中移动，调整他们的"情感表现"；共同体可能重叠，或者在更大的共同体内形成子共同体；在一个群体内可能存在矛盾的情感（就像在个体内一样）。罗森宛恩主要使用书面来源来指向特定共同体。她还指出情感

---

① Jan Lewis, 'Review of Anger', *Journal of Social History* 21 (1987), pp. 339–341; Steven Mintz, 'Review of Anger', *American Historical Review* 92 (1987), pp. 1264–1265; Leonard L. Richards, 'Review of Anger', *Journal of American History* 74 (1987), pp. 146–147.

② Rosenwein, 'Worrying about Emotions in History', *American Historical Review* 107 (2002), pp. 823–827. 请注意，彼得·斯特恩斯承认，罗森宛恩曾经"天真地"追随赫伊津哈和埃利亚斯，公开表达出对中世纪过去的愤怒，但最近开始纠正这样的观点，但认为她歪曲了他的分析。Stearns, 'Modern Patterns in Emotions History' in Susan J. Matt and Peter N. Stearns (eds), *Doing Emotions History* (Urbana, 2014), p. 22。

共同体与福柯的观念之间的联系，即人们共享一种共同的话语，并具有规范功能。[1]

罗森宛恩像斯特恩斯夫妇一样，在她刊发了关于"情感共同体"的文章之后，又出版了一本专注于早期中世纪时期的书，意在部分地纠正对现代时期的影响力研究。探索不同来源的不同情感共同体的章节展示了在中世纪和其他时期进行研究的可能性。罗森宛恩不同寻常地坚持认为，尽管学者对于中世纪的比喻和公式化语言非常熟悉，但我们仍然可以阅读中世纪的情感。例如，通过阅读特许状以研究 7 世纪法兰克人的暴力，罗森宛恩发现整个世纪情感表达的增加，以及精英对情感的理解，即作为"思想、行为和（人类）互动的动因"，甚至是魔鬼本身的理解。[2] 另一章讨论了一位主教和一位诗人之间的友谊，并提出尽管他们对情感的处理不同（诗人福图纳图斯的"爱的流露"和主教格里高利的"贪婪、可憎和愤怒"），但他们对彼此来说都是"情感庇护所"（采用了后文讨论的雷迪的术语）。

情感共同体的概念在不同的时期和文化中得到了热烈的关注，包括被用于跨文化（通常是后殖民地）研究。[3] 然而，评论家认为，罗森宛恩发现了不同的情感共同体，不同的情感词汇可能归因于特定来源的惯例，并且罗森宛恩对前中世纪影响的讨论让人想起她自己对斯特恩斯"前现代"的批评。[4] 斯特恩斯认为，关注情感共同

---

① Rosenwein, 'Worrying', pp. 842–843; Rosenwein, *Emotional Communities*, pp. 2, 24–26.

② Rosenwein, *Emotional Communities*, pp. 171, 123–127.

③ For example, Jacqueline Van Gent, 'Sarah and Her Sisters: Letters, Emotions, and Colonial Identities in the Early Modern Atlantic World', *Journal of Religious History* 38 (2014), pp. 71–90; Nikolaos Papadogiannis, 'A (Trans)National Emotional Community? Greek Political Songs and the Politicisation of Greek Migrants in West Germany in the 1960s and early 1970s', *Contemporary European History* 23 (2014), pp. 589–614.

④ Bonnie Effros, 'Review of Emotional Communities', *H-France Review* 8:103 (2008), pp. 408–410; Marcia L. Colish, 'Review of Emotional Communities', *Speculum* 83 (2007), pp. 759–761.

体的范围既掩盖了更大范围的文化，又使得后来的情感历史学家不太可能关注更大范围的系统，因为这意味着这些系统是稳定的。此外，他认为罗森宛恩对前现代和现代之间的连续性的讨论过于夸张，甚至挑战了现代性的概念：基本上，她的方法没有包含足够强大的历史变迁理论，涵盖了更长时间跨度。[①] 然而，凯瑟琳·德·卢纳（Kathryn de Luna）利用罗森宛恩的语言关注点，通过对词语及其词根在几千年中不断变化的巧妙追踪，识别了早期非洲共同体的情感生活。德·卢纳还指出情感史研究的资料来源中物质性的重要性，这一领域最近成为口头和有文字的社会研究的焦点。[②]

相比之下，雷迪希望有一个能够批判社会并能解释社会内部历史变迁的情感理论。他对后结构主义思想的相对主义感到担忧，这意味着不可能进行伦理或政治判断。他结合了心理学、人类学和哲学的思想，提出了"情感表达"的概念，即描述情感、具有关系功能、自我探索和自我改变的情感言辞。也就是说，情感表达是"直接改变、建立、隐藏、加强情感的工具"；它们对个体和世界都有影响。"情感导航"涉及目标的管理和变化，而"情感自由"是改变目标的自由。"情感痛苦"发生在高优先级目标发生冲突时（例如政治酷刑或单相思），而"情感体制"被定义为"一组规范情感和官方仪式、实践和情感表达，用以表达和灌输这些情感"的体制。在特定制度下受苦的个体可能会找到"情感庇护所"，即"一种关系、仪式或组织提供了从规范中解脱的机会，从而减轻了努力"。然后，制度可以根据它允许多少情感自由来进行评判；庇护所可以起到维护制

① Stearns, 'Modern Patterns', pp. 23–24.

② Kathryn M. de Luna, 'Affect and Society in Precolonial Africa', *International Journal of African Historical Studies* 46 (2013), pp. 132 ff.; for example, 'Feeling Things: A Symposium on Objects and Emotions in History', The Australian Research Council Centre of Excellence for the History of Emotions (Europe, 1100–1800), University of Melbourne, 14 March 2013, and Sarah Tarlow, 'Emotion in Archaeology', *Current Anthropology* 41 (2000), pp. 713–730.

度或挑战制度的作用。①

在《情感导航》的第二部分中，雷迪将理论付诸实践，研究了法国大革命前后的几个世纪。他认为，为了应对越来越复杂的贵族荣誉体系，出现了情感庇护所——社交形式，如沙龙或共济会，以及在文学和艺术中传播的亲情婚姻模式、仁慈家庭或自然社群——导致了感性主义的增长，将情感视为社会中一种善的力量。从爱国情感和改革愿望中产生了革命，试图将法国转变为一种"情感庇护所"。然而，让国家来实施这种善举的做法，通过强化情感因素，将情感庇护所转变为一个充满严重情感痛苦的体制，成为恐怖统治的战场。在罗伯斯庇尔被处决和保守政府的恢复之后，感觉的作用被降低为"家庭中女性空间的安全避难所"或再次转向艺术和文学。然后，个体有更多的自由去探索情感和增加情感自由。②

历史学家将雷迪的"情感理论"视为伟大贡献，因为它综合了心理学和人类学复杂而有用的知识。针对罗森宛恩对情感被定义为语言形式的担忧，雷迪指出情感包括手势和面部表情，只要它们是有意识的，从而扩大了情感的定义。罗森宛恩还担心情感体制和庇护所的理念最适合现代集权国家。斯特恩斯批评雷迪在情感史和知识史上缺乏区分，指出没有探讨具体的情感。他还指出雷迪的例子集中在上层知识分子和政治思想上，再次质疑其普世的可能性。雷迪是否主张将西方自由个人主义作为理想的社会形态，这也是一个问题，尽管他认为在这样的社会中，有些人在情感上会受到

①　Jan Plamper, 'The History of Emotions: An Interview with William Reddy, Barbara Rosenwein, and Peter Stearns', *History and Theory* 49 (2010), pp. 239ff.; Reddy, *Navigation of Feeling*, pp. 105, 111, 121–129. See also Rosenwein, *Emotional Communities*, pp. 16–23.

②　对雷迪的理论和历史事例的简要概括，无法充分展现其思想的复杂性。更多详情，参见《情感导航》。

伤害。①

关于历史变迁的观点在情感史学家中引发了相当大的争议，其中最引人注目的是围绕埃利亚斯情感抑制增加的理论争议。一位埃利亚斯的重要学者承认，埃利亚斯"依赖简化的表述，让专家，尤其是中世纪史领域的专家分心"，但他认为埃利亚斯被设立为一个"稻草人"，阻碍了人们理解他在情感史上的价值。重要的是，埃利亚斯认为情感和心理的发展历程与社会条件相关。他指出，虽然欧洲人在 20 世纪 30 年代认为自己高度文明，但这是由于长期的历史进程，而不是他们的本质或生物学特性造成的。他还写过关于纳粹的"非文明"问题。在《文明的进程》中，埃利亚斯使用礼仪手册来展示精英阶层对愤怒和暴力进行越来越复杂的情感管理，由此带来了从中世纪到现代社会的转变；与此同时，完成了从外部调节行为向内部激活无意识的自我调节方式的转变。埃利亚斯试图理解现代国家的形成，其中权力越来越多地以非暴力的方式行使。罗伯特·范·克里肯列举了埃利亚斯理论的一些问题，包括认为中世纪为"自然社会"的自相矛盾的观点，罗森宛恩确实指出一些历史学家对这个理论的回应是接受它，但有证据表明，文明进程的开始比埃利亚斯认为的要早。池上英子在讨论 8 世纪日本农民出身的武士诗歌时总结了当前的历史观点："很难说过去控制情感的方法不如现代的精细或复杂。只不过在不同的时代和文化，有不同的情感疏导方式。"②

---

①　Plamper, 'History of Emotions', pp. 241–246; Rosenwein, 'Review of Navigation of Feelings', *American Historical Review* 107 (2002), pp. 1181–1182; Stearns, 'Review of Navigation of Feelings', *Journal of Interdisciplinary History* 33 (2003), pp. 473–475; Jeremy D. Popkin, 'Review of Navigation of Feelings', *H-France Review* 2:118 (2002), pp. 470–476.

②　Robert Van Krieken, 'Norbert Elias and Emotions in History', in David Lemmings and Ann Brooks (eds), *Emotions and Social Change: Historical and Sociological Perspectives* (New York, 2014), pp. 19–42; Plamper, 'History of Emotions', p. 252; Eiko Ikegami, 'Emotions', in Ulinka Rublack (ed.), *A Concise Companion to History* (Oxford, 2011), pp. 332–353.

几位历史学家将情感与政治变革联系起来，包括上面讨论的雷迪的理论。尼科尔·尤斯塔斯（Nicole Eustace）认为"作为历史学家，我们可以和应该追溯情感被用来引发政治行动的过程"，在她自己的工作中，她以微妙的细节研究了情感如何被用来推动 18 世纪大西洋革命，情感的"道德价值"从邪恶变为美德。罗森宛恩提出通过追溯情感共同体的崛起和情感体制的继承将情感与政治联系起来。在一个相关的例子中，大卫·肖恩布伦（David Schoenbrun）展示了失落和担忧的情感以及"冷静的面具"在 16 世纪非洲布尼奥罗新王国的接管和形成中的作用。①

一些早期的情感史将西方作为规范的例子，而林郁沁（Eugenia Lean）指出，作为一位中国史领域的学者，她可以提出一个"根本不同的情感史谱系"。然而，她指出这样的做法会加强文明叙事的比喻，并提醒我们需要在空间和时间上绘制情感及其背景的变化。安·斯托尔（Ann Stoler）在 19 世纪和 20 世纪印度尼西亚的亲密关系方面的研究是一种位于一个社会内部的跨文化的历史；雷迪最近对欧洲、印度和日本的浪漫爱情进行对比，比较了不同社会之间表面上相似的情感。②

朱莉·利文斯通（Julie Livingstone）指出情感时间可能不是线性的。例如，创伤事件可以重新触发潜在的情感可能性，从而使丧失或哀悼的历史中的时间变得复杂。同样，当恐惧或恐怖等情感反

---

① Eustace, *Passion is the Gale*; Eustace, 'Emotion and Political Change', in Matt and Stearns, *Doing Emotions History*, pp. 163–183; 'AHR Conversation', p. 1516; Plamper, 'History of Emotions', p. 260; David Schoenbrun, 'A Mask of Calm: Emotion and Founding the Kingdom of Bunyoro in the Sixteenth Century', *Comparative Studies in Society and History* 55 (2013), pp. 634–664.

② 'AHR Conversation', p. 1518; Ann Laura Stoler, *Carnal Knowledge and Imperial Power: Race and the Intimate in Colonial Rule* (Berkeley, 2002); William Reddy, *The Making of Romantic Love: Longing and Sexuality in Europe, South Asia & Japan, 900–1200 CE* (Chicago, 2012).

复被引起时，我们可能会变得麻木。乔安娜·伯克（Joanna Bourke）向我们展示了随着医疗技术的发展以及人们接触死亡和濒死的不同方式，死亡恐惧的焦点是如何发生是变化的。这样的历史提醒我们在话语理论之外重视身体的重要性。[①]

在下面的摘录中，"面对死亡"，罗森宛恩提出我们可以在8世纪之前的高卢基督教社区中看到不同的情感共同体。她的证据是墓碑上情感词汇的差异和频率。有人批评说墓志铭的数量太少，无法辨别不同的共同体。你认为情感历史学家如何处理样本的代表性问题？罗森宛恩评论说："平凡……是有用的……能告诉我们在特定情况下哪些情感或非情感是社会规范。"[②] 情感史中使用的许多证据都属于规范性文书或自我报告。我们能多大程度上了解过去的人们实际上的感受？这应该成为一个研究议题吗？通过考虑它们的利弊来评估情感世界的不同方法，即心理史、心态史和情感史。在本书讨论的几种理论观点中出现了"大理论"。请思考这样的理论是如何增强或限制历史研究的。

进一步阅读

Biess, Frank, 'Discussion Forum: History of Emotions' (with Alon Confino, Ute Frevert, Uffa Jensen, Lyndal Roper, Daniela Saxer), *German History* 28 (2010), pp. 67–80.

Biess, Frank and Daniel M. Gross (eds), *Science and Emotions after 1945: A Transatlantic Perspective* (Chicago, 2014).

Bourke, Joanna, *Fear: A Cultural History* (London, 2005).

Cole, Jennifer and Lynn M. Thomas (eds), *Love in Africa* (Chicago, 2009).

Eustace, Nicole, *Passion is the Gale: Emotion, Power, and the Coming of the American Revolution* (Chapel Hill, 2008).

Ferro, Marc, *Resentment in History*, trans. Steven Rendall (Cambridge, [2007] 2010).

[①] 'AHR Conversation', pp. 1520–1521 in the context of debate about historical change; Joanna Bourke, *Fear: A Cultural History* (London, 2005), pp. x, 4.

[②] Rosenwein, *Emotional Communities*, p. 61.

Goody, Jack, 'Stolen Love: European Claims to the Emotions', in *The Theft of History* (Cambridge, 2006), pp. 267–285.

Harré, Rom and W. Gerrod Parrott (eds), *The Emotions: Social, Cultural and Biological Dimensions* (London, 1996).

Ko, Dorothy, *Cinderella's Sisters: A Revisionist History of Footbinding* (Berkeley, 2005).

Lemmings, David and Ann Brooks (eds), *Emotions and Social Change: Historical and Sociological Perspectives* (New York, 2014).

Leys, Ruth, 'The Turn to Affect: A Critique', *Critical Inquiry* 37 (2011), pp. 434–472. Matt, Susan J. and Peter N. Stearns (eds), *Doing Emotions History* (Urbana, 2014).

Plamper, Jan, *The History of Emotions: An Introduction*, trans. Keith Tribe (Oxford, [2012] 2015).

Reddy, William, *The Making of Romantic Love: Longing and Sexuality in Europe, South Asia & Japan, 900–1200 CE* (Chicago, 2012).

Rosenwein, Barbara (ed.), *Anger's Past: The Social Uses of an Emotion in the Middle Ages* (Ithaca, 1998).

研究中心

The Australian Research Council Centre of Excellence for the History of Emotions (Europe, 1100–1800) www.historyofemotions.org.au.

Max Planck Institute for Human Development www.mpib-berlin.mpg.de/en.

The Queen Mary Centre for the History of Emotions www.qmul.ac.uk/emotions/.

期 刊

Emotion

Emotion Review

Passions in Context

面对死亡

芭芭拉·罗森宛恩

古代世界提供了丰富的情感理念和表达情感的词汇，正如第一章所提到的。但是后来的群体只是选择性地借鉴了这个宝库。首先，他们有其他的宝库——比如次拉丁语，或许还有方言的理念和词汇——可以使用。其次，不同的群体使用某些表达方式，而不使用其他方式，是因为他们特定的情感共同体的规范和习惯使得某些表达形式比其他形式更舒适和自然。

通过墓志铭，我们或许能够窥见中世纪早期同时代不同的情感社区——这些群体以不同的方式借鉴传统词汇。墓志铭通常刻在一块小的大理石牌匾上，牌匾放置在墓穴外的壁龛中。我们知道大约1500 个来自高卢地区基督徒的墓志铭，时间从公元 350 年到 750 年左右。[①] 尽管它们非常分散，但在一些地方存在重要的集群，使我们能够将墓志铭的类型和表达的情感与地点和定居点联系起来。墓志铭数量最多的城市依次是特里尔、维埃纳和里昂。在本章中，我们将研究特里尔、克莱蒙和维埃纳的墓志铭［……］，最实际的原因是它们存在出色的批判性版本。我们将看到足够的差异，表明墓志

---

① See Yitzhak Hen, *Culture and Religion in Merovingian Gaul,* A.D. 481–751 (Leiden, 1995), p. 146. 在与我的电子邮件交谈中，南希·高迪尔（Nancy Gauthier）对这一估计表示赞同；我要感谢高迪尔教授在本章各方面提供的帮助。有学者给出了更高的估计数字——2,657 个碑文，参见 Handley, *Death, Society and Culture*, p. 5. 但这是因为他把一些残片也计算在内，有些小到一个字母或装饰图案。同时参见 dem, "Beyond Hagiography: Epigraphic Commemoration and the Cult of Saints in Late Antique Trier," in *Society and Culture in Late Antique Gaul: Revisiting the Sources*, ed. Ralph W. Mathisen and Danuta Shanzer (Aldershot, 2001), p. 188, 其中汉德利给出的数字 "超过 2500"。

铭可能是中世纪早期情感共同体的一个揭示性元素。它们必须始终被视为部分指标，因为虽然它们可以暗示有关表达悲伤、爱怜和与死亡相关的其他情感规范，但它们无法告诉我们在生活的其他方面所引发的情感。此外，它们很少见。尽管这些材料需要被计算——接下来的几页都充满了数字，甚至一些百分比——但我并不打算使用统计数据。这些数字只是为了提供一些线索。结合后续章节中汇集在一起的证据，它们可能有助于阐明情感共同体及其变迁的概念。

特里尔、克莱蒙和维埃纳的人们喜欢用不同的方式表达他们对死亡和逝者的感受。[1] 在特里尔，他们有 11 个情感词；在克莱蒙，他们只使用了 7 个，并非全部与特里尔的词汇重叠。在维埃纳，有 24 个词表达情感。这个相对较高的数字与那里的墓志铭数量关系不大。粗略估计，维埃纳的墓志铭数量大约是特里尔的一半。[2]

我们不能简单地将情感词汇的宝库归因于雕刻墓志铭的工作室。马克·汉德利（Mark Handley）最近提出的观点是，墓志铭主要借用自模板文书——尽管每个墓地工作室可能使用不同的模板书——而一些"标准模板"可能在接受委托之前就被雕刻出来了。[3] 但这并不能排除客户的重要角色。纪念者的个人选择在每一步都起

---

[1] Margaret King 总结了学者反对用墓志铭来恢复情感的原因：墓志铭表达的情感是传统的，而不是"真实的"；King, "Commemoration of Infants on Roman Funerary Inscriptions," in *The Epigraphy of Death: Studies in the History and Society of Greece and Rome*, ed. G. J. Oliver (Liverpool, 2000), pp. 119–121. 但是，我们已经看到，情感的确是通过约定俗成的方式表达出来的，而且是出于传统、习惯和"自动"的目的。只有水力学观点才要求情绪"自发地涌现"；社会建构主义观点则认为，情绪涌现本身——无论其感觉多么个人化——都高度地受制于社会规范。King 在该书 pp. 131–134 表达了同样的观点。

[2] 在可能的情况下，我只考虑了可在特定墓地中进行上下文对照的碑文：在特里尔，我只考虑了圣欧切里乌斯（Saint Eucherius）墓地（位于南部）以及圣保林（Saint-Paulin）和圣马克西敏（Saint-Maximin）墓地（位于北部）的碑文；在维埃纳，我考虑了圣热尔韦（Saint-Gervais）、圣塞维尔（Saint-Sévère）和圣皮埃尔（Saint-Pierre）墓地的碑文。克莱蒙的碑文太少，无法进行这样的背景分析。

[3] Handley, *Death, Society and Culture*, pp. 28–29.

到了作用。首先，他们必须决定是否为逝者委托一块墓志铭。这在一定程度上可能是一个经济问题。墓志铭是需要花钱的。然后必须选择词汇。如果添加了一个情感词，那就意味着额外的费用。在某些情况下，看起来雕刻师似乎看不懂石碑委托人提供给他的文字，这意味着至少在这些情况下，是委托人而非雕刻师决定使用哪些字词。①

其中一封信件来自西多尼乌斯·阿波利纳里斯（Sidonius Apollinaris，约公元484年去世），他是克莱蒙主教，他的信件表明，在他生命的最后10年，对来自高卢南部的贵族而言，写下并竖立一块墓志铭来纪念逝者是非常自然的事情。在这个例子中，逝者是克劳迪安努斯·马默尔图斯（Claudianus Mamertus），维埃纳的一名神父，也是那里的一位主教的兄弟，他写了一本关于灵魂本质的书，并将其献给了西多尼乌斯。克劳迪安努斯声称自己是西多尼乌斯的"特别亲密"（*specialis atque intumus*）的朋友，而西多尼乌斯则回复了热情洋溢的赞美。当他得知克劳迪安努斯去世时，西多尼乌斯写信给已故者的曾侄子，混合了悲伤的话语、回忆和敬意，并附上一首他称之为"刻在骨头上"（*super ... ossa conscripsi*）的诗，以纪念他的"志同道合的兄弟"（*unanimi fratris*）。②

当然，很少有人创作长篇原创诗歌。大多数墓志铭都遵循书写公式。然而，这些公式可以改变，而且确实改变了。例如，在特里

---

① E.g., *Recueil des inscriptions chrétiennes de la Gaule antérieures à la Renaissance carolingienne* (hereafter RICG), vol. I, *Première Belgique*, ed. Nancy Gauthier (Paris, 1975) (hereafter *RICG I*), no. 194A; see Gauthier's remarks on p. 484.

② Sidonius, *Letters, Books III–IX*, 4.2, trans. W. B. Anderson, Loeb Classical Library (Cambridge, 1965), pp. 64–68, 可见克劳迪安努斯写给西多尼乌斯的信; ibid., 4–3, pp. 68–78, 可见西多尼乌斯的回复。关于墓志铭文本，参见 ibid., 4.11, pp. 106–108. 大约一个世纪后，意大利人维南提乌斯·福图纳图斯（Venantius Fortunatus）也忙于撰写墓志铭，他在高卢上层社会混得风生水起（见下文第4章），参见维南提乌斯·福图纳图斯专著的第四部分, Venantius Fortunatus, *Poems in Venance Fortunat Poèmes*, ed. and trans. Marc Reydellet, Les Belles Lettres, 2 vols. (Paris, 1994, 1998), 1:130–163。

尔地区，约在公元 500 年后，短语"*pro caritate*"（出于爱）被等效但不同的表达方式所取代，比如"*propter caritate*"（因为爱），"*pro amore*"（出于爱）和"*pro dilectione*"（出于爱）。[①] 有时，这些变化是随着从罗马传来的时尚浪潮而发生的。特里尔尤其容易追随永恒之城的风格，这无疑是因为它本身曾是帝国的行都，有着广泛的对外联系和高远的抱负。[②] 这些小变化告诉我们，没有一本公式书可以永远适用。即使是工作室也是社会产品；它们的线索来自那些使用它们的人，无论这些线索是多么缓慢和有惯性。

现代编撰者称这些公式中最常见的表达方式非常"平庸"。但在特里尔的平庸表达，在维埃纳可能并非如此。在维埃纳，大多数委托墓志铭的人都会仔细指定日期；而在特里尔，人们几乎从不会把日期加在墓志铭上。在特里尔，逝者的年龄被准确地指定（甚至精确到天），而在克莱蒙和维埃纳，这种准确度十分罕见。[③] 正如我们所见，平庸对于情感史学家来说是有用的，它告诉我们在特定情况下，哪些情感或非情感是社会规范。如果高卢早期基督徒墓志铭的平庸在不同地方有所不同，那么这应该引起我们的警觉，我们正在处理不同的情感社区。

当然，所有这些墓志铭都属于一个总体共同体，因为这些墓志铭是基督徒的，这意味着支付牌匾的人和躺在下面的人都属于信徒的社区。由于共同的宗教信仰，他们在精神上有共同的追求，因此，在某种程度上，他们对基督教生活中合适的情感也有共识。[④] 对于每个共同体而言，不管这些词汇簇是多么独特，但几乎所有他们使

---

① *RICG I*, p. 100.
② 例如，用加减法表示大致年龄。这个短语最早在罗马使用，在高卢的其他地方使用之前，特里尔也采用了这个短语。参见高迪尔的评论，*RICG I*, p. 42。
③ 关于报告年龄的准则，见高迪尔介绍性评论，*RICG I*, pp. 40–42。
④ Oatley, *Best Laid Schemes*, 讨论了目标和情感。

用的情感词汇要么包含在表 3 中，要么与其中的一个词相关。① 我们知道有些人四处流动，但他们对于所在地的墓志铭书写公式感到舒适。例如，奥普塔塔（Optata）和她的丈夫为他们的儿子努米迪乌斯（Numidius）在特里尔竖立了一块墓志铭，他们可能来自北非[奥普塔塔在非洲是一个常见的名字，而努米迪乌斯则让人回想起罗马的努米底亚（Numidia）行省]。然而，他们选择了一块墓志铭，这是几乎任何特里尔本地人都会喜欢的表达。② 因此，特里尔、克莱蒙和维埃纳的不同情感共同体是我所说的"从属"的：它们是高卢（以及其他地方）从公元 5 世纪到 7 世纪存在的同一个基督教情感共同体的子集。③

"最可爱的小女孩"：特里尔的家庭情感

特里尔市位于摩泽尔河畔，地理位置优越，位于美因茨和梅斯之间，是罗马时期的一个重要商业中心。在戴克里先皇帝（公元 316

---

① 事实上，在特里尔、克莱蒙和维埃纳的碑文中，只有两个词不是从表 3 中的词衍生出来的：*levamen* 和 *solamen*，这两个词的意思都是"慰藉"或"安慰"。尽管如此，在武加大圣经译本中也有类似的词汇：*solacium*。这个词不像 *solamen* 那样具有诗意，但与感情有关，如在《腓立比书》2:2 中，它与爱（*solacium caritatis*）联系在一起。当然，也有可能是我错误地将 *solamen* 和 *levamen* 列为情感词；英语单词 "relief"，我认为是一个人得到"安慰"的感觉，在 Shaver 列出的 213 个情感词中排在第 63 位（Shaver et al., "Emotion Knowledge," table 1）。但 Shaver 完全没有将"慰藉"列入他的列表中。正如我在第 1 章中所说，武加大译本自然不是古典晚期拉丁语情感词的唯一来源。

② *RICG I*, no. 45.

③ Lisa Bailey, "Building Urban Christian Communities: Sermons on Local Saints in the Eusebius Gallicanus Collection," *Early Medieval Europe* 12 (2003): 1–24 表明，基督教"传统"并非"千篇一律的铁板一块，相反……[当地]传教士可以选择借鉴的词汇，他们可以根据自己的目的塑造这些词汇"（第 2 页）。在当地的碑文中，我们同样可以看到对基督教情感词汇词库的选择性使用。参见彼得·布朗的"微型基督教"概念，*The Rise of Western Christendom: Triumph and Diversity a.d. 200–1000* (Oxford, 1996), and see also Éric Rebillard, "In hora mortis." *Évolution de la pastorale chrétienne de la mort aux IVe et Ve siècles dans l'occident Latin* (Rome, 1994), 其中解析了基督教对死亡截然不同的态度。

年去世）和君士坦丁皇帝（公元 337 年去世）统治时期，它成为帝国首都。在其鼎盛时期，也就是 4 世纪，特里尔的人口可能高达 6 万人。在 5 世纪，该城市受到了"罗马人"和"野蛮人"之间战争的冲击，或者至少受到了声称代表这些阵营的军事领导人的冲击。公元 475 年左右，特里尔成为法兰克人的统治地区，接下来的两个世纪里，其人口急剧减少。[①] 在墨洛温王朝统治下（公元 480 年至 751 年），特里尔是奥斯特拉西亚王国或副王国的一部分，但它并不是首都：位于其南部的梅斯享有这一荣誉。

君士坦丁革命让基督教成为帝国最受欢迎的宗教，即使在此之前，特里尔就有一些信徒。最早的基督徒可能是希腊人，通过地中海贸易中心马赛来到特里尔。在 3 世纪，特里尔拥有主教，而在 4 世纪，它拥有一个宏伟的主教座堂群，包括两座教堂、一个洗礼堂和附属建筑。[②] 大约在同一时期，城市墙外建造了几座殡葬教堂。这里是基督徒的埋葬地，也是特里尔大部分墓志铭的发现地。尽管这些墓地的大多数葬礼，和其他地方一样，并没有墓志铭，但在特里尔发现了相当数量的墓志铭。[③]

城市南墙外是圣尤卡略教堂（今圣马蒂亚斯教堂），周围是其墓

---

① 关于历史背景，参见 Nancy Gauthier, *L'Évangélisation des pays de la Moselle. La province romaine de Première Belgique entre Antiquité et Moyen âge, IIIe–VIIIe siècles* (Paris, 1980); *Topographie chrétienne des cités de la Gaule des origines au milieu du VIIIe siècle*, ed. Nancy Gauthier and J.-Ch. Picard (hereafter *TCCG*), vol. 1: *Province ecclésiastique de Trèves (Belgica Prima)*, ed. Nancy Gauthier (Paris, 1986) (hereafter *TCCG: Trier*); and Eugen Ewig, *Trier im Merowingerreich. Civitas, Stadt, Bistum* (Trier, 1954)。

② *TCCG: Trier*, pp. 22–23.

③ 数量取决于如何评估碎片。*Katalog der frühchristlichen Inschriften in Trier*, ed. Erich Gose (Berlin, 1958) (hereafter Gose) 收录了几乎所有的作品，共计 845 件，外加几件双面石。*RICG I* 并没有重复 Gose 的所有碎片，而是只统计了那些足够完整、值得评论的碎片，加上一些 Gose 未说明的碎片（见第 37 页），共计 242 块（加上一些双面石）。*Katalog der frühchristlichen Inschriften des bischöflichen Dom- und Diözesanmuseums Trier*, ed. Hiltrud Merten (Trier, 1990) (hereafter Merten)，该书收录了 127 个条目，与 Gose 和 *RICG I* 有许多重复条目，同时增加了一些迄今尚未发表的条目。

地；特里尔北门外是圣保罗和圣马克西敏教堂的墓地。这些墓地是我们要考虑的墓志铭的来源，因为这些墓地形成了死者和生者的真正社区，他们不仅通过纪念而且通过与教堂附近的圣人的联系而相互关联。在特里尔，每个墓地都有自己的特点；正如汉德利指出的那样，"特定圣徒崇拜的信徒不仅通过他们的葬礼地点，而且通过墓志铭的装饰、布局和风格来区分……呈现出一种集体和统一的形象。"[①]

这两个墓地共同甚至是典型的公式，可以通过我们已经提到过的对努米迪乌斯的墓志铭体现出来："这里安息着 7 岁的努米迪乌斯，他的父母瓦列里乌斯和奥普塔塔立下了这个墓志铭。"[②] 特里尔的大多数墓志铭都是事实性的，就像这个一样。然而，略多于 100 块墓志铭表达了情感。[③] 根据汉德利的研究，圣尤卡略墓地在 4 世纪末和 5 世纪初更受欢迎，而在 5 世纪有所减少，其中有 58 块墓碑使用了 7 个情感词，其中最常见的是最亲爱的（carissimus），出现了 14 次，其次是最可爱的（dulcissimus），出现了 12 次。[④] 此外，还有 7

---

① Handley, "Beyond Hagiography," pp. 195, 196–197, 关于 "葬在哪里对人们来说很重要" 的讨论。关于墓志铭表达身份的更多方式，参见 idem, "Inscribing Time and Identity in the Kingdom of Burgundy," in *Ethnicity and Culture in Late Antiquity*, ed. Stephen Mitchell and Geoffrey Greatrex (London, 2000), pp. 83–102。

② *RICG I*, no. 45. 编撰者评论说（第 195 页），"conforme au schéma stéréotypé de Saint-Mathias II," 等这样的公式来隶属墓地的一个雕刻作坊。在引述墓志铭时，我通常不会使用省略号、猜测性添加等编辑符号。

③ 由于不断有新的墓志铭被发现，而且由于碑文残缺不全、文字模糊不清，有时只能靠猜测来重建文字，因此无法完全确定墓志铭的数量。第二种情况一个例子是对编号 422 墓志铭的解读，Gose 将 Elpidia 的墓志铭解释为 "Hic requiescit in pace Elpidia, qui vixit plus menus annus XL. carus conjux suus titulum posuit"（Elpidia 在此安息，她活了差不多 40 岁；她亲爱的丈夫为她撰写了墓志铭），但 *RICG I* 的第 119 号认为 Carus 是丈夫的名字。碎片尤其难以释读，比如 Gose 正确地将 no. 514 "…MA SOROR" 还原为 "dulcissi/MA SOROR" (i.e., *dulcissima soror*, "最可爱的妹妹"，这里的残缺部分是否表示确定的字母)? *Dulcissimus* 是墓志铭中常见的用法，正如我们所见，但是 "carissi/MA SOROR" 也是一种可能的重建 (see *RICG I*, no. 139, which has conjux carissima)，另一种可能是人名，比如 "Euony/MA SOROR," as in *RICG I*, no. 94。

④ *Carissimus* (包括不同拼写，还包括 *karus*) 出现在 *RICG I*, nos. 4, 24, 28, 32a, 46, 49, 53, 59, 64, 71, 75; Gose, nos. 75, 309, 327. *Dulcissimus* (包括不同拼写) 出现在 *RICG I*, nos. 13b, 26, 27, 30, 35, 39, 40, 55, 83, 91; Gose, nos. 87,132。

块墓碑很可能还使用了其他词，但现在已经破碎不全，无法准确阅读。[1] 再次是 *caritas*，这里明显是指爱，因为亲属们将其作为立碑的动机，它出现了 9 次；而 *amor*，*caritas* 的同义词，出现了两次。[2] *Felix*（幸福）出现了一次，而 *gaudium*（喜悦）出现了一次或两次，这取决于是否将一块非常破碎的石头上的"GAUDI"解读为一个人的名字还是对来世的喜悦。[3] 最后，与喜悦相反的 *dolor*（悲伤）出现了两次。[4]

以圣保罗教堂和圣马克西敏教堂为中心的北部墓地，随着城市南端的宗教崇拜活动逐渐式微，越来越受到人们的青睐。[5] 北部墓志铭上的情感词与南部的略有不同。在这里，使用情感词汇的石碑数量稍微较少（50 块墓志铭），但情感词的数量则较多：总共有 9 个词。然而，两个墓地之间最引人注目的差异与词语使用频率有关。最受青睐的称号是"最可爱的"（*Dulcissimus*），无论是用于逝者还是纪念者（我们将会看到），它出现了 20 次。[6] 相比之下，"最亲爱的"（*Carissimus*）只出现了 3 次。[7] 爱（*Caritas*）的使用方式与城市南端非常相似，出现了 9 次，其次是爱（*amor*），出现了两次。[8] 北部墓地新的特点是强调悲伤（dolor）和其他哀悼之词，而没有

---

[1] 残缺的碑文参见 *RICG I*, no. 6; Gose 8, 134, 169, 170, 171, 172. Consider the latter, for example, which reads "··· SIME ···" Gose suggests "caris/SIME," but "dulcis/SIME" seems possible as well。

[2] Caritas is in *RICG I*, nos. 1, 30, 47, 55, 57, 62, 67, 68; Gose no. 59; amor is in *RICG I*, no. 87, and in Gose, no. 28.

[3] Felix is in Gose, no. 19; gaudium (or variants) is in *RICG I*, nos. 19, 89 (where it may refer to the name Gaudi/Gaudilla).

[4] *RICG I*, nos. 58, 74.

[5] Handley, "Beyond Hagiography," p. 197.

[6] Dulcissimus appears in *RICG I*, nos. 103, 111, 118, 120, 138, 143, 156, 159, 164, 169, 170, 176, 178 (twice), 182, 189; Gose, nos. 415, 533, 544, 600b.

[7] Carissimus appears in *RICG I*, nos. 139, 142, 144. Either carissimus or dulcissimus is possible to fill out the letters that remain in Gose, nos. 485,503.

[8] Caritas is in *RICG I*, nos. 94, 149,151,162, 183, 187; Gose, nos. 434, 451, 452; for amor see *RICG I*, nos. 135, 147.

任何喜悦之词。悲伤（dolor）及其变体，尤其是其动词形式，出现了 8 次，而一块特别感人（虽然残缺不全）的墓志铭唤起了哀悼（planctis non plangat）和死亡带来的泪水（mors flenda）。[①] 这个墓地中有两块墓志铭提到了安慰（solamen），而另一块墓志铭描述了地狱的"狂怒"（Tartarus furens）。[②]

特里尔是否存在两种情感共同体，一个使用北部墓地，另一个使用南部墓地？这似乎不太可能。正如我们将看到的，无论是否明确表达感情，两个地方的墓志铭都强调家庭关系。墓志铭"情感风格"的差异似乎最能通过时间的变化来解释：更多哀伤的墓志铭主要出现在后期。确定特里尔墓志铭的年代始终是一个"最佳猜测"，因为没有使用日期条款。话虽如此，在北部墓地，有 18 块可以精确确定日期的情感词的铭文来自公元 500 年之前，而有 11 块来自 6 世纪及以后。[③] 在使用悲伤一词的墓志铭中，三块来自第一时期，三块来自第二时期，其中还有一块关于哀悼的墓志铭。因此，在公元 500 年之前，有 17% 的墓志铭唤起了悲伤，而在此日期之后，有 36% 的墓志铭唤起了悲伤。将这些数字与圣尤卡略斯南部墓地的数字进行比较，那里有 27 块墓志铭来自早期时期，但只有 6 块来自公元 500 年之后。[④] 汉德利已经表明，人们将他们的忠诚转移到了北部墓地；现在我们看到，情感风格的微妙转变——更加强烈，更加哀伤——是这种变化的一部分。我认为这是为什么"最可爱的"一词比"最亲爱的"更频繁地使用的原因之一：尽管这两个词在本

---

① For dolor (and its variants) see *RICG I*, nos. 115, 122, 133, 140, 167, 193; Merten, no. 39; Gose, no. 438. The epitaph that evokes plangent feelings is *RICG I*, no. 194A.

② For solamen, see *RICG I*, nos. 192, 196 (probably); for Tartarus furens, see no. 170.

③ From before the year 500: *RICG I*, nos. 94, 103, 111, 118, 120, 133, 139, 140, 142, 143, 149, 151, 159,162,167,176,192,196; from after 500: nos. 115, 122, 135, 138, 147, 156, 170, 178, 183, 193, 194.

④ From before the year 500: *RICG I*, nos. 4, 6,13b, 19, 24, 26, 28, 30, 32a, 35, 39, 40, 46, 47, 49, 53, 55, 57, 58, 59, 62, 64, 67, 68, 74, 83, 87; from after 500: nos. 1, 27, 71, 75, 89, 91.

质上是同义词，但北部新的强烈情感风格更偏爱使用以形容词"可爱"（dulcis）为基础的更感性的词。[①] 在第四章，我们将看到 6 世纪"可爱"（dulcedo）流行的证据。我认为特里尔北部和南部墓地的墓志铭是一个共同体的产物，其随着崇拜实践的变化，逐渐发生了变化。

"最可爱的"或"最亲爱的"是最常见的情感词，谁支付了刻写这些额外字母的费用？简单来说，是近亲支付的。但我们可以更加精确。在两个墓地中使用"最亲爱的 / 最可爱的"的 56 块墓志铭中，至少有 19 块（34%）是由父母代表孩子竖立的。[②]"这里安息着最可爱的孩子 [infas dulcissima]，阿拉布利亚，她的父亲波西多尼乌斯竖立了这块墓志铭，祝她安息，她活了 7 年，……个月和 10 天。"这是一个相对典型的铭文。[③] 或者："这里安息着里奥，他安息在这里；他活了一年零 40 天；他的父母竖立了这块墓志铭，为他们非常亲爱的儿子 [filio charissimo]。"[④] 有时，这些情感被爱的词语加强："这里安息着非常可爱的孩子 [infans dulcissima] 卢潘蒂亚，安息 [和] 忠诚 [fidelis]，她活了 3 年，5 个月，18 天。特里维乌斯，她的父亲，出于爱 [pro caritatem] 竖立了这块墓志铭，为了他的女儿。"[⑤]

---

① Hanne Sigismund Nielsen 认为，在古罗马，*carissimus* 是一个通用的爱称，既可用于配偶，也可用于孩子，而 *dulcissimus* 则最常用于孩子；Nielsen, "Interpreting Epithets in Roman Epitaphs," in *The Roman Family in Italy: Status, Sentiment, Space,* ed. Beryl Rawson and Paul Weaver (Canberra, 1997), pp. 169–204, esp. pp. 190–93. 由于这些术语在特里尔也被用来描述纪念者本人（见下文注 39 的讨论），因此与罗马进行比较是有问题的。当然，很明显，*dulcissimus* 至少有时用于配偶，如在 *RICG I*, nos. 26, 32a, 39, 111, 138, 170, 189, 544。

② 我之所以说"至少 19 块"，是因为有些碑文过于残缺，无法确定是谁死了，又是谁立的石碑。参见高迪尔的观察，*RICG I*, pp. 47–48。King, "Commemoration of Infants," p. 141，相比之下，他发现在罗马为婴儿题写的铭文中，"*dulcissimus*（最可爱的）占到总数的 46.1%，"其次是 *benemerens*（应得的）占 23%，carissimus（最亲爱的）占 13.4%。

③ *RICG I*, no. 103.

④ *RICG I*, no. 28.

⑤ *RICG I*, no. 30.

马克·汉德利指出，特里尔的儿童纪念活动"远高于高卢其他地方"。① 我们现在知道，特里维人不仅为他们的孩子竖立墓志铭，有时还会支付额外的字词来表示亲近、亲爱和感情。但是，如果在某些父母中表达对孩子的爱是一种规范，那么夫妻之间的表达则不是特别明显。在使用 *carissimus/dulcissimus* 的 56 块墓志铭中，只有 15 块（或 27%）是由配偶竖立的。

亲昵的称呼通常也适用于丧失亲人的人，好像已故者的感受是被了解和需要被承认的："这里安息着梅拉鲍迪斯，她活了 1 年 11 个月；她非常慈爱的父母 [*patris dulcissimi*] 竖立了这块墓志铭。"② 或者再举一个例子，这次是孩子们向他们的母亲表示敬意："这里安息着康科迪亚，她活了大约 65 年；她非常可爱的孩子 [*filii dulcissimi*] 康科迪乌斯和康科迪亚利斯竖立了这块墓志铭。"③ 已故的斯科图斯的妻子对他来说是"非常可爱的"："给在这里安息的斯科图斯，他活了 65 年，他非常亲爱的配偶 [*cojux dulcissima*] 竖立了这块墓志铭以表达爱意 [*pro caritatem*]；斯科图斯，愿你安息！"④ 已故的维塔利斯的妻子也同样亲爱："这里安息着维塔利斯，他活了 85 年；他在乔维亚尼老兵团（一个军事部队）服役了 40 年；他非常亲爱的妻子 [*conjux karissima*] 竖立了这块墓志铭。"⑤ 已故的佩尔塞斯的丈夫同样亲爱："佩尔塞斯在这里安息，她活了 45 年；她非常亲爱的丈夫 [*conjux karissimus*] 竖立了这块墓志铭。"⑥

在特里尔，对逝者和活着的人的感情都得到了承认。当然，一些情感词汇与家庭之外的力量相关：愤怒（furens）的是塔尔塔洛斯，

① Handley, *Death, Society and Culture*, p. 71.
② *RICG I*, no. 40.
③ *RICG I*, no. 13b.
④ *RICG I*, no. 55.
⑤ *RICG I*, no. 71.
⑥ *RICG I*, no. 49.

而不是已故者或丧失亲人的人，而喜悦（Gaudium）指的是天堂，而不是尘世生活。[1] 但在其他情况下，人们的感情非常突出。"这里埋葬了一位参议员级别的女性，她凭借上帝的怜悯，不知道她女儿的死亡很快就会和她自己一起安息；这种安慰（solamen）是给予她的。"[2]

因此，在特里尔，亲情是一种特别情感，尤其是儿女与父母之间的亲情，稍微较少的是夫妻之间的亲情。[3] 正如铭文非常清楚地表明的那样，这种亲情是双向的。即使是逝者，也依然能感受到那些在世之人的深情与美好。特里尔的墓碑向我们展示了一种特定的亲情感性，以及这种感性随着时间的推移而发生的微妙变化。

"哦，贪婪的死亡"：克莱蒙的非个人情感

克莱蒙是今天法国中南部奥弗涅地区的首府，于 475 年被西哥特人统治。尽管西哥特人是阿里乌斯派（一种异端基督教形式，认为基督与圣父不相等，也不与圣父一样永生），但克莱蒙和其他天主

---

[1] 关于愤怒的塔尔塔洛斯，参见 *RICG I*, no. 170. 请注意，尽管这句话主要来自都灵的马克西姆斯（卒于约 415 年）的布道，但墓志铭的作者还是加上了"愤怒"一词；高迪尔的注释中（*RICG I*, no. 19）确实提到了这块石头的捐赠者高登斯（欢欣鼓舞）。但他是一位主教，墓志铭是为特里尔的前两任主教撰写的（因此是在他们死后很久才竖立起来的），他感到欣喜是因为他为他们的遗体提供了一个安息之地，让他们在承诺的复活中安息。

[2] *RICG I*, no. 192.

[3] 不言而喻，这与菲利普提出的"中世纪人不爱自己的孩子"这一论点背道而驰，Philippe Ariès, *Centuries of Childhood, trans. Robert Baldick* (New York, 1962)。这只是该论点"棺材板"上的最后一颗钉子，因为最近的研究都表明了它的不足之处。有关该问题的最新评论，参见 Pauline Stafford, "Parents and Children in the Early Middle Ages," *Early Medieval Europe* 10 (2001): 257–271, and Barbara A. Hanawalt, "Medievalists and the Study of Childhood," *Speculum* 77 (2002): 440–460。

教城市一样，被允许追求自己的宗教议程。[1] 在法兰克人国王克洛维（卒于 511 年）于 507 年征服西哥特人之后，派他的长子提奥德里克（Theuderic，卒于 533 年）去接管克莱蒙以及阿尔比和罗德兹。在提奥德里克的统治下，克莱蒙成为东北法兰克王国（最终被称为奥斯特拉西亚）的一部分，该王国还包括特里尔。因此，尽管特里尔和克莱蒙相距甚远，它们是"姐妹"城市。它们有时也存在竞争关系。提奥德里克在克洛维去世后成为国王，通过从克莱蒙派遣替代人员来"改革"特里尔的神职人员。[2] 图尔的主教格里高利（约594 年去世）通过声称特里尔的主教尼塞修斯曾拯救过一位克莱蒙人而为特里尔增添了声望。[3] 在 7 世纪，克莱蒙成为克洛塔尔二世（卒于 629 年）统一王国的一部分，该王国包括奥斯特拉西亚、纳斯特里亚和勃艮第。但由于它传统上只是奥斯特拉西亚的一部分，当克洛塔尔的儿子达戈贝尔成为奥斯特拉西亚国王时，克莱蒙再次与该王国联系在一起。[4]

从基督教葬礼碑铭的证据来看，尽管不多，但表明克莱蒙的情感共同体与特里尔的共同体截然不同。这不仅适用于情感表达方式，

---

① 关于阿里乌斯派治下的克莱蒙，参见 Ian Wood, *The Merovingian Kingdoms, 450–751* (London, 1994), pp. 16–19. 关于克莱蒙的地形，参见 *TCCG: Clermont*, pp. 27–40, and P.-F. Fournier, "Clermont-Ferrand au Vie siècle. Recherches sur la topographie de la ville," *Bibliothèque de l'École des Chartes* 128 (1970): 273–344。

② Gregory of Tours *Liber Vitae Patrum* 6.2, MGH SRM 1/2 (rev. ed., Hannover, 1969) (hereafter Greg. Tur., VP), p. 231.

③ Ibid., 17.5, pp. 282–283.

④ 关于克莱蒙之于奥斯特拉西亚地位的评论，参见 *Late Merovingian France: History and Hagiography, 640–720*, ed. and trans. Paul Fouracre and Richard A. Gerberding (Manchester, 1996), pp. 268–270. 有关克莱蒙教堂和圣徒崇拜的概述，参见 Ian Wood, "Constructing Cults in Early Medieval France: Local Saints and Churches in Burgundy and the Auvergne 400–1000," in *Local Saints and Local Churches in the Early Medieval West*, ed. Alan Thacker and Richard Sharpe (Oxford, 2002), pp. 155–87, and idem, "The Ecclesiastical Politics of Merovingian Clermont," in *Ideal and Reality in Frankish and Anglo-Saxon Society: Studies Presented to J. M. Wallace-Hadrill*, ed. Patrick Wormald, Donald Bullough, and Roger Collins (Oxford, 1983), pp. 34–57。

也适用于使用这些词语的语境（见表 4）。诚然，只有 6 块克莱蒙的墓志铭使用了情感词语。[1] 然而，我们仍然可以得出一些观察结果。亲昵的称呼从未出现过。没有"非常可爱的"孩子，没有"最亲爱的"配偶。事实上，墓志铭本身就很少。图尔的格里高利是克莱蒙本地人，他报告说，克莱蒙的圣文拉努斯教堂的墓穴上雕刻着来自新约圣经的场景，但他只见过一块有铭文的墓碑："献给加拉，愿她永远被缅怀。"[2] 格里高利在里昂度过了一部分童年时光，那里的墓志铭更为常见，他安慰自己说，这些名字在天堂里是被知晓的。[3]

表 4　特里尔和克莱蒙的情感词比较

amor（爱）	amator（爱人）
carus/carissimus（亲爱的 / 最亲爱的）	—
caritas（爱）	—
—	cupidus（贪婪的）
dolere/dolor（悲伤 / 悲伤的）	dolor（悲伤的）
dulcissimus（最可爱的）	

[1] *RICG*, vol. VIII, *Aquitaine première*, ed. Françoise Prévot (Paris, 1997) (hereafter *RICG VIII*), nos 16, 17, 21, 23, 34, 35. 克莱蒙墓志铭的现存目录载于 *RICG VIII*, nos. 15–36。我剔除了第 20 号和第 22 号墓志铭，因为它们仅作为文学墓志铭而为人所知，可能并未被刻写和安放在墓地中。由于克莱蒙的墓志铭总数太少，我无法将样本局限于特定的墓地。

[2] Gregory of Tours, *Liber in gloria confessorum* 34–35, MGH SRM 1/2 (hereafter Greg. Tur., GC), p. 319. 加拉的铭文是 *RICG VIII*, no. 15。她可能是格里高利的亲戚，因为格里高利有一个名叫加勒斯（Gallus）的叔叔，这是一个比较罕见的名字。

[3] Greg. Tur., GC 35, p. 320. 关于里昂的铭文，仍然需要查阅 *Inscriptions chrétiennes de la Gaule antérieures au VIIe siècle*, ed. Edmond Le Blant, 2 vols. (Paris, 1856,1865), vol. 1, nos. 15–86A, vol. 2, nos. 663–669, and *Nouveau receuil des inscriptions chrétiennes de la Gaule antérieures au VIIIe siecle*, ed. Edmond Le Blant (Paris, 1892), nos. 3–18. *RICG XVI* on the Lyonnais is being prepared by Marie-Hélène Soulet; 关于这些墓志铭中夫妻感情主题的初步文章，参阅 "L'image de l'amour conjugal et de l'épouse dans l'épigraphie chrétienne lyonnaise aux VIe et VIIe siècles," in *La Femme au Moyen Âge*, ed. Michel Rouche and Jean Heuclin (Maubeuge, 1990), pp. 139–145. 关于图尔的格里高利先在克莱蒙、后在里昂的童年生活，参见 Raymond van Dam, *Saints and Their Miracles in Late Antique Gaul* (Princeton, 1993), pp. 52–55, 最近他在里昂的居住时间受到质疑，参见 Martin Heinzelmann, *Gregory of Tours: History and Society in the Sixth Century*, trans. Christopher Carroll (Cambridge, 2001), p. 32。

续　表

特里尔	克莱蒙
felix (幸福的)	*felix* (幸福的)
flere (哭泣)	—
furere (愤怒)	*furor* (愤怒的)
gaudere/gaudium (高兴)	—
—	*ha! hem! ho!* (哈！嗯！嘿！)
—	*invidus* (羡慕的)
—	*lacrimae* (眼泪)
planctus (哀叹)	—
solamen (安慰)	—

　　克莱蒙使用的情感词语非常强烈。甚至有一些感叹词：哈！嗯！嘿！暗示着内心的激动（尽管这些词的实际含义模糊，但它们的表达力毋庸置疑）。因此，尽管"潮湿的土地吞噬着腐烂的身体，然而他并没有占据墓穴的空洞，而是，哈[*ha*！]！[相反]占据了天堂，正义使他成为幸福的[*felicem*]人，[尽管]被埋在这个墓穴中。主的利未人，哦[*hem*！]无辜者——他的名字来自他的祖父——因他的生活方式[*morebus*]得到祝福"① 或者，在另一块墓志铭中："哦[*ho*]贪婪的死亡，……给家庭带来了悲伤[*dolur*]。"②

　　尽管可能是孩子的父母放置了后一块墓志铭，在克莱蒙，纪念者从未透露他们是谁，也没有说他们与逝者的关系。相反，克莱蒙的墓地中的情感主要是非个人的，甚至是非人类的。当然，我们刚刚看到无辜者在天堂里很幸福。还有一个"恋人"名叫 Vincomalus。

---

① *RICG VIII,* no. 16: "[Corpus?] fragele umeda terra sumit, non tenit ad [tamen?] hic antra sepulcri sed ha! celos quem justa [fecerunt?] felicem, condetum hoc tomolo. Levita domini [?] hem Innocencius – illi nomen ad avo protra[ctum?] beatus in morebus." The editor remarks that "justa" "is employed not in the sense of 'just works' but rather of Justice in general" (p. 102).

② *RICG VIII,* no. 35.

可能是一位神职人员，他的墓碑被严重毁坏，但铭文的编撰者弗朗索瓦丝·普雷沃猜测他是一个"贫困者的爱人"（AMATU/r pauperum）——小写字母表示她的猜测——而且，更可能的是（这块石头上两次使用了"爱人"一词）一位"教堂的爱人"（AMATUR ECL/esiae）。① 但正如我们所见，在孩子的铭文中，"贪婪"的实体并不是一个人，而是死亡，以及父母悲伤的根源："哦，贪婪的死亡，夺走了孩子的生命，……给家庭带来了悲伤。"② 贪婪并没有耗尽死亡的情感生活，因为在一块名叫 Emellio 的执事的墓志铭中，死亡是"嫉妒的"（inveda），因此夺走了他的生命。③ 一位名叫乔治亚的"虔诚者"的墓志铭声称，她可以从众多求婚者中选择，但她选择与上帝结合"在一个更幸福的婚姻中"（feliciore toro）。④ 人类的，但仍然是非个人的情感出现在西多尼乌斯·阿波利纳里斯本人的墓志铭中。他制定了法律来缓和"野蛮的狂怒"（barbarico furori），并为带来公共和平做了很多其他事情。因此，"无论谁带着眼泪 [cum lacrimis] 来到这里恳求上帝"都应该在他的墓前祈祷。⑤

这些奇思妙想中的许多元素——例如对死亡的拟人化——都是古典的。⑥ 这并不意味着它们不重要。奇思妙想必须有一定的意义才能被使用。克莱蒙的"正常"墓志铭——如果"正常"可以用来形容一个很少立墓志铭的地方的话！——就像 Cerva 的墓志铭一样："贤良 Cerva 安眠于斯，享年 35 载。卒于七月朔日之前一日。"⑦

---

① *RICG VIII*, no. 34.

② *RICG VIII*, no. 35: "Ho mors cupeta [abstu?]let parvolis vita[m?] [···]gis parentibus dolu[r?···o?]lenus in Christi no[mine]." "-lenus" 很可能是一个人名的残篇。

③ *RICG VIII*, no. 23.

④ *RICG VIII*, no. 17. 她在这里被称为 "Christi ⋯ divota"（献给基督）。Greg. Tur., GC 33, p. 318，提到克莱蒙的一个名叫乔治亚的 "puella ⋯ devota Deo"（献给上帝的女孩）；她死后，她的送葬队伍奇迹般地由一群鸽子陪伴。

⑤ *RICG VIII*, no. 21.

⑥ See the remarks of the editor, *RICG VIII*, pp. 63–65.

⑦ *RICG VIII*, no. 32.

在克莱蒙，大部分可以确定年代的墓志铭似乎来自 7 世纪。[①] 其中 6 块"情感"墓志铭中有 4 个来自那个世纪。如果没有西多尼乌斯的墓志铭，5 世纪就没有墓志铭，而乔治亚的"幸福婚姻"是 6 世纪的唯一样本。因此，我们可以说，在克莱蒙，人们总体上在面对死亡时是沉默的，至少在公开场合是如此。他们关心死者：否则为什么会将他们埋葬在雕刻的石头中呢？但他们对言辞持谨慎态度。在 7 世纪，当他们找到了发声的机会时，他们表达的情感与特里尔相比，更少个人化和亲密感。他们将死亡想象成贪婪和嫉妒的存在，带来悲伤。

"惧荣华，笑逆境"：维埃纳的天国情感

在罗马统治下的 4 世纪，维埃纳是位于今天法国东南部的罗纳河畔的高卢省的首府。[②] 在 5 世纪 30 年代，它成为了勃艮第人的控制区，他们总体上是帝国的捍卫者。当西方的皇帝消失时（476 年），冈多巴德（Gundobad，516 年去世）继续担任勃艮第人的国王。他曾是一个皇帝制造者，并与意大利和拜占庭有重要关系，但与罗马人不同，他没有将维埃纳作为首都，而是更喜欢里昂和沙隆河畔。[③] 然而，维埃纳一直是天主教重要的宗教中心。维埃纳的主教阿维图斯（Avitus，约 494 年至约 518 年）是勃艮第国王的顾问，也是主教团的重要领导人。[④] 尽管国王本人是阿里乌斯派基督徒，但

---

① 也就是说，16 块墓志铭中有 10 块。

② 关于行省的地位，参见 André Pelletier, "Vienne et la reorganization provinciale de la Gaule au Bas-Empire," *Latomus* 26 (1967): 491–499。

③ 关于维埃纳的背景，参见 *Avitus of Vienne: Letters and Selected Prose*, ed, and trans. Danuta Shanzer and Ian Wood (Liverpool, 2002), esp. pp. 13–27; *TCCG*, vol. 3: *Provinces ecclésiastiques de Vienne et d'Arles*, ed. Jacques Biarne (Paris, 1986), pp. 13–15, 17–35 (hereafter *TCCG*: Vienne); Jean-François Reynaud, "'Vienne la Sainte' au moyen-âge," *Archeologia* 88 (1975): 44–54。

④ 他是埃帕翁公会议（Council of Epaon，517 年）的"主导者"：例如，参见 *Avitus of Vienne*, ed. and trans. Shanzer and Wood, p. 10。

他完全容忍天主教，他的许多家庭成员，包括他的儿子西吉斯蒙德（Sigismund，516 年继位），都是天主教徒。因此，在勃艮第人统治下，维埃纳成为一个繁荣的天主教城市，当勃艮第在 534 年被法兰克人征服时，它继续繁荣。它是 6 世纪末修道运动的一个重要中心，并在 7 世纪继续是教会手稿的重要生产者。①

维埃纳有 3 个重要的基督教墓地。圣热尔韦墓地位于城市的南部；圣塞韦尔教堂附近的墓地位于北部；而最重要的墓地在圣皮埃尔教堂，位于城墙的西南部。② 我们总共有大约 100 个来自这些墓地的铭文。③

维埃纳的情感表达有一种别处未见的丰富感。完整的情感范围可以在表 5 中看到。然而，不要让这种情感的过度热情误导我们认为维埃纳人沉溺于情感的倾泻中。那里只有 20 块墓志铭包含情感词。与克莱蒙和特里尔一样，非情感的铭文更受青睐——如果需要铭文的话："在这个墓穴中，好名声的弗卢里努斯安息在和平中，他活了大约 40 年。他在巴西尔领事任期的第 17 年，以及第［数字缺失］年的 8 月新月的第 3 天平静地去世。"④ 与克莱蒙一样，许多葬礼完全没有文字纪念。

但是当维埃纳的墓志铭包含情感时，它通常涉及多种情感。例

---

① Wood, *Merovingian Kingdoms*, p. 252.

② 关于圣皮埃尔教堂地位问题（*status quaestionis*）的总结，参见 Monique Jannet-Vallat, "L'organisation spatiale des cimetières Saint-Pierre et Saint-Georges de Vienne (IVᵉ–XVIIIᵉ sièclᵉ)," in *Archéologie du cimetière chrétien*, Actes du 2ᵉ colloque *A.R.C.H.E.A.* (Association en Région Centre pour l'Histoire et l'Archéologie), ed. Henri Galinié and Elisabeth Zadora-Rio (Tours, 1996), pp. 125–37。

③ 圣热尔韦教堂墓地的墓志铭，参见 *RICG*, vol. 15: *Viennoise du Nord*, ed. Henri I. Marrou and Françoise Descombes (Paris, 1985) (hereafter *RICG* XV), nos. 39–63（共计 24 块墓志铭）；关于圣塞韦尔教堂墓地，参见 ibid., nos. 64–74（10 块墓志铭）；关于圣皮埃尔教堂墓地，参见 ibid., nos. 75–141，其中编号 98 墓志铭有两面，a 和 b，因此要记作两块；而第 87 号可能根本不是葬礼墓志铭，因此不应计算在内（总共有 66 块墓志铭）。

④ *RICG XV*, no. 68.

如，主教阿维图斯的铭文涵盖了从悲伤到爱和恐惧的七个情感词："无论你是谁，看到这个墓穴的悲伤 [mestificum] 荣耀……会哭泣 [deflebis]……他通过爱 [amando terret] 而使人恐惧"。[1] 作为主教的埋葬地，圣皮埃尔教堂拥有四块主教墓志铭，其中大部分都充满了情感内容。[2] 这是否会使我们的结果产生偏差？如果没有充满激情的主教及其情感丰富的追随者，维埃纳是否会显得干燥和没有情感？表 6 列出了在排除主教铭文后得出的情感词。

表 5　维埃纳墓志铭中的情感词

情感词	RICG XV, no.
amare/amor（爱 / 爱人）	73, 81, 99
carus（亲爱的）	41
caritas（爱）	69, 72, 112, 121
diligere（爱）	112, 121, 140
dolere/dolor（悲伤 / 悲伤的）	42, 99, 118
felix（幸福）	81, 95
flere/deflere/fletus（哭泣）	81, 99, 118
furor（愤怒）	97
gaudere/gaudium（高兴）	92, 99, 101, 118
gemere（呻吟）	97, 101
ingemere（哀叹）	99
invidus（羡慕的）	104
lacrimae（眼泪）	92, 97, 101
laetus（欢乐的）	99
levamen（安慰）	97

---

① *RICG XV*, no. 81.
② *RICG XV*, nos. 81 (for Avitus), 95 (for Pantagathus), 97 (for Hesychius), 99 (for Namatius). 第 95 号是个例外，因为它只包含一个情感词 "felix"，用来描述潘塔加索斯对其后代的幸福感。

续　表

情感词	*RICG XV*, no.
metuere（害怕）	82, 96
maeror/maestus/maestificare（悲伤）	81, 99
planctus（哀叹）	101
ridere（嘲笑）	82, 96
solamen（慰藉）	81, 99
terrere（惊吓）	81
timere（恐惧）	91, 120
tremere（震颤）	99
tristis（伤心）	81

这仍然是一个丰富的收获。在特里尔，石匠们有 11 个情感词；在克莱蒙，这个数字减少到了 7 个（不包括感叹词）。然而，在维埃纳，仅有 16 个非主教的墓葬就产生了 14 个情感词。主教的墓葬可能会放大这种模式，但并不会扭曲它：如果维埃纳的墓志铭谈论感受，那么它可能会（37.5% 的时间）多次谈论。西尔维亚的韵文铭文是最丰富的例子。尽管在维埃纳，没有迹象表明是谁立了这块墓志铭，然而铭文的情感焦点是她对孩子们的感受以及他们对她的感受。西尔维亚"为在孩子们身上找到祖先而感到高兴 [*gaudebat*]"。其中一个成为神父，另一个获得了贵族的头衔。这些孩子对他们的母亲并非漠不关心。墓志铭的结尾写道："让她的孩子们不再为眼泪和哀悼而烦恼 [*lacrimis planctusque*]。为值得庆祝的事情而呻吟 [*gemere*] 是不对的。"[①] 通过这种方式，当时的情感被同时承认和降级，因为它们被纳入奥古斯丁的世界观中；它们从世俗的事物转向了天国的事物，死亡从一个悲伤的事件转变为一个快乐的事件。

---

① *RICG XV*, no. 101.

表 6　维埃纳非主教墓志铭的情感词

情感词	*RICG VIII*, no.
amare（爱）	73
carus（亲爱的）	41
caritas（爱）	69, 72, 112, 121
diligere（爱）	112, 140
dolere/dolor（悲伤/悲伤的）	42, 118
flere（哭泣）	118
gaudere/gaudium（高兴）	92, 101, 118
gemere（呻吟）	101
invidus（羡慕的）	104
lacrimae（眼泪）	92, 101
metuere（害怕）	82, 96
planctus（哀叹）	101
ridere（嘲笑）	82, 96
timere（恐惧）	91, 120

　　因此，在维埃纳为数不多涉及情感的墓志铭中，基督教的目标占主导地位。即使在最简单的情况下，只有平淡无奇的"友爱的"（*carus*）一词出现，这个词也被用来加强基督教美德的形象："[逝者]，对所有人友爱 [*cara*]，对穷人孝顺 [*pia*]，对奴隶善良 [*benigna*]。"① 在特里尔，词语"爱"（*caritas*, *amor*）指的是家庭成员立墓志铭的动机，而在维埃纳，爱意味着基督教的美德："在这个墓中安息着上帝的仆人杜尔西蒂亚，她的记忆美好，是一位品德高尚的独身圣女 [*sanctimonialis*]，慷慨的善意，巨大的爱心 [*charitate largissima*]。"② 当维埃纳的墓志铭使用动词"笑"的时候，它并不是

---

① *RICG XV*, no. 41.
② *RICG XV*, no. 69.

为了快乐，而是嘲笑俗世："[塞尔萨]摒弃了世俗的事物，将自己的肉体奉献给十字架，害怕[maetuens]繁荣，总是嘲笑[ridens]逆境。"①

这种情感共同体——一种拒绝情感，除非将情感引向天国的共同体——是围困心态的产物吗？在一个阿里乌斯派担任国王的王国中，天主教徒可能感受到的压力是否太少了？这是不太可能的。几乎所有包含情感词汇的墓志铭都可以追溯到 6 世纪，当时维埃纳牢牢地掌握在天主教国王的手中。② 在维埃纳，如果说人们认识到了与死亡有关的情感，或者至少愿意公开它们，那已经是 6 世纪的事情了。如果他们这样做，他们可以选择丰富多彩的情感词汇，包括 7 个表示悲伤、眼泪和哀悼的词语。他们承认死亡的痛苦，但他们将其转移，谈论复活："父亲，不要悲伤[ne doleas]；母亲，你也停止哭泣[flere desiste]；你的孩子拥有永恒生命的喜悦[gaudia]。"③ 他们承认了爱的力量，并将其转化为一种美德而不是一种感受："在这个墓中安息着[逝者]，一位神父，……信仰纯洁，……善良……被爱着[amatus]。"④

逝者的墓志铭表明，在 8 世纪之前，高卢至少有三个不同的情感共同体。尽管委托制作墓碑的人都是基督徒（因此至少在表面上鄙视俗世和对它的所有积极情感），并且共享相同的基本情感词汇，但他们以不同的方式借鉴、利用和组合了宗教和文字文化限制所允许的对死亡的潜在情感反应。

在特里尔，强调在家庭成员的语境下表达亲情之词（我们可以从克莱蒙和维埃纳看到这是多么罕见）：母亲、父亲、丈夫、妻子和

---

① *RICG XV*, no. 82. Cf. also no. 96. 关于对世界的热爱和对死亡的恐惧，参见 Rebillard, "In hora mortis," chap. 3。

② *RICG XV*, no. 72, is fifth century; nos. 41, 42, 69, 73, 81, 82, 91, 92, 95, 96, 97, 99, 101, 112, 118, 120, 121, and 140 出自 6 世纪；no. 104 出自 7 世纪。

③ *RICG XV*, no. 118.

④ *RICG XV*, no. 73.

孩子直接在墓碑上标明自己的名字。特里尔的铭文实际上重新创造了家庭圈子，这个事实在 3 个世纪的时间里没有改变。但是特里尔的情感词变得更加强烈，这种转变与维埃纳相似，直到 6 世纪，维埃纳的墓志铭几乎没有情感词。在维埃纳，情感立即与超俗的价值联系在一起，而在特里尔，它们仍然（就我们的小样本而言）与家庭感情联系在一起。克莱蒙向我们展示了另一种方式，用拟人化和非人格化对情感进行管理和表达。

因此，高卢墓志铭可以让我们一窥古代和早期基督宗教和情感传统在死亡问题上的多样化交融方式。但是死亡只是生活中潜在的情感时刻之一。为了看到其他情感问题以及一个非常敏感的观察者如何思考和感受这些问题的方式，需要再次借鉴古代宗教和情感传统，我们现在转向罗马，转向可能是中世纪早期最著名的教皇：圣格里高利。

第十六章 结 论

　　我们从四个重要的角度对历史理论进行了探索：背景、时间框架、变革的原因或驱动力以及主观性。虽然许多历史学家没有明确解释其叙述背后的概念基础，但探讨这四个维度揭示了隐含或假定的内容，并使我们能够更清楚地理解理论在历史写作中的作用。

　　从 20 世纪中叶开始，我们见证了社会史的扩展，相比之前认为的具有历史重要性和兴趣点的研究对象，它关注更广泛社会群体的历史经验。此外，社会历史学家研究的是日常经验，而不是政治。特别地，阶级、种族和性别的理论范畴凸显出来。在撰写本书第一版期间，主要的争论集中在后结构主义理论对历史学家的影响和实用性上。现在，后结构主义以文化史的形式已经被纳入许多历史研究方法中，尽管它的一些方法论，在诸如后殖民主义和女性主义理论的早期发展阶段就发挥了核心作用。历史学家正在反思由于对文化的过度关注可能会失去什么，并重新考虑如何将更多结构性的方法与话语分析和主观性的构建相结合。我们可以将这一发展视为旨在将社会科学和人文学科的洞察力与对历史性的关注相结合。①

　　我们可以从个别历史学家的轨迹中看到这些转变。例如，威廉·休厄尔在一篇名为《社会和文化理论的政治无意识，或者说，一个前量化历史学家的自白》的文章中，描述了他作为研究法国历

---

① 更多细节内容参见 Lynn Hunt, 'The Rise and Fall of Cultural Theories', in *Writing History in the Global Era* (New York, 2014)。

史的史学家的转变，从受到年鉴学派（包括 E.P. 汤普森以及社会历史学家查尔斯·蒂利）影响的量化社会史学者，转向立足文化人类学的文化史学者。最近，关于重新转向社会史，他说道：

> 当前，想要进行清晰而有效的历史研究工作，我们必须就当前思维形式与资本主义社会关系之间的潜在关联发展出批判意识。

他指出社会史的持续优点："坚持在当代世界的经济和政治不平等日益尖锐的背景下……研究普通人的经历；量化方法；以及社会经济结构和过程的重要性。"他总结道：

> 我仍然相信，就像在20世纪70年代一样，文化转向本身对历史研究是一种非常积极的知识发展。但是迄今为止，现有的文化或语言模式已被证明不足以应对全球资本主义结构性转型所带来的知识挑战。我认为，当前我们面临的紧迫而艰巨的任务是恢复更稳固的社会意识，但这恰恰要在文化转向所开辟的更丰富、更灵活的认识论领域里实现。①

另一位前社会史学家（她的第一本书于1974年出版，名为《卡尔莫玻璃工人》）和文化转向的先驱是琼·沃拉克·斯科特（Joan Wallach Scott），尽管她最近的"转向"是精神分析。她以1986年的后结构主义、女性主义文章《性别：历史分析的一个有用范畴》而

---

① William H. Sewell Jr, *Logics of History: Social Theory and Social Transformation* (Chicago, 2005), ch. 2, esp. pp. 77–80.

闻名，该文章直到最近仍是《美国历史评论》下载量最高的文章。[1]
她也回顾了自己作为历史学家的发展，指出她转向文化史是通过文
学研究和语言学。她说道：

> 对语言运作的着迷（通过德里达、福柯和女性主义文
> 学批评），慢慢地引导我接触到弗洛伊德、拉康和女性主
> 义精神分析理论家。我花了一些时间才领悟到精神分析与
> 后结构主义对基础概念和范畴的质疑之间的联系，这些概
> 念和范畴越来越吸引我的注意；理解弗洛伊德分析的目的
> 不是简单地通过贴标签来结束案例，而是通过探索那些棘
> 手问题和无法回答的问题上附着的模棱两可的意义来打开
> 局面。

她继续说道：

> 幻想为历史学家提供了一种超越狭隘身份政治的思考
> 方式，允许他们比较社会运动，在国家或跨国性文化中思
> 考性别史……我对女性主义历史的幻想……是一种永不满
> 足的追求理解的探索。在这种探索中，批判性阅读取代了
> 简单的分类，过去和现在之间的关系不再被视为理所当然，
> 而是变成了一个需要探索的问题，历史学家的思维本身也
> 成为研究的对象。[2]

---

[1] Joan Scott, 'Gender: A Useful Category of Historical Analysis', *American Historical Review* 19 (1986), pp. 1053–1075; Joanne Meyerowitz, 'A History of "Gender"', *American Historical Review* 113 (2008), p. 1346.

[2] Joan Wallach Scott, *The Fantasy of Feminist History* (Durham, N.C., 2011), 'Introduction: "Flyers into the Unknown": Gender, History, and Psychoanalysis', esp. pp. 3, 18, 22.

休厄尔和斯科特讨论了他们的思想历程，以展示个别历史学家以及历史学派在思维和实践上随时间的演进。斯科特和休厄尔将他们的发展置于历史背景之中，分析了驱使历史实践出现变化的因素，并透露了一些个人的主观性。我们希望他们的思考能够引发读者进行类似的反思，使我们对历史事业的方法在思维上随时间的演进变得习以为常，无论是短暂的还是终身的，无论是学生还是专业人士。

历史学家目前正在哪些领域进行研究？哪些全球性问题可能会影响历史思想的走向，也就是我们所处的历史背景？当然，我们对生活其中的世界有多种思考方式：撰写本文的当天，澳大利亚的新闻头条显示了其中一些可能性，它们关注了 2015 年 4 月 25 日发生在尼泊尔的毁灭性地震，以及澳新军团日的百年纪念。

新闻报道突显了全球化的现实感：许多国家参与了救援行动和纪念活动。大规模的卫星通信几乎可以即时获取信息，而视觉图像和提供帮助的困难突显了社会经济不平等和基础设施的不完善，至少在对尼泊尔和伤者的报道中如此。我们还与他人的主观感受相连，无论是那些受到直接影响的人还是那些外部的旁观者：有关失踪的澳大利亚人的照片和信息很快被上传到新闻网站上。与上一次大地震相比较的信息以及关于尼泊尔遗址的历史描述也唾手可得；而在澳新军团日之前，来自不同国籍的人们的多个历史记述也引起了许多人的兴趣。此外，我们还可以看到历史意识的关注，即公众媒体和个人通过社交媒体上对这些事件的解读。

全球化、比较和历史意义的构建与当前历史关注点有何关联？历史对全球化的关注以多种形式呈现。通过考察各类书籍标题中对这个词的使用，可以发现"全球化"在历史思维中的出现可以追溯到 20 世纪 90 年代，尽管"全球化"这个术语在 20 世纪

60 年代或 70 年代就开始使用。[1]"世界历史"，通常与全球史（以及其他各种术语）同义使用，"这个概念从来都不是一个具有稳定所指的明确符号。"杰里·本特利（Jerry Bentley）继续描述了世界历史的发展，从具有宏大宇宙观的起源神话，到试图发现历史规律，再到与自己不同的人们对历史进行非理论化的探索。他提出，自 20 世纪中叶，一种独特的世界历史方法开始出现，"关注比较、联系、网络和系统，而不是个体社区或离散社会的经历。"他还深入分析了"欧洲中心主义假设"以及"将民族国家作为默认甚至自然的历史分析范畴"的固定观念。[2] 林恩·亨特将全球化定义为"世界变得更加相互联系和相互依赖的过程"，并认为这个定义包括经济、技术、社会、政治、文化甚至生物方面的内容。大多数人都会同意这样的定义。然而，她认为，如果全球化代表了通常归因于资本全球化的历史变革的元叙事，并且这个过程似乎是不可避免的，那么对政治、文化、社会和技术的研究则变得次要。[3] 回到新闻报道，思考历史知识和解释的位置，一些历史学家可能会就经济的主导地位进行辩论，并提出更复杂的叙述。

　　全球史和世界史似乎有望继续打破以前以欧洲为中心的世界观。这样的历史研究的一个困难是综合大量知识的挑战。通常，世界历史是以小片段的形式出版的，这些小片段共同涵盖了长时间和广域，

---

[1]　Hunt, *Writing History*, p. 44; Bruce Mazlish and Akira Iriye (eds), *The Global History Reader* (New York, 2005), p. 1.

[2]　Jerry H. Bentley (ed.), *The Oxford Handbook of World History* (Oxford, 2011), pp. 1–2.

[3]　Hunt, *Writing History*, pp. 52–55. 值得注意的是，在理查德·德雷顿（Richard Drayton）为已故世界史学家克里斯托弗·贝利（Christopher Bayly）所写的讣告中，贝利在 1998 年评论说，虽然他在政治上是一个自由主义者，但"马克思主义传统中的历史分析是唯一一对解释历史变化表现出浓厚兴趣的社会理论"：www.theguardian.com/education/2015/apr/23/sir-christopher-bayly, accessed 27 April 2015。

以早期人类历史为起点。① 尽管存在困难，但《历史学宣言》（2014）的作者谴责"短期主义"，并称赞和要求他们所谓的"长时段的回归"。但这并不是布罗代尔的"长时段"。相反，"它关注那些需要很长时间才能展开的过程；它揭露关于未来的伪神话，讨论数据的来源；它关注多种不同类型和来源的数据，从多个角度了解过去和未来是如何被不同的行动者所经历的"。②

考虑到更长的时间跨度，最近的全球史作者还包括"自然史"和人类历史。例如，1989 年，大卫·克里斯蒂安（David Christian）开始教授"大历史"，从 130 亿年前的宇宙大爆炸讲起，这种方法对学生和专业历史学家（更不用说比尔·盖茨了）都很有吸引力。克里斯蒂安关注从"混乱和复杂性"中产生秩序的主题，无论是原子层面还是社区层面。③ 这样的论题与诺伯特·埃利亚斯的论题相似。为什么从混乱中创造秩序的比喻继续影响我们？对环境史的考虑是一种当前趋势，可能是由于对气候变化的担忧而引发的，它扩展了自然史的研究方法。④

丹尼尔·洛德·斯迈尔（Daniel Lord Smail）提出了"深度历史"（Deep History）的概念，追溯到旧石器时代，并利用了 20 世纪末和 21 世纪初关于大脑和神经生物学的大量研究成果和公众兴趣。斯迈

① 除了上述马兹利什和本特利的作品集外，还可参阅其他作品集，Douglas Northrop (ed.), *A Companion to World History* (Chichester, 2012); Maxine Berg (ed.), *Writing the History of the Global: Challenges for the 21st Century* (Oxford, 2013)。

② Jo Guldi and David Armitage, *The History Manifesto* (Cambridge, 2014), quote from p. 12; also www.historymanifesto.cambridge.org/files/9814/2788/1923/historymanifesto_5Feb2015. pdf, accessed 30 August, 2015. 另见"《美国历史评论》关于《历史学宣言》的交流"，包括 Deborah Cohen 和 Peter Mandler 的批评，以及古尔迪和阿米蒂奇的反驳，*American Historical Review* 120 (2015), pp. 527–554。

③ David Christian, *Maps of Time: An Introduction to Big History* (Berkeley, 2004): see the preface by William McNeill, the elder statesman of world history.

④ Julian Adeney Thomas, 'AHR Forum: Comment: Not Yet Far Enough', *American Historical Review* 117 (2012), pp. 794–803.

尔探讨了大脑可以被环境改变，同时环境也可以被大脑行为改变的假设。由此，他开始思考"人类文化与人类大脑、行为和生物之间的持续相互作用"，称之为"神经史"。特别地，他基于"情感、情绪及其相关的神经化学物质对文化输入非常敏感"的想法，提出了关于人类发展用于改变自身（如使用烟草和阅读小说）和他人（如安抚教堂礼拜仪式）的神经化学状态的设备（化学和行为）的假设。当我们考虑新闻的情感影响及其评论时，我们可以考虑公共和社交媒体在其中发挥的作用。斯迈尔将这样的深度历史视为扩展历史学家对时间感知的一种方式，同时也集中研究更小的时间单位和地理范围。[1]

亨特在新作《全球时代的历史书写》一书中，提到了斯迈尔历史的"激发"效果。[2] 她进一步发展了关于从"趋向平衡的自我到趋向刺激的自我的转变"的论点，证据是 17 世纪和 18 世纪咖啡、茶和烟草使用增加，而咖啡馆的传播导致了日报销量的增加。她评论道："可以说，咖啡最终导致了革命。"当然，她也指出了需要注意的中间步骤。简而言之，亨特展示了对文化形式感兴趣的历史学家关注神经史可能会带来的结果。[3]

由于世界历史对欧洲中心史观的挑战，对欧洲中心主义历史编纂的挑战也随之出现。例如，杰克·古迪（Jack Goody）认为欧洲"强加了一些历史概念和时期，由此扭曲了我们对亚洲的理解，这对未来和过去都具有重要意义"。[4] 丹尼尔·伍尔夫（Daniel Woolf）在一本教科书和他的五卷本书稿中，试图纠正历史学家对其他民族历

---

[1] Daniel Lord Smail, *On Deep History and the Brain* (Berkeley, 2008), p. 8. See also Andrew Shryock and Daniel Lord Smail (eds), *Deep History: The Architecture of Past and Present* (Berkeley, 2011); Jeremy Trevelyan Burman, 'History from Within? Contextualizing the New Neurohistory and Seeing Its Methods', *History of Psychology* 15 (2012), pp. 84–99.

[2] Hunt, *Writing History*, p. 179n17.

[3] Hunt, *Writing History*, pp. 134–140, p. 134, p. 140.

[4] Jack Goody, *The Theft of History* (Cambridge, 2006), p. 8.

史学传统的普遍无知，从早期的美索不达米亚到20世纪后期的韩国。艾伦·梅吉尔在伍尔夫主编书稿的结语部分，评论了这些卷册中存在的紧张关系："现代学科对证据和评估基于自身标准的承诺，这些标准赋予历史学作为一门科学学科的地位"，以及"这门科学学科致力于以'其自身的方式'理解过去现实的承诺"。后者可能涉及研究"过去的时间意识模式，而这些模式与学科的科学承诺相抵触"。[①]西方史学的持续主导仍然是我们的现实，但正在受到挑战。[②]

我们已经看到，个体历史学家的研究工作以及整体的历史研究，是如何因多种不断变化的视角而充满活力的。历史学家已经整合了这些思想流派，并继续发展新的方法，使历史学不断焕发活力。尽管在过去几十年里有人悲观地预言历史已经结束或至少正在被扼杀，[③]但寻求理解过去的复杂性和多样性仍然是一项令人兴奋和充实的努力。

[①] Daniel Woolf, *A Global History of History* (Cambridge, 2011); Daniel Woolf (general ed.), *The Oxford History of Historical Writing*, 5 vols (Oxford, 2011–12). See Allan Megill, 'Epilogue: On the Current and Future State of Historical Writing', in *OHHW*, Vol. 5, pp. 679–680.（这两套书均有中译本出版，请读者查阅。——译者注）

[②] Jörn Rüsen (ed.), *Western Historical Thinking: An Intercultural Debate* (New York, 2002).

[③] Francis Fukuyama, *The End of History and the Last Man* (Harmondsworth, 1992); Keith Windschuttle, *The Killing of History: How a Discipline is Being Murdered by Literary Critics and Social Theorists* (Sydney, 1994).

"进阶书系" —— 授人以渔

在这个信息爆炸的时代，大学生在学习知识的同时，更应了解并练习知识的生产方法，要从知识的消费者成长为知识的生产者，以及使用者。而成为知识的生产者和创造性使用者，至少需要掌握三个方面的能力。

思考的能力：逻辑思考力，理解知识的内在机理；批判思考力，对已有的知识提出疑问。

研究的能力：对已有的知识、信息进行整理、分析，进而发现新的知识。

写作的能力：将发现的新知识清晰、准确地陈述出来，向社会传播。

但目前高等教育中较少涉及这三种能力的传授和训练。知识灌输乘着惯性从中学来到了大学。

有鉴于此，"进阶书系"围绕学习、思考、研究、写作等方面，不断推出解决大学生学习痛点、提高方法论水平的教育产品。读者可以通过图书、电子书、在线音视频课等方式，学习到更多的知识。

同时，我们还将持续与国外出版机构、大学、科研院所密切联系，将"进阶系"中教材的后续版本、电子课件、复习资料、课堂答疑等及时与使用教材的大学教师同步，以供授课参考。通过添加我们的官方微信"学姐领学"（微信号：unione_study），留下您的联系方式和电子邮箱，便可以免费获得您使用的相关教材的国外最新资料。

我们将努力为以学术为志业者铺就一步一步登上塔顶的阶梯，帮助在学界之外努力向上的年轻人打牢解决实际问题的能力，成为行业翘楚。

品牌总监	刘 洋
特约编辑	吕梦阳
营销编辑	王艺娜
封面设计	马 帅
内文制作	李佳璐